KB237987

한국사상선 23

조소앙

균등사회의 새로운 민주주의

백영서 편저

조소앙

균등사회의 새로운 민주주의

창비
Changbi Publishers

창비 한국사상선 간행의 말

나날이 발전하는 세상을 약속하던 자본주의가 반문명적 본색을 여지없이 드러내며 다수의 삶을 고통으로 몰아간 지 오래다. 이제는 인간 문명의 기본 터전인 지구 생태를 거세게 위협하는 시대에 이르렀다. 결국 세상의 종말이 닥친다 해도 놀랄 수 없는 시대의 위태로움이 전에 없던 문명적 대전환을 요구한다는 각성에서 창비 한국사상선의 기획은 시작되었다. '전환'이라는 강력하게 실천적인 과제는 우리 모두에게 다른 삶의 전망과 지침이 필요하며 전망과 지침으로 살아 작동할 사상이 절실함을 뜻한다. 그런 사상을 향한 다급하고 간절한 요청에 공명하려는 기획으로서, 창비 한국사상선은 한국사상이라는 분야를 요령 있게 소개하거나 새롭게 정비하는 평시적 작업을 넘어 어떤 비상한 대책이기를 열망하며 구상되었다.

사상을 향한 요청이 반드시 '한국사상'으로 향할 이유가 되는지 반문하는 이들도 있을지 모른다. 사상이라고 하면 플라톤 같은 유구한 이름으로 시작하여 무수히 재해석된 쟁쟁한 인물과 계보로 가득한 서구사상을 으레 떠올리기 때문이다. 우리가 겪는 위기가 행성 전체에 걸친 것이라면 늘 그래왔듯 서구의 누군가가 자기네 사상전통에 기대 무언가 이야기하지 않았을까, 그런 것들을 찾아보는 편이 더 효율적이지 않을까 하는 생각은 사실 오래된 습관이다. 더욱이 '한국사상'이라는 표현 자체가 많은 독자들에게 꽤 낯설게 느껴질 법하다. 한국의 유교사상이라거나 한국의 불교사상 같은 분류는 이따금 듣게 되지만 그 경우는 유교사상이나 불교사상의 지역적 분화라는 인상이 강하다. 한국사상이 변모하고 확장하면서 갖게 된 유교적인 또는 불교적인 양상으로 이해하는 방식은 익숙지 않을 것이기에 '한국사상'에 대한 우리의 공통감각은 여전히 흐릿하다고 말할 수 있다.

하지만 이런 사정이야말로 창비 한국사상선 발간의 또 다른 동력이다. 서구사상은 오랜 시간 구축한 단단한 상호참조체계를 바탕으로 세계 지성계에서 압도적 발언권을 유지하는 한편 오늘날의 위기에 관해서도 이런저런 인식의 '전회turn'라는 형식으로 대응하고 있다. 그럼에도 그 위상의 이면에 강고한 배타성과 편견이 작동하고 있음을 지적하는 목소리가 높다. 무엇보다 지금 이곳 — 그리고 지구의 또 다른 여러 곳 — 의 경험이 그들의 셈법에 들어 있지 않고 따라서 그 경험이 빚어낸 사상적 성과 역시 반영되지 않는다는 느낌은 갈수록 커져왔다. 서구사상에서 점점 빈번해지는 여러 전회들이 결국 그들 나름의 뚜렷한 한계 안에서 이루어지는 뒤집기 또는 공중제비에 불과하다는 인상도 지우기 어렵다. 정치, 경제, 문화 등 여러 부문에서 그렇듯이 이제 사상에서도 서구가 가진 위상은 돌이킬 수 없이 상대화되고 보편의 자리는 진실로 대안에 값하는 사상을 향한 열린 분투에 맡겨졌다.

그런가 하면 '한국적인 것' 일반은 K라는 수식어구를 동반하며 부쩍 세계적 이목을 끌고 있다. K의 부상은 유행에 민감한 대중문화에서 시작되어서인지 하나의 파도처럼 몰려와 해변을 적셨다가 곧이어 다른 파도에 밀려가리라 생각되기도 한다. '한류'라는 지칭에 집약된 이 비유는 숱한 파도가 오고 가도 해변은 변치 않는다는 암묵적 전제에 갇혀 있지만, 음악이든 드라마든 이만큼의 세계적 반향을 일으킨다면 해당 분야의 역사를 다시 쓰면서 더 항구적인 영향을 남길 수 있다고 평가받아야 한다. 중요한 것은 이제 한국적인 것이 무시 못 할 세계적 발언권을 획득하면서 단순히 어떻게 들리게 할까가 아니라 무엇을 말할까에 집중할 수 있게 된 점이다. 대중문화에 이어 한국문학이 느리지만 묵직하게 존재감을 발하는 이 시점이 한국사상이 전지구적 과제를 향해 독자적 목소리를 보태기에 더없이 적절한지 모른다.

그러기 위해 한국사상은 스스로를 호명하고 가다듬는 작업을 함께 진행해야 한다. 이름 자체의 낯섦에서 알 수 있듯 한국사상은 그저 우리 역사에 존재했던 여러 사상가들의 사유들을 총합하는 무엇이 아니라 상당 정도로 새로이 구성해야 하는 무엇에 가깝다. 창비 한국사상선은 문명전환을 이룰 대안사상의 모색이라는 과제를 중심으로 이 작업에 임하고자 했는데, 이는 거꾸로 바로 그런 모색이 실제로 한국사상의 면면한 바탕임을 발견하는 과정이기도 했다. 여기 실린 사상가들의 사유에는 역사와 현실을 탐문하며 새로운 삶의 보편적 비전을 구현하려 한 강도 높은 실천성, 그리고 주어진 사회의 시스템을 변혁하는 일과 개개인의 마음을 닦는 일이 진리에 속하는 과업으로서 단일한 도정이라는 깨달음이 깊이 새겨져 있다. 이 점은 오늘날 한국사상의 구성과 전승이 어떤 방식으로 지속되어야 할지 일러준다. 아직은 우리 자신에게조차 '가난한 노래의 씨'로 놓인 이 사유들을 참조하고 재해석하면서 위태로운 세계의 '광야'를 건널 지구적 자원이자 자기 삶의 실질적 영감으로 부단히 활용하는 실천을 통해 비로소 한국사상의 역량은 온전히 발휘될 것이다.

창비 한국사상선이 사상가들의 핵심저작을 직접 제공하는 데 주력한 이유도 여기에 있다. 학구적 관심이 아니라도 누구든 삶과 세계에 대해 사유하고 발언할 때 펼쳐 인용하고 되새기는 장면을 그려본 구성이다. 이제껏 칸트와 헤겔을 따오고 맑스와 니체, 푸꼬와 데리다를 언급했던 만큼이나 가까이 두고 자주 들춰보는 공통 교양서가 되기를 기대한다. 그러기 위해 원문의 의도를 훼손하지 않는 범위에서 되도록 오늘날의 언어에 가깝게 풀어 싣고자 노력했다. 핵심저작 앞에 실린 편자의 서문은 해당 사상가의 사유를 개관하며 입문의 장벽을 낮추는 역할에 더하여, 덜 주목받은 면을 조명하고 새로운 관점을 보탬으로써 독자들의 시야를 넓혀 각자 또 다른 해석자가 되도록 고무한다. 부록과 연보는 사상가를 둘러싼 당대적·세계적 문맥을 더 면밀히 읽는 데 도움이 되고자 한다.

사상선 각권이 개별 사상가의 전체 저작에서 중요한 일부를 추릴 수밖에 없었듯 전체적으로도 총 30권으로 기획되었기에 어쩔 수 없이 선별적이다. 시기도 조선시대부터로 제한했다. 그러다 보니 신라의 원효나 최치원같이 여전히 사상가로서 생명을 지녔을뿐더러 어떤 의미로 한국적 사상의 원류에 해당하는 분들과 고려시대의 중요 사상가들이 제외되었다. 또 조선시대의 특성상 유교사상이 지나치게 큰 비중을 차지한 느낌도 없지 않을 것이다. 하지만 조선의 유학 자체가 송학 내지 신유학의 단순한 이식이 아니라 중국에서 실현된 바 없는 독특한 유교국가를 만들려는 세계사적 실험이었거니와, 이 시대의 사상가들이 각기 자기 나름으로 유·불·선 회통이라는 한반도 특유의 사상적 기획에 기여하고자 했음이 이 선집을 통해 드러나리라 믿는다.

조선시대 이전이 제외된 대신 사상선집에서 곧잘 소홀히 되는 20세기 후반까지 포함하며 이제껏 사상가로 이야기되지 않던 문인, 정치인, 종교인을 다수 망라한 점도 본서의 자랑이다. 한번에 열권씩 발행하되 전부를 시대순으로 간행하기보다 1~5권과 16~20권을 1차로 배본하는 등 발간 방식에서도 20세기가 너무 뒤로 밀리지 않게 배려했다. 1권 정도전에서 시작하여 30권 김대중으로 마무리되는 구성에 1인 단독집만이 아니라 2, 3, 4인 합집을 배치하여 선별의 아쉬움도 최대한 보충하고자 했으나, 사상가들의 목록은 당연히 완결된 것이 아니고 추후 보완작업을 기대해야 한다. 그럼에도 이 사상선을 하나의 '정전'으로 세우고자 했음을 굳이 숨

기고 싶지 않다. 다만 모든 정전의 운명이 그렇듯 깨어지고 수정되고 다시 세워지는 굴곡이야말로 한국사상의 생애주기에 꼭 필요한 일이다. 아니, 창비 한국사상선 자체가 정전 파괴와 쇄신의 정신까지 담고 있음에 주목해주시기를 바란다. 특히 수운 최제우와 소태산 박중빈 같은 한반도가 낳은 개벽사상가를 중요하게 배치한 점은 사상선의 고유한 취지를 한층 부각해주리라 기대한다.

창비 한국사상선은 1966년 창간 이래 60년 가까이 한국학에 남다른 관심을 기울여온 계간 『창작과비평』, 그리고 '독자와 함께 더 나은 세상을' 꿈꾸어온 도서출판 창비의 의지와 노력이 맺은 결실이다. 문명적 대전환에 기여할 사상, 그런 의미에서 단순히 개혁적이기보다 개벽적이라 불러야 할 사상에 의미 있는 보탬이 되고 대항담론에 그치지 않는 대안담론으로서 한국사상이 갖는 잠재성을 세계의 다른 구성원들과 공유하는 계기가 된다면 더없는 보람일 것이다. 오직 함께하는 일로서만 가능한 이 사상적 실천에 독자 여러분의 많은 관심과 참여를 부탁드린다.

2024년 7월
창비 한국사상선 간행위원회 일동

차례

일러두기

1. 국립국어원 표기 규정을 따르되, 일부 표기에는 가독성과 당대의 맥락을 고려했다.
2. 각주는 모두 편저자의 것이고, 원주는【】안에 표기했다.

변혁적 중도의 고리
삼균주의의 현재성

들어가는 말

한국전쟁이 발발하고 바로 납북되어 제대로 평가받지 못하던 조소앙趙
素昂(본명 용은鏞殷, 1887~1958)이 우리 사회에서 새롭게 조명된 것은 1980년
대 초다. 그때 남북통일을 위한 사상자원으로 눈길을 끌기 시작해[1] 점차
그 관심이 확산되더니, 이제 한국 민족운동의 이념을 체계화한 이론가이
자 정책입안가로 인식되기에 이르렀다.[2] 실천성을 중시하면서 차원을 높
인 보편적 비전을 강력하게 지향해온 것이 한국사상의 특성이라는 최근
논의에 비춰보면,[3] 이 점을 일찍이 예증한 사례가 바로 소앙이다. 무엇보

---

[1] 강만길 엮음 『조소앙』, 한길사 1982에 실린 편자 해설 「민족운동·삼균주의·조소앙」.

[2] 김인식 『조소앙 평전』, 민음사 2022, 8면.

[3] 『창작과비평』 'K담론을 모색한다' 연속기획 네번째 편인 대화 「한국사상이란 무엇인가」는
    한국사상을 이해하는 데 길잡이가 된다. '경세적 문제의식'에 드러나는 실천성에 주목하고
    '나라다운 나라만들기'를 위한 인식틀로서의 '경세'와 '민본'에 보편 추구가 함축되어 있다
    는 주장이 특히 관심을 끈다. 백민정·임형택·허석·황정아 대화 「한국사상이란 무엇인가」,
    『창작과비평』 2024년 겨울호.

다 개인·국가·세계 차원에서 두루 '완전한 평등사회의 실현'을 이루고자
한 삼균주의가 높이 평가된 덕이다.

이처럼 시대의 변화 속에서 꾸준히 현재의 참조점으로 소환되는 그의
사상을 당대와 현재의 맥락에 나란히 세워 아직 실현되지 않은 잠재성을
탐구하는 작업이 이 책의 목적이다. 나는 소앙의 사상이 20세기 한국사에
서 이어져온 '변혁적 중도주의'[4] 계열의 협업의 성취이자 그의 독창적 사
유의 결실이기도 함을 특히 부각하려고 한다. 이는 그가 근대 한국 민족종
교(또는 개벽종교) 교리의 융합에 바탕을 두면서도 동서 사상조류의 경계를
넘나든 특성에 힘입은 것이다. 나는 이전의 글에서 "그의 경계를 넘나드는
융합적 사고는 지리적 경계를 횡단한 그의 이채로운 행적 — 일본·중국
및 유럽을 두루 다니면서 신조류와 접속하는가 하면, 해방 이후 분단된 조
국에서는 남·북한을 모두 살아야만 했던 특이한 이력 — 의 소산인 동시
에 한국 사상사를 관통하는 유불선 융합의 사유구조를 내면화한 결과라고
볼 수 있다"고 정리한 바 있다.[5] 이 해석은 소앙이 생전에 자신의 사상을
총괄한 아래 발언과 기본적으로 통하지 싶다.

신라시대에 가장 힘을 발휘한 '화랑'을 본체(體)로 하고 역학易學과 변증
법을 방법으로 삼았다. 이기理氣로 내닫고 성상性相에 노닐며 물질과 마음
(物心)을 통일하고 동서양을 융회融會하였다. 실행하는 데는 '삼균三均'을 썼

---

4   백낙청은 근대 세계체제의 변혁을 위한 적응과 극복의 이중과제, 이를 한반도 차원에서 실
현하는 분단체제 극복 작업, 그리고 한국사회에서의 실천노선인 변혁적 중도주의 간의 순환
구조를 강조한다. 그 세 고리의 하나인 변혁적 중도는 변혁(탈식민체제, 분단체제 극복)적
나라만들기에서 역사적 맥락에 따라 양극단을 배제하는 '정도(正道)의 중간길'을 추구하는
이념이자 세력연대의 방법론인 운동노선이다. 이를 위해서는 집단적 실천과 더불어 각 개인
의 마음공부가 필수적이다. 백낙청 『근대의 이중과제와 한반도식 나라만들기』, 창비 2021,
259면.

5   백영서 「경계를 횡단하는 조소앙과 변혁적 중도주의」, 백영서 엮음 『개벽의 사상사: 최제우
에서 김수영까지, 문명전환기의 한국사상』, 창비 2022, 224면.

고 마음을 집중하는〔遊心〕 데는 '삼공三空'을 썼다. 용감히 한국의 주류사상
을 감당한 것이다.[6]

이 호기로운 자기 평가를 염두에 두고, 그가 남긴 문장들에 담긴 사상
자원의 광맥으로 들어가기 위해 몇개 문을 차례로 통과하려고 한다.

종교구국론의 변혁사상

첫째 문은 그의 초기 행적과 사상에서 단연 돋보이는 종교세계다.

대한제국의 성균관에서 수학하다가 관비유학생으로 선발되어 1904년
일본에 건너가 메이지明治대학에서 법학을 전공한 소앙은 재학 중 한국이
일본에 강제 병합되는 치욕을 겪었다. 그로 인해 번민과 방황을 거듭하던
무렵 자신의 일기에 이런 소회를 남겼다. "인생의 목적은 신국神國을 건설
하는 일"인데, "크고 넓은 하늘님이 내게 한국을 구하라고 명하셨다".[7] 그
무렵 유학생들 사이에 번진 입신출세 풍조를 비판한 그였으니 전자의 다
짐이야 있을 법한 일이나, 후자의 소명의식은 자못 이채롭다. 그런데 결코
돌출한 일회성 일화가 아니다. 소앙은 종교적·철학적 탐색을 거듭하며, 종
교, 신앙 및 국가의 연관에 대해 그 나름으로 인식하고 있었기에 민족·민
중 구제를 신의 계시로 받아들인 것이다.[8]

신앙과 주권을 연결한 종교구국에 대한 각성은, 조국이 식민지로 몰락
하는 단계에서 "정신적 국가가 오직 우리 한국의 희망하는 바"[9]라는 깨달

---

6 「자전」, 이 책 47면.

7 「동유략초(東遊略抄)」 1911년 3월 9일 일기, 12월 5일 일기. 삼균학회편 『소앙선생문집(素
昻先生文集)』 하권, 횃불사 1979, 425, 455면(이하 '『문집』 상권, 하권'으로 줄임).

8 「하배재학보(賀培材學報) 창간」, 『문집』 하권, 239~40면.

9 「갑진 이후 열국 대세의 변동을 논함」, 『문집』 하권, 235면.

음이 1911년 기독교에 입회하고 세례를 받으면서 한층 더 숙성된 결과다. 그런데 그는 기독교 교리의 유일신에 머물지 않고 통합적 보편종교로서 일신교一神敎를 1914년, 대동종교를 1922년에 개창했다. "세상의 치란의 안위와 국가의 흥망존폐가 모두 교"에 달려 있다는 인식에서였다.[10]

여기서 '교'란 영어 번역어로서의 종교religion가 아니다. 이는 교敎의 전통적 의미를 계승하면서도,[11] 문명 차원의 정치이상을 구현하기 위하여 개인이 자신 안에 부여된 우주 근원과 합일하는 각성〔神人一致〕을 수반한다는 점을 나타낸다.[12] 3·1운동을 전후한 시기의 시대적 조류인 '교' 인식을 공유한 것으로, 소앙은 이를 통해 동시대 민중의 힘을 하나로 모을 수 있는 정신적 힘을 갖추고자 했다.

그의 '일신'은 실재하는 신의 고유명사는 아닌 듯하고, 하늘〔天〕과 사람〔人〕이 합쳐 '하나〔一〕'가 되는 상태, 곧 인간의 신인화神人化를 추구하는 것으로 짐작된다. 인간이 영성을 지닌 존재〔生靈〕이므로 자신에게 내재한 영성을 깨닫는〔靈覺〕 길을 닦는다는 뜻이다. 그리고 '하나님〔靈父〕'이 인간으로 강생한 6명의 성자聖子, 곧 진인인 단군·부처·공자·소크라테스·예수·무함마드를 섬겨 하늘과 '하나'가 됨으로써 "날마다 거룩함에 들어가 새롭게" 되려는 것이 일신교의 신앙세계다. 이 같은 6성 내지 만교萬敎 합일은 동학에서도 추구된 바 있는데,[13] 6성이 일체라는 영각을 선포한 주체가 다름 아닌 소앙 자신이다.

---

10   「대동종교 신창립」, 『한국독립운동사 자료집: 조소앙 편, 1』, 한국정신문화연구원 1995, 782면(이하 『자료집』).

11   동아시아의 본래의 '교'는 가르치고 배우는 일〔敎·學〕이 분리되지 않은 상태에서 인간 본연성을 실현하고자 하는 진리의 가르침을 의미하며, 여기에는 인격수양도 포함된다.

12   정혜정 「3·1운동과 국가문명의 '교(敎)'」, 백영서 엮음 『백년의 변혁: 3·1에서 촛불까지』, 창비 2019, 164면.

13   소앙은 동학에서도 즐겨 사용된 생령이라는 표현을 자주 썼고, 육성(六聖)으로 상징되는 모든 교를 일신교의 한 문에 합치시킨 바는 의암(손병희)이나 소앙이 같다. 정혜정, 같은 글 171면.

6성이 일체라는 발상 때문에 흔히 육성교六聖敎라고도 불리는데, 나중에 구상한 대동종교大同宗敎(1922)에서는 소크라테스와 무함마드가 빠지고, 그 대신에 노자와 수운(최제우)이 들어간다. 유불선 삼교의 진리와 단군의 신교神敎 및 조선 후기까지 전래된 민중신앙의 일체성을 강조하기에 이른 것이다. 그러나 실제로 대중과의 접점을 확보하거나 확산한 것은 아니다.

그의 종교구국 사상을 제대로 이해하려면, 조선왕조가 일본제국에 병합되어 자국 정부가 없는 식민지 조건에서 종교가 사실상 민족의 대변체 구실을 자임한 이례적 특징을 갖게 되었음을 상기해볼 필요가 있다. 19세기 말 20세기 초는 '종교의 시대'라고 부름직하다.[14]

동시대 한국의 사상 조류를 공유하면서 점진적으로 형성한 소앙의 종교 세계에서 먼저 주목되는 특징은, 유불선 삼교 합일을 추구한 대동교와 동학에서 영감을 얻고 또 3·1운동에서 발휘된 민중의 역할에 주목하면서 토착적 민중신앙(주문이나 비결 등 민중신앙적 요소)에 관심을 기울인 점이다. 대동종교에서 노래와 주문이 중심적인 부분으로 자리잡은 것은 바로 이런 맥락에서일 터이다. 또다른 특징은 단순히 개인 구원에 머물지 않고, 종교적 신념에 바탕해 삼균주의를 체계적으로 구상하여 조선과 세계 구원을 동시 추진하는 변혁사상으로 발전시켰다는 점이다.

소앙의 종교세계에 대한 오늘날의 평가는 엇갈리지만,[15] 나는 그것이 단순히 개인 구원에 그친 것이 아니라 사회변혁과 결합한 면모에 주목한다. 물론 그가 임시정부라는 국가기구에 참여해 요직을 맡고, 한국독립당이라는 구국 정당을 주도하는 1920년대 후반 이후의 행적에서는 종교적 관심

---

14 김기승 「조소앙의 육성교 구상에 나타난 민족주의와 세계주의」, 『국사관논총(國史館論叢)』 99집, 2002, 164면. 이에 비해 1920년대 이후는 '이념의 시대'라 불린다.

15 '종교신비주의'로 간주하는 입장과 '정치신학적인 기획'으로 이해하는 견해로 크게 갈린다. 전자는 김인식, 앞의 책 224~25, 253면, 후자는 황호덕 「근대 동아시아의 문체(文體)·신체(身體)·정체(政體), 조소앙의 『동유약초(東遊略抄)』의 경우」, 『서강인문논총』 44집, 2015, 430면.

이 표면에 나타나지 않는다. 그러나 개인수양과 사회변혁을 동시 수행하는 과제에 대한 관심은 잠류한 채 지속된다. 삼균주의를 해설하면서 진선미의 융합을 우주 본체의 합일을 이룬 경지로 파악하고, 그것이 정치적 실천과 연결되면 진(동기), 선(진행), 미(결과)로 표현된다는 식으로 파악하는 대목에서(비록 미완의 구상이지만) 그 자취가 역력하다.[16] 또한 해방공간의 격동의 현장에서 그가 설립한 (건국운동 추진체인) 삼균주의학생동맹(1948)에 진선미의 융합 및 개인의 단련을 요구한 데서도 이를 엿볼 수 있다.[17]

해방공간으로 한 걸음 더 들어가보면, 건국의 창조적 열정이 분열과 갈등으로 부대끼던 그 시기에 소앙 이외에도 정치와 종교의 연계를 과제로 삼아 고투한 시도가 없지 않았다. 천도교의 '교정합치敎政合致'와 원불교의 '정교동심政敎同心' 구상과 실천이 그것이다.[18] 여기서 "옳은 일을 지성으로 지어나가는 사람은 곧 옳은 사람이어야" 한다는 도산 안창호의 평이하면서도 깊이있는 일깨움도 떠오른다.[19] 개인의 마음 닦는 일과 사회시스템의 변혁이 새로운 삶과 세상으로 가는 단일한 길임을 인식하는 일이 지금 더욱 중요롭다면, 종교와 정치의 관계를 발본적으로 사유하는 과제를 수행하는 데 도움이 될 사상자원을 발굴하고 정련하는 작업은 시급하지 않은가. 소앙이 이 중요성을 간파했음에도 여건상 더 체계화하지 못한 것

---

16 「한국독립당 당 이념 연구방법(韓國獨立黨黨義研究方法)」, 이 책 177면. 그는 「대한독립선언서」에서도 독립이 "우주의 진선미를 체현"할 것으로 전망했다. 소앙의 진선미 융합에 대한 인식은 그가 만든 글자인 軀(진)과 瞻(선)에 압축되어 있다. 軀이란 생명의 근원이요 신과 영이 깃드는 곳인 몸에 진실함을 의미한다. 瞻은 보는 것과 아는 것에 착함이 있다는 뜻이다. 軀과 瞻이 합쳐진 것이 우주의 본체다. 이는 서양의 진선미의 합일과는 다른 차원의 인식이다.

17 「삼균주의학생동맹 선언」(1948년 3월 7일), 『문집』 하권, 101~03면.

18 이에 대해서는 백영서 「동아시아의 수양론으로 개벽사상 다시 읽기」, 백영서 황정아 편 『문명전환의 한국사상: 개벽의 사상사 2』, 창비 2025, 294~300면 참조.

19 강경석 엮음 『안창호』, 창비 2024, 200면.

이 아쉽지만, 그 과제를 시야에 둔 점은 지금도 음미할 가치가 있다.

사회주의 지향과 나라만들기 구상

둘째 문은 사회주의다.

1912년 메이지대학 법학부를 졸업하자마자 귀국해 잠시 교사 생활을 하다가 접고 1913년 중국 상하이로 망명한 소앙은 1915년 국내에 잠시 잠입하여 반일 비밀결사조직 '무명단無名團'을 조직했다. 이는 노동평등을 지향하고 '한살림'을 표방한 무정부주의적 노동운동 단체였다. 이어 다시 상하이로 돌아가, 1917년 상하이에서 '만국사회당대회International Socialist Congress'에 참석할 자격을 갖추고자 신규식과 함께 '조선사회당'을 조직하려 시도한 적도 있다.

이 같은 행적으로 미뤄보아 그가 1915년부터 사회주의에 관심을 가졌음을 알 수 있다. 그런데 당시 그의 사회주의는 (일신교라는) 종교 틀 안에서 수용한 것임이 우선 눈에 들어온다. 사회당이라는 조직도 독립운동 정당이자 일신교의 '교리'를 실천하는 종교조직으로 활용한 것이다. 그는 대종교, 불교, 유교, 서양철학, 기독교, 이슬람의 종교적 가르침이 사회주의에서 추구하는 평등사회의 이상과 상통한다고 보았다. 그가 사회주의를 "종교와 도덕의 관점에서 '고루살기' 곧 균생주의均生主義라는 전통적 가치를 구현한 이념으로 이해하고 수용하였다"는 해석이 나오는 것도 이런 이유에서일 터이다.[20] 이것이 바로 그의 사회주의 인식의 첫번째 특징이다.

이 특징은 그가 이미 3·1운동을 겪고 해외 견문으로 시야를 넓힌 뒤인 1922년에 설립한 사회주의 조직인 한살림당(일명 대동당大同黨)에도 그대로

---

[20] 김기승 「조소앙과 『적자보』 연구」, 『순천향 인문과학논총』 39권 1호, 2020, 25면.

응축되어 있다. '한살림'은 1920년대 한반도 안팎의 한인사회에서 '공산, 공생, 한가족의 생활〔살림〕'의 의미로 일정하게 통용되던 어휘이다.[21] 「한살림〔韓薩任〕요강」에 보면, "독립은 그 출발점이며 공평한 삶〔公生〕은 그 지름길이다. 다스리지 않으며 공평한 삶을 사는 것이 그 궁극적인 목표이다". 그 목표를 향해, 제1보로 독립전쟁, 제2보로 계급전쟁, 제3보로 세계 한살림을 준비하는 과정을 밟는다. 최종적으로 국가기구가 없는 무치無治로 돌아가니, "이것이 말하자면 극락세계이다".[22] 한살림에서 궁극적으로 추구하는 것은 빈부와 신분의 격차가 없는 평등사회, 곧 대동사회다. 1단계인 민족해방, 이어서 일국 차원에서 현실적인 차별의 철폐를 추구하는 계급해방의 2단계를 거쳐, 세계 차원의 계급 없는 최종단계에 도달한다. 세 단계 모두에 공통된 7개 목표 중 계급의 이권을 공공의 것으로 하고 남녀 간의 동등한 권리를 보장한다는 항목이 눈길을 끈다.

그러나 이 문건과 거의 같은 시기인 1922년경에 집필되었다고 짐작되는 「대동종교 신창립」 선언문[23]은 종교적 빛깔이 짙다. 이 문건은 당시 공표되지 않았고, 「한살림 요강」과 그 경전 격인 「발해경」만 1925년 공간되었다. 저술 시기와 발표 시기가 차이가 있는 것이다. 그 시점에서는 이미 육성교적 사고를 탈피했기 때문에 대동종교를 공표하지 않았다기보다는 이미 한살림당이라는 조직체를 실행의 발판으로 삼았으니 별도의 종교조직을 세울 필요가 없지 않았을까 짐작해본다.

소앙의 사회주의 인식의 두번째 특징은 소련식 공산주의와 거리를 두면서도 공산주의운동과 민족운동 간의 생산적 경쟁을 중시한 사실이다. 유

21　천도교의 이창림은 인류 공통의 복리를 위하고, 세계를 한 집안의 생활로 보아 함께 생산하고 필요한 대로 쓰는 '공산사회의 살림(생활)'을 한살림으로 의미지었다. 또한 1926년 『동아일보』 6월 28일자 2면에 보면 '무궁도'라는 단체가 황해도 서흥군 숭덕산에 200여명이 모여 살아 '공산촌'을 조직, 즉 '한살림'을 목표로 했다는 기사도 보인다.

22　「한살림 요강」, 이 책 142~43면.

23　「대동종교 신창립」, 『자료집』 1 참조.

럽 사회주의 정당과의 국제연대를 추진하고 내전 중 소련의 혁명 상황을 직접 견문하고 나서 중국으로 돌아와 1922년 발표한 글인 「독립당과 공산당의 전도」에서 그는 우익 계열의 정당 활동의 일반 명칭인 독립당 활동의 고유성과 한계를 공산당의 그것과 비교한다. 독립당을 "국민 전체의 정치적 광복을 위하여 애국주의로 조직된 전투체戰鬪體"로 간주하고 "국수國粹주의적 종교를 활용하면서 민족적 정화精華를 옹호하고자" 하다 보니 "다소간 배외적 심리"를 드러낸다고 평가하면서, 이와 다른 길을 가는 공산당을 비방할 것이 아니라, "각기 노력하여" 한반도에 누가 먼저 입성하는지 최후의 결승을 다투자고 제안한다. 또한 독립당이 자각하여 앞으로는 '이론'과 '전술'에 기초해 "강력한 동맹체를 창조하며 무력적 실력을" 가져야 한다고 역설한다.[24] (이 인식은 1930년대 이후로도 이어진다.[25])

같은 시기에 집필된 「한살림 요강」과 「독립당과 공산당의 전도」에 담긴 비전이 병존한 1920년대의 사회주의 인식에서 정당을 변혁의 모체로 중시한 안목은, (독립)당-(임시)정부-(삼균주의)이념의 삼각관계의 연쇄고리를 중시하는 그의 구국 구상의 틀이 이미 형성 중이었다는 증거라 하겠다. 이것이 당시 그의 사회주의 인식의 셋째 특징이다. 이는 (뒤에 다시 보게 되듯이) 중국국민당의 '당으로 나라를 다스린다〔以黨治國〕'는 이론의 영향을 받으며 점점 더 강화된다.

이렇게 보면, 삼균주의는 1910~20년대 자신이 구상한 종교구국론을 부정하는 형식이 아니라 그 이상을 사회주의와 융합하면서, 분열과 통합을 거듭하는 민족운동의 자장 속에서 실천하는 과정에서 구체화하고 체계화한 것으로 이해해야 옳지 않을까 싶다. 소앙의 종교세계는 그의 '나라만들기'[26] 구상과 실행의 점진적 진화 과정에서 동력으로 작동했고, 마침내 삼

---

24   「독립당과 공산당의 전도」, 이 책 137~41면.
25   예컨대 「한국독립당의 근황」, 이 책 160~68면 참조.
26   소앙의 구상을 '한반도식 나라만들기'로 부름직하다. '한반도식 나라만들기'는 "한반도 특

균주의를 숙성시키는 효모가 되었다 하겠다. 그 과정은 소앙이 집필에 깊이 간여한 일련의 '나라만들기' 구상에서 한층 명료해진다.

그 첫단계는 1917년 7월 신규식申圭植을 비롯한 14인 서명으로 공포된 「대동단결선언」이다. 소앙이 기초한 이 문건은 고종의 '주권 포기'가 "곧 우리 국민 동지에 대한 묵시적 선위禪位"이니 "삼보三寶(국민·주권·영토)를 상속"받은 것이라고 명시함으로써, 가히 국민주권론이라 할 만한 주장을 「기미독립선언」(1919)보다도 시기적으로 앞서 담고 있다.[27] 또한 독립건국을 달성하는 최고 전략으로 임시정부 수립론도 제기되었다. 이를 통해 독립운동가의 대동단결을 이끌어낼 수 있다고 전망한 것이다. 둘 다 나라만들기의 핵심요건이다.

두번째 단계는 「대한독립선언서」다. '무오독립선언서'라고도 불리는 이 문건[28]은, 「대동단결선언」과 마찬가지로 독립을 선포하면서 세계적으로 대동평화, 나라 안에서 평등사상(남녀동권·빈부동부貧富同富·지우등현智愚等賢·노유등수老幼等壽의 사균四均사회)을 제창했으니, 삼균주의의 주요 개념과 인식 들이 싹튼 것이다. 그런데 여기에는 '천의天意', '천인합응天人合應(곧 신인일치)'이라는 용어가 나오듯이 소앙의 종교적 빛깔이 묻어 있다. 그로 미루어 거의 소앙의 독력으로 작성되었을 것이고, 그 취지에 뜻을 모아 서명

유의 역사로 인해 유난히 긴 세월에 걸쳐, 유난히 복잡한 경로"를 거쳐, "단계적으로 진행되어 왔고 아직도 미완의 과제"임을 설명하기 위한 장치다. 긴 역사의 흐름에서 국민국가 형성의 복잡성을 파악하면서 각 단계의 과제에도 충실할 수 있도록 이끄는 이 관점에서 보면 그의 사상이 한반도 현실에 직핍한 창의적 성취임이 잘 드러난다. 소앙의 복국-건국-치국의 국가건설 단계론은 독립운동과 건국운동을 동시 구상하고 실천한 한반도식 나라만들기의 적절한 예증이다. 백낙청, 앞의 책 55면. 강조는 원문.

27 조동걸은 소앙의 주권 이해를 한국사에 뿌리를 둔 '고유주권설(주권불멸론)'로 규정한다. 조동걸 「조소앙의 생애와 민족운동」, 한국정신문화연구원 엮음 『한국현대사인물 2』, 백산서당 1999, 21면.

28 『문집』 상권 232면에 따르면, 1919년 2월 만주에서 발표되었고, 2월은 음력으로 무오년 연말이므로 '무오독립선언'이라 불린다고 한다. 그런데 정확한 작성 시기에 대해서는 학계에 논란이 있다. 이에 대해서는 이 책 133면 참조.

한 대한독립군부의 인사들은 대종교 신자가 다수였으므로 그에 별로 개의하지 않고 수용했을 것으로 추정된다. 거의 같은 시기에 소앙이 기초한 세 번째 문건인 「대한민국임시헌장」도 평등에 바탕하여 인민을 나라의 주체로 내세운 민주정체의 신국가를 지향했다. 그런데 '신인일치'니 '신神의 의사' 같은 어휘가 눈에 띄니, 역시 그의 종교적 관점이 반영된 것으로 보인다. 당시 임정 내의 대종교나 기독교 신자들이 많아 용인된 것이란 해석이 있듯이,[29] 「대한독립선언서」 또한 당대의 종교인식이라는 공동자산을 활용한 성과라 하겠다.

삼균주의로의 진화 과정과 나라만들기 구상

셋째 문은 삼균주의다.

한반도식 나라만들기의 기틀을 닦은 위의 세 문건의 구상이 1930년대의 삼균주의로 발전하는 과정에서 우리가 주목해야 할 변화가 이뤄진다. 몇가지 외부적 요인이 여기에 중요한 영향을 미쳐, 소앙 사상의 변화와 지속의 변증관계를 엮어낸다.

먼저 유럽과 소비에뜨의 순방이다. 소앙은 베르사유 강화회의에 참여하기 위해 1919년 5월 중국에서 출발했으나, 회의가 끝난 6월 말에야 빠리에 도착하는 바람에 본래의 목적이 좌절되었다. 그러나 유럽 사회주의정당 요인들과 교류하고, 소비에뜨체제가 정비되는 혼란스러운 현장을 6개월 남짓 참관하며 공산주의의 이상과 현실의 거리를 체감한 경험은 소련식 공산주의에 대해 비판적 인식을 갖고 사회민주주의를 수용하는 계기가 되었다.[30]

---

29   김인식, 같은 책 172, 193면.

30   1920년 말부터 6~7개월간 체류한 기간은 러시아의 내전으로 인한 혼란이 아직 해소되지 않

이와 더불어 중국의 국민당과 공산당이 합작해 추진한 반제·반봉건 국민혁명(1923~27)도 깊은 영향을 미쳤다. 당시 한국 안팎에서도 통일전선 움직임이 활기를 띠었는데, 그 일환으로 국내에서는 신간회 설립, 중국 한인사회에서는 민족유일당 창당운동이 추진되었다. 일본 유학 무렵부터 중국 국민당 요인들과 긴밀한 관계를 맺은 소앙인 만큼 그 영향권에 있었을 터이고, 특히 국민당과 공산당의 당치주의黨治主義(당정黨政 일치) 방침을 수용하게 되는 것도 자연스러운 일이었지 싶다.

그 밖에 유럽 순방에서 돌아와 목도한, 임시정부가 지속적인 내부 분파에 시달리는 사정도 중요한 요인이었다. 임시정부 수립에 깊이 간여한 소앙으로서는 그 출구를 모색하느라 고투한다. 임정이 혼란에 빠진 와중에도 소앙은 '임정 수립론자'로서 자세를 유지했다. 그리고 임정을 지탱할 중심체로 정당의 중요성을 절감하고 한국독립당을 창당했고, 여러 정파가 각축하는 동향에 대응해 거듭 당을 개조하면서 '공동한 주의·정강'을 가진 민족주의세력의 결합을 뜻하는 '대당大黨(통합정당)' 조직을 모색하는 과제에 몰두했다.

사실 통합정당 운동, 곧 민족유일당 운동을 추구하며 이론적 체계와 기반이 필요하다는 인식은 독립운동가 내부에서 일정하게 공유한 것이었다. 안창호가 통일전선적 의미를 지닌 대공주의大公主義를 구상하며 민족·정치·경제·교육의 평등을 기초로 한 민주공화국을 건설하고자 한 것은 그 하나의 증거라 하겠다. 이 같은 일정한 공동영역의 자장 속에서 삼균주의가 생성되었음이 분명하다.

이제 1930년대 중반에 체계화된 삼균주의의 골자를 깊이 들여다보자.

은 상태였다. 또한 상하이파 고려공산당과 이르꾸쯔끄파 고려공산당이 곧 충돌하는 자유시 참변(1921. 6. 28) 직전의 상황이었다. 이러한 현실을 목격하면서 각국의 특수성을 존중하는 사회민주주의의 길을 모색한 것이 그가 공산주의에 기울지 않게 만든 배경이었을 것이란 견해가 있다. 조동걸, 앞의 글 26면.

소앙은 한민족의 역사를 깊이 분석하면서 예부터 겪어온 3대 불균등, 곧 인민의 기본권리·생활권리·교육권리의 불평등을 적출하고 그를 해소하는 동시에 일제로부터 독립하여 새로운 국가를 세우는 것이 '한국혁명' 곧 삼균주의 혁명이라고 본다. 이로써 전체 민족의 행복을 얻을 수 있다면서 구체적으로 정치권리의 균등, 생활권리의 균등 및 배울 권리의 균등을 제창한다.[31] 이 세 요소를 나란히 중시한 것은 대종교의 삼일신론三一神論 또는 삼일철학으로 불리는 특유의 세계관에서 영감을 얻었을 가능성이 높다.[32]

정치균등이란 국민의 균등한 기본권을 기초로 하여 보통선거제와 국민개병皆兵제를 채택한 민주공화국을 추구하는 것이다. 경제균등은 토지 국유와 대생산기관에 대한 국유정책을 기본원칙으로 하여 국민복지를 높이는 것이다. 그 강조가 자못 이채로운 교육균등은 국비부담에 의한 의무교육 실시와 교육기관의 양적 확충 같은 정책안들을 포함한다.

정치·경제·교육 등 세 방면의 균등이 협의의 삼균론이다. 그런데 그의 삼균사상은 이에 한정되지 않고, 개인·민족·세계의 세 차원에서도 균등이 실천되는 좀더 넓은 의미로 확장된다. 이것이 광의의 삼균론이다. 협의의 삼균론은 특히 (광의의 삼균론 중) '개인과 개인의 균등'을 실현하기 위한 지침이라는 의미를 가진다. 광의의 삼균론에서는 민족 간의 균등을 위해서는 민족자결권에 기초하여 각 민족이 국토와 주권을 광복하고 보위하며, 고유의 역사와 문화 및 민족의식을 발양하고, 평등호혜적 민족의 연합을 이룩해야 한다는 원칙이 천명된다. 그리고 국가 간 균등을 위해서는 국가 간에 침략을 반대하고 국제도덕을 존중하며, 연합국 기구를 옹호해

---

31   조소앙 「한국의 현황과 혁명의 추세(韓國之現狀及其革命趨勢)」, 이 책 115면.
32   대종교를 자신의 정치사상의 바탕에 둔 안호상이나 안재홍 같은 인물이 제기한 일민주의 및 신민족주의 정치이론이 정치·교육·경제 3영역에서 처방을 내놓고 있는 데서도 그 맥락이 확인된다.

야 한다는 등의 실현방안이 제시된다. 민족과 세계를 동시에 사유한 예로 서 돋보인다. 이 같은 삼권의 균등을 기초로 세우려는 국가가 신민주국 곧 '뉴 데모크라시의 국가'다.

이는 그 개인의 구상에 그친 것이 아니라, 일제강점기 대한민국임시정 부와 집권당인 한국독립당의 공식적인 강령으로 역할을 했다. 잠재적 주권 국가를 상징하는 임시정부로서 시간상으로 복국(독립국가의 회복)→건국(신 민주적 국가의 각종 사업 건설)→치국(자유사회 최고 위상의 국가 유지·발전)의 세 단 계를 분별하여 일종의 순차를 정하는 현실적 실행 가능성도 고려한 구상 이다. 그렇다고 해서 결코 각 단계를 기계적으로 고정하는 것이 아니고, 나 라 안팎의 정세에 유연하게 대응해 한 단계에서 다음 단계를 미리 예비하 는 식으로 상호연관을 의식하면서 각 단계가 점차 "인접하게 질서정연한 계획적 활동"을 추진하도록 배분했다.[33] 이렇게 함으로써 한민족의 사업이 되 동시에 인류에 기여할 수 있으리라 기대했다.

이를 추진하는 핵심주체는 한국독립당이다. 1930년대에 삼균주의는 "적어도 민족주의계열에서는 공통된 이념으로 자리잡았고, 민족주의계열 을 통합하는 이론으로 작동"[34]했다. 그 결과, 대한민국임시정부 「건국강 령」(1941)에도 계승될 수 있었다. 이 또한 소앙이 기초하면서 삼균주의가 그 바탕이 되었다. 단지 그 이상이 실현되는 과정을 복국→건국→치국→ 구세救世(세계 한가족)로 이어지는 4단계로 제시한 기존의 그의 구상이 「건 국강령」에서는 복국-건국의 두 단계로 한정되는 변화를 보였다. 복국의 전과정과 건국의 1기에 해당하는 '과도기'에는 임시정부가, 건국의 2, 3기 에는 임시정부의 정통성을 이은 정식정부가 집정하는 구상으로 삼균주의 를 실현할 기반을 마련한 셈이다. 나아가 1944년 4월 임시정부 최종헌법

---

33 「한국독립당 제1차 전당대표대회 선언(韓國獨立黨 第1次 全黨代表大會 宣言)」, 이 책 219면.
34 김인식, 앞의 책 369면.

으로 공포되는 「대한민국임시헌장」에도 반영됨으로써 「건국강령」은 임시정부 임시헌법의 기본이념으로 자리매김되었다.[35]

　이제 시공간적 차원을 임정보다 더 넓혀 삼균주의의 의의를 짚어보자. 먼저 「건국강령」으로 계승되는 과정에서 알 수 있듯이 그것이 중국 내 한인 독립운동가들의 공동영역의 산물이었음은 두말할 필요도 없다. 그리고 쑨원孫文의 삼민주의三民主義와 유사성을 갖는다는 사실에서 추론할 수 있듯이 동아시아 지역 차원에서 이뤄진 사상적 연동의 자장 속에서 생성되었다는 의미도 각별하다. 물론 소앙의 사상은 그가 한국인으로서의 경험 세계, 특히 동학 이래의 민족종교의 융합성에 바탕해 사유체계의 독자성을 가지고 숙성한 것임을 간과해서는 안 되지만 그 사상적 배경이 동아시아 전반을 아우른다는 점은 강조할 만하다.

　세계사적 차원에서 삼균주의의 의의는 그 다른 명칭이 '신민주주의'라는 데서 찾을 수 있다. 신민주주의는 1차대전 이후 정당 중심의 지역대표제와 의회정치의 한계를 지켜보면서 이를 혁신할 대안으로 세계 여러 곳에서 모색한 여러 유형의 시도를 가리키는 총칭이다. 마오 쩌둥毛澤東의 신민주주의 또한 그 하나이다. 따라서 소앙의 삼균주의에 기반한 '신민주'는 당시의 세계 사조와 호응하는 보편성이 식민지 상태의 '잠재적 주권국가'라는 단계의 독자성과 만나 발현된 구상이라 하겠다. 더 나아가 삼균주의가 오늘의 우리에게 갖는 의미는 근대 적응과 극복의 이중과제론, 그리고 그 하부 단위인 변혁적 중도의 관점에서 다시 따져볼 때 한층 더 보편적 차원에 자리잡게 된다. 이에 대해서는 뒤의 '소앙사상의 현재성'에서 다시 다루겠다.

35　소앙이 작성한 「대한민국건국강령(초안)」과 공식적으로 채택된 「대한민국건국강령」을 비교할 때 미세한 차이가 발견된다. 특히 「초안」에 '균등제도' '균등주의' '삼균주의' '균생주의'라는 용어를 사용한 부분이 공식 문건에서는 모두 '삼균제도'로 바뀌었다. (문자상의 그 밖의 차이점들은 본문의 관련 문건에서 보다 상세히 제시될 터이다.)

정책가의 역량: 한중협력 및 남북합작의 길

1922년 대한민국 임시정부의 외무총장이 된 것을 시작으로 (거듭되는 내각 개편의 불안정한 상황에서도) 여러 차례 외교책임자 직을 역임한 소앙은 국가간체계의 냉혹한 현실의 제약을 힘겹게 뚫고 나가며 자국민을 보호하고 국가이익을 지키기 위해 안간힘을 썼다.

이 면모를 잘 드러내는 사례가 완바오산사건 대응책이다. 이 사건은 잘 알려져 있듯이, 중국 지린성吉林省 창춘현長春縣 완바오산萬寶山 지역으로 이주해 그곳을 개간하던 조선인 농민과 토착 중국인 농민 사이에 토지계약과 수로 이용 문제를 둘러싸고 벌어진 1931년 7월 2일의 유혈충돌 사건이다. 이 사건은 중국 지방당국이 재만조선인을 쫓아내려는 문제를 둘러싸고 벌어진 중일 양국의 대립이 일차적 원인이었다. 게다가 이 사건이 국내에 알려지자 그에 반발한 조선인들의 화교배척폭동이 일어났고, 이는 다시 만주에서의 조선인 문제를 더 악화시켜 국제문제로 비화했다.

완바오산사건과 그로부터 파생된 화교배척폭동의 처리 문제는 임시정부의 존립 자체를 위협할 수 있는 요소였다. 소앙도 이 점을 예민하게 인식하고 있었다. 그래서 임시정부 외교책임자로서 또 한국독립당 명의로 성명서나 선언 등의 문건을 통해 완바오산사건의 본질을 중국인들에게 알리느라 애썼다. 여기서 특히 눈길을 끄는 것은 학자의 면모를 겸한 정책입안가로서의 기량이 잘 발휘된 보고서다.[36]

완바오산사건과 조선반도의 화교배척폭동의 연동은 세계자본주의체제가 당시 동아시아 단위에서 작동하면서 조성한 여러 층의 위계질서의 모순들이 응결된 결과였다. 이를 간파한 소앙은 여러 사건들을 한데 아울

36　「동삼성의 한국 교민 문제」, 이 책 241면.

러 '수수께끼의 매듭'이라고 함축적으로 표현한다.[37] 한국 교민이라는 동일한 이름에 상충되는 모순들이 포함되어 있음을 전제로 하여, 그를 둘러싸고 임시정부, 중국정부, 일본정부 등이 각축하는 정세를 날카롭게 파헤친다. 더 나아가 중국 정부에 한국 교민을 입적入籍(국적 취득) 조건의 유무에 따라 차별하지 말고, 삼민주의 및 현행 국제법에 의거해 평등하게 처리할 것을 대응책으로 제안한다. 결국 "한국 교민의 지위"는 "삼민주의의 실행 여부에 따라 그 높낮이가 결정될 것"이기 때문이다. 성숙하고 우호적인 한중관계가 중국이 어떤 발전의 길을 가는가라는 과제와 직결된 문제임을 갈파한 것이다. 이런 진단에 따라, 첫째 중국 국민정부와 민중 전체가 하나되어 반일 연대에 힘쓸 것, 둘째 중국 국민정부와 동삼성東三省의 관리와 인민이 한국 교민에 대한 추방을 완화할 것, 셋째 중국 언론계가 공평한 태도를 견지하여 양국의 오해를 종식할 것을 외교 담당 책임자로서 중국 매체를 통해 직접 호소했다.[38]

실제 중일 간의 교섭에 임정이 간여할 방도는 없다시피 했다. 게다가 난징정부로 하여금 임시정부를 공식 승인케 하고 또 그로부터 지원을 얻는 것이 당면 과제인 외교책임자로서의 제약도 안고 있었다. 그럼에도 삼균주의와 공유하는 바가 큰 삼민주의에 의존해 자기 사상의 중·장기적 전망을 단기과제와도 연결시킨 노력은 인상적이다.

또 하나의 사례는 태평양전쟁 종결에 즈음해 동아시아 질서를 새롭게 짜려는 국제정세 변화 과정에서 한국을 종전 후에 국제공동관리(國際共管)에 두려는 미국 조야의 동향에 대응해 임시정부가 거둔 외교 성과다. 비록 임정의 국제법상 승인을 획득하는 최종 성과에 도달하지는 못했지만, 카이로회담에서 중국을 통하여 미국이 (일정한 조건을 달아서이지만) 한국 독립을 보장하는 성과를 이끌어내는 데 성공한 것은 당시 우리 외교 역량

---

37 「화교폭동사건에 대한 한국 상하이임시정부 외무장의 성명서」, 이 책 235면.

38 「동삼성의 한국 교민 문제」, 이 책 250면.

에 비춰보면 괄목할 성과다. 이 과정에서 1945년 4월 중국 측이 임정에 통보한 「원조한국광복군판법援助韓國光復軍辦法」은 소앙이 국제외교사를 통찰한 시각에 힘입어 적절한 사례를 제시함으로써 외교성과로 이어진 증거로 주목할 가치가 있다. 중국 영토 안에서 창설되었을 뿐만 아니라 중국 정부의 지원으로 유지되는 광복군이 애초 중국 통제 아래 있어 '9개항 규정〔九個準繩〕'에 구속되었는데, 그 철폐를 요구하는 임시정부의 꾸준한 노력이 결실을 본 것이다. 이 조치를 통해 한국군은 자율권을 어느 정도 확보해 항일전 참여의 길을 열었다.

그러나 이론가이자 정책가인 그의 역량은 역설적으로 해방공간에서 큰 시련을 겪는다. 1945년 12월 임시정부 요인이 아닌 개인 자격으로 귀국한 주석 김구와 소앙이 직면한 현실은 미국과 소련의 군정이 분할 통치하는 가운데 신탁과 반탁의 논란으로 위기가 고조된 상황이었다.

1946년 1월 임정 주석 김구가 비상정치회의를 소집해, 각계의 민주 영수회의를 거쳐 과도정부를 수립하자고 제안한 것은 이러한 현실에 대응한 단기적 처방이었다. 그러나 이 시도는 우선 당시 남한의 사실상 정부인 미군정과 정면 충돌했고, 남한 정치세력의 절반을 차지하는 조선인민공화국을 지지하며 임정을 부인하는 좌익세력과도 충돌하여 정국은 좌우대립의 소용돌이 속으로 휘말려 들어갔다.

소앙 역시 처음에는 임시정부의 합작 상대를 임시정부의 법통을 인정하는 좌익세력으로 제한했지만, 좌우합작이라는 절박한 과제를 구현하기 위해 점차 그 대상을 넓혀갔다. 1947년 11월 소앙은 각정당협의회(약칭 정협, 곧 '13정당협의회'로 개칭)를 결성하기로 합의를 이끌어냈고, 통일정부 수립을 위해 남한 내 정치세력의 통일이 필요하다는 절박감에서 임정법통론을 내려놓고 공산주의자들에게도 손을 내밀었다. 이로 인해 김구와의 불화까지도 감수했다. 그러다가 유엔에서 남한만의 단독선거를 결정하자, 분단의 위기를 느낀 두 사람은 성패를 넘어서 남북협상에 나섰다. 우선적으로 종래의 임시법통론을 백지화하고 남북협상을 통해 '최고 권위의 기구'를 세워 대외교섭을 전개하겠다는 목표를 내세웠다.[39]

그런데 남북회담의 성과는 미미했다. 남북협상에 참여하고 나서 소앙의 정치노선은 커다란 전환을 보여준다. 남한만의 총선거를 긍정하는 방향으로 선회했다. 북측이 "강대한 권력과 무력을 배경으로" 협상에 임한 것을 지켜보고, "남한으로 돌아오면서 민족진영의 재편성 내지는 대동단결의 필요성과 가능한 지역에서의 선거로 우리의 정부를 수립하여 민족진영의 기반을 공고히 하여야겠다고 가슴 깊이 느꼈던 것이다".[40]

1948년 5·10총선에는 불참한 그였지만, 이번에는 당위론과 현실노선을 그 나름으로 결합하여 고심 끝에 판단을 내렸다. 총선거로 수립되는 대한민국의 제헌헌법에 삼균주의 이념인 균등주의 이상이 반영되었으니 임정법통을 계승한 것이라고 간주하여 명분을 살리는 동시에, 이미 성립한 신생 대한민국을 인정하는 그의 현실노선이 반영되었던 것이다.

이에 따라, 통일운동의 방법도 이전 남북협상 및 김구나 김규식이 추진하는 통일독립촉진회와는 다른 형태로 추진해야 한다고 주장했다. "집행능력과 자유의사를 구비한 양방 대표"가 협상에 나서 "역량과 이론과 대표의 자격과 수효數爻와의 부자연한 결함"이 없어야 한다는 노선을 제기했다.[41]

1948년 7월 말 들어, 조소앙은 김구와는 다른 정치의 길로 들어섰다. 나라만들기 과정에서 대한민국 정부가 수립되었으니 '복국'이 완성되었고, 이제는 '건국' 단계로 들어간다고 판단한 셈이다. 그리하여 오래 몸담아온 한국독립당과 결별하고 독자적으로 사회당을 결성하면서, 이전의 남북협상 노선으로부터의 대전환, 그리고, '대한민국 지지육성' 노선을 천명

39 　남북협상안 7원칙 제시, 「남북동포에게 고함」(1948. 4. 19), 김인식, 앞의 책 597~98면.
40 　「차기 총선거와 나의 정국관」, 이 책 291면.
41 　「남북회담에 관한 결정서」, 이 책 276면.

했다. 자신은 남북 문제를 해결하는 데 "전민중의 공론을 채용할 것과 권력 형태의 조직을 통할 것과 국제기구의 협조를 고려할 것 등"을 제안했는데, "이러한 과업을 기성 정당으로서 활발하게 집행할 수 없다고 단정"하고 내린 결단이었다.[42] 이에 대한 일환으로 1949년 7월 25일 민족진영강화대책위원회를 구성하여, 남북협상파 및 중간좌파 인사들도 참여하게 개방했다.

이윽고 1950년 5월 30일 시행된 총선거에 사회당 후보로 서울 성북구에서 출마해, 전국 최고득표로 당선되었다. 이제 이를 계기로 정부 수립 후 여당이 된 이승만 보수세력을 견제하는 야당세력으로서 현실정치에 등장할 동력을 만든 것이다. 그러나 6월 19일 개원한 제2대 국회에 첫 등원을 한 지 일주일 만인 6월 25일 한국전쟁이 발발했고, 미처 서울을 탈출하지 못하고 북한군 정치보위부에 연행되어 평양으로 납치되어, 삼균주의의 건국 단계를 실행하겠다는 포부는 뜻을 이루지 못하고 만다.

소앙 사상의 현재성:정세론과 문명론

소앙이 당대 현실과의 고투 속에서 이룩한 성과가 현재 우리의 삶에 어떤 빛을 비출 수 있을까. 그 현재성을 따져볼 때 먼저 한국의 고유 사상·문화에 대한 그의 남다른 자부심과 조예를 음미해볼 만하다.

그는 조선 최초의 국가 발생의 출발점인 고조선의 국가이념 곧 홍익인간의 건국정신과 평등관념을 새로운 국가를 인식하는 근거로 삼았고, 건국 기원절을 기념했다. 그렇다고 해서 "옛 국가를 찬미하고 노래하는 복고적 의미"를 강조하고자 함이 결코 아니다. "고대 최초의 국가로부터 중세

---

[42] 「한국독립당을 떠나 새로운 당을 창당하며」, 이 책 89면.

국가를 거쳐 현대 국가에 이르기까지의 발생·발전·멸망의 인과관계와 국가의 앞으로의 혁명에 대한 임무를 역사적 인식에서 구하는 것"이 필요하기 때문이다. 한마디로 "새 국가 건립 기원의 창조를 촉진하는 향상적向上的 의미"를 중시한 것이다.[43]

소앙의 우리 문화에 대한 천착은 『한국문원韓國文苑』을 편찬한 동기에서 잘 드러난다. 그가 우리 선조들이 남긴 명문장을 정리한 것은, 일차적으로 "나라가 망하니 문헌도 사라지는구나"라는 절박한 심정에서 문화가 망한 나라는 진짜 망한 것이지만 정신이 존재하면 나라는 계속 살아날 수 있으리라는 믿음의 소산이다.[44] 더 나아가 우리 문화를 탐구·선양하기 위해 한국어 교학법, 활자사, 단군, 원효대사, 광개토대왕릉비문, 조선 유학자, 이순신 거북선까지 시야에 담았다.

그의 한국문화 선양은 —종교세계가 종교민족주의에 그치지 않았듯이— 우리의 문화가 동아시아 문화의 풍요로움에 기여한다는 사실을 입증하려는 노력과 겹쳐 있다. 이는 물론 일차적으로 한국문화가 중국과 같은 뿌리임을 강조해 중국의 지원을 얻어 항일연합전선을 구성하려는 전략적 고려에서 이뤄졌다. 그러나 소앙이 자신의 사상 바탕이 최치원의 사유라고 밝힌 바 있듯이 한국문화의 주체성과 보편성을 아울러 보여주고자 한 면도 있다. 최치원이 문화적 주체 역량을 보편적 차원으로 끌어올릴 것을 주문하며 제시한 동인東人과 동문同文 의식을 융합하는 길을 계승한 것이다.

소앙의 한국문화에 대한 자부와 그것이 동아시아인이 공유할 문명자산이란 확신은 새로운 국제질서와 대안문명에 대한 절박한 바람이 추동한 것이다. 현실과 이상의 경계에서 그가 품은 사상 속의 변혁적 잠재성은 정세론 및 문명론 차원에서 확인할 수 있다.

---

43 「건국기원절 기념회의 의의(建國紀元節 紀念會의 意義)」, 이 책 101~02면.
44 「한국문원서(韓國文苑序)」, 이 책 89면.

먼저 정세론 차원에서 보자. 그는 "한국은 지리적으로 보아 태평양의 평화 등대가 되는 동시에 원동遠東(동아시아) 내지 세계평화의 평화 사령대"라고 간파한다.[45] 이러한 지정학적 인식, 곧 한반도–동아시아–세계를 중첩된 3층 공간으로 파악하는 안목은 안중근의 「동양평화론」(1910)이나 「기미독립선언」에서 여실히 볼 수 있듯이 독립운동자들 사이에 꽤 넓게 공유된 것이었다. 나아가 임시정부 외교부장을 역임한 소앙은 태평양전쟁 종결을 앞둔 시점에 기존 질서를 변혁하기 위해서는 한반도의 역할이 핵심임을 매우 박진하게 제시한다. 예컨대 "3·1절이 1차대전의 폐막성閉幕聲이자 2차대전의 개막사"임을 누구보다 명료하게 꿰뚫어본다.[46] 두차례 세계대전의 근원이 거슬러 올라가면 한국의 식민지화에 있고, 이를 세계가 방관해 일본이 제국주의로 치달아 태평양전쟁을 도발케 해 끝내 "전세계 인류가 모두 불구덩이"에 빠져들었다는 통찰이 뒷받침된 발언이다.[47] 내 식으로 말하면, 동아시아, 더 나아가 세계사의 모순이 응집된 장소인 '핵심현장'의 하나가 한반도이기에 가능한 일인데, 이 점을 소앙이 일찍이 예증한 셈이다.

이어서 문명론 혹은 세계사적 차원의 비전을 보자. 여기서 근대의 적응과 극복을 이중적 단일과제로 삼는 '이중과제론'에 부합하는 그의 사유가 도드라진다.

일본 유학 초기 그는 학교교육과 수학여행 체험 등을 통해 일본을 한국이 본받아야 할 '모범적인 문명국가'로 인식했다. 그런데 대한제국 고종황

45　「한국독립당 당이념 해석」, 이 책 198면.

46　「원동 민족의 해방투쟁과 3·1절('三一'節爲遠東民族解放之第一聲)」, 이 책 114면.

47　「태평양전쟁과 한국문제(太平洋戰爭與韓國問題)」, 이 책 267면. 소앙의 역사인식은 오늘날 미국 역사학자 커밍스(B. Cummings)의 다음과 같은 발언과도 통한다. "20세기는 일본이 러시아를 물리치고 전세계에 서서히 두각을 나타내는 가운데 시작되었으며, 그 세기가 진행될수록 일본은 불을 향해 달려드는 나방처럼 재앙으로 이끌려갔다." 브루스 커밍스「독특한 식민지, 한국: 식민화는 가장 늦게, 봉기는 가장 먼저」, 백낙청 외『백년의 변혁: 3·1에서 촛불까지』, 백영서 엮음, 창비 2019, 86면.

제가 강제퇴위 당한 1907년을 기점으로 소앙의 인식은 크게 달라졌다. 그에게 일본은 강제와 불법 등으로 얼룩진 '극복'의 대상으로 바뀌었다. 식민지 지식인으로서 식민성의 자각을 거쳐 근대의 한계를 날카롭게 인식한 것이다. 그런데 이에 머물지 않고 한 차원 높은 보편적 비전을 품게 된 것은 어떤 연유인지 따져봐야 한다. '신민주주의'론이 그래서 주목된다.

소앙이 말한 '신민주'는 "민중을 우롱하는 '자본주의 데모크라시'도 아니며 무산자 독재를 표방하는 사회주의 데모크라시도 아니다. 더 말할 것도 없이 범한민족汎韓民族을 지반으로 하고 범한국 국민을 단위로 한 전민적全民的 데모크라시다".[48] 그가 "정치·경제·교육의 균등화를 제창"하는 이유도 "국가를 광복함과 동시에 (…) 이중혁명의 위험을 방지"하려 함이다.[49] 즉 독립건국과 계급혁명을 단계적으로 추진하는 이중혁명을 넘어서 "1차방정식적인 새로운 건설"을 추구해야 한다는 것이다. 때로는 '한국의 신사회주의'라고도 말한 이 지향은 자본주의를 애당초 배격하지도 않으면서도 그 너머를 지향한다는 점에서 적응과 극복의 이중과제론적 문제의식에 가깝다.[50] 비맑스주의적 근대극복의 사유라고도 함직하다. 이 안목은 세계자본주의의 발달사를 돌아보면서 한반도에서 구민주주의를 극복하려는 인식에 바탕했기에 한결 탄탄해 보인다.

현재 우리의 이상 중에 있는 민주국가가 17, 8세기에 구미에서 건립된 그

---

48 「한국독립당 당 이념 해석(韓國獨立黨黨義解釋)」, 이 책 207~08면.
49 「당원 동지에게 고함(告黨員同志)」, 이 책 151~52면.
50 백낙청, 앞의 책 67면. 소앙이 「건국강령」 초고 말미에 '자본주의 소멸' 등을 메모한 것의 의미를 둘러싼 논의와 관련해, 백낙청은 "소앙 자신의 입장은 이중과제론에 부합한다"고 본다. 소앙이 국민국가 너머를 전망한 것도 이중과제론적 문제의식으로 봄직하다. 즉 "소수가 다수를 통치하는 착취기계로서의 국가 또는 정부를 근본적으로 부인하고, 다수가 다수 자신을 옹호하는 자치 기능의 임무를 충실하게 실천하지 않을 수 없는 독립정부를 수립하려는 것이다"(「당원 동지에게 고함」)라는 대목에서 엿볼 수 있듯이, 소앙은 근대 국민국가 체제의 파괴성을 직시하고 그것을 비판적으로 극복할 수 있는 길을 삼균주의를 통해 추구했다.

데모크라시 국가인가. 그것도 아니다. 당시 그들의 성공으로 인하여 건립되었던 데모크라시는 **상승기 자본주의**를 기초로 한 것이었다. 그리하여 현재 노사 간의 극도의 갈등과 모순을 내포한 제도를 산출하여놓은 것이다. 그러면 우리는 어떤 제도를 건설할까. 본당 당 이념(黨義)에 명명백백히 규정한바 정치·경제·교육의 균등을 기초로 한 신민주국, 즉 '뉴 데모크라시'의 국가를 건설하려는 것이다.[51]

'상승기 자본주의'가 아닌 식민통치 아래 왜곡된 기형적 자본주의 유산을 떠안을 수밖에 없는 한반도에서 "1차방정식적인 새로운 건설"로 성취하려는 '신민주주의' 국가는 물론 아직 세계 어디에서도 세워진 적이 없다. 그럼에도 소앙은 포부도 당당히 이렇게 제안한다.

전례에 없는 새로운 표본, 새로운 전형, 새로운 범주를 우리 당의 골자로 하여 우리의 재건설은 전에 없던 **창작적 국가**를 잉태하고, 인류에게 새로운 제도를 제출하는 정중한 동의動議이다. 이와 같은 신선한 동맥이 활약하여 비로소 세계인의 일부인 우리의 책임을 수행할 수 있는 것이며, 동아시아의 유구한 문화적 결정結晶의 광선으로 전인류의 병태적病態的 제도에 대한 통쾌한 살균제가 되어 5천년간 한민족 독자의 발전상에서 새로운 문명의 피의 꽃을 피게 하는 것이다. 창작의 자부심이 없으면 정치결사의 유원悠遠한 생명이 될 수 없으며, 조국 광복의 막중한 임무를 짊어지고 과감하게 전진하는 것은 불가능하다.[52]

일제강점기에 구상된 소앙의 신민주주의 비전은 해방공간에서 다수 민중의 일상적 욕구에 호응했을 뿐만 아니라 주요 정당들의 공통된 지향이

---

51   「한국독립당 당 이념 해석」, 이 책 207면, 강조는 인용자.
52   「당원 동지에게 고함」, 이 책 155~56면, 강조는 인용자.

기도 했다. '진보적 민주주의'나 '신민주주의' 용어 자체는 국가 정체를 표현하는 '시대정신'이었다 하겠다.[53]

그는 분단현실에서 한반도 남쪽의 대한민국을 기반으로 한반도 체제의 변혁을 위해 중도세력을 널리 확장하려는 방략으로 삼균주의를 지키면서 선거에 참여해 의회주의를 채택했다. 이는 정치적 실천에서 원칙과 현실의 조화를 감당해야 하는 정치가의 고심에 찬 선택으로서 역사적 맥락에 따라 양 극단을 배제하는 '정도의 중간길'을 추구한, 변혁적 중도에 부합한 노선이라 하겠다.[54]

비록 분단의 희생물이 되었지만 오히려 남북이 공유할 수 있는 사상 자산으로서 소앙 사상의 잠재력은 살아 있다. 특히 대한민국 기반 위에서의 변혁적 중도의 가능성을 일깨워주는 자산으로 소중하다. 나라만들기의 단계적·점진적 과정에 대한 투철한 인식에 따라 "새로운 표본"으로서 "창작적 국가"를 인류사에 제시하고자 한 삼균주의는 한국사회의 전통적 자산을 활용해 한층 더 높은 차원의 민주주의를 만들고자 하는 우리의 변혁적 중도의 계보에서 중요한 고리다.[55]

---

[53] 해방 일년 후에 미군정청 여론국이 시행한 여론조사에서 사회주의를 찬성한다는 답변이 70퍼센트에 달했다. 그리고 해방공간의 여러 정파 지도자의 국가건설론을 비교한 연구성과에 따르면, 계급대립의 조건 자체를 없애려 하고, 비자본주의 발전의 길을 선택했으며, 합법 평화의 방법으로 사회혁명을 추진하려 한 공통점이 있다. 김인식 『광복 전후 국가건설론』, 독립기념관 2008, 13, 15~17면. 또한 천도교의 청우당 지도부는 '조선적 신민주주의' 국가건설을 주창했고, 원불교 2대 종사 송규(宋奎)가 발표한 「건국론」(1945)에 나타난 중도주의도 이와 유사하다.

[54] 김대중은 정치가라면 "서생적 문제의식과 상인적 현실감각"을 함께 가져야 한다는 입장에서 단독정부 수립 시 대통령선거 후보로 참여할 선택을 하지 않은 김구를 "위대한 애국자였지만 정치인으로서는 성공하지 못했"다고 평가한다. 연세대학교 김대중도서관 기획 『김대중 육성 회고록』, 한길사 2024, 67~68면.

[55] 이 계보의 연장선에 김대중도 있다. 그는 서구 민주주의의 한계를 넘어설 수 있는 더 넓고 높은 차원의 민주주의, 곧 지구적 민주주의를 만들어가는 자원과 가능성으로 아시아사회의 전통적 장점을 활용할 것을 주장했다. 이남주 「김대중사상과 K민주주의」, 『창작과비평』 2025년 봄호, 86~87면.

사상의 광맥에서 나오며

소앙이 방대한 양의 자료를 귀국할 때 가져왔으나, 보관하던 중 일부는 안타깝게도 불에 타버렸다 한다. 남은 자료('소앙문서')만도 의미가 깊기에, 그 일부는 1979년 『소앙선생문집』(상·하)으로 출간되었다.[56] 그런데 이 출간물은 소앙의 자료에 쉽게 접근할 수 있게 하는 강점이 있으나 저작물 위주로 골라 수록했을 뿐만 아니라 활자화하면서 오탈자가 발생했다. 그래서 수필본手筆本을 포함한 원본 그대로를 좀더 망라한 자료집 4책이 다시 공간되었다.[57] 그러나 아직 '조소앙선생문고' 전체가 공개되지 않았고, 조소앙과 관계있는 중국과 대만, 유럽의 자료들이 발굴·수집·공개되지 않은 실정이다.

이 같은 자료에 입각해 지금까지 적지 않은 연구 성과가 축적되었고, 평전 형태의 연구서만도 두어종 이미 출간되어, 이 책을 펴내는 데 큰 도움을 주었다. 특히 김인식의 『조소앙 평전』은 소앙의 행적과 사상 형성 궤적의 세부에 접근하는 데 아주 유용하다.

소앙의 문장을 현재 우리가 사용하는 문장으로 옮길 때 부닥친 문체의 문제에 대해 언급하지 않을 수 없다. 초기 문장은 한문으로 쓴 것과 국한문 혼용체(유길준식 언해체에 가까운 것)이 많다. 성균관에서 경서 강의할 때 언해본을 병행했기에 그는 초기 국한문 혼용체를 사용하는 훈련을 받았을 것이다. 그리고 3·1운동 이후에는 점차 지금의 우리 문법에 가까운 후기 국한문 혼용체를 구사했다. 이와 더불어 중국 현지에서 중국인을 대

56　그 국역본도 출간되었다. 조소앙선생기념사업회, 『조소앙선집』(상·하), 선인출판사 2021. 그런데 원본과 구성에서 약간의 차이가 있다.

57　『한국독립운동사 자료집: 조소앙 편, 1-4』, 한국정신문화연구원 1995. 여기에 『유방집』과 『한국문원』은 그 무렵 영인본이 출간되었기에 수록되지 않았다.

상으로 문건을 작성할 때는 문어체 중국어를 구사했다. 그런데 국한문 혼용체로 쓰더라도 유학 고전은 물론이고 (「원효전」을 쓸 정도로 깊이 관심 가진) 불교 경전에서의 인용도 적지 않고, 중국어 어휘나 고사성어를 자주 구사했다. 그래서 독자에게 쉽게 전달하기 위해 여러 분의 도움을 얻어 편저자주를 많이 달았다.

그런데 이 선집을 펴내는 작업이 길어지면서, 초기에는 가급적 오늘날의 독자들이 읽기 쉽도록 문장을 다듬다가, 뒤에 올수록 원문의 맛을 살리기 위해 문장의 어미나 조사, 어떤 경우는 어휘도 원래대로 살리는 방향으로 조정하는 부침을 겪었다. 이 선집 원고의 최종본은 양쪽의 중간쯤에 머문 꼴이 되었다.

이 과정에서 『문집』 상·하권을 저본으로 하되 『자료집』 전 4권과 대조했고, 중국이나 국내 매체에 처음 발표된 문건이 있는 경우 그것을 찾아 교감하여 정본을 만들어보려고 애썼다. (『문집』에 들어 있지 않은 문건도 일부 수록했다.)

끝으로 편저자의 작업에 도움을 준 분들에게 감사의 뜻을 전하고 싶다. 소앙이 다양하게 인용한 고전들의 출처를 확인하고 그 맥락을 정확하게 파악하는 일이 쉽지 않았는데, 『문집』 번역본의 역문과 역주도 도움이 되었거니와, 이필원, 정혜정, 백민정 교수 등의 가르침이 요긴했다. 지관순 박사는 이 작업 과정 내내 여러 단계에서 중요한 조력자였다. 조소앙기념사업회 조인래 이사장의 사진 제공과 조언은 책을 더욱 풍성하게 해주었다. 모든 분들에게 감사드린다. 그러나 최종 책임은 편저자에 있음은 두말할 필요가 없을 터이다.

사상 광맥을 탐색하는 작업은 적지 않은 시간이 걸리기는 했지만, 아주 오래전 박사과정 수업을 들었을 때 익힌 문헌 교감校勘 훈련 과정이 되살아나는 추억도 있어 그 과정을 견뎌낼 수 있었다. 한국 사상의 광맥을 발굴하고 해석하는 창비사상선 작업에 참여한 것은 두고두고 보람으로 남을 것이다. 이제 이 값진 광석을 어떻게 한국어권을 넘어선 독자와 함께 나눌 것인가가 남은 일감이겠다.

핵심저작

조소앙

조소앙(1887~1958)의 대한민국 임시정부 시절 사진. 조소앙기념사업회 제공.

1장
종교구국과 사회변혁의 한 길
조소앙의 종교세계

자전自傳[1]

가계

현재 나이 57세로 한국독립당 중앙집행위원장과 임시정부 외무부장을 맡고 있다. 본명은 용은鏞殷이다. 선조는 함안咸安 사람으로 성을 얻은 지 2천년이 되었다. 조려趙旅는 호가 어계漁溪인데 세조의 왕위찬탈에 분개하여 성균관에서 통곡하고 함안으로 물러나 머물며 대대로 청덕淸德을 지켰다. 그 9세손 조송趙松은 70세 나이에 장형杖刑을 당해 옥중에서 죽었다. 참으로 당화黨禍 때문인데 얼마 안 되어 원통함을 풀고 충성이 밝혀졌다. 그 9세손 소앙은 1887년 정해년 4월 8일[2]에 교하交河(파주)에서 태어났으니,

---

1   이 글은 1943년(57세)에 작성된 것임. 중문체. 그해 5월 8일 한국독립당 제3차 전당대표대회에서 소앙이 중앙집행위원회 위원장에 선출된 사실에 근거한 추정이다.

2   이 「자전」에 근거해 일반적으로 4월 8일생으로 알고 있다. 그런데 소앙 자신이 남긴 일기 「동유략초(東遊略抄)」의 관련 기록들을 비교해 양력 5월 2일(음 4월 10일)이 생일이라고 고증한 연구도 있다. 김인식『조소앙 평전』, 민음사 2022, 24~25면.

바로 단군 때의 선성宣城이다. 부친은 정규禎奎이고, 모친은 박씨로 인조가 왕위를 찬탈할 때 화禍에 얽힌 박엽朴燁의 후손이다. 증조부는 맹식孟植이며 순효純孝(두터운 효심)로 일컬어졌다. 소앙은 사서오경四書五經(유학의 주요 경전)과 자사子史(제자백가와 역사서) 등의 한학을 조부 성룡性龍에게 16세까지 수학하였다.

유학

16세에 한성漢城(서울)에서 유학하였다. 성균관에 들어갔다. 갑진년(1904) 2월에 이르러 이른바 망국조약인 '(한일)의정서'가 『황성신문皇城新聞』에 발표되자 분개하며 퇴학하였다. 나라를 떠나 유학하기로 뜻을 정하고 바로 황실유학생에 선발되자 50명과 함께 일본으로 갔다. 도중 뤼순旅順 함락 소식을 듣고 크게 통곡하였다. 19세에 이른바 '보호조약'이 체결되자 우에노 공원에서 7명의 충신을 추도하며 나라가 망한 치욕을 통곡하였다. 소앙은 이때 국치國恥(나라 잃은 수치)와 민욕民辱(민족의 굴욕) 때문에 극도로 격동하여 재빨리 동학同學과 공수학회共修學會, 유학생회留學生會, 홍학회興學會, 친목회를 조직하고 그 간부와 주필主筆을 맡아 학보學報를 발행하여 민족의식을 고취하였다. 중학부터 대학까지 학업을 마치는 동안 일본에서 6, 7년 유학하였다. 18세 때 친형이 베를린에서 편지를 보내 쑨원전기〔孫逸仙傳, 쑨원의 자는 일선逸仙, 호는 중산中山〕과 고리끼 작품 등을 읽어보길 권하여 자못 영향을 받았다. 일본을 떠나 외국으로 가고자 하였으나 헌병대장 다치까와立川에게 붙잡혀 수년간 감시를 받으면서 조금도 자유가 없었다. 24세에 결국 경술년(1910)의 변고(강제합방)를 겪고 문서와 집회 사건으로 인해 경찰에게 매우 혹독한 감시를 받았다. 철학 연구에 열중한 것은 대체로 이때부터이다.

중국으로 건너옴

일본에서 귀국했으나 여전히 감시를 받던 중 병을 핑계 삼아 은거하였다. 계축년(1913) 27세에 상하이로 건너와 처음으로 중국국민당의 요인들과 교유하고, 독립운동에 종사하며 박은식朴殷植·신규식申圭植·김규식金奎植·홍명희洪命熹 등과 함께 당시 동제사同濟社의 간부를 맡았다. 1차대전 때 상하이에서 두 건의 문서를 기초했으니, 하나는 「대동단결선언大同團結宣言」이고 다른 하나는 「제2국제당전문第二國際黨電文」[3]이다. 전자는 국내에 통일과 조직을 호소한 것이었고, 후자는 국외에 평화회의에서의 한국문제를 미리 제출한 것이었다. 비록 당시에 성공하지 못했으나 국내외에 반향이 자못 있었고, 3·1운동을 일으키는 데 이르러 일부의 효과를 거두었다.

둥베이東北로 감

1차대전이 종막終幕을 거두려 했으나 국외에 있는 한국인은 조금도 단결의 희망이 없었고, 국내 대중도 적막하여 소리가 없었다. 마음이 대단히 초조하여 둥베이 지방의 한국인을 규합하기로 마음먹고 곧 홀몸으로 그곳에 갔는데, 당시 한국 교포의 거물들이 분열하여 스스로 영웅이라 여기면서 통일의 희망이 없어 결국 실패하였다. 지린성吉林省 내에서 조용히 독서하다가 1919년 정월에 이르러 여준呂準·김좌진金佐鎭·박남파朴南坡·손일민孫一民 등 여러 동지와 대한독립의군부大韓獨立義軍府를 창립하여 여준이 정령正領이 되고 나 자신은 부령副領을 맡았다. 「대한독립선언서大韓獨立宣言書」를 기초하고 나서, 국내의 대표를 찾아갔더니 「(기미)독립선언서」의 초고를 전해주어 서로 호응하기로 기약하였다. 당일 남쪽 상하이로 내려

---

3   이는 바로 당시 만국사회당대회라 불린 국제사회주의자대회(International Socialist Cong-
     ress)를 말한다.

가 임시의정원과 임시정부를 조직하고, 「10조 헌장憲章」 등 중요한 문서를 기초하였다. 국무원國務院 초대 비서장에 취임했으나 열흘이 되지 않아 유럽으로 가서 평화회의에 참가하겠다고 결심했다. 기미년(1919) 5월에 상하이를 떠나 프랑스로 갔는데 런던에 도착한 날이 바로 평화회의가 폐막하는 날이었다.[4]

유럽으로 감

빠리〔巴黎〕에 이르렀다가 곧 스위스〔瑞西〕로 가서 제2국제당대회에 참가하여 한국 독립과 임시정부 승인 문제를 제출하고 36개국 대표의 찬동을 얻어 통과시켰다. 그 후 영국·네덜란드·벨기에·프랑스·아일랜드·덴마크·이딸리아·그리스·소련 등의 나라로 가서 국회에 제출하거나, 혁명 위인·철학 대가·시성詩聖 등과 토론하기도 했고, 『적자보赤子報』[5]를 간행했으며, 각 도시를 돌며 차례로 강연도 했고, 외국 거주 한국인 노동자 모임을 조직하기도 하였다. 1920년에 소련으로 가서 아주 깊이 시찰하였다.

중국으로 돌아옴

유럽에서 중국으로 돌아와 임술년(1922)에 베이징에 당도하여 범한독립당汎韓獨立黨을 조직하였다. 중국 벗 장푸첸張溥泉이 보자고 해 상하이로 돌아갔으니, 나이가 벌써 36세였다. 장공을 통해 쑨중산孫中山(쑨원孫文) 선생과 회견하였다. 이때 한국인의 시국이 자못 어지러워서 곧 세계한인동맹

---

4   『문집』 하권, 157면에는 "開會之日"로 되어 있으나 "閉會之日"이 맞을 듯함. 소앙이 유럽에 도착한 것은 6월 말경이고 1월에 개회한 회의는 6월 28일 조약을 채택하고 폐회하였다.

5   한국사회당의 존재를 알릴 목적으로 1919년 12월 프랑스 빠리에서 사회당 명의로 소앙이 창간하여 발행한 부정기 간행물. 그가 책임 편집을 도맡았다.

회를 조직하였다. 마침 외교부장을 맡게 되었는데 차마 소홀히 하거나 대충대충 일에 임할 수 없었다. 그래서 김상옥金相玉을 파견하여 경성을 크게 격파하였는데, 김공이 순국하니 전기를 작성하여 애도하였다. 1926년에 이르러 한국유일독립당촉성회를 조직하였으며, 「삼균제도三均制度」란 문장을 집필하고 『한국문원韓國文苑』을 저술하였다. 1929년 광주혁명(광주학생사건) 때에 이르러 한국독립당을 조직하였다. 1931년에 이르러 이동녕李東寧·김구·조완구趙琓九·김철金澈과 협의해 이봉창과 윤봉길을 파견하여 적을 섬멸하고 직접 선언을 작성하였다. 같은 해 5월 1일에 항저우杭州로 가서 월간지 『진광震光』을 창간하였고, 이때 『소앙집素昻集』과 『원효전元曉傳』도 모두 저술하였다. 잠시 한국민족혁명당을 조직하였으나 의견이 합치되지 않아 탈퇴하고 한국독립당을 재건하였다. 난징에 가 광복전선〔陣線〕을 조직하고, 치장綦江[6]에 가 한국독립당을 재편하였다. 충칭에 이르러 한중문화협회·선전위원회·외교연구위원회를 조직하고, 「건국대강建國大綱」을 저술하였다.

사상

신라시대에 가장 힘을 발휘한 '화랑'을 본체〔體〕로 하고 역학易學과 변증법을 방법으로 삼았다. 이기理氣로 내닫고 성상性相(사물의 본성과 현상)에 노닐며 물질과 마음〔物心〕을 통일하고 동서양을 융회融會(자세히 이해)하였다. 실행하는 데는 '삼균三均'을 썼고 마음을 집중하는〔遊心〕 데는 '삼공三空'[7]을 썼다. 용감히 한국의 주류사상을 감당한 것이다.

6　당시 중국 난징정부가 일본 침략을 피해 충칭으로 정부를 옮기자, 한국 임시정부도 1938년 광저우(廣州)로 이동했다가, 다시 구이양(貴陽), 치장 등을 거쳐 충칭에 도착했다.

7　'三空'은 『금강경』의 대의(大義)인 '파이집 현삼공(破二執 現三空)'과 관련 있다. 곧 두가지 집착을 깨뜨려, 세가지 공의 이치를 나타낸다는 의미다. 2가지 집착이란 아집(我執)과 법집(法執)을 말하고, 세가지 공이란 아공(我空)·법공(法空)·구공(俱空)이다. 아공은 '자아'라

시구

"나라 잃은 수치가 여전히 씻기지 않았는데, 돌봐줄 사람 없으니 훗날 누굴 다시 의지할까. 새벽달 뜬 촉산에서 지팡이 짚고 묘지 선회하자니, 치장 가을바람에 눈물이 옷깃을 적시네〔亡國羞恥猶未雪 無人顧後復誰依 蜀山曉月 節環墓, 綦水秋風淚濕〕": 치장[8]에 묻히신 양친을 곡한 것이다.

"푸른 역사에 아름다운 이름을 남긴 세 학사,[9] 붉은 마음에 한을 품은 일곱 충신[10]〔靑史流芳三學士 丹心含恨七忠臣〕": 선열先烈(먼저 가신 열사)을 기린 것이다.

"도는 스스로 얻지 못하면 끝내 얻을 수 없고, 일은 행하지 못한 바가 있을 때 비로소 행하게 되네〔道無自得終無得 事有不爲始有爲〕": 자명自銘(스스로 경계하는 말)이다.

"벌레 생기는 하찮은 널에 뉘여 까막까치 들판에 묻히나, 온 산의 초목이 소앙에 극진하네〔兒柩發蟲烏鵲野 滿山草木盡蘇昻〕": 나 자신의 만시輓詩(애도하는 시)이다.

"녹을 높이 여기거나 권력을 탐하는 사람은 나라의 선비가 아니요, 몸을 가볍게 하고 의를 닦는 사람이 화랑이로다〔厚祿貪權非國士 輕身修義是花郞〕":

는 실체가 없는 것으로 무아를 의미하고, 법공이란 대상세계에 존재하는 모든 것들은 인연(원인과 조건)에 따라 생겨나고 사라지는 것으로 실체가 없음을 의미한다. 구공이란 아공과 법공에 대한 생각마저 끊어진 것으로, 공하다는 생각에도 집착하지 않고, 어디에도 걸림이 없는 사사무애(事事無碍)를 의미한다.

8 　1939년 11월 1일 부친 조정규가 쓰촨성 치장현(綦江縣)에서 작고하였다. 임시정부가 잠시 치장에 머물 때 함께 이동하던 고령의 모친이 먼저 작고했고 얼마 안 되어 부친도 그 뒤를 따랐다.

9 　1627년 정묘호란으로 조선과 후금(청)이 맹약을 맺은 후 싸우기를 강력히 주장한 척화삼학사(斥和三學士) 윤집, 오달제, 홍익한을 가리키는 듯하다.

10 　을사늑약 당시의 일곱 충신을 가리키는 듯하다.

세상을 비평한 것이다.

시련을 겪음

첫번째는 토오꾜오에서 반일운동을 해서이고, 두번째는 러시아 영토에 있을 때이고, 세번째와 네번째는 중국에 있을 때이다. 요행히 죽음은 면하였으나 사실상 모함에 빠진 것으로 근거가 없었다.

기에 관한 논설氣說[11]

기氣[12]라는 것은 전자電子이다. 생물과 무생물을 일관하여 만물에는 각기 전자가 있다. 대기大氣 중에도 있는데 대기는 호흡에 필요하니 생명에 없어서는 안 될 것이다. 그러므로 세상 모든 것〔萬有〕을 관통하여 모든 물체의 본체가 되는 것은 오직 '기'일 터이다. 생물은 반드시 무생물을 바탕으로 그 생명을 보전하고 그 기를 필요로 한다. 기로 기를 보전하고, 기와 함께 서로 구하며, 버리거나 떠나지 못하니 그 추세는 당연한 것이다. 하나의 기에서 생겨난 까닭으로 만물이 모두 한가족〔一族〕이니, 만물은 같은 종파同宗의 갈래가 아니겠는가. 만물은 뿌리가 같다고 인식하여 천지에 내 몸을 나란히 두면, 사람이든 만물이든 종류가 같고 뿌리가 하나이니, 만물마다 제각기 하나의 태극太極[13]을 갖추었다는 게 바로 이 뜻이다. 그 근원

---

11   「소앙기설(素昻氣說)」, 한문체.

12   기는 원기나 에너지로 흔히 이해되나, 본래 일체의 유동하는 기체 또는 호흡하는 숨결을 가리킨다. 고대에는 천기, 기후를 의미했다. 동아시아 철학에서는 우주만물을 형성하는 가장 근본적인 물질적 실체를 말한다. 동아시아에서 서구 과학 개념이 수용되면서, 에너지나 전자로 기를 설명하는 사조가 생겼다. 소앙도 이 글에서 그런 사조를 반영하고 있다.

13   태극은 유학, 특히 성리학에서 모든 존재와 가치의 근원이 되는 궁극적 실체를 가리킨다.

을 미루어 생각해본다. 기가 언제 생겨나며, 기를 조성하는 것은 무엇인가. 기에는 처음과 끝이 없고, 또한 주체와 객체〔能所〕도 없으며, 곳곳에 두루 펼쳐 있고 어느 때나 걸쳐 있으며 일체의 이치를 포함할 따름이다. 조성될 수도 없고 조성할 수도 없는 것이 기의 본체이다. 저절로 생겨나고 없어지며 사라지고 자라나는 것이 기의 현상〔相〕이다.

상생相生과 상극相克14의 형세에 감응하여 취하고 버리며 나아가고 물러날 기미를 깨닫는 것이 기의 용用이다. 그러므로 기는 반드시 (인간의) 본성〔性〕을 낳고, 본성이 생기면 반드시 욕구〔欲〕를 낳으며, 욕구가 생기면 반드시 깨달음이 생기니, 하늘의 뜻〔天命〕을 기의 체體라 이르고, 본성을 따름〔率性〕을 기의 현상이라 이르며, 도를 닦음〔修道〕을 기의 용用이라 이른다.

무릇 기를 기르는 데〔養氣〕는 하늘의 뜻을 본체〔體〕로 하는 것보다 나은 게 없고, 또한 그 욕구를 절제하여 그 깨달음을 밝게 하는 것보다 큰 게 없다. 만약 천성을 저버리면 기를 상실하고, 사람의 욕구를 끊어버리면 기가 상실되며, 영험한 깨달음을 헷갈리면 기를 해친다. 그러므로 그 성을 이루고, 그 욕구를 절제하며, 그 깨달음을 밝히는 것이 바로 기를 기르는 근본이다.

옛날에 이른바 "느끼게 되면 마침내 천하의 일을 통하게 된다"15라고 하였으니, "자신의 밝은 덕을 천하에 밝히고자 하는 자"16는 깨달음이 원만하여 "노여움을 남에게 옮기지 않고 잘못을 두번 다시 저지르지 않는

14　상생과 상극은 음양오행설(陰陽五行說)의 용어다. 여기서 오행은 우주 속에서 쉬지 않고 운행하는 다섯가지 원소, 곧 금(金)·목(木)·수(水)·화(火)·토(土)를 말한다. 그런데 금(金)은 수(水)를, 수(水)는 목(木)을, 목(木)은 화(火)를, 화(火)는 토(土)를, 토(土)는 금(金)을 낳는 것을 '상생'이라 하며, 금(金)은 목(木)을, 목(木)은 토(土)를, 토(土)는 수(水)를, 수(水)는 화(火)를, 화(火)는 금(金)을 이기는 것을 '상극'이라 한다.

15　『주역(周易)』「계사전상(繫辭傳上)」에서 "역은 생각도 없고 하는 것도 없다. 하지만 고요히 움직이지 않고 있다가, 일단 느끼게 되면 마침내 천하의 일을 통하게 된다(易无思也 无爲也 寂然不動 感而遂通天地之故)"고 한 구절에서 가져온 표현이다.

16　『대학장구(大學章句)』제1장에 관련된 문구가 있다. "옛날에 자신의 밝은 덕을 천하에 밝히

다".[17] 즐거움과 노여움이 드러나도 절도에 맞고,[18] 욕구를 절제하니, 각자 그 삶을 잘 마치고 각자 그 뜻을 이루어 성을 온전히 하는 것이다.

이른바 '이理'라는 것은 기가 말미암는 바이고, 절목節目이고, 동태動態이고 진퇴〔屈伸〕요, 자취〔綜跡〕이고, 궤도軌道이고, 노선路線이다. 한마디로 줄이면 기가 향하는 곳이 이理이다.

기가 스스로 갖추어지면 형상에 따라 발현되니, 기는 만물과 떨어질 수 없고 만물은 기와 떨어질 수 없다. 그러므로 곧 만물에 다가가 기를 인식하고, 기에 나아가 이를 인식하며, 이에 다가가 깨달음을 밝힌다. 만물을 벗어나선 기가 없고, 기를 벗어나선 이가 없고, 이를 벗어나선 깨달음이 없으며, 깨달음을 벗어나선 이가 없고, 이를 벗어나선 기가 없고, 기를 벗어나선 만물이 없으니, 서로 융합하여 분리되지도 나뉠 수도 없으니, 마치 순환하여 서로 이어져 분리될 수 없음을 알아야 한다. 그럴 때 비로소 이른바 도道도 기器이고 기도 도이며,[19] 색色은 공空이고 공은 색이며,[20] 사람도 하늘이고 하늘도 사람이며,[21] 성性은 기氣이고 기는 성이며, 성은 이理이고 이

고자 하는 자는 먼저 그 나라를 다스리고, 그 나라를 다스리고자 하는 자는 먼저 그 집안을 가지런히 하고, 그 집안을 가지런히 하고자 하는 자는 먼저 그 몸을 닦고, 그 몸을 닦고자 하는 자는 먼저 그 마음을 바르게 하고, 그 마음을 바르게 하고자 하는 자는 먼저 그 뜻을 성실하게 하고, 그 뜻을 성실하게 하고자 하는 자는 먼저 그 지식을 지극히 하였으니, 지식을 지극히 함은 사물의 이치를 궁구함에 있다.(古之欲明明德於天下者, 先治其國, 欲治其國者, 先齊其家, 欲齊其家者, 先修其身, 欲修其身者, 先正其心, 欲正其心者, 先誠其意, 欲誠其意者, 先致其知, 致知在格物)"

17 『논어』「옹야(雍也)」에서 공자가 학문을 좋아하던 안회(顏回)를 평가한 말에서 유래한다. "불천노불이과(不遷怒不貳過)." 『소앙선생문집(素昂先生文集)』에는 "잘못을 두번 저지르지 않는다"의 원문이 '불이과(不移過)'로 되어 있는데, 移는 貳의 오자로 보인다.

18 『중용장구(中庸章句)』제1장에 "기뻐하고 노하고 슬퍼하고 즐거워하는 정(情)이 발현하지 않은 것을 중(中)이라 하고, 발현하여 모두 절도에 맞는 것을 화(和)라고 한다(喜怒哀樂之未發, 謂之中, 發而皆中節, 謂之和)"라고 한 데서 유래한다.

19 『주역』「계사전상」에서 "형이상의 것을 도라 하고, 형이하의 것을 기라 한다(形而上者謂之道, 形而下者謂之器)"라고 한 구절에서 유래한다.

20 『반야심경(般若心經)』의 구절이다

21 우리나라 개천(開天) 시절의 사상이자 동학(東學)의 '인내천(人乃天)' 사상과 연관된다.

는 성이며 기는 이이고 이는 기라는 것이 모두 부질없는 말이 아님을 알게 된다. 그래서 만물을 통해 보면 일체가 오직 만물이며, 기를 통해 보면 일체가 오직 기이며, 이를 통해 보면 일체가 오직 이이며, 깨달음을 통해 보면 일체가 오직 깨달음이라 하는 것이다.

"허공이 큰 깨달음 가운데 생겨나니, 바다의 거품 하나와 같다"[22]라는 말이 허망한 말이 아니다. "기를 벗어나선 이를 인식할 수 없다〔離氣不認理〕"[23]라는 말이 거짓말이 아니다. "이치를 벗어나선 만물이 없다〔理外無物〕"[24]라는 말이 빈말이 아니다. "어떤 만물에도 규칙이 있다〔有物有則〕"[25]라는 말이 속이는 말이 아니다. 하나의 고리에서 한 부분을 잡으면 고리의 중심이 아닌 데가 없지만, 고리가 그저 하나라 해도 두 부분을 잡으면 그 말이 일치하지 않는다. 총체적으로 보고 미묘한 깨달음〔妙覺〕을 얻어야만 그 전체를 터득할 수 있다. 온 천하의 유형물과 무형물을 하나로 다 꿰뚫을 수 있는 것은 오직 '기'일 것이다.

'덕德'을 가지고 말한다면, 지인용智仁勇은 그 무늬이고, 원형이정元亨利貞[26]은 그 규칙〔律呂〕이며, 사단칠정四端七情[27]은 그 파문波瀾이다. '깨달음〔覺〕'을 가지고 말한다면, 명랑한 좌선으로 수행하는 참선법〔黙照〕은 그 광

---

22   원문의 "공생대각 여해일구(空生大覺 如海一漚)"는 『능엄경(楞嚴經)』에 나오는 말이다. "허공이 큰 깨달음 가운데에서 생겨남이, 마치 바다에 거품 하나가 생긴 것과 같다.(空生大覺中 如海一漚發)"

23   율곡 이이(李珥)의 「이통기국설(理通氣局說)」(『율곡전서(栗谷全書)』 권10, 서書2)에 "기는 이와 떨어질 수 없고, 이는 기와 떨어질 수 없다(氣不離理, 理不離氣)"라는 문구가 있다.

24   『대학장구대전(大學章句大全)』의 격물치지(格物致知) 관련 항목에서 노옥계(盧玉溪)가 해설하여 "마음 밖에는 이치가 없으므로 이치를 궁구함은 곧 앎을 지극하게 이루는 것이다. 이치 밖에 사물이 없으므로 사물의 이치를 궁구함은 이치를 궁구하는 것이다(心外無理, 故窮理卽所以致知. 理外無物, 故格物卽所以窮理)"라고 한 데서 유래한 듯하다.

25   『시경(詩經)』「대아(大雅) 증민(蒸民)」에 "하늘이 사람을 세상에 내면서 어떤 만물에도 규칙이 있게 하였네. 이에 사람들이 양심을 지니게 되어, 이 아름다운 덕을 좋아하였도다(天生蒸民, 有物有則民之秉彝, 好是懿德)"라는 구절에서 유래한다.

26   원형이정은 『주역(周易)』에 나오는 천도(天道)의 네가지 덕을 말한다. 사시(四時)로는 춘하추동(春夏秋冬).

명이다. '연고[故]'를 가지고 말한다면, 태어나 늙고 병들어 죽는 일[生老病死]과 생겨나 존재하다 파괴되어 사라지는 일[成住壞空][28]은 그 질서이다. '성'을 가지고 말한다면 대항할 수 없는 필연必然이 있고, 오랜 세대가 공인한 당연當然이 있고, 예측할 수 없는 우연偶然이 있고 알 수도 있고 알 수 없기도 한 그렇게 된 까닭[以然]이 있으니, 무릇 이 네가지 연然은 그 성性과 정情의 변화이다.

기를 아는 일은 신묘하다. 천하의 지극히 순수한 사람이 아니면 누가 저 기에 대해 알 수 있겠는가. 어떤 기가 퍼져나가 구부러지고 너울거리며 때와 곳에 편승한다. 온갖 영靈에 드러나는데 만물이 각기 그것을 얻으면 취향[昧][29]이 달라지니, 나뉘어 오행五行과 사대四大가 되고,[30] 펼쳐져 92개의 원자原子[31]가 된다. 오직 인간만이 가장 온전한 기를 얻으나 역시 맑음과 탁함과 순수함과 잡박함이 없을 수 없으니, 뭇 사람이 서로 같지 않다.

얻은 기가 두터운 사람은 감화력이 크고 오래가며, 얻은 기가 얇은 사람은 감화력이 모자라고 오래가지 않는다. 만물[萬有]이 한 몸임을 느끼고 인연이 없음에도 중생을 구제하려는 부처의 자비[大悲]는 그 기를 온전히 하는 것이다. 자기 한 몸의 기호와 욕구를 느끼고 오직 자신의 이익에만 얽매

---

27 인간의 네가지 본성에서 우러나오는 마음[心]과 일곱가지 감정[情]을 가리키는 유교용어. 사단은 측은지심(惻隱之心)·수오지심(羞惡之心)·사양지심(辭讓之心)·시비지심(是非之心)의 네가지 마음이고 칠정은 희(喜)·노(怒)·애(哀)·구(懼)·애(愛)·오(惡)·욕(欲)의 일곱가지 감정이다

28 불교에서 말하는, 세계의 윤회 4단계다. 생겨나는 시기를 성겁(成劫), 존재하는 시기를 주겁(住劫), 파괴되는 시기를 괴겁(壞劫), 텅 비어 아무것도 없는 시기를 공겁(空劫)이라 한다.

29 원문의 미(昧)는 중국어의 여러 뜻 가운데 지향(志向)과 흥취(興趣)가 결합된 지취(志趣, 또는 趣向)에 해당한다고 볼 수 있다. 지취는 흥취의 고급형식을 학습하여 개성적 특징을 갖추며 고상한 이상이나 원대한 목표와 결합할 때 비약할 수 있으니 한 개인의 나아갈 방향을 결정한다.

30 오행은 이 장의 각주 14에서 설명한 바 있고, 사대 곧 사대종(四大種)은 일체의 물체를 구성하는 흙·물·불·바람의 네 요소를 말한다. 사람의 몸 또한 흙·물·불·바람으로 구성된 것이다.

31 주기율표의 원자번호가 1인 수소에서 원자번호가 92인 우라늄까지를 일컫는다.

이는 것은 그 기를 손상시키는 것이다. 오로지 하늘과 땅에 가득한 호연지기浩然之氣[32]를 기른 후에야 천지와 한 몸이 되고 만물과 공감한다.

취향〔味〕으로 기를 기르고, 의리〔義〕로 기를 기르고, 용기〔勇〕로 기를 기르고, 지혜〔智〕로 기를 기르니, 넓은 지혜와 북돋워진 용기와 축적된 의리 및 돈독한 취향이 기를 키울 수 있다.

신교론信敎論[33]

자유롭게 믿는 신앙信이 있고, 신앙을 강제하는 신앙이 있으며, 인간적 교敎가 있는가 하면 초인간적 교가 있고 또한 유일신의 교가 있다.[34] 멀리는 양력〔西曆〕 7세기에 이슬람교를 널리 포교할 적에 오로지 병력으로 좌충우돌하며 동쪽을 강압하고 서쪽을 위협하여, 순종하는 자에게는 경전을 주고, 달아나는 자는 검과 창으로써 섬멸하였다. 당시 유럽인들의 인심이 형세만 보고도 위세에 눌려 무너져버려[35] 누구도 감히 어찌하지를 못했다.

32　세상에 떳떳함에서 오는 크고 넓은 도덕적 용기. 그 출처는 『맹자』 「공손추상(公孫丑上)」이다. 공손추는 다시, "감히 무엇을 가리켜 호연지기라고 하는지 듣고 싶습니다" 하고 물었다. 맹자는 말로 표현하기 어렵다고 전제하고 다음과 같이 설명하고 있다. "그 기운 됨이 지극히 크고 지극히 강해서 그것을 올바로 길러 상하게 하는 일이 없으면 하늘과 땅 사이에 꽉 차게 된다. 그 기운 됨이 의와 도를 함께 짝하게 되어 있다.(敢問何謂浩然之氣. 曰難言也其爲氣也, 至大至剛, 以直養而無害, 則塞於天地之間其爲氣也, 配義與道)"

33　『대한유학생회학보』 1호, 1907. 국한문혼용체.

34　지금 '종교'라는 개념은 영어 region의 번역어로서의 의미를 갖는다. 그런데 전통시대 한자권에서 교(敎)는 '교학(敎學)'의 의미이고 주로 유학을 내용으로 삼았다. 그런데 근대에 들어와 유학의 지배이념으로서의 위치가 몰락하면서, 교와 학이 구별되기 시작했고, 교는 종교로 그 의미가 한정되었다. 그런데 3·1운동 전후하여 교는 전통 시대의 의미처럼 종교와 교육을 아우르는 동시에 국가문명의 정치이상을 담은 뜻도 포함하였다. 민중의 힘을 하나로 모을 정신적 힘을 갖춰 근대국가를 건립하는 토대를 닦기 위해서였다. 소앙 역시 이 맥락에서 사용하다 보니 이 글에서 교와 종교가 혼용되기에, 원문에 따라 교와 종교를 섞어 옮겼다.

35　원문의 "미연망풍(靡然望風)"은 망풍피미(望風披靡)로 "기세나 형세만 보고 놀라서 바람에

따라서 (그 기세가) 동쪽으로는 인도에서부터 서쪽으로는 스페인까지 미치고, 남쪽으로는 아프리카에 이르니, 그리하여 동서 대륙이 거의 이슬람교 천지였다. 이는 강제된 사례 중 하나이다.

가깝게는 양력 17세기에 독일 국내에서 신·구교도가 서로 분쟁을 일으켜서, 덴마크와 스위스[36]가 북쪽에서 군대를 파견하고 프랑스가 남쪽에서 조력하여 마침내 독일과 프랑스 양국 간[37]에 직접적으로 정치상에서의 전쟁이 시작되기에 이르니, 소위 서양 역사에서 유명한 30년 전쟁이 이것이다. 이는 강제된 사례의 두번째이다.

같은 시기에 영국은 국민의 자격을 신교 신자로 제한하고 그 바깥은 교화가 미치지 않는 곳으로 여겼고, 오늘날 러시아는 그리스 정교회(희랍교希臘敎)를 국교로 삼아, 이교를 불허하는 참혹한 수단을 써서 종종 유대인을 참살하는 흉한 소식이 들린다. 게다가 청나라 초기에 티베트〔西藏〕가 전진하는 길을 막기 위해 강제로 라마교를 포교하여 진취적인 기맥氣脈을 영원히 끊어버렸으니, 이것이 강제된 사례의 세번째이다.[38]

이상의 여러 사례는 대수롭지 않은 종교 문제로 볼 수 없으니, 모두 일종의 특별한 정치 수단이었기 때문이라 말할 수 있다. 종교의 파급이 국가에 영향을 미치는 것과 정치가 종교를 이용하는 관계가 어찌 그것이 가볍다고 할 수 있으리오. 그러나 근래에 오면서 인간의 지혜가 점차 트이고 이상이 점차 높아져서 교教를 가지고 강제할 수 없고, 교로서 저절로 받아들일 수 있게 해야 한다. 이에 신앙의 자유는 만국이 공인하니, 예를 들어 오늘날 영국은 비록 무신론자라도 자유롭게 거래하고 결혼하고 아이를 기르

초목이 쏠리듯 흩어져 달아나는 것"을 의미함. 출처는 『사기』의 「사마상여열전(司馬相如列傳)」에 나오는 '응풍피미(應風披靡)'에서 유래한 듯.

36   원문에는 단서(端西)로 되어 있는데, 서서(瑞西)의 오기로 보임.

37   원문에는 문(問)으로 되어 있는데, 간(間)의 오기로 보임.

38   티베트는 이미 라마교를 수용했으므로 해당되지 않으니, 아마도 몽골에 적용될 법한 서술이지 싶다.

며, 또 대체로 연설하고 책을 지어서 마음대로 그 설을 주창할 수 있으니, 옛날처럼 교를 강제하는 상황은 다시는 반복되지 않을 터이다. 이는 바로 여전히 서양의 일반적인 규범으로, 이 한가지에 그치지 않는다.

이런 사정은 그 믿음이 달라서 생긴 일이니, 교가 다른 우리를 보자. 공자께서는 2458년 전에 탄생하시니 서양에 견줄 수 없는 대성大聖이시자 동양에 유일한 소왕素王[39]이시다.『역경易經』은 계사繫辭를 저술하시고[40]『시경』과『서경』은 깎아내고 보태시고[41]『춘추』는 직접 지으셨다. 나중 시대를 위해 무릇 군주는 군주답게 신하는 신하답게 부모는 부모답게 자식은 자식다워야 한다는 도를 밝히시고, 앞 시대에 관해서는 묻혀 있는 옥과 먼지 쌓인 거울을 닦아내셨다.[42] 우리의 오륜과 삼강의 빛을 펼쳐서 후세에 찬란하게 다시 빛나는 것이 오늘날에까지 이어지게 되었으니 충효의 정성이 마음에 사무쳐 골수를 자극함은 누구의 덕인가? 동방의 특징으로 서구의 이목을 놀라게 하니 이는 누구의 은덕인가?

공자의 드높은 공덕은 많은 말을 할 필요가 없을 터이다. 청나라의 석학 캉유웨이康有爲는 일찍이 공교〔孔子敎〕를 논하며 말하길 "공자는 진보주의지 보수주의가 아니며 공교는 범애주의지 독선주의가 아니며 공교는 세계주의지 자국중심주의國別主義가 아니다"라 하였는데 지당하도다, 그 말이! 무릇 공교의 원리에 깊이 파고들지 아니하고 한갓 풍속의 폐습을 취하고 무릇 부패한 유자儒子의 행동을 취하면서 감히 공교를 말하는 자라면 어찌

39　왕위(王位)에는 오르지 못했으나 제왕의 덕망이 있었던 사람을 가리킨다. 공자(孔子)가 그 대표적 사례이다.

40　국사편찬위원회 한국사데이터베이스에 올라온 「신교론(信敎論)」에는 "역경언시반사(易經焉是繫辭)ᄒ시고"라 되어 있는데 여기서 반사(繫辭)는 계사(繫辭)의 오기인 듯하다. 공자는 노년에『역경』의 해설편인 「계사(繫辭)」 등을 지었다고 한다.

41　원문의 강증(剛增)은 산증(刪增)의 오기인 듯하다.

42　국사편찬위원회 한국사데이터베이스에 올라온 「신교론」에는 "수리옥진경어전(修理玉塵鏡於前)ᄒ시니"라고 되어 있는데 여기서 수리(修理)은 修埋의 오기이다.

좁디좁은 소견이라는 질책을 면할 수 있겠는가? 그러나 귀역鬼蜮[43]과 사신邪神은 공자께서 드물게 말씀하셨으니,[44] 인간의 교敎라고 단언해도 그릇된 것이 아닐 것이다.

석가모니가 바라문교婆羅門敎의 적폐를 척결하여 인도에서 불교를 창립한 것이 지금으로부터 약 이천여년인데, 삼덕[45]을 닦아서 열반에 이르는 것이 소위 궁극의 불과佛果[46]이다. 그저 공空과 적멸寂滅에 심취하여 진취주의가 전혀 없으니 인도인의 염세적이고 비관적인 사상이 뇌에 깊이 들어간 이유가 진실로 이 때문이다. 이것은 인간을 초월한 교이다.

예수는 1910년 전에 탄생하여 하나님[天帝]과 인류 사이에 자신을 세워서, 스스로 대속하여 구원의 책임을 떠맡으면서 "인류는 동포다" "인류는 평등하다"라고 말하였는데 그 뜻이 명쾌하고 깊이가 있으면서도 명료하고 진리에 근원하고 실용에 적합하니 중생을 구제함에 유효함이 적지 않다. 그러나 상제가 있음을 알아도 다른 것은 알지 못하니 따라서 유일신의 교라고 말한다.

대개 어느 교를 불문하고, 진실로 교라는 이름을 가졌다면, 그것이 권선징악의 도라는 점은 크게 다르지 않다. 게다가 세상에서 이미 그것을 일러 "세명의 성인"이라고 말하니 즉 어찌 감히 그들마다의 장점과 단점 그리고 득실을 언급하겠는가. 그러나 어떤 교를 신앙하는 데[信敎]로 나아가야 할 때에는 마음을 기울여 연구하지 않을 수가 없으니, 그 득실이 한 사람에 미치는 것과 무릇 이해利害가 사회에 미치는 것을 응당 숙고하고 깊이 살

---

43 귀신과 불여우라는 뜻으로, 음험하여 남 몰래 해를 끼치는 사람을 의미함.

44 『논어집주』 자한 제1장 「집주」에 정이(程頤)가 "이익을 따지면 의를 해치고 명의 이치는 은미하고 인의 도는 크니, 모두 공자께서 드물게 말씀하신 것이다(計利則害義, 命之理微, 仁之道大, 皆夫子所罕言也)"라고 한 데서 나오는 말이다.

45 부처가 갖추고 있는 세가지 공덕을 말한다. 첫째 단덕(斷德)은 모든 번뇌를 소멸한 공덕이다. 둘째 지덕(智德)은 지혜로써 모든 것을 있는 그대로 꿰뚫어보는 공덕이다. 셋째 은덕(恩德)은 중생을 구제하기 위해 은혜를 베푸는 공덕이다.

46 불도 수행의 마지막 단계의 결과를 얻어 부처가 되는 경지.

펴야 하기 때문이다.

　종교를 신앙하는 요지를 내가 들은 바에 따르면 네가지이다. 하나는 실행주의요, 두번째는 본성에 맡겨 자유롭게 사는 것이요〔任性自適〕, 세번째는 종교적 이상이다. 네번째는 정치적 의미라고 한다.

　먼저 실행주의에 대해 말해보자. 무릇 사람이 인간 사이에서 일상생활에서 하는 행위는 그 범위가 비록 지극히 넓고 많다고 할 수 있지만 반드시 오륜을 벗어나지는 않는데 오륜은 공교가 으뜸으로 하는 것이거늘, 이것을 실행하지 않고 그저 다른 것만을 바란다면, 어찌 연못을 버리고서 물고기를 구하는 것과 산을 떠나면서 호랑이를 구하는 것과 다르겠는가? 게다가 이를 실천하지 않는 자가 어찌 감히 다른 종교에 이르겠는가. 헛되이 수고로우나 얻는 것이 없고 도리어 공허한 행위로 돌아가게 되는 것은 필연적일 터이다.

　또한 본성에 맡겨 자유롭게 사는 것에 대해 말해보자. 사람의 능력이 비록 "하늘로부터 부여받는다"라고 하지만 학문을 한 후에 알게 되는 것이 있고, 경험을 한 후에 깨닫게 되는 것은 성인 역시 그러하거늘, 하물며 평범한 사람이랴. 그런즉 학문도 않은 채 그저 믿기만 하는 것은 어찌 등불도 없이 밤길을 가는 것과 다르다고 하겠는가. 게다가 "자유 자유" 하는 것은 비록 입 있는 자는 모두 말하는 바요, 온 세상이 마찬가지로 바라는 바이나 무지하고 깨닫지 못하는 자로 말할 것 같으면 자유가 강제만 못하니 어째서인가. 어린아이가 우물에 들어가는데 그것을 자유에 맡기는 것이 맞는가. 미친 자가 비녀〔釵〕를 쥐고 있는데 그 자유를 허락하는 것이 맞는 것인가. 시대가 어떠한지 살피지 아니하고 인민의 지혜와 어리석음을 살펴보지 않고서 오직 자유만을 허락하고 오직 자유만을 숭상하면 어찌 미친 자와 어린아이가 물에 빠지고 다치는 것을 피할 수 있겠는가. 단지 그 본질〔性〕을 해치고 헛되이 그 화만 취하게 되는 것은 당연한 이치이다.

　이어서 종교적 이상에 대해 말해보겠다. 반드시 군郡과 촌마다 빠짐없이 믿은 연후에야 국교로 삼을 수 있으니 모든 국민이 가장 다 같이 바라고 공경하려는 것과 함께 기뻐하고 모두 섬기려고 하는 것을 버리고 다시 무엇을 구하겠는가. 역사와 풍습의 연원에 맞춰 그것을 따를 수 있고 그것을 거스르는 것이 불가하니 우리나라는 4천년 이래로 공자의 나라였다. 비록 일자무식이라도 여전히 윤리를 어그러뜨려서는 안 된다는 것을 알아서, 손으로 공자에 대해 쓰지 않아도 오히려 공자의 성인됨은 안다. 따라서 공자로써 창도하면 약속이라도 한 것처럼 응할 것이고, 유교로 인도하면 구름과 같이 올 것은 당연한 형세이자 필연적인 이치이다. 예를 들어 하루 아침에 관습을 거스르고 풍습을 되돌려서 다른 것을 창도한다면 그 곤란한 바가 어찌 육지 위에서 배에 띄우는 것과 다르겠는가? 이는 사리를 아는 자가 가히 할 것은 아니다.

이제 정치적 의미에 대해 말해보자. 교는 국가에 있어 마치 사람에게 술 같으니, 사람이 만약 빈속인데 한량없이 많이 마시면 비록 용맹한 장정이라도 대취하여 쓰러지고 망각하고 인사불성이 됨을 면하기 어렵다는 것은 어리석은 자라도 명백히 아는 바이다.

지금 우리나라의 배는 굶주렸는가, 배부른가. 국가의 배는 군사·법·정치·의료·농업·공업·상업이 아니면 불릴 수 없다. 게다가 술 한잔 한잔이 비록 다정한 것 같지만 오직 많이 파는 것을 목적으로 하기 때문에, 마시는 자의 이롭고 해로움을 미처 걱정하지 않으니 술 파는 이들을 보면 알 수 있다. 오호라, 권유 당한 자가 자신이 굶주리고 배부른지 헤아려보고, 내 주량을 생각하여 그것을 사양하는 것 또한 가능하며 그것을 끊는 것도 가능하니 미처 술에 취해 정신을 잃기 전에 한층 더 헤아려 아비를 잊고 임금을 잊는 망극할 경우도 피할 수 있을 것이요, 4천년 국가의 본질〔國性〕이 점차 쇠락할 처지도 면할 수 있다. 재정과 군권은 강한 이웃 나라에 빼앗겼으나 그것을 회복할 날이 있을 것이다. 그런데 이 정신을 만약 이 책 한권으로 잃게 된다면[47] 그 온전함과 그 소생함을 이룰 날이 영원히 없을 것을

애달파하기에, 무릇 인간적, 초인적 및 유일신적인 교를 막론하고 종교 신
앙〔信敎〕을 소홀히 대할 수 없음을 논하노라.

우리 동포가 귀의할 교리를 창도하며[48]

오늘날의 동포 생령[49]들아, 일마다 냉담하고 분쟁과 당파에 열렬하며 허
다한 부패 속에 오직 생생한 것은 시기와 야심인가. 사회는 의탁할 중심이
아득하고 청년은 귀의할 표준이 갑자기 끊어졌도다.

동포들아, 오늘날 이른바 심령계나 사상계를 잠시 돌아보라. 한밤중에
잠 못 이룰 때에 고요히 이를 생각하면 탄식하며 목 놓아 울 따름이니 무
슨 까닭인가. 저 가증스럽고 괴이한 당파끼리의 시기와 부패하고 타락한
습성은 과연 자멸의 근원이요 자살의 기계로다.[50] 국가나 가정이나 이것이
있는 자는 망하고 패하는 것이 옛 사례가 밝히 보여주지 아니한가.

우리가 이들 여러 죄악 속에 생활을 계속하되 스스로 잘못을 회개하지
못하면서 도리어 많은 명목을 빌려 죄를 저지른 자취를 감추며 변호하나
니, 오호라! 신명神明이 청천백일에 환하게 비추시거늘 죄의 습성이 골수
에 깊이 파고들어 깃발의 대립과 파벌〔門戸〕의 분열을 능사로 삼으니, 필경

---

47   이 한권의 책이란 특정 종교의 경전으로 짐작되니, 결국 특정 외래 종교(기독교)로 민족정
      신을 구할 수 없다는 소앙의 뜻이 반영된 문맥으로 이해된다. 1907년 평양대부흥회를 절정
      으로 한 기독교 대부흥운동을 염두에 두고 비판한 대목이라는 해석도 있다.

48   이 글 「학지광(學之光)에 기(寄)함」은 토요꾜오 조선유학생 학우회 기관지 『학지광』 제4호
      (1915.2)에 기고한 것이다. 「일신교령(一神敎令)」이란 경문을 집필한 이후 이를 대외에 선
      포하기 위해 풀어 쓴 글로 1914년 4월 8일 탈고했다. 국한문 혼용체.

49   '생령(生靈)'이란 모든 인간이 하늘님〔一神〕의 영성을 지닌 존재라는 뜻이다. 이는 소앙이
      당시 자주 쓰던 어휘로서 동학에서 시천주(侍天主)의 영기(靈氣)가 있는 사람을 일컫는 뜻
      으로 쓰던 용어이기도 하다. 생령과 영기는 서로 연관이 있어 보인다.

50   기계(機械)란 여기서는 어떤 것이 하나 건드려지면 동력이 되어 움직이는 것을 의미하는 듯
      함. 자살하게 만드는 장치, 메커니즘 곧 기제 등의 의미로 쓰인 것으로 보임.

이러한 종류의 못된 습속이 우리의 다음 세대 동포 생령에 그대로 상속될 터이니 진실로 한심하고 통탄할 뿐이로다. 지난날 멸망의 씨를 뿌림으로써 오늘날의 큰 고통을 두루 겪는 우리가 어찌하여 계속해서 악의 뿌리를 전파하여 미래의 동포에게 한없는 나쁜 결과를 겪게 하는구가.

오호 동포들아, 어떤 방편이 있어야 우리 동포로 하여금 영구히 이러한 여러 죄악권罪惡圈에서 탈출하여 새로운 생명의 궤도를 따르며 커다란 광명의 영靈적 길을 개척하여 오늘날의 큰 장애물〔大魔障〕[51]이자 대지옥을 타파하고 성락원聖樂園 아래서 모든 생령生靈을 한량없는 공덕 속에 생활하게 할까. "너의 사등이뼈(등골뼈)에 진리의 생명수를 주사할 뿐이라." 진리의 생명수. 하늘의 뜻에 적합한 종교적 생활.

회의를 품는 자가 말하길 "종교는 과거의 유물이니 현대에 무용이라" 하며, "종교는 사물死物 즉 죽음의 준비이니 활발한 기운〔活氣〕으로 경쟁할 이 시대에 긴요치 않다" 하며, 혹자는 "오늘날 종교가 수십 수백이요 저 조선반도에도 교주〔敎祖〕가 많고 많으니 신앙이 필요할진대 믿음〔信〕의 문제이지 종교〔敎〕의 문제가 아니다"라고 하는도다.

피상적인 견해이자 근시안이다. 이와 같다 할지라도 만일 종교의 진정한 정신을 깨우치고〔悟〕[52] 인생의 무궁한 생명을 깨달아서〔覺〕[53] 영혼의 순환하고 자유로운 큰 진리를 간파하며 우리 영부靈父 하나님[54]의 **참뜻**을 영**각靈覺**[55]한(강조는 원문) 자라면 결코 이러한 망령된 판단과 편견을 가지지

---

51 대마장(大魔障)은 큰 마귀〔大魔〕가 불도(佛道)를 방해하고자 놓는 장애 또는 재앙을 의미한다.

52 심(心)+오(吾)이기에 마음으로 깨닫는 것.

53 학(學)+견(見)이기에 보고 배워서 깨닫는 것.

54 본문의 '하나님'은 원문대로의 표기다. 동학/천도교에서는 '한울님' 또는 '하늘님'이 많이 쓰인다. 한자어로 '천주(天主)'는 '하늘' 곧 '천'에 존칭어 '님'의 뜻인 '주'를 덧붙인 것이니, 가톨릭에서 데우스(Deus)의 번역어로서의 '천주님' 곧 '하늘에 계신 주님'과는 구별된다.

55 사람이 하나님〔一神〕의 아들로서 영성을 지닌 존재〔生靈〕이므로 자신에게 내재한 영성을 깨닫는 '영적 깨달음'이 영각이다.

아니할지니라. 왜 그러한가. 종교는 인생 이전에 시작되어 인생 이후에 지속될 큰 생명이 활약하며 우주를 포함하고 생과 사를 초월한 큰 진리가 잠재되어 있으니, 이는 종교가 위대한 까닭이라. 우리 영적 아버지 하나님은 모든 생령에게 평등하고 독립적이며 온전하고 영적으로 깨달으며 자유롭고 스스로 강해지며 자신감 있는 특성과 본능을 부여하셨나니, 저 망령된 견해의 차별적이고 부속적이며 부분적이고 미신적이며 강제적이고 피동적이고 의존적인 등의 약점은 하늘의 이치에 위반되는 것이라. 따라서 조화·원만·일관一貫·활기·위안이 없음은 하늘의 뜻이 아니니라. 설령 저 종교 명의를 사칭하는 자가 아무리 많더라도 진정한 하늘의 뜻을 받들어 전하지 못하면 바른 길이 아니고 종교가 아니니 많고 적음의 문제가 아니라 진짜와 가짜의 문제이다. 하물며 교리가 어떠한가는 직접적으로 신앙 문제에 지대한 영향이 있나니 불건전한 교리로 완전한 신앙을 구하기 어려우며 불완전한 신앙으로 건실한 사회를 조성함은 불가능하나니라. 결국 종교의 근본 문제가 곧 동포의 큰 문제 중의 큰 문제가 아닌가. 만일 이를 자세히 살펴 연구하지 아니하고 경솔하게 판단하면 그저 조균朝菌과 쓰르라미〔蟪蛄〕[56]의 어리석음에 그치지 않고, 영원히 영혼의 창을 스스로 닫고 죄악 속에 스스로를 떨어뜨릴지니 애달프고 슬플 따름이라. 오호 동포여, 현대의 요구가 있을진대 진리의 생명수, 즉 하늘의 뜻에 부합한 종교에 달려 있을 뿐이로다.

그렇다면 하늘의 뜻에 부합한 종교가 무엇인가. 생전에 세월을 떠도는 구름과 노니는 학처럼[57] 헛되이 보내며 부지런히 사후의 복락을 구함인가. 다수 민족을 전쟁[58]으로 희생시키는데 태연하게 돌아보지 않으며 모든 정

---

56   원문의 조균(朝菌)은 아침에 생겼다 저녁에 사라지는 버섯이며, 혜고(蟪蛄)는 생명이 짧은
      여치과 곤충을 의미함. 조균과 혜고 모두 생이 짧아 덧없는 인생을 의미함.

57   원문의 한운야학(閑雲野鶴)은 '떠도는 구름과 들에 노니는 학(鶴)'이라는 뜻으로, 아무 매
      인 데 없는 한가로운 생활로 유유자적하는 경지를 이르는 말.

58   원문의 우마(牛馬)는 전쟁이란 의미로도 사용됨.

신을 일신의 해탈에 바치는가. 혹은 스스로를 해치고 죽음에 이르게 하는 미신과 살인 방화의 야만적인 풍속에 속박되어 선악과 시비의 구별을 망각함인가. 혹은 저승세계〔冥府〕 8대 지옥의 날카로운 검과 초토[59]로 인심을 압제하고 협박하여 모든 자유와 활기를 삭탈하고 강제로 선善으로 몰아가는 것인가. 허위와 가장의 의식과 자신만이 옳고 으뜸이라 여기는 편견으로 어리석은 자를 소와 양처럼 거느리고 지혜로운 자를 뱀과 전갈처럼 여기는 것인가. 혹은 승려가 아니지만 그렇다고 속인도 아닌[60] 도道, 그리고 반은 정치이고 반은 종교의 이치로 혹은 표절한 경문을 외우면서 혹은 거짓 지은 교전教典을 말함인가. 혹은 사이비의 설법과 유명무실한 뜻으로 사회를 속여 넘기며 괴상한 말과 요사스러운 법으로 인심을 우롱하며 권모술수로 중생을 농락하기 위함인가. "아니다." 이는 다 죄악이오. 인도人道가 아니며 정의가 아니니 어찌 하늘의 뜻〔天意〕에 적합하였다 하리오.

오호, 동포 생령들아, 하늘의 뜻을 거역하는 행동은 멸망의 도道요. 하늘의 뜻을 따르는 행동은 부활의 문이며 영생의 도라. 오늘날 충만한 하늘의 뜻을 거역하는 현상은 날로 나쁜 싹이 번식하며 나쁜 균이 무성하여 제1, 제2의 나쁜 결과를 제2, 제3의 동포의 영대靈臺[61]에 뿌리내리게 하나니 우리 신성한 장래 생령生靈에 이와 같은 화독禍毒을 전파하게 함이 어찌 우리가 인내할 바이며 어찌 하나님의 참된 뜻이리오.

동포들아, 진리의 생명수가 무엇에 있는고. '하나〔一〕'를 깨달으며 '하나'에 돌아가니 '하나'에 살며 '하나'에 죽으리라. '하나'는 즉 하나님(강조

---

59 예검초토(銳劍焦土)는 뜨거운 불길과 날카로운 칼날 및 도끼로 고통을 주는 8가지 지옥을 말함. 팔열지옥(八熱地獄)은 불교에서 뜨거운 불길로 고통받는 여덟가지 종류의 큰 지옥으로, 팔대지옥(八大地獄)이라고도 함.

60 원문은 비승비위(非僧非僞). 승려도 속인도 아닌 어중간하다는 의미의 비승비속(非僧非俗)의 의미와 상통하는 듯.

61 원문의 영대(靈臺)는 영부(靈府), 곧 영이 머무는 곳이라는 뜻으로 마음·정신을 이르는 말. 동학이나 원불교에서도 사용되는데, 마음의 작용은 매우 신령스럽고 무궁무진한 조화가 있으며 그 경지는 한없이 오묘 불가사의한 것이기 때문에 영대라 함.

는 원문), '천天'이니 '너의 천성'에 귀순함이 즉 하늘의 뜻[天意]에 합당함이오. '너의 천성'은 본능으로 충동으로 종교성을 요구하며 품었나니. 우리 천성은 보통으로 모두 종교성이 은연히 잠복하여 제1급에 이상理想을 요구하며 제2급에 영감靈感을 통하며 제3급에 영각靈覺을 깨달으니 어째서인가. 시간은 무궁하여 우리의 정신을 위대하게 하며 생명은 무궁하여 우리 마음의 덕[心德]을 지속할 수 있으며 영혼은 끝없이 순환하여 우리의 우주를 장대하게 하며 공간은 끝이 없어서 세계의 장엄한 상태를 드러내나니. 이로 보면 우리 한 몸은 아침에 태어났다가 저녁에 죽는 부류가 아니라, 영원히 불변하고 영원히 무궁한 절대적인 가치로서 우주에 삶[生]을 어울리게[配] 하고 천지에 덕[德]을 부합케 하여 죽고 살고 이롭고 해로우며 영예롭고 치욕스러움을 초월한 불가사의의 본성이 있나니. 우주의 위대함은 곧 자기의 위대함으로 자각하고 스스로 강해져서 이상理想의 갈구가 능히 저절로 멈추지 않으니 이는 즉 제1급의 종교성 발동이오. 이상의 요구가 그 극에 달하며 순결하게 지속하며 정성으로 몸을 닦아 진지하고 순일純一한 기氣가 한 몸에 충만하여 생명에 새로운 광명을 비추어 더하나니. 이 기가 충만할 때는 혹 무아의 지경에서 소요하여 특이한 신령한 운치[神韵]가 넘쳐 흐르나니 영감 즉 '인스피레이션'[62]의 작용이라. 종교성 발동의 제2급이오. 이 영감이 활발하게 넘쳐흘러서 다급한 순간에도[63] 쉼 없으면 순결하고 청정한 심령이 분명히 열려서 일종의 신비하고 형용할 수 없는 상태에 도달하나니 '레벨네이션'[64]의 작용이라. 종교성 발동의 최대 현상이요 영적 활약의 최고조요 인생 심리의 최고급 상태라. 가히 하늘의 뜻을 미루어 헤아리며[忖度] 사람의 일을 측량하여 과거와 장래의 방향을

---

62   inspiration.

63   원문의 조차전패(造次顚沛)는 '엎어지고 자빠지는 급한 순간'이라는 뜻으로, 매우 위급하고 중대한 순간을 이르는 말.

64   revelation, 즉 계시.

탐구해 미루어보며〔揣摩〕[65] 모든 세상의 잡다한 일에서 초탈하여 영부 하나님에 가까이 다가감의 오묘하고 신기함을 상상하기 어려우리니. 이 3급 절차는 일반 사람들의 성스러움과 범상함, 맑음과 혼탁함을 따지지 않고 모두 위대한 자각과 끊임없는 노력과 내적 분투의 요구에서 말미암으니 우아함과 소박함, 나이 듦과 젊음을 따지지 않고 일체 생령生靈에 공통한 본능적 천성이라.

따라서 천성으로 돌아감은 곧 하늘의 뜻〔天意〕에 부합함이오. 하늘의 뜻에 부합함은 곧 하나〔一〕로 돌아감이라. 왜 그러한가. 하늘〔天〕은 하나님 '하나〔一〕'요, 성性은 곧 '하늘'이요, 성 또한 '하나'일 따름이니 그런즉 우리 천성의 요구가 어디에 있는가. 신선한 공기의 요구는 폐의 본능이요, 광명의 요구는 눈의 본능이요, 진정한 행복과 안락의 요구는 삶〔生〕의 본능이거니와 지선至善과 진정眞正과 청신淸新한 교리의 요구는 우리 동포의 영靈의 본능本能(강조는 원문)이라. 만일 커다란 광명을 무시하면[66] 눈먼 자요, 새로운 공기를 배척하면 병자요, 커다란 복과 즐거움을 포기하면 미치광이요, 지선과 진정과 청신한 교리의 갈구가 없는 자라면 즉 영혼이 없는 흙인형과 나무인형에 불과하도다.

오호 교리! 우리 동포의 귀의할 큰 교리가 어디에 있는고. 모든 생령의 큰 장애물을 파괴하고 성락원을 건설할 새로운 교리가 무엇인가. 동포 면전에 제출하여 해결하고자 하는 문제이니 본 문제의 해결은 즉 '진리의 생명수'의 근원을 발견함이오. 믿고 안 믿고는 즉 생명수를 마시는가 마시지 않는가의 문제요. 마시는가 마시지 않는가는 즉 동포의 아는가 모르는가의 문제라.

오호 동포여 영적인 눈과 영적인 귀로 사방을 관찰하라. 한 덩어리 화기

---

65 원문의 췌마(揣摩)는 촌탁(忖度)과 통용되나, 주로 탐구해서 남의 마음을 미루어 헤아림을 의미.

66 원문에는 모시(母視)라 되어 있는데 무시(毋視)의 오자인 듯하다.

和氣로 민생의 심리를 개조할 기운이 바야흐로 짙어졌나니. 생각해보라. 『춘추春秋』가 쓰인 때는 난세라 오륜과 삼강이 쇠퇴하고 정권이 사람을 잃어 백성이 피폐해지고 흩어졌는데 지금이 바로 그때와 같다. '브라만'[67]은 포악함과 잔인한 정치와 교법教法으로 민족을 소와 말과 같이 보기에 사고 팔고 죽이고 살리고를 잠깐 눈 한번 흘긴 사이에 단행하는 괴이한 풍습과 나쁜 습속이 만연하였나니 지금이 바로 그때와 같다. '유대인'은 로마의 전제정치하에서 바리새 교인과 서기관의 부패가 더해져 같은 민족의 배제가 그 극에 달하다가 이민족에게 아첨하는 인습을 형성하였나니 지금이 바로 그때와 같다. '아라비아'의 대상시대[68]는 황무지에 정처 없이 떠돌아다니는[69] 군중을 통솔하고 지휘해야[70] 함에도 그 사람이 없어서 미신과 망집妄執이 전해진 지 오래되어서 선과 악, 옳고 그름의 표준이 거의 없어졌으며, 이 교파 저 교파의 질시와 특정 가문과 세력의 알력[71]이 우두머리〔酋長〕의 늘상 하는 일로 간주되어 참담한 공기가 (아라비아) 반도에 가득 찼나니 지금이 그 시기보다 더욱 심하도다. 동포여 오호 슬프도다, 지금의 현상은 저 춘추전국시대와 유대 등 4개 시대의 특색과 약점을 두루 갖추었도다.

그때가 이르렀나니 그 사람이 나타났는가. 그때를 주셨나니 그 사람을 강림하게 하셨는가. 그 사람의 예보가 이미 오래되었으며 그 사람의 갈구가 이미 깊어졌나니 어찌 소식이 없이 조용하리오.

그 사람의 강림하심과 강림하지 않으심은 하나님의 권능이오. 믿고 안 믿고는 동포의 깨닫는가 깨닫지 못하는가의 문제라. 그러나 하나님은 대자대비大慈大悲하시며 전지전능全知全能하사 동포의 갈구와 애원과 통한과

---

67   Brahman. 힌두교 카스트의 최상위 계급인 성직자·학자 계급.

68   원문의 향상(香象)은 코끼리를 뜻하는데, 향상시대(香象時代)는 대상시대(隊商時代)의 오자가 아닐까 짐작된다.

69   유난표박(流難漂泊)의 난(難)은 유리표박(流離漂泊) 리(離)의 오자로 보임.

70   동률(董率)은 감독하고 거느리는 것을 의미. 여기서는 통솔로 의역함.

71   원문에는 궤력(軌轢)으로 되어 있으나 알력(軋轢)의 오자로 보임.

호소의 절절한 심리를 은연중에 보아 살피시어 큰 권능을 하사하셨나니. 동포들아, 영적인 귀를 기울이며 영적인 눈을 뜨라. "피 눈물이 있거든 이 때에 뿌리라."

1. 우리 영부 하나님의 진정한 정신을 선전하며 우리 모든 생령의 성권 행사를 명하시기 위하여 하나님의 권능으로 진인眞人이 나타나셨나니 동포들아 각성하라.

1. 우리 영부 하나님은 전지전능하시고 대자대비하시며 무궁무진하시고 시간이 지날수록 새로우시며 우주의 한계를 초월하시되 완전한 인격을 갖추고 계시며 모든 생령을 동일하게 보고 똑같이 사랑[72]하시느니라.

1. 영부 하나님의 권능으로 나타난 진인은 6명 성자의 참된 정신과 바른 영혼이 부활한 화신이니 6명의 성자는 하나님의 거룩한 아들로 모든 생령을 위하여 모두를 희생한 천륜天倫의 형제라. 매우 우애하여 영부에게 효도하며 생령을 사랑함이 예사롭지 않더니 영부 하나님의 분부〔睿旨〕와 권능으로 진인으로 화신하여〔化生〕 우리 영부 하나님의 온전한 진리를 모든 생령에게 평등하게 선포하며 우리 영부의 큰 광명을 억만 세기에 무궁하게 두루 비추게 하리니 동포들아 환영하라.

6명 성자의 거룩한 이름은 **성단군檀君·성석가모니부처·성공부자〔孔夫子〕·성소크라테스·성예수그리스도·성모하메드**(강조는 원문, 아래도 같음)

72　원문의 동인일시(同仁一視)는 당나라 문인 한유(韓愈)의 「원인(原人)」에서 "따라서 성인은 모두를 동일하게 보아 똑같이 사랑하며, 가까우면 돈독하게 대하고 먼 곳에 있어도 거둔다 (是故聖人一視而同仁, 篤近而擧遠)"라고 언급한 대목에서 유래함.

우리 영부 하나님을 효도와 지성으로 봉사하라. 능히 영감을 받을 수 있으니 영감은 능히 **영각**靈覺을 통할지며 영각은 능히 성권聖權을 행사하여 복락과 광명을 받을지니 성스러운 권한〔聖權〕의 **체體**는 하나〔一〕이라 도道요. 용用은 여섯〔六〕이라 곧 독립적이고 스스로 강해지며 자비하고 죄를 구제하시며 충서忠恕로 일관하시며, 지혜와 덕을 합치하시고 남을 사랑함에 자기같이 하며 믿고 행동함에 반드시 용맹함이라.

우리 영부 하나님의 성권을 행사하는 자는 육신[73]을 희생하라.
우리 영부 하나님은 의심이 없고 **순결**한 자에게 오시느니라.

우리 영부 하나님의 우주에 만상萬象이 있으나 내가 주체요. 나는 만감〔百感〕이 작동하지만 마음이 주체요. 마음에 다섯가지 성질(보존성·자주성·사변성·조화성·모방성)이 발동하나 영이 주체요. 영靈에 세가지 측면(빛光·밝음明·열熱)이 드러나나 하나님께서 주체가 되시고. 영부의 **체體**는 하나요, 용用은 우주 전체니라.

생명과 영혼과 시간은 완전한 일체로 윤회가 무궁하며 저절로 순환하여 날로 새롭기가 끝이 없나니 모든 현상은 윤회요. 순환이라. 윤회하고 순환하는 활동의 전체는 일대 생물의 완전한 인격으로 희생의 지속적인 순환이니 불생불멸不生不滅의 몸이니라.

우리 영부 하나님의 인간으로 강생降生하신 진인眞人! 여섯분 성자聖子의 화신으로 현현한 진인을 믿고 사랑하라. 곧 영부 하나님께 효도함이오. 즉 자신을 사랑하고 스스로를 강하게 함이니 영靈의 본능이 있는 자는 믿

---

[73] 원문의 구각(軀殼)은 몸의 껍질이라는 뜻으로, 온몸의 형체 또는 몸뚱이의 윤곽을 정신에 상대하여 이르는 말. 여기서는 육신이란 말로 의역함.

으라. 과거에 완전한 신앙이 없음은 완전한 종교가 없음이니 영의 눈으로 보고 영의 귀로 들으라. 60세기(6천년) 이래 제일 완전한 진리를 선전하는 진인이니 미리 보고 미리 알라. 사람마다 미리 알 권리를 포기하지 말라. 진인은 진면목이오. 평범하고 순결하고 지극히 정성스러울 뿐이오. 진중하고 은밀하고 자비로우며 정밀하고 한결같으시되 사사로움이 없으셔서〔精一無私〕 희생적 노동을 이렇게 행하시나니 동포들아 속히 보고 믿으라.

진인은 지옥의 파괴자요. 영혼을 바른 길로 인도할 뿐이니라.

진인은 모범적인 사람이니 사람마다 모방할 수 있으며 구하는 이마다 볼 수 있으나 육안으로는 보지 못하리라.

하나님의 참뜻을 선전하기 위하여 여섯분 성자의 화신으로 현현한 진인의 계명誡銘이니 마땅히 준수하여 성권을 행사하라.

1. 유일신 하나님을 믿어서 효성으로 봉사하라.
2. 만천하의 동포를 사랑하여 이른 아침마다 기도하라.
3. 성스러운 날을 기념하여 평등과 평화를 주장하라.
4. 살생 강도 음란은 죄라.
5. 도박 음주 흡연은 죄라.
6. 헛된 말과 헛된 생각〔忘感〕은 죄라.[74]
7. 사기와 위증은 죄라.
8. 우상을 숭배하며 이름을 부름〔稱姓〕[75]은 죄라.

---

74 「대동종교 신창립」의 계명에서는 망감(忘感)이 망념(妄念)이란 표현으로 바뀌었다.
75 기독교의 십계명의 하나로 "하나님의 이름을 망령되이 부르지 말라"는 조항이 있는 것과 통한다. 그런데 「대동종교 신창립」의 계명에서는 '칭성'이 빠진다.

오호라. "우리가 척수에 진리의 생명수로 주사하지 않으면 하나님을 거역함이니" 진인의 계명[76]을 지키며 **성권聖權**을 행사하라. 한마디 한 글자에 영적인 관찰을 필요로 하나니 동포들아.

하늘이 여섯분 성자를 내시니, 화신하여 진인이 되었도다. 하나님〔皇天〕은 영부가 되고, 진인은 성인이 되도다.

네가 애써 마음으로 깨달은 뒤에야 내가 바르게 인도하고 영을 새롭게 할 수 있도다. 심령이 조화를 부리면, 하늘이 눈을 열어 새롭게 보게 하노라.

진인의 진면목은 지성을 다하여 신인神人이 합하게 하노라. 순결하게 영부를 섬기면 날마다 거룩함에 들어가 새로워진다.

완完

4월 8일 지음[77]

일신교령[78]

'진선軀瞔'[79]이 만약 "영각靈覺할지어다"라고 말한다면 영각할진저. 크

---

76 원문에는 계명(戒銘)으로 되어 있으나 바로 위에서는 계명(誡命)으로 되어 있는 것으로 보아 오자인 듯하다.

77 『학지광』의 원본에는 4월 8일로 되어 있고, 『자료집 1』에도 8일로 적혀 있다. 『문집』 하권에만 4월 10일로 적혀 있는데, 이 날은 소앙의 생일이다.

78 이 글 「일신교령(一神敎令)」은 소앙이 1914년 1월 15일 크게 깨달아 창안한 통합 세계종교의 경문이다. 국한문 혼용체.

79 진(軀)과 선(瞔)은 모두 소앙이 만든 글자로서 이 둘이 합쳐진 것이 우주의 본체다. 서양의 진선미의 합일과는 다른 차원의 인식이다. 軀이란 생명의 근원이요 신과 영이 깃드는 곳인 몸에 진실함을 의미한다. 瞔은 보는 것, 아는 것이 착함이 있다는 의미다.

고 넓은〔蕩蕩〕 일신一神[80]이 오로지 참되고 성스러우시니 만물의 주인이요 모든 교教의 으뜸〔宗〕이라. 신이 이것으로 교를 삼으니 덕이 하나로 모일세, 스스로 힘써 하나로 모여서 복록福祿이 무궁하리라.

아, 나의 신도〔宗徒〕들아, 영각할진저. 내게 깨달은 과정을 보여주는 열 장면〔十相〕[81]이 있어, 말로 드러낼지니, 신의 아들〔神子〕 여섯 성인〔六聖〕이 곧 나의 전신前身이라. 단군과 부처와 공자와 소크라테스〔屬羅泰瑞〕, 예수 그리스도와 무함마드〔謨哈黙德〕가 그 본래 성스러운 이름이니라.

아, 나의 신도들아, 옛날에 내가 교를 세울 때 부지런히 힘쓰자는 한마음으로 신의 조화〔神化〕를 알리면서 어루만지고 키워 보호하고 품어주었으나, 오호라, 저 어리석은 자들은 끝내 귀의歸依하는 자가 드물고 내가 미쳐서 반역한다고 말하면서 고쳐주려 하고 찢어 죽이려 하며, 비방과 조롱으로 박해함이 끝이 없었도다. 한번, 두번에서 여섯번에 이르도록 수행의 장애〔魔障〕가 이어져 큰 도를 펴지 못하였도다. 시대가 타락하고 풍속이 쇠퇴해져 인심은 경박하고 사악한 학문이 쏟아져 나와 사람들이 각기 그 설을 토론하는 일을 높이 여기며, 괴상망측하게 편견에 빠져 완고하고 어리석음이 본성이 되었나니라. 이는 소인小人과 다름없을진저.

저들이 성전聖典(기독교 성경)을 표절하여 망령되게 교의 깃발을 내세우니 가증스러운 그 행실은 중〔僧〕도 아니요 속俗도 아니도다. 파당을 지어 다른 파를 배척하는 패거리 습속〔黨習〕이 유전하자 혈육이 서로 원수로 여겨 어진 사람이 의義를 제창하면 두 사람도 채 모이지 않는데, 한번 창귀倀鬼가 미친 듯이 부르짖으면 무리를 이루어 단체가 되고, 마귀 같은 중이 어

---

80 일신(一神)은 하나인 하늘〔天〕을 의미하고, 일신교는 하나〔一〕에 합하려는 종교이다. '일신'은 실재하는 신의 이름이나 고유명사는 아닌 듯하고, 유·불·선 삼교가 융합하여 '일'이 되고, 하늘〔天〕과 사람〔人〕이 합쳐 '일'이 되는 상태를 의미하지 싶다. 여기에는 당시 한국 지식인사회, 특히 중국에 망명한 민족운동가들에게 영향력이 컸던 대종교의 '일신' 곧 '한얼'(하나와 얼의 결합)관의 흔적도 엿보인다. 대종교의 '하나'는 신인합일의 길이다.

81 부처님은 여덟 장면〔八相〕, 원불교의 소태산은 열 장면〔十相〕을 보여준다.

지럽게 외치면 온 나라가 머리를 숙이며, 간사한 괴수가 무리를 모으면 파리나 모기처럼 달라붙으니, 아, 나의 백성〔蒼生〕은 신의 자손〔赤子〕인데 다른 사람에게 조롱과 모욕을 당하고 미혹됨이 어찌 이토록 극에 달하였는고. 신명神明이 비추어주는데 어찌 차마 이럴 수 있으리오. 이는 소인과 같을진저.

신자神子의 성스러운 도는 신의 뜻을 몸에 익히는 데 있어 자비慈悲를 널리 행하려니와, 지금의 종교는 자기를 이롭게 하는 데 뜻을 두어 사욕을 마음대로 부리고도 편안히 여기며 부끄러워하지 않아, 승냥이와 이리 같은 마음으로 "나는 양을 기른다"라고 말하고, 뱀과 전갈 같은 독으로 "나는 신을 찬송한다"라고 말하며, 정鄭나라와 위衛나라 같은 음란한82 풍습으로 "나는 설교한다"라고 말하며, 교묘한 말〔巧言〕과 거짓 꾸밈〔假飾〕이 퍼지지 않은 곳이 없으며, 쇠퇴한 풍속이 번져 복이 자손에게 미친다고 하나니, 저 신을 믿고 덕을 닦는 무리가 넘쳐남이 이와 같거늘, 시정市井의 무뢰배와 간사한 무리가 몸으로 이익을 좇아 보잘것없는 하찮은 벼슬과 적은 돈으로 형을 팔고 아우를 파는 것 또한 어찌 괴이하리오. 이는 소인과 같을진저.

아, 나의 신도들아, 저 올빼미같이 흉악한 무리가 이미 내 방을 무너뜨렸으니 슬프도다, 나의 신들〔神子, 즉 육성六聖〕이 사방에서 표류하노라. 그 하는 바를 내버려두면 고통이 심해지고 해독이 깊어져서 10년 안팎에 온 나라의 남녀가 타고난 본성이 없어져 신령함이 머무를 곳이 없어져, 끝내 가죽 주머니가 더러워져서 흉악함도 끝날 것이요, 고깃덩이가 함부로 다녀서 교활함도 끝날 것이니, 본래 진실하고 순수한 본성을 가지고 오히려 금수에게도 훨씬 못 미치게 되었느니라. 성스럽고 순결한 신들이 앞으로 남아 있는 분이 없겠노라.

---

82   원문의 '정위(鄭衛)'는 춘추시대 정(鄭)나라와 위(衛)나라를 가리킨다. 『예기(禮記)』「악기(樂記)」에 "정나라와 위나라의 음악은 난세의 음악이다(鄭衛之音, 亂世之音也)"라고 한 구절에서 연유한 것으로 보인다.

아, 나의 신도들아, 영각하라. 오호, 일신一神은 사람의 부모이시니, 말하고 생각하는 것이 여기에 미침에 애통함이 어찌 다 할 수 있으리오. 이것을 생각해도 이것에 있으니,[83] 참으려 해도 참을 수 없으시어 신권神權으로 육성六聖에게 명하사 진선〔瞋瞎〕으로 화생化生[84]케 하여 그 성스러운 권한을 주시고 정성스럽게 명하기를 "너는 영혼을 이끌라"라고 하셨다. 매우 근심하여 나 소자小子가 사양하려 했으나 감히 사양하지 못하고 이 대명大命을 받들어 배를 타고 영혼의 바다로 나가 천하를 호령하노니, 아, 나의 신도들아, 영각하라.

영혼의 바다는 아득하니 길이 흐릿해져 미친 물결과 성난 파도가 앞에서 몰아치고, 교활한 용과 요망한 악어가 뒤에서 희롱하듯 춤추거늘, 오직 나 한 사람이 외로이〔雙手〕 건너가니 내가 무슨 능력을 믿어서 감히 이렇게 마음을 먹었을꼬. "오로지 한결같이 신을 위해 죽어 영원히 살아서 영을 인도하는 지극한 정성에서니라." 신령을 절실히 사랑하면 따라 죽을 수 있고 인도할 수 있나니 하물며 이 신명神命을 감히 사양하리오.

아, 나의 신도들아, 영각할진저. 일신一神은 부모이고, 일영一靈은 자식이니, 본원本源은 신神이요, 말류末流는 영靈이라. 영을 신으로부터 부여받아 잠시 육신에 있을 때 완악頑惡한 마음이 그것을 싸고 있어 드러내려 해도 드러내지 못하였으나, 그 본체〔體〕를 광명하게 함은 본래 비추지 않은 것이 없고, 그 응용〔用〕을 조화造化하게 함은 본래 갖추지 않은 것이 없느니라. 진실로 하루 아침에 정성의 문을 활짝 열 수 있다면 영이 나와서 신을 맞이함이 아이가 어머니를 만남과 같아서 손을 잡고 하나를 안는 것은 순간적으로 일어나는 일이니, 이것은 무슨 까닭인고. 마음이 영을 품는 것은 박璞

---

83   원문에는 '염자재자(念玆在玆)'로 되어 있다. 『서경書經』 「대우모(大禹謨)」에 "이를 생각해도 이에 있고, 이를 버려도 이에 있으며, 이를 이름 붙여 말함도 이에 있고, 진실로 마음에서 나옴도 이에 있다(念玆在玆 釋玆在玆, 名言玆在玆, 允出玆在玆)"라는 구절에서 나온 말이다.

84   본래 없었는데 갑자기 태어남을 뜻하는 불교 용어.

이 옥을 품는 것과 같으니,[85] 옥은 본래 박에 있으나 쪼아야 옥이 나오는 법이라. 옥을 쪼는 것은 공교함에 달려 있으며, 공교함은 그 적임자를 만나야 하니라. 영은 본디 마음에 있으나 정성을 다해 영각하니, 교敎에 정성을 다하며, 교는 신에게서 나오느니라. 영이 신에게 감응함은 구리가 전기를 감지하는 것과 같으며, 신이 영을 인도함은 자석이 철을 끄는 것과 같나니, 영을 진실로 깨달을 수 있으면 신이 반드시 응할 것이니라. 따라서 정성을 신에게 온전히 하며 영이 정성을 지각하나니, 영각한 뒤에야 신과 영이 서로 비추고, 서로 비춘 뒤에야 신과 영이 감응하며, 감응한 뒤에야 신과 영이 일치하고, 일치한 뒤에야 반드시 선瞕의 결과를 징험하나니라. 선이란 것을 말로 표현하면 진선미眞善美요, 진선미란 것은 우주 본체이니라.

아, 나의 신도들아, 천상천하에 오직 선瞕만이 실재하니, 선 이외에는 모두 환영이라. 얼마나 오래 세상에 전해지면 아주 뚜렷이 선이 되는고. "오로지 영혼의 눈이 한번 열리고 신령한 빛이 널리 비추면 자연히 선이 되느니라." 마치 해가 중천에 뜨면 그림자가 사라져 실제로 해가 드러나며, 눈과 해가 합하면 어둠이 가고 밝음이 오는 것과 같으니라. 그러므로 인생에서 영과 신이 합하면 오직 선이 빛을 내뿜어 천지를 가로지름에 가는 곳마다 선하지 않음이 없음을 아나니, 이렇게 한 뒤에야 신의 조화와 영의 지각이 길吉하여 이롭지 않음이 없으며, 금수禽獸의 꿈틀거리는 움직임이 저절로 그 능력을 다하여 모두가 독립하고, 모두가 자유로우며, 모두가 평등하고, 모두가 하나로 합쳐지며, 모두가 행복하나니라. 영원히 살고 다시 태어남이 자유자재로 되어 능히 살고 능히 죽음에 열반涅槃을 초월하고 곡신谷神[86]을 능가하니 선瞕은 실체요 선이 아닌 것은 환영이라. 실체는 항상 있

---

85 박옥(璞玉)은 돌 속에 들어 있는 가공되지 않은 옥으로, 초(楚)나라의 변화(卞和)가 형산(荊山)에서 박옥을 얻어서 여왕(厲王)과 무왕(武王)에게 바쳤으나 옥을 감정하는 사람이 잘못 보고 돌이라 하여 두 발이 잘리고 말았다. 문왕(文王)이 즉위한 뒤 옥공(玉工)을 시켜 박옥을 다듬게 하니 직경이 한자나 되고 티 한점 없는 큰 옥이 나왔다고 한다.

86 곡신은 도가의 용어로서 만물을 낳은 근원적 모체를 의미한다.『노자(老子)』제6장의 "곡신

고 환영은 찰나이니, 선이 덕德이 되는 것이 크고도 멀진저.

아, 나의 신도들아, 무릇 이 처음이 같지 않음이 없고, 그 마지막도 같지 않음이 없으며, 신의 뜻은 원만하사 치우침이 없도다. 아, 나와 일체一體인 육성六聖은 근원이 같고 마음이 같으니 그 정신을 궁구하면 진실로 신의 뜻을 널리 드러내어 생령生靈을 널리 이끌어주니 만약 신과 영이 일치된 경지에 이른다면 곧 나의 육성이 합하는 바이로다. 추구하되 이미 같으면 이치가 마땅히 한 곳으로 돌아갈 것이거늘, 어찌하여 일찍 만나지 않아서 위아래로 천년 동안 목표에 이르는 길에서 서로 이단이라 여기는가. "애석하노라." 시대가 가로막고, 경우가 해치며, 기질이 떼어놓고, 습속이 방해하여 털끝만큼 차이에 천리가 서로 뒤얽힌다. 슬퍼한 뒤에 생겨났다가〔哀爾後生〕 분리되어 그 본원을 잊고 말단을 보며, 그 정신을 저버리고 형식을 어리석게 지켜서 말류의 폐단이 서로 원수처럼 대하니, 아, 슬프도다. 일신一神은 자비하사 육성六聖을 내셨거늘, 저 완고하고 어리석은 사람들은 도리어 서로 멀리하여 스스로 근심을 끼치나니 밤낮으로 염려함에 어찌 참으시리오.

아, 나의 일체인 육성이 본래 다르지 않건만, 다만 넘어진 것을 보면 설 것을 주장하고, 망령된 것을 보면 참된 것을 주장하며, 잘못된 것을 보면 인仁을 주장하고, 어리석음을 보면 지智를 주장하며 미운 것을 보면 사랑할 것을 주장하고, 미혹된 것을 보면 믿을 것을 주장하나니, 의원[87]이 증세를 보고 약제를 처방해주는 것과 같으니라. 육성이 입장을 바꾸어도 모두 이와 같으리니, 참과 인과 지를 세우는 것과 사랑하고 믿는 것은 본래 한 몸이라. 이를 이름하여 선膳이라 하니, 저 보름달과 같이 빛이 여섯 못에 흐르니 못을 통해 보면 여섯개 달을 마주하지만 하늘을 우러러 보면 단지

은 죽지 않으니 이것을 현빈이라고 한다(谷神不死 是謂玄牝 玄牝之門 是謂天地根 綿綿若存 用之不勤)"에서 연유한다.

[87]　원본에는 '의자(宜者)'로 되어 있는데 문맥상 '의자(醫者)'의 오자인 듯하다.

하나의 밝은 달이 둥글둥글 높이 달려 있나니라. 하나의 달이 여섯 곳에 비춤이요 본래 여섯개 달이 아니니, 하나의 달이 참된 달이며, 일체一體가 육용六用이요 본래 여섯체가 아니니, 일체가 본체이니라. 본체가 곧 선瞻이니 선이란 것은 신의 조화요 영의 깨달음이며 성인의 통달함이고, 부처의 지극함이며, 신선의 위대함이니라. 영원한 세월 동안 변하지 않고 온갖 병을 두루 치료하나니라. 만물〔萬象〕이 선으로 돌아가면 신의 뜻이 능히 이뤄질 수 있으며 영대靈臺가 분명히 밝혀질 수 있노라. 선을 이루는 길은 첫째가 희생이요 둘째도 희생이니, 희생이란 무엇이오. 정성스러운 마음으로 헌신함이 곧 대의大義이니 희생하는 길은 지계持戒[88]로부터 비롯되니라.

아, 나의 신도들아, 영각할진저. 궁극의 근원을 오직 내가 파악하고, 오묘한 진리를 오직 내가 통하니, 그것으로 영을 이끌어줌이 통하지 않는 곳이 없나니라. 이에 크게 외쳐 영각하라 하여 나의 중생이 사람마다 영각하도록 하며, 사물마다 선에 합하도록 할 것이니, 일신一神의 자비가 여기에 이르러 지극할 것이고, 나의 사명이 여기에 이르러 지극할 것이로다.

아, 나의 신도들아, 영각할진저. 자식을 죽이고 남을 구하니 은혜가 크지 않은가. 장엄함이 더할 나위 없이 높은 일신이 여섯 자식〔六子, 즉 여섯 성인〕을 희생하사 우리 중생을 구제하시고, 큰 자비가 순수하여 또한 그치지 않으사, 이에 진선黰瞻에게 명하여 신권神權을 대행하사 지옥을 파괴하시고 신국神國을 건설하게 하시니, 오호, 일신의 측은히 여기는 마음에 감응이 없을 수 있겠는가. 아, 나의 신도들아, 영적으로 깨달을진저.

아, 나의 신도들아, 영각할진저. 영각이 도道가 있으니 순수하고 순수하여 마음을 열어서 하나를 안으며, 찰나와 찰나에 머무름이 없이 지극한 정성과 간곡함으로 계율대로 수행하면 7일 안에 결단코 영각하나니, 영각을 얻는 날에야 곧장 참된 것에 닿아서 미진한 점〔餘蘊〕이 없을진대, 그 황홀

---

88 불교 용어로 계(戒)를 받은 사람이 계법(戒法)을 지킨다는 뜻임.

한 영은 말로 표현할 수 없이 오묘하고, 크고 넓은 일신一神은 형상을 이름할 수 없으리니, 나에게 믿지 못한다고 말한다면 신명에게 질문하라.

아, 나의 신도들아, 영각할진저. 신필神筆이 여기에 이르러 피와 눈물이 함께 흐르도다. 아, 혈통대로 나눠 민족을 만들었는데〔印種猶族〕 참혹함이 어찌 이 지경에 이르렀는가. 완고하고 어리석은 사람들이 옛것을 지켜서 일찍이 나를 믿지 못하였더니 은감殷鑑[89]이 밝히 빛나니 경계하고 두려워하지 않을 수 있겠는가. 아, 나의 신도들아, 신국이 새로 만들어지는 터에 장수와 재상을 맡을 사람이 없으니, 지금 일어나지 않으면 누구와 함께 다스리겠는가. 가을 일이 막 무르익어 논밭과 들이 한창 기름지니, 지금 일어나지 않으면 누구와 함께 거두겠는가. 생각을 거듭하는 사이에 생명이 물결처럼 흐르니, 슬프다. 늙고 쇠한 나이가 되어 끝내 고해苦海에 빠지려는가. 지금 지각하지 않으면 후회해도 늦을 것이며, 신권이 하늘에 있어 조화를 예측하기 어려우니 잠자고 숨 쉬는 것을 보살피지 않음이 없으시며, 창조한 뒤로 용서함이 이미 지극하시니 지금 일령一令을 또 감히 어긴다면 큰 자비를 누구와 함께 베풀겠는가.

아, 나의 신도들아, 영각할진저.

발해경[90]

1. 용기〔勇〕란 것은 도道의 처음과 끝이다. 굳세어 쉬지 않는 것은 천지天

89　은감은 지난 일을 거울삼아 경계해야 함을 의미한다. 『시경(詩經)』「대아(大雅)」「탕(蕩)」에 "은나라의 거울이 멀리 있지 않으니, 하후의 세대에 있느니라(殷鑑不遠, 在夏后之世)"라고 한 데서 유래한다. 은나라의 후손은 마땅히 앞 왕조인 하나라가 멸망한 것을 거울로 삼아 경계해야 한다는 뜻이다.

90　이 글「발해경(渤海經)」은 1922년 3, 4월경 한살림〔韓薩任〕이라는 별호(別號)로 집필한 것이다. 한문체. 40개 장 모두 용기 예찬이니, 용기의 철학을 한살림의 일종의 '경전'으로 삼고

地의 용기이고, 순수하여 둘로 나뉘지 않는 것은 성인聖人의 용기이다. 용기의 뜻이 크도다.

2. 천지에 큰 용기〔勇〕가 있는가. 고요하되 능히 움직이며, 움직이되 능히 고요하니, 움직이고 고요함에 적당한 때를 잃지 않으면, 오직 큰 용기일 지어다.

3. 사람이 용기가 없으면 인仁을 어떻게 행하겠으며 사람이 용기가 없으면 의義를 어떻게 행하겠는가. 인과 의를 행하는 것이 용기이다. 그러므로 용기란 것은 인과 의의 기틀〔機〕이다.

4. 아는 사람은 항상 많고, 행하는 사람은 항상 적으니 행하되 미치지 않으면 용기가 부족한 것이다. 용기가 부족한 사람은 망할 것을 스스로 알아서 임시방편으로 처리하여 스스로 위로할 따름이다.

5. 어제 한가지 일을 후회하고, 오늘 한가지 일을 후회하는데 날마다 후회하면서도 고치지 않으니, 어찌 아는 것이 밝지 않고 후회하는 것이 진실되지 않은가. 오직 용기가 다한 것일 뿐이다.

6. 처음은 좋으나 끝이 없는 사람은 용기가 없는 무리이고, 스스로 믿되 오래가지 않는 사람은 용기가 없는 무리이며, 의로움을 보고 중간에 멈추는〔中立〕 사람은 용기가 없는 무리이다.

7. 무릇 용기란 것은 신이 그것을 얻으면 영靈이 되고, 사람이 그것을 얻으면 기氣가 되며, 물건이 그것을 얻으면 바탕〔質〕이 된다. 그러므로 용기가 없으면 물건도 없다.

8. 죽음과 삶이 압박해도 뜻이 흔들리지 않고, 화와 복이 어지럽게 해도 기가 쇠하지 않은 사람은 그 지키는 것이 단단하여 장수도 빼앗지 못한다. 장수도 빼앗지 못하는 것은 용기가 그를 보호해준 까닭이다.

9. 천지에 가득 차 있는 것이 용기이다. 세찬 바람에도 서 있는 것은 풀

있다. 1925년 「열사김상옥전」, 「한살림 요강(원제: 한살림요령)」과 함께 묶여 『김상옥전』으로 출간되었다.

의 용기이고, 서릿발에도 꽃을 피우는 것은 국화의 용기이며, 눈에 아랑곳없이 향기를 내는 것은 매화의 용기이다. 추운 겨울에도 시들지 않는 것은 소나무와 잣나무의 용기이고, 강물이 흐르는데도 구르지 않는 것은 돌의 용기이며, 어지러운 세상에 처해 있어도 미혹되지 않는 것은 사람의 용기이다.

10. 마음을 아는 것을 지智라 하고 남을 사랑하는 것을 인仁이라 하며 자기를 이기는 것을 용勇이라 한다. 앎이 혹 미치지 못하고 인을 지키지 못함은 용기가 피폐한 것이다.

11. 아버지가 용기가 있으면 자애를 이루고, 자식이 용기가 있으면 효를 이루며, 남편이 용기가 있으면 남편다워지고, 아내가 용기가 있으면 아내다워진다. 전쟁에서 용기가 있으면 승리하고, 지키는 데 용기가 있으면 단단하다. 그러므로 용기란 것은 온갖 선의 완성이요, 온갖 행실의 열매이다.

12. 소인小人은 거울에 자신을 흘낏 비춰본 일 없이도 스스로 뽐내며 "사람들이 나에게 미치지 못한다"라고 말한다. 한가지 선한 일을 보고도 감히 나아가지 못하는 것이 병든 말과 같으니, 비록 스스로 뽐내더라도 세상에 무슨 보탬이 되겠는가.

13. 용기 있는 사람은 자기를 다스리는 데 앞장서니, 두 눈이 사악하더라도 날카롭게 도려내고 두 손이 망령되더라도 끊어버린다. 이처럼 선한 일을 행한다면 어디에 사악함이 감히 존재하겠으며, 이처럼 용기를 기른다면 어떤 적이 감히 맞서겠는가.

14. 용기란 것은 자기를 이롭게 하고 사물을 이롭게 한다. 한 마을의 부끄러움을 부끄럽게 여기고 한 나라의 부끄러움을 부끄럽게 여기며, 한 나라의 부끄러움을 부끄럽게 여기고〔원문대로〕 한 세상의 부끄러움을 부끄럽게 여기니, 부끄러워할 만한 것을 부끄럽게 여기는 것이 용기 있는 무리이다.

15. 천하의 해로움을 없애는 것이야말로 큰 용기이다. 요堯임금과 우禹임금이 홍수에 직면해,[91] 이윤伊尹이 난세에 부닥쳐,[92] 부처가 외도外途(불

교와 다른 종교)에서, 공자孔子와 맹자孟子가 이단異端과 마주해[93] 모두 큰 용기를 자기로부터 일으킨 것이다. 그러므로 능히 천하의 해로움을 없애고 만세의 편안함을 굳건히 하는 일에 모두 죽음이 있었으니, 도道는 용기가 없으면 이룰 수 없다.

16. 많은 녹봉이 유혹하여 그 뜻을 둘로 나누고, 높은 지위가 유혹하여 그 절조를 바꾸니, 이는 물욕을 좇는 무리이다. 용기를 잃어버리는 데는 물욕을 좇는 것보다 큰 것이 없다.

17. 입은 음식과의 관계에서 부끄러움과 영화榮華와 연관되며, 눈은 색과의 관계에서 길함과 흉함이 가까이에 있으니, 음식과 색이 적으면 사람이 용기를 갖게 됨을 알 수 있다.

18. 큰 용기가 있은 다음에 큰 마음을 일으킬 수 있고, 큰 마음을 일으킨 다음에 큰 업적을 이룰 수 있으니, 업적은 용기에서 시작하여 용기에서 끝난다.

19. 무릇 모든 피부에 절실한 고통과 뼈에 사무친 원한은 모두 사람의 용기를 격발하는 것이다. 물은 돌에 부딪히면 푸르러지고, 사람은 궁함에 부딪히면 용기가 생긴다.

---

91 한(漢)나라 조조(鼂錯)가 문제(文帝)에게 올린 「논귀속소(論貴粟疏)」에 "요임금과 우임금 때 9년 동안의 홍수가 있었다(堯禹有九年之水)"라고 했으며, 『맹자(孟子)』 「등문공하(滕文公下)」에 "옛날 우왕(禹王)이 홍수를 억제하자 천하가 태평해졌다(昔者禹抑洪水而天下平)"라고 했다.

92 이윤(伊尹)은 탕왕(湯王)을 도와 하(夏)나라 걸왕(桀王)을 멸망시키고 난세를 평정한 상(商)나라의 재상이다.

93 『논어(論語)』 「위정(爲政)」에서 공자가 "이단을 공부하면 해가 될 뿐이다(攻乎異端, 斯害也已)"라고 하였고, 『맹자』 「등문공하」에서 이단을 배척하며 "양주(楊朱)는 자신만을 위하니 이는 군주가 없는 것이요, 묵적(墨翟)은 똑같이 사랑하니 이는 아버지가 없는 것이다. 아버지가 없고 군주가 없으면 이는 금수이다. (…) 양주와 묵적의 도가 종식되지 않으면 공자의 도가 드러나지 않을 것이니, 이는 사설(邪說)이 백성을 속여 인의(仁義)를 막는 것이다(楊氏爲我, 是無君也, 墨氏兼愛, 是無父也. 無父無君, 是萬獸也…楊墨之道不息, 孔子之道不著, 是邪設誣民, 充塞仁義也)"라고 했다.

20. 사람으로서 옳지 않은 것을 알면서도 보지 않을 수 없고, 도가 아닌 것을 알면서도 듣지 않을 수 없으며, 예가 아닌 것을 알면서도 동하지 않을 수 없고, 안 된다는 것을 알면서도 말하지 않을 수 없으니, 어찌 아는 것에 잘못이 있어서이겠는가. 또한 오직 용기가 드세지 않은 까닭이다.

21. 오직 용기 있는 사람만이 사물에 임하여 오감五感을 바르게 하고, 급한 일을 당하여 온몸을 진정시킨다.

22. 대인大人은 자신의 몸에 용맹함을 갖추니 천지가 위엄이 있고 만물이 선다.

23. 용기를 기르는 데 길〔道〕이 있으니 작은 일에 용기를 내지 않으면 큰 일에 용기를 낼 수 없다. 작은 일에 용기를 내는 데 길이 있으니 부끄러움을 알아서 격발하는 것이며, 부끄러움을 아는 데 길이 있으니 비교하는 것이다. 비교하는 데 길이 있으니 촌寸만큼 나보다 낫고, 척尺만큼 나보다 나으며, 장丈만큼 나보다 나은 것은 모두 나의 용기를 격발하고 나의 덕을 나아가게 한다.

24. 열명의 우두머리인 사람이 백명의 우두머리가 되지 못함을 부끄러워하고, 백명의 우두머리인 사람이 천명의 우두머리가 되지 못함을 부끄러워하며, 천명의 우두머리인 사람이 만명의 우두머리가 되지 못함을 부끄러워하고, 만명의 우두머리인 사람이 무심함을 체득하지 못함을 부끄러워한다. 그러므로 1촌만큼 부끄러우면 1촌만큼 용기가 생기고, 1척만큼 부끄러우면 1척만큼 용기가 생기니, 용기를 기르는 데는 부끄러움을 아는 것보다 나은 것이 없다.

25. 삶이란 것은 용기의 뿌리이고, 죽음이란 것은 두려움의 뿌리이니, 용기는 삶에서 생겨나며 두려움은 죽음에서 생겨난다. 삶과 죽음의 뿌리를 아는 것이 그 용기의 시작일지어다.

26. 사람에게 참된 용기가 있다면, 사람에게 거짓된 두려움도 있다. 참된 겁쟁이는 반드시 거짓된 용기가 있고, 참된 용기가 있는 사람은 반드시 거

짓된 두려움이 있다. 용기와 두려움에서 참과 거짓을 분별하는 것은 충분히 헤아릴 수 있다.

27. 복復의 이로움은 일양一陽이 생겨나는 것이니 용기가 처음 발동하고, 건乾의 덕은 순양純陽이 성한 것이니[94] 용기가 온전함을 얻는다.

28. 지知란 것은 지혜의 실마리이고, 정情이란 것은 인仁의 실마리이며, 의意란 것은 용기의 실마리이다. 지혜는 옛것에서 얻고, 인은 빈 것에서 얻으며, 용기는 시간에서 얻는다. 그러므로 오랫동안 견지하는 것을 용기라 하고, 두루 미치는 것을 인이라 하며, 근원을 밝히는 것을 지혜라 한다. 무릇 지혜와 인이 용기를 지닌 뒤에 이루는 것은 옛것과 빈 것이 시간을 얻은 뒤에 이루는 것과 같다.

29. 사람들은 모두 "자신의 몸을 죽여 인을 이룬다〔殺身成仁〕"라고 말하는데, 누가 자신을 죽일 것이며 누가 인을 이룰 것인가. 오직 용기 있는 사람만이 죽일 수 있고, 오직 용기 있는 사람만이 인을 이룰 수 있다.

30. 아침에 기운이 있고 저녁에 기운이 있으니 아침과 저녁의 기운을 잃지 않으면 용기를 기를 줄 아는 사람일지어다.

31. 내 천하의 백성이 굶주리고 춥고 병에 걸린 고통에 눈물을 흘리는데도 구제하러 나서겠다고 생각하지 않는 것은 유독 무엇을 두려워해서인가. 그 효과가 없을까 봐 두려워하는 것일 뿐이다. 무릇 용기 있는 사람은 기운과 뜻을 바르게 하고 그 기틀을 밝히지, 성공할까 실패할까 또는 나아갈까 물러설까를 따지지 않는다.

32. 온 천하가 헐뜯어도 나 홀로 갈 것이고, 온 천하가 칭송해도 나 홀로 머물 것이니, 어찌 공적과 이익이 마음속에서 부추기고 옳고 그름이 밖에서 현혹시키겠는가. 반드시 초연하게 스스로 깨달아 얻고 우뚝하게 스스로 서서 확고하게 그 뜻을 빼앗기지 않는 것을 두루 통하는 용기라고 한다.

94　'복(復)'과 '건(乾)'은 『주역周易』의 괘(卦) 이름이다. 순음(純陰)인 음력 10월을 지나 동짓달인 11월이 되면 일양(一陽)이 처음 생기는 복괘가 되며, 4월에는 순양(純陽)의 건괘가 된다.

33. 큰 용기를 기르는 사람은 자기에게 용기를 쌓아두니, 용기를 쌓아둔 사람은 부끄러움을 잊어버리지 않고, 뜻이 흔들리지 않으며, 나아감을 멈추지 않는다.

34. 갑자기 부끄러움이 생겨도 품어서는 안 되니, 그것을 품으면 인덕忍德[95]이 아니다. 갑자기 치욕이 생겨도 용납해선 안 되니, 그것을 용납하면 용덕容德이 아니다. 용기를 죽이는 방도를 용납하고 참는 것은 용기를 기르는 방법이 아니다.

35. 화를 내야 할 때 화를 낼 수 있다면 용기 있는 무리이고, 화를 내야 할 때 감히 화를 내지 못하면 겁쟁이 무리이다.

36. 살갗이 베어도 기가 꺾이지 않고 눈이 찔려도 까딱하지 않음은 북궁유北宮黝가 용기를 기른 것이고,[96] "순舜임금은 어떤 사람이며 나는 어떤 사람인가?"라고 함은 안연顔淵이 용기를 기른 것이며,[97] 제후를 업신여기면서 관중管仲과 안영晏嬰의 대열에 끼는 것을 부끄러워함은 맹자孟子가 용기를 기른 것이고,[98] 꿈에서 주공周公을 만나 하늘이 나의 덕을 내셨다고 함은 공자孔子가 용기를 기른 것이다.[99] 세번 자기 집 문 앞을 지났으나 들

---

95 인덕(忍德)은 불교에서 말하는 수행에서 중요한 부분인 인내와 관용의 미덕을 가리킨다. 수행자가 내심의 고뇌와 집착을 극복하고 평정과 지혜를 얻는 데 도움이 된다.

96 『맹자』「공손추상(公孫丑上)」에 "북궁유가 용기를 기른 것은 살갗이 베어도 기가 꺾이지 않고 눈동자를 찔려도 까딱하지 않았다(北宮黝之養勇也, 不膚撓, 不目逃)"라는 내용이 보인다. 원문에는 '요(搖)'와 '도(覩)'로 되어 있었는데『맹자』에 의거하여 '요(撓)'와 '도(逃)'로 바로잡아 번역했다.

97 『맹자』「등문공상(滕文公上)」에 공자의 제자 안연(顔淵)이 "순임금은 어떤 사람이며 나는 어떤 사람인가? 노력하는 자는 또한 순임금과 같이 될 것이다(舜何人也, 予何人也, 有爲者亦若是)"라고 말한 내용이 보인다

98 『맹자』「공손추상」에 공손추(公孫丑)가 제(齊)나라의 이름난 재상인 관중(管仲)과 안영(晏嬰)을 높이 평가하며 맹자에게도 그들을 본받아 자신의 선왕을 패자로 만들어주길 기대하였다. 맹자가 자신이 그들에게 비유되는 것을 못마땅해하며, "관중은 증서(曾西, 증자의 손자—인용자)도 비교되기 싫어한 사람인데 그대는 내가 그런 사람이 되길 원하는가(管仲曾西之所不爲也, 而子爲我願之乎)"라고 반박했다.

99 『논어』「술이(述而)」에 공자가 "심하다, 나의 쇠함이여! 오래되었도다, 내 다시는 꿈속에서

어가지 못함은 우禹임금이 용기를 기른 것이고,[100] 사무외四無畏와 십력十
力은 부처가 용기를 기른 것이며,[101] 거짓된 두려움으로 유약함을 숭상함
은 노자老子가 용기를 기른 것이다.[102] 방법은 각기 다름이 있으나 그들이
용기를 얻은 것은 매한가지이다.

37. 음식은 살리기 위한 것이지만 때때로 죽이기도 하고, 용기는 이루기
위한 것이지만 때때로 실패하기도 한다. 사람은 먹는 것을 그만두고서 삶
을 구할 수 없으며, 또한 용기를 물리치고서 성공을 구할 수 없다.

38. 용기를 잘 기르는 사람은 스스로 업신여기지 않으며, 또한 스스로 속
이지도 않는다. 사람이 한번 스스로 속이면 용기를 열배나 잃게 되고, 사람
이 한번 스스로 업신여기면 용기가 십리나 후퇴하게 된다. 그러므로 스스
로 공경하는 것이 용기를 행하는 방법이다.

39. 무릇 용기 있는 사람은 본체[體]가 하나이되 응용[用]이 다양하다. 세
상을 창조한 조물주는 마음을 쓰는 데 용기가 있고, 도를 창조한 성인은 선
을 행하는 데 용기가 있으며, 나라를 세운 군주는 사람을 쓰는 데 용기가
있다. 배움을 창조한 선비는 진리를 찾는 데 용기가 있고, 물건을 창조한
전문가는 스스로 그 효과를 징험하는 데 용기가 있다. 용기란 것은 삶이니,
잠깐이라도 벗어나서는 안 된다.

주공을 뵙지 못하였다!(甚矣 吾衰也! 久矣, 吾不復夢見周公)"라고 말한 내용이 있다.

100 『맹자』「등문공상」에 "우왕(禹王)이 홍수를 다스린 8년 동안 밖에 있는데 세번이나 자기 집
문 앞을 지나면서도 들어가지 못하였다(禹八年於外, 三過其門而不入)"라는 구절이 있다.

101 사무외(四無畏, 또는 四無所畏)는 부처와 보살이 네가지 두려움을 갖고 있지 않아 설법하는
데에 망설이거나 주저함이 없다는 내용을 가리키는 불교용어. 십력(十力)은 부처 또는 보살
이 지니는 열가지 힘을 가리키는 용어. 초기 불교 때부터 여래가 지닌 지혜에 의해서 생기는
여래의 고유한 능력으로 설명되어왔다.

102 노자(老子)의 『도덕경(道德經)』에 "사람이 살아 있을 때는 부드럽고 약하지만, 죽으면 단단
하고 강해진다. (…) 그러므로 단단하고 강한 사람은 죽음의 무리이고, 부드럽고 약한 사람
은 삶의 무리이다. (…) 강하고 큰 것은 밑에 놓이고, 부드럽고 약한 것은 위에 놓이게 된다
(人之生也柔弱, 其死也堅强 … 故堅强者死之徒, 柔弱者生之徒. … 强大處下, 柔弱處上)"라
는 내용이 있다.

40. 용기가 도道가 됨이 지극하도다. 병든 사람이 용기를 얻으면 살아나고, 약한 사람이 용기를 얻으면 강해지며, 망한 나라의 선비가 용기를 얻으면 나라를 일으킨다. 해와 달이 용기를 얻으면 오래 비출 수 있고, 하늘과 땅이 용기를 얻으면 쉬지 않을 수 있다. 용기란 것은 하늘과 땅의 피이고, 사람과 사물의 기운이니, 용기에 의지하면 살고 용기를 벗어나면 죽는다.

이상의 각 40장은 모두 용기〔勇〕에 대한 것이니, 그 글이 거리낌없고 그 뜻이 철저하며, 그 말이 두렵도다. 아마도 발해渤海의 문장이 그 전승이 끊어져 꿈에서 깨우친 듯하다. 내가 임술년(1922) 3월에 상하이 프랑스 조계지에 있는 숭산嵩山에 거주할 때 꿈을 꾸었는데 꿈에서 대조영大祚榮[103]이 발해경을 외우는 것을 보았다. 잠에서 깨어서도 외울 수 있었고 외워서 기록하니, 잘못이 있다면 오직 하늘만이 알 것이다.

한살림〔韓薩任〕이 쓰다

2장
동아시아 문명자산으로서의 한국문화

『한국문원』 서문[1]

나는 런던 박물관에서 한국에서 인쇄한 『삼강행실록三綱行實錄』을 보았
는데[2] 인쇄사印刷史상 두번째에 해당하는 책이었다. 빠리에 가서는 프랑스
어로 번역한 『춘향전春香傳』을 보았는데 일종의 가치 있는 문학이었다. 상
하이에 와서는 「호태왕비문〔好王碑文〕」[3]을 보았는데 이는 고대 금석문金石

---

1   이 글 「한국문원서(韓國文苑序)」는 소앙이 1929년 2월 21일 중국 상하이에서 출판한 『한국
      문원(韓國文苑)』의 서문이다. 한문체. 국가는 잃었지만 한국 문화의 정수를 전승하고 중국
      과 공유하는 전통문화를 강조해 한중 연대의 기초로 삼고자 하는 의도에서 편찬한 저술이
      다. 주요 내용은 부여에서 조선 왕조 말기까지 대표적인 글들을 총 9권(1권 시)에 수록한 것
      이다. 본문은 317명의 글 총 558편이다.
2   영국 대영도서관에 소장된 『삼강행실도(三綱行實圖)』를 가리키는 듯하다. 이는 1434년 직
      제학 설순 등이 왕명으로 우리나라와 중국 서적에서 군신·부자·부부의 삼강에 모범이 될 만
      한 충신·효자·열녀의 행실을 모아 편찬한 언행록 곧 교훈서다.
3   「광개토호태왕비문(廣開土好太王碑文)」을 말한다. 고구려 제19대 광개토대왕의 훈적(勳
      績)을 기리고 그의 사후 왕릉의 안전을 도모하기 위해 세운 것이다. 4세기 말에서 5세기 초
      에 걸쳐 고구려의 영역 확장 과정과 그 사회상 및 동북아시아의 국제정세를 보여주는 내용
      들이 담겨 있는 귀중한 자료다.

文에서 가장 진귀한 글자 중 하나였다. 일본에서 유학할 때는 「임명전첩비갈臨溟戰捷碑碣」[4]의 본래 비석을 보았는데 국제전쟁 역사상 위대한 자취가 담겨 있었다. 무릇 이 네가지 보물은 모두 우리 한국인의 작품이나, 버려두고 돌보지 않는다. 유독 외국인만 보배롭게 여기는 이유는 무엇일까?

무릇 사람들은 예부터 모두 말을 했지만, 문자로 자기가 하려는 말을 옮길 수 있는 경우는 드물었다. 혹은 문자로 옮겨 기록한다 하더라도 그 문자를 아득히 오랜 기간까지 남길 수 있는 경우는 드물었다. 국가도 이와 같으니 고유한 언어와 문자가 없었던 것은 아니다. 예를 들면 한국의 고문古文과 금문今文이 그러하다.

고문이란 설총薛聰의 '이두吏讀'를 가리키니 서기 650년경에 만들어졌다.[5] 금문은 '언문諺文'으로 조선왕조 세종 시대에 창제되었으니 곧 서기 1412년경이다. 이두 문학 중에 살펴볼 만한 작품은 지금 많이 전하지는 않는다. 단지 수십 종류의 가사歌詞가 보일 뿐이다. 언문 문학은 「용비어천가龍飛御天歌」·「월인천강곡月印千江曲」 등부터 소설小說·시조時調 등에 이르

4　정식 명칭은 「유명조선국 함경도 임진 의병 대첩비(有明朝鮮國咸鏡道壬辰義兵大捷碑)」이고 일명 「북관대첩비(北關大捷碑)」이다. 1592년 임진왜란 당시 함경북도 길주 지역에서 당시 의병장 정문부(鄭文孚, 1565~1624)가 이끌었던 함경도 지역 의병들의 왜군 격퇴를 기념하기 위해 100여년이 지난 후인 숙종 때(1707) 함북 길주군 임명 지역에 세웠던 승전비. 1905년 러일전쟁 당시 함경도 지방에 진출한 일본군이 주민들을 협박해 이 비석을 파내어 일본으로 강탈해 간 이후 일본 야스꾸니신사 경내 구석에 방치돼왔다. 당시 일본 유학생이던 조소앙이 야스꾸니신사에서 이 비를 발견하고는 『대한흥학보大韓興學報』에 「함경도 임진의병 대첩비(咸鏡道壬辰義兵大捷碑)」(1909)라는 글을 기고했다. 그러다가 1978년 한국사 연구자인 최서면 국제한국연구원장이 북관대첩비를 발견한 이후 반환 운동이 일어났고, 결국 2005년 10월 한국에 반환되었다. 2006년 3월 한국 정부는 북관대첩비를 원래 위치에 복원시키기 위해 북한에 인도했다.

5　설총은 신라시대 경덕왕 때의 대학자. 생몰년 미상. 아버지는 원효(元曉), 어머니는 요석공주(瑤石公主)다. 이두는 한자의 음과 훈(訓, 뜻)을 빌려 한국어를 적던 표기법. 이도(吏道)·이도(吏刀)·이두(吏頭)·이토(吏吐)라고도 한다. 이두는 넓은 의미로는 한자 차용 표기법 전체를 가리키고, 좁은 의미로는 한자를 한국어의 문장 구성법에 따라 고치고 이에 토를 붙인 것에 한정한다.

기까지 뛰어나 볼만한 작품이 있다. 그렇지만 이러한 것은 국가로서 해야 할 일이라 할 수 있으니, 누군들 자국의 문자를 써서 그 문화와 국가의 특성을 발휘하려 하지 않았겠는가? 오직 한국인만이 자국 문자를 쓰는 것 외에 중국 문자를 잘 써서 윤음綸音·소장疏章·국서國書·제고制誥·시부詩賦·사장詞章·서기序記·명발銘跋 그리고 모든 저서에 이르기까지 대체로 한자漢字를 사용하였다. 문장은 충분히 그 말을 자유롭게 전달하고, 시는 능숙히 성률聲律에 들어맞아, 수천년 이전부터 비롯하여 조선 왕조 말엽에 이르기까지 유교문화 석학들이 문장을 자유롭게 구사하며 중국의 뛰어난 문장가들과 경쟁하였으니, 왜족倭族·베트남족·회족回族·티베트족·만주족·몽고족 등이 나란히 할 수 있는 바가 아니다.

러시아 사람이 내게 일러, "러시아어로 이른바 '화문華文'(한문漢文)은 어려움의 비유를 뜻한다"라고 말한 적이 있다. 그는 외국어를 잘하는데도 유독 이 언어는 천하에서 능통하기 어려운 말로 여겼으니, 한자가 라틴어나 그리스어보다 한참 어렵다는 걸 잘 알고 있던 것이다. 한국인은 천하에서 난해한 문자를 가지고 뛰어나게 쓰고 출중하게 지어, 세계 인류의 3분의 1이라는 대다수에게 힘들이지 않고도 읽게 하였으며, 읽고서 그 교화를 입게 한 지가 오래이다. 예를 들어 원효의 불교학, 이황의 이학理學, 허준의 의학 등은 동아시아의 여러 나라에서 성행하였다.

이로써 본다면, 한문이 삼한三韓 문학에 구성된 비중을 충분히 알 수 있으며, 한국인이 세계 문화에 공헌한 공로도 크다고 하겠다.

그러나 여러 차례 전쟁으로 인한 재해를 겪어 용도龍圖[6]와 서첩瑞牒[7]이 진흙탕에 버려지고, 조적鳥迹[8]과 현문玄文[9]이 타들어가는 벌판에 재로 남

---

[6] 복희씨(伏羲氏) 때에 황하(黃河)에서 용마(龍馬)가 등에 지고 나왔다는 하도(河圖)를 가리킨다.

[7] 진귀한 문서.

[8] 중국 고대 신화에 나오는 문명의 시조인 삼황오제(三皇五帝) 중 하나인 황제(黃帝)의 신하 창힐(蒼頡)이 새의 발자국을 보고 처음으로 문자(文字)를 만들었던 데서 온 말로, '전체(篆

왔다. 근래에는 강한 진秦나라의 화禍[10]를 만나서 고대 문헌 중 남아 있던 작품들이 다시 심한 손상을 입었고, 상실하여 거의 없어졌다. 오호라, 나라가 망하니 문헌도 사라지는구나. 우리 선조들이 물려준 화려한 문화가 하루 아침에 매장되었으니, 어찌 시체를 어루만지며 통곡하지 않을 수 있겠는가.

이에 내 좁은 견문을 헤아리지 않고, 이제 특별히 이 책을 편찬하였다. 그러나 나라를 떠난 지 벌써 20여년에 10여개 국가를 바삐 다니면서 한달에 세번 옮겨 자리가 따뜻해질 겨를이 없기도 했거니와, 소장한 서적도 대다수 분실하였다. 겨우 수백 종류의 참고할 만한 서적을 얻어 이리저리 뽑아서 가려냈으니, 상편은 문文이고 하편은 시詩이다. 책은 모두 9권인데 엮어서 한 책으로 만들었으니, 대략 10여만자〔言〕이다. 멀리 부여·마한·고구려·발해·백제·후백제·신라·고려부터 이조 조선의 말엽에까지 이르렀다. 2천여년의 저명한 문장과 뛰어난 구절이 대체로 이 책에 포함되어 있다. 역대 창업의 간난艱難한 행적, 훌륭한 재상과 이름난 장군이 자신을 잊고 나라에 보답한 정성, 충성스러운 사람과 정의로운 선비의 비분강개한 말, 큰 덕의 인물과 은둔 선비〔隱逸〕, 가인재자佳人才子, 이름난 여성과 학덕 높은 스님의 작품이 이 책에 하나로 꿰뚫어져 있다. 만약 그 면목을 본다면 "빛나도다, 그 문장이여"[11]라고 할 것이다.

이는 한민족 문인사회〔文苑〕의 일부 뻬어난 문장〔英華〕으로서 화려할 뿐만 아니라 내실도 존재하는 것이다. 역대 정치의 득과 실, 외교의 연혁, 문

體) 고문자'를 가리킨다

9   여러 의미가 있으나, 문맥으로 봐 깊은 가치가 있어 두고 전해질 만한 저작이나 조정의 조령(詔令) 혹은 황제의 지시〔聖旨〕를 의미하는 듯.

10   '강한 진(秦)나라의 화(禍)'란 전국시대 진나라가 천하를 통일한 뒤 분서갱유를 한 폐해를 가리킴.

11   『논어』「태백(泰伯)」편에 나오는 요(堯)임금을 찬탄한 구절을 그대로 인용한 것이다. "높도다, 그 성공이여, 빛나도다, 그 문장이여.(巍巍乎其有成功也, 煥乎其有文章)"

체文體의 전환 및 사조思潮 교체의 틀 같은 것도 여기에서 훑어볼 수 있다.

자손에게 이 책을 전하는 것은, 통발은 잊을 수 있어도 물고기는 잃을 수 없어서이고,[12] 우방국友邦國에 이 책을 공표하는 것은, 동문同文이 오래되었음을 밝히고 덕德 있는 사람이 외롭지 않기를 바라서이다.[13]

대한민국 11년〔1929년〕 기사己巳 2월 21일
편자編者 아나가야阿那伽倻의 후손 조소앙趙素昻 서序

부인론 1[14]

누구든지 부인 문제를 대하면 벌써 남자의 연상이 일어나고, 남녀 양성兩性의 비교 관념이 일어날 때에는 이론 판단을 기다리지 못하고 얼른 말하기를, 남자는 우월하고 여자는 열등하며, 남자는 존귀하고 여자는 비천하며, 남자는 강하고 여자는 약하며, 남자는 주도적이고 여자는 종속적이며, 남자는 지혜롭고 여자는 어리석다 하리니, 이는 습관적인 환영幻影 아래에서 공안公眼(공평하게 보는 눈)을 갖추지 못함이로다.

과연 우리 여자는 이처럼 열등하고 약하고 비천하고 어리석은 성질과 천성〔天品〕을 상제로부터 부여받았는가. 만일 그렇다면 우리는 이상한 인

---

12 『장자』「외물(外物)」 편의 "통발은 물고기를 잡는 도구지만, 물고기를 잡고 나면 통발을 잊어버리고 만다(筌者所以在魚, 得魚而忘筌)"라는 구절을 활용한 것이다. 국가는 잃었지만 한국 문화의 정수를 공유하고 싶은 절실한 심정이 표현되어 있다.

13 원문은 "욕기덕지불고야(欲其德之不孤也)"인데『논어』「이인(里仁)」 편의 "덕 있는 사람은 외롭지 않으니, 반드시 이웃이 있다(德不孤, 必有隣)"라는 구절을 활용한 것이다. 같은 한문을 사용하는 문화권의 중국인과의 연대를 구하는 마음이 담겨 있다.

14 이 글은『學界報』창간호(1912. 4)에 無名女史라는 필명, 곧 여성의 명의로 기고한 것이다. 국한문 혼용체. 뒤에 나오는「부인론 2」와 일부 내용이 겹치나 다른 내용도 적지 않고 한층 더 상세한 서술이니 비교해보길 바라는 뜻에서 함께 수록한다.

종이 아닌가. 남자더러 물으면 반드시 응하여 가로되, "너희들은 본래 열등·나약·우매하고 역사적으로 부속품에 불과하다. 어느 때에는 독립적인 생활을 하였느냐. 너희들은 체력상이나 능력상이나 기술상이나 남자에 미치지 못하는 것은 통계와 실험이 증명하는 바이라"고 분명히 말하리로다.

그러나 이는 남자들이 우리를 압제 주기 위하여, 구속 주기 위하여 자기 편리대로 학리學理를 빙자하며 역사를 망령되이 끌어들여 우리들의 이목을 현혹케 하며, 우리 여자들의 목에 속박의 줄을 굳게 채우고자 하는 야심이라 단언하노라.

부인 여러분 생각해보시옵소서. 상제께서 인생을 내려보내실 때 어찌 누군 우월하고 누군 열등함이 있어서 누구는 압박 받으라고 낳으시고 누구는 압박 주라고 낳으셨으리오. 생리상 차별은 남녀의 구별이 된다 하려니와 능력상의 우열은 남녀의 표준이라 할 수 없으니, 여걸女傑 여호女豪가 얼마나 인생의 행복을 증진하며 문명 진보에 공헌하였느뇨. 목란木蘭,[15] 잔다르크, 추근秋瑾[16] 등은 세계가 인정하는 호걸이 아닌가.

그러하니 망령되이 여권女權을 주창하여 가정 평화의 기초를 파괴하며 요망하고 망측한 패덕悖德 행위로 도덕습관의 미풍을 더럽히고 손상시키는 것은 우리의 통렬히 금지해야 할 바가 될 뿐 아니라 사회에 퍼질수록 인생의 마물魔物이라. 따라서 우리는 온건한 이론과 공평한 관찰로 남녀 동등을 주장하노니. 가정 발전과 사회 균형과 제2 인생의 양육 문제에 대한 유일하고 중대한 언론이라 스스로 믿어 천하고 비루함을 무릅쓰고 나의 하찮은 견해를 피력하는 바이로라.

---

15   중국의 서사시 「목란사(木蘭辭)」에 나오는 주인공. 여자의 몸으로 아버지를 대신하여 남자 복장을 하고 싸움터에 나가 공을 세우고 고향으로 돌아왔다고 한다. 이 이야기는 디즈니 만화영화의 주제가 될 정도로 널리 알려져 있다.

16   추근(秋瑾, 1875~1907). 본래 이름은 추규근(秋閨瑾). 일본 유학 후 근(瑾)으로 이름을 바꿈. 중국 여권운동을 이끌고, 신해혁명에 참여한 혁명지사. 신해혁명 성공 후 그녀를 기리기 위한 기념비가 세워짐.

첫째, 남녀 평등의 논거가 되는 이유를 말하건대 동양 철학의 기초는 음양의 원리라. 그 유래는 태극이나 양의兩儀[17]가 생겨난 이상에는 음양 두개의 이理로 작게는 곤충 초목에서부터 크게는 우주 만상에 모두 가히 응용되나니 어찌 그러한가. 양은 하늘에 속하고 음은 땅에 속하며, 하늘〔乾〕은 아버지로 칭하고 땅〔坤〕은 어머니라 칭하니 천지는 만물의 부모라. 만물의 화육성장化育成長에 대하여 하늘과 땅〔天地〕이 공로는 같되 위치가 다름〔同功異位〕은 선현의 분명히 말한 바인즉 더 이상 의문이 없겠도다. 이러한 이치〔理〕를 미루어보건대 남자는 양陽에 속하고 여자는 음陰에 속하니 남녀는 인생의 부모라. 인생의 화육성장에 대하여 남녀가 공로는 같지만 몸〔體〕이 다름〔同功異體〕은 천지가 공로가 같고 위치가 다름과 아무런 차이가 없을지니, 남녀가 공로가 같음〔男女同功〕은 세계가 공인하는 바가 아닌가. 따라서 공로〔功〕가 같은즉 권리〔權〕가 같고 권리가 같은즉 등급이 같으리니, 이는 필연적인 결과요, 편견과 망령된 판단이 아니로다.

둘째, 남녀 동등의 논거를 밝혀 말하노니, 19세기 이래로 세계 사상계를 크게 뒤흔든 진화론의 원리 즉 도태의 이론은 자연계 현상에 비춰 분명하고 확실한 이치라. 무릇 원시 동물은 상호 현저한 차별이 없어서 대동소이할 뿐이니 어째서인가. 사람과 짐승은 형상에서 이와 같은 차별이 있으나 사실은 근본적으로 동일한 기질과 형체를 갖고 있나니. 만일 음양 두 기가 서로 합하여【정자와 난자가 서로 합함】형질을 구성한 지 며칠이 되지 않은 시기를 살펴보면 사람과 소와 거북이와 물고기와 토끼와 닭의 형질은 생리학자도 능히 구별치 못하다가 제2기 제3기에 도달하여 조금씩 두각이 서로 달라지다가, 끝내 날고, 헤엄치고, 달리고, 기는 식으로[18] 그 다름이 각각 형태짓나니. 형질상에서 이미 이와 같으면 능력상이나 사색에도 역

---

17   양(陽)과 음(陰). 또는 하늘과 땅.

18   원문의 "비잠주복(飛潛走伏)" 곧 "날고, 헤엄치고, 달리고, 기는 것"이라는 표현은 새·물고기·짐승·벌레 따위를 통틀어 이르는 말.

시 그러할지라. 더욱이 이와 마찬가지로 인류 중에 비록 생리상 분업 작용의 구별은 있으려니와, 하물며 어찌 남자는 우월하고 여자는 열등하며 남자는 존귀하고 여자는 비천함의 차별이 선천적으로 고정된 사실이라 하리오. 따라서 남녀가 원래 체력상이나 능력상이나 완전히 동일한 것이 당연한 이치로라.

그런즉 현대 부인은 과연 이 사실대로 건강이나 지식이나 능히 남자와 동일한 자격을 갖추었는가. "아니다"라고 말할 수 있다. 필자〔記者〕 자신도 역시 현대 실제 정형을 보면, 부득이 남자는 강하고 여자는 약하며 남자는 우월하고 여자는 열등함을 승인하노라. 그런즉 남녀 동등은 공론空論에 불과하고 실제에 부합함이 아닌가. "아니다"라고 말할 수 있다. 어찌 그러리오. 현대 남녀의 강하고 약함이 다르고, 지혜롭고 어리석음이 현저히 다른 원인은 완전히 인위적 도태[19]의 결과라 하노라. 동서양을 막론하고 미개한 시대에는 여자에 대한 가정의 관습과 국가의 정책과 사회의 풍속〔風紀〕이 다 지식속박주의〔鎖智主義〕로 임한지라. 따라서 여자는 안목이 규중閨中(집안)에서 벗어나지 못하고, 활동이 술과 밥을 차림을 법도로 하고, 학문이 한글〔國字〕 견습見習에 불과하고, 지식이 바느질에 적당할 뿐이라. 그중에서도 동양 관습이 더욱 심하여 알지 못하고 깨닫지 못하는 사이에 홀로 비루하고 열등하고 약한 제2 천성이 완연히 여자 골수에 꿰뚫어 단단히 응축되어 뿌리 뽑을 수 없는 슬픈 지경에 도달하여 심지어 아이 낳는 기계〔生兒機〕란 대명사를 서양인이 바치게 되었도다.

이와 같이 불공평 부도덕한 인위적 도태로 참혹한 대우를 받은 우리는 어찌 깊이 통탄하지 않으리오. 그러한 속에서 생남生男 생녀生女의 천직은 감히 저지하지 못한지라. 남녀 간 생산이 있을 때에는 남자는 지식을 계발

19　원문의 "인위도태(人爲淘汰)"는 진화론의 '자연도태'에 대비되는 뜻. 즉 생물의 품종 개량에서 특수한 형질을 지닌 것만을 가려서 교배하여 그 형질을 일정한 방향으로 변화시키는 일을 의미하는 듯함.

하고 여자는 천재라도 박탈하여 노예적 부속으로 공인하고도 같이 눈물 흘리고 함께 슬퍼함을 표한 자 없는지라. 첫 세대가 이와 같이 하고 그다음 세대 또한 이와 같아서 약한 여자가 약한 여자를 낳고 열등한 여자가 열등한 여자를 낳았으니, 현대 부인은 모두 성을 얻은〔得姓〕 이후 30여세대에 인위적 도태 속에 퇴화한 열등한 여자 소생인즉 비록 위대한 천성〔天稟〕을 부여하였으나 어찌 열등하고 약하고 우매함을 면하겠나뇨. 백년 전 스페인〔西班牙國〕에 여섯개 손가락을 가진 여자가 있었는데 3대 4대까지 여섯 손가락을 가진 자식과 손자를 낳았다고 하니 생리상 유전일 뿐 아니라 능력이나 건강이나 어찌 유전성이 없으리오. 이러한 사실은 공안公眼을 갖춘 자라면 부인치 못할 것이니, 현대 부인은 퇴화의 화禍와 도태의 재앙〔孼〕을 심하게 입은 결과로 저와 같이 열등하고 약한 것인즉 가히 인위적으로 진화하게 하며 행복하게 할 책임과 이유를 자각함으로 남녀 동등을 주장하는 바이로다.

세번째, 도덕상 책임에 대하여 남녀 동등을 논리적으로 밝히고자 하노니. 〔앞에서〕 먼저 동등한 원리를 들고, 그다음으로 동등하지 않게 한 인위적 과실을 증명한지라. 이번에는 마땅히 도덕 즉 품행과 수양에 대하여 남녀의 책임이 동등함을 통렬히 논하지 않을 수 없도다. 대개 도덕은 인생의 필수 과목이니, 남녀가 같이 수양하고 같이 나아갈 바이나, 남자 도덕의 특색은 충의와 용감忠義勇敢 이것이요, 여자의 특색은 정렬貞烈(곧은 행실이나 지조)과 효순孝順 이것이라. 따라서 여자는 정렬하지 않으면 안 되며 효순하지 않으면 안 되거늘 근래 여성계〔婦人界〕에 아름다운 풍조〔美風潮〕가 수입된 반면에 나쁜 풍조〔惡風潮〕가 같이 들어와서 소위 고금주의高襟主義【하이컬너】[20]가 유행하는 모양이니 어찌 통탄할 바가 아니리오. 만일 고금주

---

20   원문의 '하이컬너'는 일본어 "ハイカラ"를 우리 음으로 표기한 것으로서 "새로운 멋"이라는 의미로 쓰임. 기본적으로 패션 관계의 맥락에서 사용되는 표현이며, 시대의 첨단을 가는 세련된 사람을 가리킴. 원래는 서양 문화를 적극적으로 도입한 일본인들이 쓴 말로, 메이지 시

의를 오해하여 일본과 미국의 영향(作用)이라 하거나 사랑의 행동이라 변명할 자가 있으면 이는 둔사遁辭이니 무릇 미美는 선善과 일치할지언정 사치하고 야박함을 가리킴이 아니오. 애愛는 인仁과 일치할지언정 음란하고 사악하며 방탕하고 편벽됨을 가리키는 것이 아니니. 따라서 현대 고금주의는 절대 배척하는 바이로다. 오호라 제2 인생의 현명한 모친(賢母)이 될 부인, 제2 사회를 구성할 부인은 깊이 자각할 바가 있을지어다. 가정의 평화를 파괴하면 가정의 죄인이요, 사회 풍기를 문란하게 하면 사회의 죄인이요, 현대의 신지식을 수양하지 못하면 해마다 어리석은 남자 약한 여자만 제조하여 인생의 죄인이 되나니. 품행과 지식을 함께 수양하여 인류 된 본분을 다할지어다.

부인론 2[21]

부인 문제를 대하면 벌써 남자의 연상이 일어나고, 남녀의 비교 관념이 일어날 때는 얼른 벌써 남자는 우월하고 여자는 열등하며, 남자는 강하고 여자는 약하며, 남자는 지혜롭고 여자는 어리석으며, 남자는 존귀하고 여자는 비천하며, 남자는 주도적이고 여자는 종속적이며, 안이고 밖이며, 선량하고 간사하며, 용기 있고 비겁하다는 습관적 관념이 일어날 듯하리로다.

과연 우리 여자는 이처럼 열등하고 약하며 어리석고 비천하며 종속적

절부터 서양풍의 복장이나 라이프 스타일을 좋아하는 사람들을 '하이카라'라고 불렀다. 소앙은 일본 유학 시절 이 용어를 접하고, 한자로 직역해 '고금(高襟, 곧 '높은 옷깃')'이라 표기함.

21 이 글 「부인론 2」는 『문집』 하권에 실린 「부인론」이다. 국한문 혼용체. 소앙의 일기 『동유략초』 1912년 1월 24일자에 "오전 8시에 잠에서 깼다. 학교를 쉬고 숙소에서 「부인론(婦人論)」 1편을 지었다"고 나와 있다(『문집』 하권, 462면). 『문집』 하권 원주에 따르면, 1911년에 쓴 것으로 되어 있는데, 그 근거를 알 수가 없다. 어쨌든 앞의 『학계보(學界報)』 게재본과는 내용상 차이가 있고 짧은 것으로 보아 혹 기고하기 전의 초고가 아닐까 싶다.

이고 간사하며 비겁한 성격을 선천적으로 짊어지고 태어난 이상한 인종인가. 남자더러 물으면 반드시 가라사대 "너희들은 본래 열등·나약·우매하고, 너희들은 역사적으로 종속되었고 역사적으로 독립된 생활을 못 하였다" 할지니. 이는 다름 아니라 남자는 선천적으로 권리행사자라 망상하여 전제專制 주기 위하여, 압박 주기 위하여, 구속 주기 위하여 편리한 정책으로, 혹은 학술적 설명이라 빙자하고 혹은 역사적 증거를 들어 우리의 마음을 현혹하게 하여 우리 여자의 목에 속박의 쇠자물쇠를 굳게 채우고자 하는도다.

부인 여러분이여, 생각해보소서. 상제上帝께서 인생을 창조하실 때에 어찌 누군 우월하고 누군 열등하게 하며, 누군 싫어하고 누군 사랑하는 구별이 있어, 누구에게는 압박을 주라고 낳으시고 누구에게는 압박을 받으라고 낳으셨으리오. 차라리 종류의 차별은 있어 동식물의 분별은 승인하려니와 어찌 편애偏愛하거나 편증偏憎하고, 이는 높거나 저는 낮다는 이치가 있다 하겠나뇨.

남성 여성이 똑같이 인간인 것은 종류의 차별이 아니라 생리상 역할을 나눈 것에 불과함이니, 어찌 생리상 역할을 나눈 작용으로 하여금 권리 차별의 원인을 삼으리오. 어찌하여 같은 신체에도 이목구비와 사지육부四肢六腑가 각기 직분이 다르되 한 몸을 유지하는 데에는 공로는 같고 위치만 다르니 누가 감히 코의 권리가 귀보다 낫다 하며, 발의 권리가 손보다 더 하다 하리오. 이에 남성 여성이 인간 발전에 대하여 절대적으로 공로는 같으나 신체가 다름이, 사지육부가 한 몸을 유지하는 데 대하여 공로는 같으나 위치가 다름과 흡사한지라. 그러므로 공로가 같은즉 권리가 같고, 권리가 같은즉 등급이 같나니, 남녀동등은 필연적 결과요, 우리의 편견이 아님을 자각하노라.

다시 한 걸음 나아가 능력 문제를 해결하고자 하니, 사람들은 모두 말하기를 "여자는 남자보다 열등 나약 우매하다" 하여, 심지어 실험설과 통계설 등으로 이를 증명하고자 하니, 슬프도다. 이 어찌 여자를 무시함이 이처럼 심한고. 첫째는 저들의 통계와 실험이 확실하지 못함을 깨우치고, 둘째는 저들이 근시안만 가진 편견을 깨우치고자 하노라.

19세기 이래로 세계 사상계를 풍미한 진화의 원리는 취할 만한 점이 많은 가운데, 제일 이치에 근접한 것은 도태의 원리라. 자연도태는 자연계에 유행하고, 인위도태는 인간계에 유전되었도다. 현재 보편적으로 관찰하면 "여자는 남자에게 미치지 못한다"란 말이 고정된 사실 같으나 사실은 옛날부터 여자에 대한 국가의 정책과 가정의 관습으로 여자의 안목은 규중에서 벗어나지 않고, 활동은 술과 밥을 차리고 바느질하는 것에 불과하며, 학문은 한글〔國字〕 학습에 불과하고, 견문은 노비나 노파의 수준에 불과한 것이라, 저도 모르는 사이에 고루하고 야비한 제2 천성이 완연히 응축되었다.

남자가 이처럼 부인을 인위도태로 참혹히 대우하나, 남자로 태어나거나 여자로 태어나는 타고난 직분은 감히 원망치 못한지라. 남자나 여자를 출산하면, 남자는 지식을 함양하게 하나 여자는 천부 받은 재능을 박탈하는도다. 두번째 세대가 이렇게 하고 세번째 세대가 또 이렇게 하여 열등한 여자가 열등한 여자를 낳으며, 나약한 여자가 또 나약한 여자를 낳았으니, 현대 부인은 성姓을 얻은 후 삼십세대에 〔걸쳐 퇴화한〕 열등한 여자의 소생이라. 어찌 열등 나약 우매함을 벗어나리오. 백여년 전 스페인〔西班牙〕에 여섯 손가락 여성이 있어 삼대를 연속하여 여섯 손가락 딸, 여섯 손가락 손녀를 낳았다 하더니, 생리 유전만 이런 것이 아니라 능력 유전이 역시 이러하노라.

그런즉 우리 여자가 열등하고 우매한 것은 남자의 행위로 퇴화한 결과요, 결코 본래 천성이 그런 것이 아님을 자각하노니, 생각이 여기에 도달함에 원망의 눈물이 줄줄 흘러 스스로 멈출 수 없도다. 현대 부인이 만일 불행히 이 증오스러운 습관과 애통해할 만한 인습을 깨닫지 못하고 그대로 받아서 후세에 전하면, 과거 열등한 여성이 현대 열등한 여성을 만든 것 같이 현대 부인은 자자손손 열등한 아들 열등한 딸만 만들지니, 생각이 여기에 미침에 두렵고 속상한 마음을 스스로 이기지 못하겠도다. 그런즉 생리와 능력에서 결코 권리 차별이 있어선 안 된다. 그리고 과거 나쁜 관습, 나쁜 정책으로 말미암아 현대 부인의 형편을 만들어냈으니, 우리는 당당히 동등을 주장할지로다.

자각할지어다 현대 부인이여. 상제의 진리를 확신하며 남녀동등의 원리를 깨달을 것이, 현대의 학문을 수양하면 남녀가 능력이 같은 결과가 뚜렷이 나타나리니, 저 남자의 정책 농락 가운데 떨어지지 말지어다. 저 남자의 권리 행사에 낙망하지 말지어다. 대개 낙망은 자멸의 근원이요, 위축은 진보의 적이니, 저들을 두려워하지 말며 저들을 원망하지 말고 다만 굳센 마음으로 나아가고 나아가서 남녀가 동등함과 남녀가 능력이 같음을 실현하소서.

아울러 바라노니, 이를 읽는 남자 여러분은 분노하여 죄를 묻지 말지어다. 현대 부인의 경우와 지위는 비록 압박과 속박이 심하다 하나, 현대 남자의 지위도 우리가 목도하는 바이니, 이날에 울며 부르짖을 사람은 너냐 나냐. 들자니 남자는 용맹과 지혜와 관찰력이 여자보다 낫다 하니, 채찍질 맞는 양의 마음과 쇠사슬에 매인 범의 마음이라. 서로 사랑하며 서로 불쌍히 여길진저.

건국절을 맞아 단군의 짧은 역사를 서술함[22]

오늘은 한국의 '개천절'이며, '건국절'이라고도 부른다. 나라의 시조 단군檀君이 4391년 전(기원전 2457년)에 탄생하여 4277년 전(기원전 2333년) 나라

---

22   이 글「건국절단군소사연고(建國節檀君小史演稿)」는 단기(檀紀) 4277년(1944) 개천절을 맞이하여 단군의 역사를 간략히 기술한 것이다. 한문체.

를 세웠다. 나라를 세우기에 앞서 환인桓因이 있었는데, 그의 아들 환웅桓雄이 천부인天符印 세개를 얻어 3천 무리를 거느리고 태백산太白山【백두산白頭山】에 이르러 왕이라 칭하였으니, 이분을 환웅천왕桓雄天王이라 한다.

풍사風師·우사雨師·운사雲師 셋을 거느리고 와서 곡식과 목숨을 주관하고 질병과 형벌을 주관하며 선과 악을 주관하였으니, 모든 360여개의 인간사를 주관하여 세계를 다스리고 교화하였다. 환웅의 아들 환검桓儉이 곧 단군으로 뒤를 이어 즉위하여 왕이 되었다. 22년이 지나 도읍을 평양【平壤, 遼賜, 永平】으로 옮기고 만년인 을해년(재위 93년)에 구월산九月山 당장경唐莊京으로 도읍을 옮겼다. 경자년(기원전 2241년) '아사달산阿斯達山'에서 승하하였다. 태자 '부루夫婁'가 즉위하여 왕이 되었으니, 부루대왕夫婁大王이다. 그 뒤에 그대로 단군이라 불렀는데 이전의 칭호를 이어받아 쓴 것이다.

단군은 태어나면서부터 성덕聖德이 있어 사방의 이웃을 감화시키고 나라를 세워 새로운 근본을 열었다. 왕통을 드리우고 왕업을 시작한[23] 공과 만물을 열어 사업을 이룬[24] 덕이 오늘날에 이르기까지 없어지지 않고 유적이 매우 많다. 예컨대 강동군江東郡 대박산大朴山 아래에 '단군릉檀君陵'이 있으며, 강화江華 마니산에 '참성단塹星壇'이 있고, 전등산에 '삼랑성三郎城'이 있다. 또 문화文化(황해도 구월산 부근)에 '삼성사三聖祠'【환인·환웅·환검'단군' 세 대왕을 제사함】가 있고, 평양에 '숭령전崇靈殿'이 있으며, 춘천에 '팽우비彭虞碑', 평양에 '팔성당八聖堂'이 있으니, 모두 단군의 기념물이다.

서적으로는 『고기古記』 『위서魏書』 『단군고기檀君古紀』 『신지비사神誌秘

---

23 원문은 "수통창업(垂統創業)"으로 『맹자』「양혜왕하(梁惠王下)」에 "군자는 기업(基業)을 처음으로 세우고 전통을 후대에 드리워서 계승할 수 있게 한다(君子創業垂統 爲可繼也)"라는 구절에서 유래한 것으로 보인다.

24 원문은 "개물성무(開物成務)"로 『주역』「계사전상(繫辭傳上)」에 "『역』은 만물을 열어 사업을 이루어 천하의 도를 포괄하니 이와 같을 뿐이다(夫易, 開物成務, 冒天下之道, 如斯而已者也)"라는 구절에서 유래한 것으로 보인다.

詞』『동국사략東國史略』『동국통감東國通鑑』『진역유기震域遺記』『규원사화揆園史話』『세종실록世宗實錄』 등이 있으니 모두 단군의 사적과 관련한 문헌이다. 특히 『신지비사』 가운데 "70개의 나라들의 조공을 받고 땅의 덕과 신령의 보호를 입을 것이다. 머리와 꼬리가 균평하게 자리잡아야 나라가 융성하고 태평이 보장되리라〔朝降七十國 賴得護神 精首尾 均平位 興邦保太平〕"[25]라는 내용 같은 것은 가장 오래된 사관史官인 신지神誌,[26] 즉 단군 때 사람이 기록한 것이라고 한다. 숙종肅宗이 다음과 같은 시를 지었다.

東海聖人作	동해에 성인이 일어나시니
曾聞竝放勳[27]與堯幷立	요임금과 나란히 섰다고 일찍이 들었네
山椒遺廟在	산마루에 사당이 있으니

25　『신지비사(神誌秘詞)』는 현재 전하지 않아서 찬자·찬술 시기·내용·체제 등을 알 수 없는 풍수도참서(風水圖讖書)다. 고려 숙종 때 김위제(金謂磾)가 이 책을 인용하여 남경(南京)으로의 천도를 주장하였으나, 조선시대 때 이익(李瀷)이 이를 직접 보지 못한 것으로 보아 그전에 일실(逸失)된 것으로 여겨진다.
　　『고려사』 권122, 열전 제35 「김위제」에 따르면, 그는 삼경(개경·서경·남경)을 저울에 비유하며 남경으로 천도해야 하는 근거로 신지비사를 인용하면서 이렇게 말했다. "신지비사에서 말하기를 '(삼경을) 저울추와 저울접시에 비유하자면, 저울대는 부소이고, 저울추는 오덕을 갖춘 땅이며, 저울머리는 백아강이다. (이곳에 도읍을 정하면) 70개 나라가 항복하여 조공을 바칠 것이며 땅의 덕에 힘입어 신기(神氣)를 수호할 수 있을 것이다. (저울의) 머리와 꼬리를 정밀하게 하여 수평을 잘 잡을 수만 있다면 나라를 융성하게 하고 태평성대가 보장 받을 것이고, 만약 비유로 들은 세곳의 땅을 버린다면 왕업은 쇠퇴할 것이다'라고 하였습니다.(神誌秘詞曰 如秤錘極器 秤幹扶疎 樑錘者五德地 極器百牙岡 朝降七十國 賴德護神 精首尾 均平位 興邦保大平 若廢三諭地 王業有衰傾)"
26　고대 환웅과 환검 곧 단군 시대의 관리 혹은 사관. 고대 문자를 주관한 것으로 추정되는 벼슬로 '신지선인(神誌仙人)'이라고도 한다.
27　시 원문 2행의 괄호 속에 "여요병립(與堯幷立)"이라는 구절이 있다. 글자 수나 체재가 다른 행과 맞지 않는 것으로 봐 단군이 방훈(放勳, 뒤면의 각주 31 참조) 곧 요임금과 같은 시기 인물이라는 보충설명을 단 것으로 짐작된다. 『태종실록』 권31, 태종 16년 6월 1일(辛酉)에 "우리 동방은 단군이 시조인데, 대개 하늘에서 내려왔지 (중국의) 천자가 분봉한 나라가 아닙니다. 단군이 내려온 것이 당요의 무진년에 있었으니, 오늘에 이르기까지 3천여년이 됩니다(吾東方 檀君始祖也 蓋自天而降焉 非天子分封之也 檀君之降 在唐堯之戊辰歲 迄今三千餘年禩矣)"라는 구절이 있다.

檀木擁祥雲　　　　　　　박달나무에 상서로운 구름이 둘러 있도다

건국기원절 기념의 의의[28]

1. 오늘 우리의 혁명운동은 적 일본제국주의의 식민지 처지에서 민족적 해방을 의미하는 민족적 혁명운동이다. 그러므로 운동 진행에 민족적 단결이 가장 필요하며, 또 이것을 견고히 함에는, 민족의 기본은 종족에 있고 종족의 성립은 '무리〔群〕·씨족·부족'이 결합하여 최초의 국가가 발생한 시대의 내력과 이러한 민족의 혁명운동에 대한 임무를 역사적으로 인식하는 것이 필요하다. 이를 인식하는 절차로서 조선 최초 국가의 발생을 출발점으로 삼는 것이다.

2. 다음 우리 혁명의 건설 목표는 우리 혁명의 완성을 보장할 새로운 국가 건립이 첫째 의의이고, 이 국가를 건립함에는 적 일본제국주의를 타도하는 것이 전제조건이다. 그런데 우리의 새로운 국가를 건립하고 적 제국주의 국가를 타도할 수 있는 기본 전략을 세움에 있어서는 고대 최초의 국가로부터 중세 국가를 거쳐 현대 국가에 이르기까지의 발생·발전·멸망의 인과관계와 국가의 앞으로의 혁명에 대한 임무를 역사적 인식에서 구하는 것이 필요하다. 이를 인식하는 절차로는 조선 최초 국가의 발생을 출발점으로 삼는 것이 있다.

3. 그러므로 우리 기념의 의의는 옛 국가를 찬미하고 노래하는 복고적

의미에 있지 않고, 새 국가 건립 기원의 창조를 촉진하는 향상적向上的(발전적) 의미에 있다. 따라서 "환국桓國 상제上帝의 아들 환웅이 태백산에 내려와 아들을 낳았으니 이분이 단군이다" "태백산을 내려다보니 인간을 널리 이롭게 할 만하였다"[29] "우리나라가 아홉번 변한다"[30]라는 등 『고기古記』의 기록을 그대로 신앙하는 종교가의 미신이나 이들 기록을 부연하여 잘못 논하는 이른바 역사가의 왜곡된 논의처럼 조선을 부흥하는 방법을 조물주의 신비력이나 지리의 결정론에 의거하려는 것이 아니다. 이들 기록은 조선도 세계 여러 나라와 같이 야만적인 미개한 시기에서 문명의 시기로 진출한 일대 혁명인 최초 국가의 건립을 성취한 다음에 그 국가 생활의 새로운 제도를 옹호하고 신성화하는 의미로서 출현한 신화 전설인 것을 인식하는 동시에, 이[이 기록]에 이어 관통해온 조선 역사 발전의 증거가 될 만한 궤적[證迹]과 당면한 우리 혁명의 성질과 임무를 규정해서 우리 혁명 운동의 진행을 과학적 방법에 의거하자는 것이다.

4. 기원紀元 연대와 월일의 표준은, "단군이 요임금과 같은 때 즉위하였다"라고 한 『고기』 등의 기록을 가지고 요임금의 연대에 대조해 표준을 잡기 위하여, 중국 고대의 학자와 역사가, 곧 동주東周(주가 천도한 이후 곧 춘추전국시대)의 공자孔子나 서한西漢(전한)의 사마천司馬遷도 고증하지 못한 이른바 당요唐堯[31]의 연대를 진대晉代에 발굴된 위서僞書인 『죽서기년竹書紀年』

---

29   원문은 "태백가이홍익인간(太伯可以弘益人間)" 즉 "태백은 인간을 널리 이롭게 할 수 있으니"로 되어 있으나, 『삼국유사(三國遺事)』 권1 기이(紀異) 제1 「고조선왕검조선(古朝鮮王儉朝鮮)」에 의거하여 "환웅이 천하에 자주 뜻을 두어, 인간 세상을 구하고자 하니, 아버지가 아들의 뜻을 알고 삼위(三危, 구월산)와 태백(太伯, 태백산, 현재 묘향산妙香山)을 내려다보니 인간을 널리 이롭게 할 만하였다(桓雄數意天下貪求人世, 父知子意, 下視三危太伯, 可以弘益人間)"의 문맥으로 파악하여 번역했다.

30   원문은 "구변진단(九變震檀)"으로 한반도의 판도가 아홉번 변한다는 일종의 도참설이다.

31   당요(唐堯), 요임금. 이름은 방훈(放勳). 처음에 도(陶)에서 살다가 나중에 당(唐)으로 옮겨 살아 도당씨(陶唐氏)로 불리며, 역사에서는 그를 당요라 부른다.

이나 송대宋代에 찬술된 점술서 『황극경세서皇極經世書』에 더하여 동한東漢 (후한) 이전에는 중국 땅에 있지도 않았던 간지干支를 가지고 당요 몇 년이라거나 어느 대, 어느 년이라고 쓴 허무맹랑한 기록을 믿고서 참조하여 계산하는 것은 마치 역사서로서 아무런 가치도 없는 족보 등 잡서를 함부로 베낀 『동사연표東史年表』【어윤적魚允迪 지음】나 『계림유사鷄林類事』【고려 때 송손목宋孫穆 지음】 운운하고 '배달나라倍達那羅의 왕검王儉'이라는 따위의 기록을 준거로 믿는 것과 같아서 역사과학의 안목으로 보면 가소롭고 가련한 일이다. 그러나 조선의 유구한 역사 연대는 삼국 이전의 것을 현재 고증할 길이 없다. 또 『고기』의 기록으로부터 근세의 각종 서적 내지 민간에까지 통용하는 이른바 공용公用 기원을 아직 여기서 준용하는 것은 기념의 의의에 훼손됨이 없다는 의미로 옛날부터 내려온 것을 그대로 답습하여 쓰는 것이다.

3·1운동과 나[32]

3·1운동 당시 나는 만주 지린吉林에 있었다. 나의 정치신념이라 할까 나의 정치활동의 목표는 일찍부터 대동단결이었다.

3·1운동 전 1917년 7월에 나는 동지들과 더불어 독립 획득에는 무엇보다도 대동단결이 필요하다는 취지하에 국내외 대표회의를 소집하여 무상법인無上法人[33]이라는 기구, 말하자면 정부를 조직하자는 선언서를 상하이에서 인쇄해가지고 국내외의 각계를 초청하였다. 그러나 각자 영웅으로

---

[32] 이 글 「3·1운동과 나」는 『자유신문』 1946년 2월 26일자에 실린 것이다. 국한문 혼용체.

[33] 자연인이 아닌 법에 의하여 권리 능력이 부여되는 조직체인 법인 중 가장 높은 차원의 조직체, 곧 정부를 말한다.

할거한 각 단체는 하나도 여기[34]에 호응해 오지 않았다. 나는 적이 우리 민족의 단결성 결여를 개탄하고 실망하였다. 그러나 이것은 나의 조계무계(성급한 예단)이며 오산이었다. 그 기운이 무르익고 그 시기를 포착하면 우리 민족보다 더 단결이 강한 민족도 다시 없다는 것을 나는 3·1운동에서 발견하고 교훈을 얻었다.

10년 동안 일본의 정치·경제·문화적 압력하에서 조성되어온 혁명의 불꽃은 1911년 중국의 민족혁명과 1917년 소련의 사회혁명에 자극되고 다시 구주歐洲대전[35] 종식 후 모든 약소국가의 독립에 자극되어오다가 드디어 일본의 독수毒手에 시해 당한 광무제光武帝[36]의 국장을 계기로 그 불꽃은 폭발하여 우리의 발랄한 민족정신과 위대한 단결력을 여실히 드러내 보인 것이다.

나는 당시 지린에 있어서 김좌진金佐鎭·박남파朴南坡·황상규黃尙奎 등 동지와 대한독립 의군부義軍府를 조직해가지고 「대한독립선언서」를 발표하는 등 독립운동에 몰두하고 있었는데 연락원으로 나경석羅景錫 씨가 국내 「독립선언서」의 초고草稿를 가지고 와서 국내의 정세를 알게 되었다.

상하이로부터 대표를 파견하라는 전보를 받고 내가 대표로 상하이로 와서 보니 참으로 감격할 광경〔風情〕이었다. 종래의 동제사同濟社[37]를 중심으로 하는 독립운동자의 그룹을 위시하여 여러 그룹이 대립 상쟁하던 알력

---

34   이 책에 실린 「대동단결선언」(이 책 125~33면)을 말한다.

35   1차대전을 조소앙은 구주대전, 곧 유럽대전으로 지칭했다.

36   광무황제는 고종을 말한다. 그는 1897년 10월 대한제국의 수립을 선포하고 황제 위에 올라 연호를 광무(光武)라 했다. 고종황제 독살설은 그가 1919년 1월 21일 사망한 원인이 일제의 사주로 인한 독살이었다는 주장이다. 이는 당대에 크게 떠돌아 전국적인 규모의 3·1운동을 불러일으키는 원인 중 하나가 되었다. 그러나 아직은 여러 가지 의혹만 있을 뿐 그 실체가 정확하게 드러난 것은 아니다.

37   1912년 중국 상하이에서 조직된 독립운동 단체를 말한다. 그 이사장에 신규식, 총재에 박은식이 선출되었고, 조소앙도 중견 간부로 참여했다. 1919년 상하이에 대한민국 임시정부가 수립되기 전까지 상하이 한국 독립운동의 중심 조직으로 역할을 했다. 한때 중국의 국민당 지도자들과 보다 깊은 관계를 유지코자 신아동제사(新亞同濟社)에 참여하기도 했다.

은 일소되고 모두 한마음 한뜻으로 단결되어 산천초목까지도 모두 독립운동만으로 단합된 것 같이 보였다. 이 광경을 보는 중국 각 신문을 위시하여 각국, 각 정계는 모두 우리를 동정하고 격려하였다.

나는 당시의 광경을 일생 잊을 수 없다. 우리는 의정원議政院을 조직하고 임시정부를 조직하고 다시 「임시헌장」을 만드는 데 세 밤을 뜬눈으로 새웠으나 조금도 피로를 느끼지 않았다.

3·1운동의 특장特長은, 첫째 국내외 각계가 용감히 합작한 것, 둘째 적의 헌병정치하에서 기밀이 전국적으로 엄수된 것, 셋째 민족투쟁의 심벌이 될 임시정부를 조직하여 독립국 자유민이라는 문자에 대한 동경과 투쟁이 27년간 맥맥이 계속해온 것을 들 수 있다. 27년간의 투쟁을 회고하니 실로 감개무량하다. 그러나 3·1운동 발상지에 돌아와서 맞는 3·1절을 이러한 상태하에서 맞을 줄은 꿈에도 생각지 않았다. 그러나 실망하지는 않는다. 남북통일과 좌우합작으로 우리의 위대한 혁명의 불꽃의[38] 아름다운 열매는 머지않아 맺어질 것을 굳게 믿는다.

3·1운동의 장점과 단점[39]

우리 민족운동 역사상 가장 위대하고 장렬한 3·1운동을 기념하는 의의는 형식적인 의식이나 습관적인 집회에 있는 것이 아니요, 3·1운동의 성질을 분석하고 비판하여 그 장점은 옹호하고 지지하며, 그 단점은 청산하고 바로잡으며, 그 미비한 점은 보충하고 확장함에 있는 것이다. 그렇다면 그

---

38 『문집』에는 "혁명의 불꽃이"로 되어 있는데, 원 출처인 『자유신문』에는 "불꽃의"로 되어 있다.

39 이 글 「제15주 3·1기념절에 임하여」는 3·1운동 15주년을 기념하여 1934년 3월 1일에 발표한 것이다. 국한문 혼용체.

장점, 단점, 미비한 점은 무엇인가?

3·1운동의 장점

(1) 각 계급의 정치적 협동

3·1운동이 혁명운동으로서 당연히 갖추어야 할 강력하고 견고한 조직(革命大黨)과 혁명 기술, 그리고 그 밖에 다른 특별한 준비가 없었음에도 불구하고, 그렇게 장대히 전개된 것은 과연 어떤 원인에 말미암은 것이었던가.

한국 민중의 인류적·민족적·계급적 생활을 향상하며, 민족적 특성과 감정을 발양하려 함에 있어서, 일본 제국주의의 정치적 압박과 경제적 침략이 얼마나 격심한 장애이며, 흉포한 원수의 대상인지를 합병 이후 10년 경험에서 절실하게 느끼게 됨에 따라, 경제적·사회적 각 방면에 있어서 대립적 관계를 가진 각 계급이 '타도 일본' '대한 독립'이란 공동한 정치적 목표 아래 '각 계급의 정치적 협동'을 강력하게 수행한 것이 3·1운동을 장렬하고 위대케 한 가장 중대한 원인인 것이다.

이 '각 계급의 정치적 협동'은 3·1운동에 있어서뿐 아니라, 과거의 6·10운동, 광주학생운동[40] 등의 대중적 정치운동에 있어서도 그 운동 형태를 위대하고 장렬케 한 원인이 된 것이요, 장래의 대중적 정치운동에 있어서도 역시 그러할 것이다.

이는 결단코 우연한 일시적 일이 아니요, 불가피한 실제적 조건의 발동으로 말미암은 것이니, 이는 한국 민족의 경제적·사회적 각 계급의 공통한 적대 계급이 일본 민족의 권력계급과 자산계급이므로, 각 계급의 경제적·사회적 해방을 위해서는 일본 민족의 그것을 타도하지 않으면 안 될 것이

---

[40] 1926년 사회주의 세력과 학생층이 조선 왕조 마지막 황제인 순종의 장례일을 계기로 준비했던 6·10만세운동과, 1929년 민족차별교육과 식민지 노예 교육에 반발하여 일어난 전라도 광주의 학생 항일운동을 가리킨다.

요, 또 그러하기 위하여서는 한국 민족의 그것이 강대하고 공고한 협동을 하지 않을 수 없기 때문이다.

이 외에 다 같이 '한국 민족'이라는 민족적 귀속감은 각 계급의 경제적·사회적 해방운동의 발전적 형태인 정치운동의 계급적 협동을 더욱 가능케 하며 활발하게 하는 것이다. 그러므로 우리는 대중적인 정치운동의 발전을 위하여 각 계급의 정치적 협동을 더욱 합리적이고 공고히 하여야 할 것이다.

(2) 대중의 직접행동

3·1운동은 거리에서의 대중 시위운동, 적의 경찰과의 육탄 투쟁, 적의 경찰 행정 기관의 습격과 파괴 등 대중적 직접행동을 운동의 주력으로 삼았다. 대중적 직접행동은 모든 부문 운동의 종합적이고 발전적인 형태이며, 대중으로 하여금 혁명에 대한 대중 자신의 혁명 역량을 측정하고 스스로 믿게 하는 유일한 방법이며 전투 조직의 유력한 전제이며 보다 더욱 유력한 모든 부문 운동이 발생하고 진전하는 진실한 기초이며, 동일한 처지의 다른 나라의 운동을 촉진하고 그 연대 관계를 확대케 하는 동력이며, 적으로 하여금 두려워하고 움츠러들게 하는 유효한 수단인 것이다.

우리 운동이 국제문제화하여 국제 혁명운동과의 연대 관계를 발생하고 촉진케 하는 것도 이 3·1운동의 대중적 직접행동으로 말미암은 것이요, 군사·외교·민중·특무特務(정보 수집 등 특수임무) 등의 부문운동이 진전된 것도 이 3·1운동의 대중적 직접행동을 유일한 기초로 한 것이요, 모단某團이나 모회某會 등의 조직도 이 3·1운동의 직접행동을 전제로 한 것이요, 우리 대중이 가진 운동에 대한 용기와 자신도 이 3·1운동의 대중적 직접행동을 통하여 더욱 굳세어진 것이다.

이는 한국에 있어서뿐만 아니라 다른 나라의 혁명운동에서도 역시 그러한 것이니, 중국의 반제국주의 운동의 발전도 몇 차례 영용英勇한 대중적 직접행동에 의한 것이며, 인도의 스와라지[41] 일파의 영국 반대 운동의 비약적인 발전도 그 운동 방향이 대중적 직접행동으로 전환한 것이 유일한 원인인 것이다.

단점의 청산과 미비한 점의 보충

(1) 조직 문제에 관하여

3·1운동이 전개된 그 앞뒤 시기에 있어서 민중의 혁명 역량을 결속하고, 민중의 혁명 진로를 인도하며, 민중의 투쟁 방략을 구체적으로 제시할 만한 지도분자의 조직체 곧 지도적 혁명당이 없었다. 나라 안팎에서 소수 지사志士들의 결합체인 소규모 단체가 없었던 것은 아니나, 그것은 대체로 일정한 이념〔主義〕·정강政綱·정책을 가지지 못하고, '국가 독립'이란 막연한 목표 아래 결합된 것이므로 정치·외교·군사 등의 사업을 부분적이고 분산적으로 진행하게 되었다. 3·1운동의 결과가 그보다 더 유효하게 전개되지 못하고, 현재의 모든 운동이 이보다 더 유력하게 진행되지 못하는 모든 원인 중에 지도분자와 대중의 조직이 완성되지 못한 그것이 가장 중대한 원인이라고 할 수 있다. 그러므로 우리는 이 조직 사업에 부단한 노력을 하지 않으면 안 될 것이다. 또 그 조직 사업을 실천함에 있어서 지도분자의 조직은 일정한 이념·정강·정책을 기초로 해야 할 것이요, 대중의 조직은 대중 자신의 모든 이익을 토대로 하여야 할 것이며, 지도분자 조직의 기초인 이념·정강·정책은 대중의 모든 이익을 대표하여야 할 것이다.

현재 지도분자 조직 문제에 있어서, 해외에서는 민족혁명의 대당大黨(통합정당) 조직 혹은 대독립당大獨立黨 조직 문제가 논의되는 모양이다. 그것은 단체와 단체와의 연합으로 결성될 것도 아니요, 모든 혁명운동자를 전

---

41   스와라지는 힌두어로 '자치(自治)'를 뜻하고, 영국 식민지배를 받던 인도에서 간디가 주도한 반영 자치운동을 가리킴.

부 망라하여 형성될 것도 아니요, 묵은 영웅주의의 수단적 결합으로 성취될 것은 더욱 아니다. 다만 한국 민중 절대다수의 모든 이익을 대표할 만한 혁명 원리와, 나아가서 우리의 실재 정황에 적응한 이념·정강·정책을 가진 개인 단위의 집단으로서, 다른 모든 단체보다 비교적 혁명 역량이 우월한 그것을 혁명대당革命大黨이라 생각하고, 그것의 성취를 위하여 실천적 사업으로써 완성되도록 노력하여야 할 것이다.

(2) 기술[42] 문제에 관하여

기술의 부족은 3·1운동과 과거 및 현재의 운동에 있어서 절대적 단점이다. 기술 없는 성의와 노력과 희생은 결단코 그것과 정비례하는 효과를 획득하지 못하는 것이다. 현대의 모든 사업 중 어느 한가지 기술의 유무와 기술 정도 여하가 그 성패의 요인이 되지 않는 것이 있는가.

우리는 물질의 역량보다 환경의 열악함보다, 기술의 빈궁과 기술 인재의 희귀를 더욱 통탄하지 않을 수 없는 것이다. 더욱이 민중을 떠나 외지에 있는 우리로서는 해외 운동의 특수임무를 수행하기 위하여 각종의 현대적 기술을 절대로 요구하게 되는 것이다. 지금 이후의 운동에 있어서는 우리의 기술화한 모든 행동이 효과를 낼 것이다.

혁명 동지들! 3·1운동과 과거 모든 운동의 장점은 적극적으로 옹호하고 발전시켜 그것을 더욱 시대화하고 강대화하도록 노력하며, 그 모든 단점은 장래 운동에 대한 유효한 모범사례〔前鑑〕가 되도록 유의하자.

그리하여 장래의 운동을 더욱 유력하게 진행하자!

42 　여기서 말하는 '기술'은 오늘날 용어로는 테크놀로지에 해당하는 것 같다. 즉 과학적 이론을 적용해 사물을 잘 다룰 수 있는 모든 방법이나 능력을 가리키는 넓은 의미의 기술이다.

원동 민족의 해방투쟁과 3·1절[43]

3·1절은 원동[44] 민족해방을 위한 첫번째 외침

1919년 3월 1일 3·1절은 동방의 약소민족이 일본제국주의에 항거한 첫번째 외침이었다. 그날 국내 민족대표 손병희 선생 등 33인은 독립선언을 발표하여 이렇게 밝혔다. "우리는 지금 우리 조국이 독립한 나라이며, 우리 민족이 자주민임을 선언하노라. 이로써 세계 모든 나라에 알려 인류가 평등하다는 큰 뜻을 밝히고, 이러한 사실을 후손들에게 대대로 전하여 민족의 독자적 생존이라고 하는 정당한 권리를 영원히 누릴 수 있도록 하는 바이다. 5천년 역사의 권위에 의지하여 독립을 선언하는 것이며, 3천만 민중의 정성을 한데 모아 독립국임을 널리 밝히는 것이다."[45]

그보다 앞서 해외에 거주하고 있던 여준呂準 선생 등 39인도 발표한 선언에서 이렇게 말했다.[46] "한국의 일부 권한이라도 이민족에게 양보할 의무가 없고, 한국의 적은 영토라도 이민족이 차지할 권한이 없으며, 한국의 한명의 백성이라도 이민족이 간섭할 수 없다. 우리 대한은 아득히 먼 과거부터 우리 대한의 대한이다."

---

43 이 글 「'삼일'절위원동민족해방지제일성('三一'節爲遠東民族解放之第一聲)」은 중국『대공보(大公報)』1943년 3월 1일자에 게재된 것이다. 중문체.

44 원동(遠東)은 극동의 다른 명칭이다. 2차 세계대전 이전까지 국제질서를 주도한 영국을 비롯한 유럽은 자신을 기준으로 오늘날의 동아시아를 가리켜 Far East로 불렀는데, 그 번역어를 중국에서는 '원동'이라 했다. 그 후는 미국이 세계질서를 주도하고 제3세계가 대두하면서 이 지역 명칭으로 '동아시아'가 우세를 보였다.

45 「기미독립선언서(己未獨立宣言書)」에는 '이천만'으로 되어 있는 등, 원문과 이 인용문과는 약간의 차이가 있다. 아마도 조소앙이 인용할 때 근거한 자료의 탓이나 중문으로 번역하는 과정에서의 차이로 짐작된다.

46 3·1운동에 앞서 우리나라 최초로 지린에서 선포한 독립선언서인 「무오독립선언서(戊午獨立宣言書, 대한독립선언서)」를 말한다. 이 전문은 이 책 133~37면에 실렸다. 해당 인용문 역시 원문과 약간의 자구상의 차이를 보인다.

재일유학생 역시 선언을 통해 이렇게 밝혔다.[47] "마지막으로 동양평화의 견지에서 보건대, 저 러시아와 같은 최대 위협자는 이미 군사적 야심을 버렸을 뿐만 아니라 정의와 자유를 기초로 한 신국가의 건설에 종사하는 중이다. 중화민국도 또한 그러하다. 더불어 이후 국제연맹이 실현되면 다시 군국주의적 침략을 감행하는 강국이 없을 것이다. 그러할진대 일본이 한국을 합병한 가장 큰 이유가 이미 소멸되었으니, 이로부터 한국문제는 실제로 동양의 평화를 어지럽힐 화근이 될 것이다.[48] 우리 민족은 오로지 정당한 방법으로 우리 민족의 자유를 회복할지니, 만약 이로써 성공하지 못한다면 우리 민족은 생존의 권리를 위하여 온갖 자유행동을 취하여 반드시 마지막 한 사람까지 자유를 위해 뜨거운 피를 뿌릴지어다."

또한 손병희 선생 등은 「일본인에게 고하는 글」을 따로 발표하여 이렇게 지적했다. "일본은 한국에 대해 금석과 같이 굳은 맹약을 삼켜버리고 헛되이 위력으로 병합을 강행하였다. 따라서 중국인은 더욱 일본의 음모를 깨닫고 강한 의구심을 품게 되었으며, 이로부터 일본은 한국과 중국 두 나라의 공동의 원수가 된 것이나 다름없다. 최근 10년 동안 중국과 일본이 종종의 교섭을 진행하였으나 원만한 결과를 얻지 못하고 어긋나는 상황에 빠진 것은 실로 한국병합에 그 원인이 있는 것이다. 또한 중일 친선의 소리가 날로 성하여 공적이나 사적인 문서에 드러나는 것이 많지만, 그럼에도 중국인의 반일감정이 강해지는 것은 한국의 실패를 되풀이할까 봐 경계하기 때문이다. 중국은 차라리 노선을 바꾸어 유럽이나 미국과 연합할지언정 결코 일본과 손잡지 않을 것이다. 그러므로 지금 어떠한 대정치가나 어

---

47 1919년 2월 8일에 토오꾜오 유학생들이 발표한 「2·8독립선언문」을 말한다. 이 인용문의 해당 대목 또한 원문과 약간의 자구상의 차이가 있다.

48 이 대목이 선뜻 이해되기 어려울 수 있는데, 「2·8독립선언문」의 해당 대목을 상세히 읽어보면 그 취지가 잘 드러난다. 즉 "일본이 한국을 합병한 가장 큰 이유가 이미 소멸되었을 뿐더러, 이후로 조선 민족이 무수한 혁명과 난(亂)을 일으킨다면 일본에 합병된 한국은 오히려 동양 평화를 어지럽힐 화근이 될지라"라고 되어 있다.

떠한 큰 경륜이라 할지라도 결코 중국인의 마음을 돌이키긴 어려울 것이다. 설령 일본이 한국을 영원히 얻어서 그 권리를 꾀한다 해도, 중화의 우의를 전부 잃어버리는 손해를 보상하기 어려울 것이다."

당시 한국 독립을 원조하기 위해 힘을 합친 중국 각계는 공동으로 응원의 전보를 보내 왔다. "한국과 만주는 겨우 압록강을 사이에 두고 있으며, 동쪽으로 반도와 황해가 서로 바라보고 있다. 그러므로 예로부터 한국에 일이 생기면 반드시 만주에 영향을 미치고, 만주에 일이 생기면 반드시 몽골과 관내關內⁴⁹에 영향을 미쳤다. 일본은 한국을 병합한 뒤에 만주를 잠식하고 몽골을 뒤흔든 데다 이제는 산둥山東을 경략하며 황하 유역까지 넘보려고 한다. 중국도 스스로의 힘으로 나라를 지키지 못하고 한국과 같은 운명에 처하게 되었도다. 만약 한국이 여전히 독립을 유지했더라면, 일본은 중국을 먼저 차지하려는 야욕을 드러냈을 것이다. 명나라 때 임진왜란의 경우와 같이 한국에 길을 빌려달라고 할 수도 없을 것이니, 다른 일은 논할 것이 뭐 있겠는가. 이것이 우리 인민과 한국인이 동병상련의 처지로 끝없는 감개함을 품은 까닭이다. 그러므로 지리·역사·종족·인민의 감정으로 말하고, 스스로 지키고 스스로 보호하는 이익의 관계로 말하면, 더욱더 한국의 독립에 극단적인 동정을 표하지 않을 수 없는 것이다. 총괄하자면, 우리는 모두 한국 독립을 원조할 필요가 있고, 또한 적극적으로 원조할 의무가 있다. 한국 독립을 원조해야 하는 것은 일본을 배척하는 문제가 아니라 바로 생존의 문제이며, 한국만의 문제가 아니라 바로 동아와 전세계의 문제이다. 정의와 인도의 소리가 전세계를 뒤덮고 있는 지금, 설령 한국이 구미 각국 및 중국과 아무런 관계가 없다 할지라도, 우리는 양지良知⁵⁰를 근본으로 삼아 공도公道를 주장하지 않을 수 없다. 하물며 위에서 말한 바와

49　만리장성이 시작되는 동쪽 끝 산하이관(山海關) 서쪽, 주로 베이징 지역을 관내라고 한다.

50　유학의 중요 개념으로서 사람에 내재된 도덕판단 기준을 의미한다.

같이 절실한 이유가 있는데, 어찌 늦가을 매미처럼 입 다물고 있겠는가."[51]

이상의 여러 글들이 발표된 지 25년이 지난 지금도 주·객관적 정세는 변함이 없다. 진실로 한중 두 나라의 식견 있는 사람들이 확고부동한 민족 정기에 뿌리를 두고서, 상대를 알고 나를 아는 능력을 발휘하고 세계정세를 두루 살필 줄 알아 위대한 글들을 발표하였던 것이다. 동방의 반침략전쟁의 주동자라 하기에 전혀 부끄럽지 않으니, 문장이 이처럼 위대할 뿐 아니라 실제 투쟁도 몹시 극렬하였다.

3월 1일부터 5월 말일까지, 같은 해 10월부터 11월 23일까지 순국자가 1만여명이고, 부상자 및 수감자가 6만여명이며, 시위 참가자가 2백여만명이었다. 소학교·중학교·대학교의 학생, 노동자·농민·상인 및 교사 등 각계 각층의 군중, 대종교·천도교·불교·기독교 등 각종 종교계의 신도, 평민·귀족·황족의 각 계급층이 참된 정성으로 칼날을 무릅쓰며 용감히 돌진하여 죽음을 조금도 두려워하지 않았다. 혁명사에서 독보적인 일종의 피로 쓴 역사라고 할 수 있다.

이 같은 피바다 속에 국내에서 13도 대표대회를 소집하여 임시정부[52]를 조직했으니, 이는 지난 25년 동안 국내외 혁명 군중을 이끈 중심 기구이다. 우리가 이렇게 찬란한 역사를 지니고도 당시에 성공하지 못한 것은, 내부의 혁명역량과 외부의 객관적인 정세가 어우러지지 못하여 한국에는 많이 불리하고 오히려 일본은 간섭 없이 점차 강대해진 것이 부분적 원인이었

---

51 원문에 나오는 '한선(寒蟬)'이란 문구는 늦가을에 울지 않는 매미를 뜻하는데, 말해야 할 때 직언하지 못하는 사람을 비유하는 표현이다.

52 1919년 4월 서울에서 세워진 임시정부인 한성정부(漢城政府)를 말한다. 4월 2일 각 방면의 대표들이 인천 만국공원에 모여 임시정부를 수립 선포할 것을 결정하였다. 그 뒤에 13도 대표가 서울 서린동 봉춘관(逢春館)에 모여 국민대회(國民大會)를 소집하기로 협의했으며, 4월 23일 임시정부 선포문과 국민대회 취지서, 결의사항, 각 원 명단과 빠리강화회의 대표 그리고 6개 조로 된 약법(約法)과 임시정부령 제1·2호를 발표했다. 서울에서 '국민대회'라는 국민적 절차에 의해 조직되었다는 의의가 크다.

다. 결국 9·18사변, 1·28사변, 7·7사변[53] 등의 강도 행위를 초래하고 끝내 태평양전쟁이 폭발하는 지경에 이르렀다. 이로부터 3·1절이 1차대전의 폐막성閉幕聲[54]이자 2차대전의 개막사開幕辭가 되었음을 알 수 있도다.

정치·경제·군사 등 각 방면에서 관찰하면 한국은 일본 침략 역량의 수혈관일 뿐만 아니라, 일본의 심장 한가운데 자리하여 아직 터지지 않은 폭약이다. 우리는 각 동맹국이 올해나 내년 사이에 일본과 독일에 반격을 개시할 것으로 굳게 믿는다. 영·미 연합함대가 오가사와라小笠原 섬 해역에서 일본 해군의 주력함대를 섬멸하고, 중국해와 황해에서 토오꾜오와 중국 대륙 간 수송로를 끊어버리고, 중국 경내와 일본 본토에서 일본 육군의 주력부대를 박멸할 것이다. 이때가 되면 토오꾜오·오오사까·코오베·요꼬하마·나가사끼·모지門司 등은 영·미·중 공군의 집중폭격으로 불바다에 휩싸이게 될 것이다. 그 시점에 한국광복군이 압록강과 두만강에 등장하여 한국 혁명을 이끌고, 중국 대륙으로 향하는 일본 보급로의 최후 교량을 파괴하여 일본의 총체적 붕괴를 마무리하게 될 것이다.

중국의 각계 인사들은 한국 독립과 원동의 해방을 하나의 고리로 여겨서 모든 역량을 기울이고 협력하여 지위 평등과 상호원조의 기반을 다지길 바란다. 이것이 이른바 "자기가 서고자 하면 남을 먼저 세워준다"[55]는

---

53 9·18사변은 1931년 9월 18일, 남만주 철도의 일부 구간에서 일본군이 고의적으로 조작한 폭파 사고가 발생해 중일 간의 양국 관계가 어긋나기 시작한 것을 말한다. 이 사건은 결국 중일전쟁의 도화선이 되었다. 1·28사변은 1932년 1월 28일 상하이 조계지에서 일어난 중국과 일본의 군사적 충돌인 상하이사변(上海事變) 혹은 제1차 상하이사변을 말한다. 7·7사변은 1937년 7월 7일 밤 일본군이 베이징 서남쪽에 위치한 루거우차오(盧溝橋) 부근에서 군사훈련을 하다가 사병 1명이 실종됐다는 핑계로 중국군과 충돌해 7년간의 전면적인 중일전쟁으로 들어가게 만든 사건을 말한다.

54 『문집』 상권의 해당 글에는 '개막(開幕)'으로 되어 있는데 『대공보』에 실린 초출본에 근거해 '폐막(閉幕)'으로 바로잡았다.

55 원문의 '기립립인(己立立人)'은 『논어』 「옹야(雍也)」에서 공자가 "무릇 어진 사람은 자기가 서려고 하면 남을 세워주고, 자기가 통달하고자 할 때 남까지 통달하게 해준다(夫仁者 己欲立而立人, 己欲達而達人)"라고 말한 구절에서 유래한 것으로 보인다.

뜻이다.

한국 혁명운동의 체계[56]

총서

가까이 70년 내에 한국 혁명사에서 다섯차례의 혁명이 있었다. 1863년 이하응의 황족혁명이 제1기 혁명이다. 1884년 김옥균 등 귀족 청년이 연출한바 청나라를 배격하는 독립을 부르짖고 내정을 개혁하는 귀족문벌〔閥閱〕혁명이 제2기이다. 1894년 전봉준의 평민혁명이 제3기이다. 1896년 서재필의 민권혁명이 제4기이다. 1919년 일본을 배격하는 손병희의 독립운동이 제5기이다.

제1기의 특징은 외세에 붙지 않은 데 있다. 이하응은 황제의 아버지가 되어 한 나라를 섭정하고 몸소 권력을 잡아 그 뜻대로 했기 때문에 개혁의 효과와 더불어 전제專制 역량이 아울러 행해졌다. 4색 당파를 타파하고 지방차별과 계급차별 대우를 타파하고 토호와 지방 양반의 소굴인 서원書院을 소탕하고 세제를 개혁하고, 외부에 붙는 사조를 억압했다【천주교인을 많이 죽임】. 힘써 외세를 배격하고【미·일·프랑스 세력을 배척】스스로 자립하였으니 이런 종류의 개혁은 그 이득과 폐단, 공헌과 과오가 어느 쪽이 많고 적으냐는 불문하고 이웃 나라의 원조를 빌리지 않았고 민중의 힘을 의지하지 않았으며 또한 조직적 당원이 아니라 혼자서 전권을 휘두르는

---

56   이 글「한국혁명운동지체계(韓國革命運動之體系)」는『시사월보(時事月報)』(1931년 제4권)에 처음 게재된 것이다. 중문체.『시사월보』제3권 제3기(1930년)부터 6회로 나눠 연재된「한국지현상급기혁명추세(韓國之現狀及其革命趨勢)」의 제5장이다. 필자를 "전 한국외교부장 본간특약통신원(本刊特約通訊員)"으로 소개한다. 1932년 발간된『소앙집』에 재수록되었다.

독재행위를 자행하였다.

제2기 혁명의 주체 인물들은 일반적으로 뜻을 얻지 못한 청년 귀족들이 었는데 완고한 당국자와 자각지 못한 민중 가운데서 외롭게 서서 급하게 구파를 무너뜨리는 데 있어서 수단을 가리지 않았으며 외세를 빌려 혁명 을 도모하였다. 그러므로 구파의 주된 인물들【민태호閔台鎬, 조영하趙寧夏, 이조연李祖淵, 윤태준尹泰駿, 한규직韓圭稷, 민영목閔泳穆】을 격살하여 비록 성공은 하였으나 우담바라[57] 같은 혁명내각【이재원李載元, 홍영식洪英植, 김옥균金玉均, 김홍집金弘集, 박영효朴泳孝, 서광범徐光範, 서재필徐載弼】이 신기루처럼 일어났다가 신기루처럼 멸하고 말았다. 실로 청나라의 고압적 인 세력【위안스카이袁世凱가 군대를 일으켜 그들을 도륙하였다】과 민중의 후원이 없어 끝내 실패로 돌아가고 말았다【혁명의 주동인물 중 도살되지 않은 자는 일본으로 건너가 망명하였다】.

제3기 혁명은 제2기 혁명 후 10년 뒤에 일어났는데 그때는 민중이 이미 스스로 자각과 경험이 있어 평민이 혁명의 노선에 따라 앞사람이 쓰러지 면 뒷사람이 계승하여 자못 그 세력이 두터웠으니 1894년 갑오 동학혁명 이 이것이다. 동학당이 일어난 일【홍수전洪秀全의 태평천국太平天國 혁명 과 매우 유사하다】 뒤에는 무장한 인민이 앞에 서고 조직된 당원【종교와 미신을 아울러 이용】이 있었다. "나라를 보필하고 백성을 안정하게 하며 포악한 학정을 제거한다"라는 구호를 갖고 전봉준이 고부古阜에서 병사를 일으켜 달포 사이에 8도를 풍미하였다. 5백년 동안 불평하던 무리가 모두 일어나 관군과 항전하는 11개월간 크게 세력을 떨쳤다. 수구파 당국은 부 득이 위안스카이에게 원병을 청하니 동학은 드디어 청국과 한국의 연합군

57　원문은 "요담일발(擾曇一鉢)"로 되어 있는데, 문맥으로 봐 소앙의 다른 글에도 종종 나오는 우담바라(Udumbara, 우담화優曇華 또는 우담발화優曇鉢華)가 맞을 듯하다. 우담바라는 불 교에서 3,000년에 한번씩 핀다고 하는 꽃이다. 이 꽃이 피면 석가여래가 함께 나타난다고 하 여 상서로운 징조로 받아들인다.

에 의해서 패하고 말았다. 이 혁명은 비록 스스로 정부를 세워 정책을 펴지는 못하였으나 동학으로 인하여 청일전쟁이 일어났으며, 이 전쟁의 결과 갑오경장 208건의 조례가 개혁되었다. ① 관제 개정 ② 개국 기원紀元 사용 ③ 양반 상민 차별의 철폐로 민권 발전 ④ 결혼연령 확립 ⑤ 인신매매와 공·사노비 제도 금지 ⑥ 여자해방, 재가再嫁 허가 ⑦ 역인驛人, 창녀, 피혁공의 면천免賤(천민에서 벗어남) ⑧ 과거 폐지 ⑨ 도량형 개정 ⑩ 권신, 간신, 요녀妖女 처결〔正法〕 ⑪ 권신과 호족에게 빼앗긴 산림·전답·가옥 등의 탈환 등등은 갑오의 피흘림이 거둔 정치적 성과라 아니할 수 없다.

제4기 혁명은 독립협회이다. 1896년 11월 14일 독립문 정초식이 거행되었는데 이로 말미암아 독립협회가 창립되었다. 실로 제2기 혁명 실패 후 미국에 망명하였던 서재필이 조직한 것이다. 제4기 혁명은 제2기 혁명의 후계적 조직체로서 활동한 합법적 운동에 지나지 않는다. 독립협회의 활동은 독립신문의 발행【한글판, 영문판 두 종류】, 정치결사의 조직, 민중운동의 진흥【만민공동회의 정부 비판과 개혁 건의】, 부문 운동의 실행【협성회協成會, 의덕청년회懿德靑年會 등】, 민권사상과 독립적 민족의식의 고취, 황제의 권한을 제한할 것을 제안하는 등 급하지 않은 것이 없었다. 애석하게도 영수 된 자가 스스로 민중 가운데 서지 않고 사회의 상류층에서 초연하게 서서 정부의 고문 지위를 획득하고 은근히 미국 세력을 등에 업고 단지 관료와 진보적 양반계급에서 동조자를 얻어 정당을 조직하였던 까닭에 바람 따라 흘러가는 무리와 당을 팔아 자신의 안위를 취하는 무리가 그 가운데서 출현하여 끝내 정부당에 의하여 제압되어버렸다. 독립협회는 근본적 개혁을 하지 못하였으나 민권 발전은 적지 않았으니 ① 외국인에 아부하지 않고 자립하여 국권을 공고히 하고 ② 외국에 이권이 침탈당하는 것을 제지하고 ③ 국가 예산을 민중에게 공개하고 ④ 판결은 합법하게 하며 ⑤ 황제의 권리를 제한하고 ⑥ 언로言路는 넓히고 ⑦ 언론·집회의 자유를 확보하고 ⑧ 지방관리의 불법과 부패를 엄히 다스리며 ⑨ 어사御史의 작폐를 조사하고 ⑩ 상·공업학교를 설립하는 등이다. 이런 종류의 개혁안은 비록 즉시 세상에서 실현되지는 않았으나 정부에 채용하라고 건의하였으니, 결국 독립협회가 꾸미어 행동한 결과라고 말하지 않을 수 없다.

제5차 혁명운동은 1, 2, 3, 4차 혁명운동과 비교하면 다른 요소가 많다. 앞의 혁명운동의 대상은 국내의 외척, 훈신勳臣, 권신, 간신과 악정과 나쁜 관습을 타도하는 데 있었지만, 이번 혁명운동의 대상은 이민족의 정치기관을 타도하여 독립을 완성하는 데 있었다. 그러므로 전자는 국내 정치혁명이고 후자는 이민족을 쫓아내는 민족혁명이다.

1904년 일본의 침입 이래 반일운동의 무장세력으로는 의병이 있었고, 민중적 반일운동으로는 국채보상기성期成동맹회가 있었다〔1907년〕. 청년운동의 반일은 청년학우회가 있었고 각 지방 교육계의 반일은 지방학회가 있었고, 외교 방면은 헤이그〔海牙〕회의 밀사사건〔1907년 6월〕이 있었다. 비밀결사는 신민회가 있었고, 해외의 반일운동은 토오꾜오의 흥학회興學會, 미주美洲의 공립협회共立協會, 하와이의 국민회, 러시아령의 권업회勸業會, 남북 만주의 각종 단체 및 상하이의 동제사同濟社 등이 있어서 서로 호응하여 극력 반일운동을 선전하였다. 1차대전이 휴전하여 빠리에서 강화조약이 열리자 국내외 각 계층, 각종 단체의 역량과 방책이 합류하여 한꺼번에 움직여 3·1운동을 서울에서 먼저 폭발시켰다. 바꿔 말해서 이번 혁명분자의 구성요소를 표면적으로 관찰할 때는 기독교, 천도교 및 불교의 연합에 지나지 않는다. 그러나 민족혁명의 원동력은 일찍이 60년 내 허다하게 실패한 혁명적 경험에 입각하고 일본 제국주의가 촉발한 국내외 각 파의 혁명 단체가 훈련, 선전을 통하여 축적한 역량이 합류하여 조성한 것이다. 따라서 3·1운동의 역량은 비교적 웅대하고 두텁다. 그러나 투쟁방식이 화평에 기울고 조직방식이 미숙하여 끝내 또한 실패하고 말았다.

그 앞의 네차례 혁명의 목적은 정치의 개혁을 구하는 데 있었던 까닭에 일부분의 정치적 구악을 일소하고 새로운 것을 취하면 곧 모두 혁명의 성과라고 말할 수 있다. 그러나 이번 혁명의 목적은 부분적 개량과 선정善政에 있지 않으니, 한 걸음 더 나아가 말하면 일본이 한국을 통치하는 데 있어서 잘하냐 못하냐, 또 사실이냐 아니냐의 문제가 아니라 완전히 일본의 통치에서 벗어나 자주독립을 회복하는 것, 이것이 3·1혁명의 본체이다. 따라서 3·1혁명은 근본적으로는 완전 실패인 것처럼 보인다. 단지 이런 실패로 인하여 혁명운동의 조직 정리와 이론 방면의 발전 및 투쟁방식의 다방면적 혁신이 비교적 충분히 이루어졌다고 할 수 있다.

이상을 종합하여보면 한국혁명은 시초엔 황족, 귀족, 양반, 문벌귀족의 지식계급에서 비롯하여 민중, 청년 남녀학생과 점차 노농勞農계급에까지 널리 퍼져 성공을 거둠으로써 이제는 노농계급의 조직적 운동에 파급되었다. 방법과 계략으로 말한다면 자결로 시작하여 의병, 결사, 시위, 선전, 직접행동으로부터 바야흐로 당면 이익적 투쟁기로 들어갔다. 조직 방면으로 말한다면 처음엔 산만하다가 자유연합을 거쳐 엄밀해지면서 중앙집권에서 유기적 조직의 완성과 혁명의 실행기로 들어갔다. 사상 방면으로 말한다면 복수심에서 비롯되어 설욕, 국권 회복, 반일독립적 민족주의, 계급해방에서 이미 민족혁명과 경제화 혁명운동을 동시에 병진하게 되었다. 대외적인 방면으로 말한다면 구미歐美에 의뢰한 데서 시작하여 중국, 러시아에 의뢰하다가 일체의 피압박 민족과 연합하여 위대한 구성체를 이룩하기에 이르렀다. 건설 방면으로 말한다면 애초엔 공허하여 일정하지 않다가 민주 입헌주의를 신앙하였고 이제는 한국에 적합한 신사회주의적 계획에 기울어지는 경향이 있다. 어떤 것을 전체 민족의 행복이라 하는가. 그것은 정치 권리의 균등, 생활 권리의 균등 및 교육 권리의 균등을 말한다. 이것으로써 역사적 국가 기초와 제도를 전복하고 아울러 이민족이 제멋대로 만든 일체 시설과 제도를 파괴하여 전 한민족으로 하여금 대내적으로 그 균형을 획득하고, 대외적으로 각 민족, 각 국가가 평등과 대립적 균형을 누리게끔 하는 것이다. 그러므로 인민 방면에서 말하면 정치·경제·교육이 평등하지 않을 수 없고, 국가 방면에서 보면 주권이 완전히 독립되지 않을 수 없어 그 평등적 권리와 지위를 보장할 수 있으니, 이것이 바로 한국혁명의 요체이다.

제5차 혁명 이래 각 방면의 활동 개황

1919년 3월 1일 한국 독립을 선포한 대혁명은 결코 투기적이고 우발적인 폭동성이 아니라 실로 중요한 원인이 있었다. 첫째는 이민족 통치하의 고통, 분한憤恨과 수치가 쌓여 민족적으로 자각한 결과이다. 둘째는 일본이 한족韓族을 대함에 정치·경제·교육적으로 고압적이고 가혹한 수단을 써서 한인의 반항세력을 격동해 조성한 결과이다. 셋째는 합방 이래 국외에 망명한 독립당원이 중국, 러시아, 미국, 일본 등 각 방면에 퍼져 선전 고취하고 암살 등 광복을 위해 맹렬한 운동을 전개하여 앞사람이 쓰러지면 뒷사람이 계승하였고 국내 각계의 지도자가 일찍이 호응한 결과이다. 이 세가지는 모두 내적 조건이다. 이외에 외적으로 가까운 원인과 내적으로 도화선이 있었으니 전자는 윌슨의 민족자결주의 주장이고, 후자는 이광무제李光武帝(고종)가 일인에게 독살당한 일이다.

이런 내적 조건과 외적 원인이 있음으로써 혁명은 드디어 이광무제의 국장國葬 때 폭발하였다. 이런 종류의 혁명은 순수한 민족혁명이며 본래 계급적 의식이 없었으나 3·1운동의 희생과 실패 후에 일반 청년과 민중은 상당수 계급의식에 전염되어 한편으로는 민족을 일본에서 분리하려는 운동을 고수하고 한편으로는 계급적 의식을 고취하려 힘썼다. 그러므로 3·1운동 이래 국내외 한인이 벌인 일체 운동은 모두 민족운동과 사회운동을 병행, 교차 또는 분리하려는 노력에 지나지 않는다. 민족의식 운동의 대표적 특징은 무장 전투와 직접행동에 있었고, 계급의식 운동의 대표적 특징은 조직 선전과 부문 운동에 있었다. 이 양 방면의 차이점은 건설 혹은 투쟁 방략에 있었고, 그 공통점은 일본의 압제에서 벗어나 먼저 민족의 독립을 쟁취하는 데 있었기 때문에 무릇 반일운동에 있어서 일치하지 않음이 없었고 서로 표리의 관계를 이루어 그 역량을 증대하여 서로 떨어질 수 없는 것이다. 이제 먼저 국내 운동의 개황을 살펴보면 다음과 같다.

(갑) 3·1운동 이래 일본의 한국 정책은 약간의 변동이 있었는데 이른바 문화정책이 그것이다. 1920년에 최초로 한글 일간신문 3종이 세상에 나왔는데『조선일보』『동아일보』『시사평론』이 그것이다. 언론, 출판, 집회 등 새로운 활동이 전개되어 조직이 꼬리를 물고 일어났다. 이때 조선노동공제회가 조선의 노동사회를 개조할 것을 목적으로 삼아 창립되었는데 박중화朴重華, 박이규李珥珪, 김명식金明植 등이 발기인이었다. 그들은『공제共濟』를 기관지로 발간하여 노동문화를 고취하였는데, 지식의 계발, 품성의 향상, 저축 근검의 장려, 민중 위생의 장려, 환난患難의 구제, 직업 소개, 노동사회의 일반적 상황 조사연구 등 모두 공제회를 진작시키는 것이었다. 공제회의 창립은 실업가, 의사, 변호사, 명사와 상인〔紳商〕 등 300여명이 집합하여 실로 합방 후 최초의 공개결사를 만들었으니 3·1운동 후 중요한 사건이다. 1920년 10월 박일병朴一秉, 유장호柳章浩, 윤자영尹滋英, 윤주형尹柱衡, 권영락權永絡, 한기악韓基岳, 안준安浚, 김명식金明植, 김한金翰, 장덕수張德秀, 이시완李時琓, 오상근吳祥根 등 23인은 조선청년연합회를 발기 창립하니 참가 단체가 무려 123개나 되었다. 그 강령은 (1) 혁신사회 (2) 세계지식을 널리 구함 (3) 건전 사상으로 단결 (4) 덕의德義를 존중 (5) 건강 증진 (6) 산업 진흥 (7) 세계문화에의 공헌 등이다. 그 사업 강령은 (1) 풍속 개량 (2) 도서잡지 간행 (3) 강연·강습·야학 (4) 청년취학의 편의 도모 (5) 운동회 (6) 산업 단체의 조직 장려 (7) 생활 개선 (8) 각 지방 청년의 친목 도모이다. 이 시기에 있어서 공제회는 노동문화를 목적으로 삼고, 청년연합회는 민족문화를 목적으로 삼아,[58] 민족적 의식과 계급적 의식이 이 두 단체로 말미암아 계발, 병진되었다. 이후 재경 청년단체조직인 '경京'

청년회가 김한金翰, 이득년李得年, 홍증식洪增植, 김사국金思國, 이영李英, 장
덕수張德秀, 김명식金明植, 오상근吳祥根에 의하여 1922년 1월에 창립되었
다. 윤덕병尹德炳, 김한金翰, 신백우申伯雨, 원우관元友觀, 이수영李遂榮, 박일
병朴一秉, 이영李英, 김사국金思國, 이준태李準泰, 이혁로李赫魯, 백광흠白光欽,
진병전陳秉荃, 김달현金達鉉, 김봉환金奉煥 등 19명이 또한 무산동지회無産
同志會를 조직하여 무산자의 생존권을 확립할 것을 결의하였다. 그 강령으
로는 위원제를 채용하고 잡지『무산자』를 발행하고 회관을 건축하는 등을
결정했다. 이외에 또한 경성무산청년회, 평양노동동맹회 등이 있었고, 오
래지 않아 경성에서 조선노동연맹회가 조직되어 가입단체로는 경성전차
종업원회, 경성인쇄직공친목회, 경성양복기능공조합, 전주노동회, 대구노
동공제회, 안동노동공제회, 경성 노우회勞友會, 반도상피半島橡皮 직공친목
회, 감포甘浦 노동공제회, 청진노동공제회, 이발조합, 광주노동공제회, 경
성양화직공연합회 등 13개 단체가 있었고 총회원이 약 2만여명이나 되었
다. 3개 강령을 세웠는데 (1) (생략) (2) 공동 노력으로 생활을 개조하고 지
식 계발을 도모하고 기술 진보를 꾀한다 (3) 현 사회 계급의식에 의존하여
무산자의 일치단결을 도모한다 등이었다.

　1923년에 또 조선물산장려회의 조직이 있었고 조선교육협회가 발기한
민립대학民立大學 기성회가 역시 이때에 나왔다. 1924년 4월 17일 조선노
농총동맹이 창립되어 가맹단체가 191개이며 회원이 10만여명이나 되었
고 이 단체가 지휘한 소작쟁의가 29회, 동맹파업이 42회나 되었다[1926년
초 조사]. 1925년 11월 19일에는 노농총동맹이 개조되어 조선노동총동맹
으로 되었다. 1924년 4월 16일에 조선청년총동맹이 "무산계급의 정치교
육을 보급하고 노동조합에 실지 가입하며 실제 이익을 위해 투쟁한다"는
목적으로 성립되었는데 가맹단체가 285개, 회원이 3만 5천여명이나 되었

58　원문에는 "공제회는 민족문화를 목적으로 삼고, 청년연합회는 노동문화를 목적으로 삼아"
　　라고 쓰여 있는데, 문맥을 보면 뒤바뀐 것 같아 바로잡는다.

다.〔1926년 초 조사〕1925년 8월 4일 경성 아현阿峴청년회 및 인쇄직공청년동맹 등 9개 단체가 연합하여 한양청년연맹을 성립시켰는데〔1926년 말까지〕가맹 단체가 21개, 회원 2천여명이었다. 1923년 4월 25일 전주에서 발기한 형평사衡平社는 도수업자屠獸業者 80개 단체가 가맹하였고 형평청년연합, 형평학우 등의 회원이 수만에 달했다. 사상단체로는 1920년 1월에 설립된 무산자동맹, 1924년 7월에 설립된 노동당, 1924년 11월 26일에 설립된 북풍회北風會, 1924년 11월에 설립된 화요회火曜會 등이 있었는데 1926년에 이르러 정우회正友會로 통합되었다. 또 여자 단체는 주세죽朱世竹, 최성삼崔聖三, 허정숙許貞淑, 박원희朴元熙, 정종명鄭鍾鳴, 정칠성丁七星, 오수덕吳壽德 등이 조직하였고, 그 강령은 (1) 본회는 사회진화법칙에 의하여 마땅히 여성해방운동 및 민족운동 등을 공작하고 여성의 훈련 교양에 힘쓰며, (2) 여성의 단결을 도모하고 해방운동에 진력한다는 내용이다. 이외에 학생계는 조선학생총연합회, 언론계는 전조선기자대회〔1921년 창립〕가 있었고, 1925년에 이르러 비로소 전국 각 계급을 포괄하는 신간회新幹會가 조직되어 전 조선의 최고 유력한 민족적 결합체로서 회원이 6만여명이나 되었다. 또한 전국청년총동맹, 전국여자단체인 근우회槿友會, 전국소년총연맹 등이 역시 국내 운동의 주체적 기관이 되었다.

(을) 1919년 이래 조직적 무장군의 침입 말고도 개인적으로 실행한 직접행동이 있었으니 강우규姜宇奎가 남대문에서 사이또齋藤 총독에게 폭탄을 던진 것, 김익상金益湘이 총독부에 폭탄을 던진 것, 양근환梁槿煥이 민원식閔元植을 죽인 것, 박열朴烈이 적 천황을 죽이려고 모의한 것, 김지섭金祉燮이 (토오꾜오) 니주바시二重橋에서 적 천황을 죽이려고 도모한 것, 김익상과 오성윤吳成倫이 (상하이) 황포탄黃浦灘에서 타나까田中를 죽이려고 모의한 것, 이수흥李壽興·유택수柳澤秀가 종횡으로 파괴한 것, 김상옥金相玉이 적 경부警部(경찰간부)를 격살하고 경찰서에 폭탄을 투하한 것, 나석주羅錫疇가 은행과 동양척식회사를 파괴하고 적 경관 7인을 격살한 것, 송학선宋學善

이 (창덕궁) 금호문金虎門에서 사이또를 칼로 찌른 것, 조명하趙明河가 대만에서 적 황족을 칼로 찌른 것, 이덕삼李德三이 상하이에서 적 영사관에 폭탄을 투하한 것, 장진홍張鎭弘·최양옥崔養玉 등이 대파괴를 감행한 것 등은 모두 한 시대를 진동하는 큰 사건들이었다.

비밀결사 및 혁명운동 단체의 체포와 구금사항을 살펴보면 그중 큰 것이 3·1사건, 대동단大同團사건, 광복단光復團사건, 애국부인회 및 청년외교단사건, 여러 차례에 걸친 임시정부 및 연통제聯通制사건, 대한광복군사건, 백여인공산당사건, 제1차 간도間島공산당사건, 대구결사大邱結社사건, 개성결사사건, 대구적성단赤誠團사건, 고려혁명단사건, 북사할린섬〔北華太島〕 700인사건, 김창숙金昌淑유림단儒林團사건, 신민부新民府사건, 참의부사건, 의열단사건〔義烈團案〕, 학생비밀결사사건, 수원고농水原高農사건, 국민부 오동진吳東振사건, 백광운白狂雲 등이 사이또를 찌르려고 모의한 사건, 제4차 공산당사건, 함경북도연맹사건, 목포상업 학생사건, 이태성李泰成사건, 완도사건, 대구진우연맹眞友聯盟사건, 토오꾜오공산당사건, 경남청년연맹사건, 유범규劉範圭사건, 이리폭탄사건, 대한도독부사건, 윤우열尹又烈사건, 신생활사사건, 금화金化정부사건 등 일일이 들 수 없을 정도로 많으며, 매번 한 사건마다 수백 수십명이 10년에서부터 사형까지 서로 다르게 형을 받았는데 그 주체세력은 대개 30세 이하의 청년 학생들이다. 대중적 대규모 시위운동에 대해 말하면, 기미년 3·1혁명 말고도 융희[59]황제隆熙帝의 장례 때 폭발한 6·10만세운동이 있으니, 1929년 11월 이래 전국 학생시위운동으로 번졌다. 이는 광주혁명으로 촉발된 것이다.

---

59 융희(隆熙)는 대한제국 제2대 황제이자 마지막 황제인 순종(1874~1926)의 재위 기간에 사용된 연호.

3장
삼균주의 형성과 나라만들기

대동단결선언[1]

대체로 뭉치면 서고 흩어지면 넘어지는 것은 천도天道의 원리이고, 흩어진 지 오래되면 뭉치려 하는 것은 인정人情의 율려律呂(常例, 섭리·조화)이다. 돌이켜보건대 멀리로는 300년이나 오래된 유학자의 당론黨論이 이씨조선 멸망사의 절반을 넘어 차지하였고, 근래에 이르러서는 13도道[2] 지사志士의 다툼〔墻鬩〕이 새로운 건설의 중심을 어지럽히는도다. 이와 같은 삼분오열의 비극을 목도하고 파벌 대립의 고통을 두루 맛본 우리는 정률情律(情理, 감정의 섭리)에 의하여 대합동을 요구함이 자연스러운 의무이고, 또 도리에

---

1 이 글 「대동단결선언」은 소앙 선생이 기초하고 신채호·박은식 등이 발기하여 1917년 7월 14일 상하이에서 발포한 것이다. 국한문 혼용체. 『자료집』이나 『소앙선생문집』에는 포함되어 있지 않다. 그러나 최초 독립선언서 성격을 띠는 글이고, 소앙의 사상 궤적이 잘 드러나 수록했다. 원문은 독립기념관 소장 원본을 번역 저본으로 삼았다. 미국에서 간행된 『신한민보』 1917년 9월 20일자에 선언문 주요 내용과 강령 전체가 게재된 바 있고, 중국 상하이에서 간행된 『진단주보(震壇週報)』 제5호(1920. 11. 7)에 전문이 중국어로 번역, 게재되었다.

2 최상급 지방행정단위. 1896년(고종 33) 8월 4일에 13도제로 개편했다.

의거하여 총단결을 주장함이 당연한 권리이다. 단지 우리의 주된 주장이 이와 같을 뿐만 아니라 일반 동포의 소리요 시대의 운명이니, 온 천하의 상심한 지사 누구인들 공감하지 않으리오.

그러나 총단결의 문제는 유래가 오래되었노라. 들으면 귀가 시끄럽고, 말하면 이가 시도다.[3] 사람들이 모두 '합동' '합동' 하여도 그것을 실행하는 일에 미쳐서는 혹은 힘이 미치지 못하는 것에 죄를 돌리며, 혹은 지리〔地〕가 불편한 것에 책임을 물으며, 혹은 경쟁은 해가 없다고 주제를 바꿔 이리저리 핑계를 대다가 어느덧 세월이 흘러 나라를 잃은 지 만으로 8년이 되도록 나라 안팎 지사들의 반목이 여전하여 일치단결의 희망이 묘연하도다. 오히려 두려워하며 깊이 자성하는 태도가 없고 편안히 고식적인 계책을 도모하면, 이는 궁예와 견훤처럼 미몽에 빠진 것이요, 워싱턴과 마찌니[4]처럼 참된 정성을 다하는 것은 아니니라.

지난 몇 해 러시아에 의지하고, 일본에 의지하고, 중국에 의지하고, 미국에 의지하는 사람들과, '문화〔文〕다' '무력〔武〕이다' '남이다' '북이다' 하는 논쟁이 분분하고 뒤얽혀 작게는 우의를 무시하고, 크게는 사람의 도리를 잊어버린 실제 증거가 빈번하게 두드러졌나니, 아! 10년간 분투에 소득이 무엇이오. 정수리에 부은 물은 반드시 발끝까지 흐르나니, 가여운 우리 자손에게 유습이 대대로 전하여 뜻이 같은 사람끼리는 서로 돕고 그렇지 않은 사람은 배척하는 중독이 더욱 깊어지면 우리의 앞길은 영원히 추태만 되풀이하리니, 생각이 이에 미침에 오장이 찢어지고 구곡〔九曲肝腸〕이 끊어진다.

한번 국내 현상을 돌아보면, 경술년[5] 이후로 악마와 같은 정치가 잔학한

---

3   "이에서 신물이 난다"는 속담이 있듯이 진절머리가 난다는 뜻으로 읽힌다.

4   주세뻬 마찌니(Giuseppe Mazzini, 1805~72). 오스트리아의 압정에 신음하는 조국 이탈리아의 민족 해방과 통일을 위해 싸운 혁명가.

5   1910년 8월 29일은 일본제국이 대한제국에 '통치권을 일본에 양여함'을 규정한 한일병합조약을 체결하도록 강요한 날이다. 이로써 우리나라의 국권이 상실되었기에 '국가적 치욕'이

일을 자행하는 것이 너무나 분명하니 그 속도가 정신 합병에 이르렀는지라. 반은 일본인 반은 한국인인 괴물이 날마다 늘어나고, 승려도 아니고 속인도 아닌 요망한 얼치기가 배출되어 혹은 종교를 빙자하여 동화정책의 선봉을 만들고, 혹은 정치를 칭송하여 자치제도의 전제前提를 만들기 시작하더니, 결국에는 저들의 대수술이 2천만 동포의 호흡기관을 파열하며 4천년 역사의 대동맥을 단절하는도다. 무엇을 가리키는가? 한국어를 하는 학생에게 가혹한 벌칙을 내리고, 한국사를 가르치는 스승을 퇴출하는 것이 바로 이것이리라. 만일 이러한 추세로 죽 간다면, 몇 년 지나지 않아 섬나라 야만의 문자는 부자간의 통신에도 전용되고, 한국 대대로 내려온 의관은 장례식이나 혼례식에서도 보기 드물게 되리니, 명분〔名義〕이 없어짐에 눈물을 흩뿌린 사람이 사실事實이 없어짐에 피가 끓어오르게 되리라.

저 필리핀의 애국가와 베트남의 전문대학과 인도의 과반수 군대와 핀란드의 입법기관은 오히려 (독립운동의) 명맥을 유지하는 것 아닌가. 동서의 여러 나라에 비교할 수 없는 우리 한국의 현상은 진실로 참혹하니 차마 어찌 말로 다하리오. 그러나 국내 동포는 해외 동지에 대해 한 가닥 남은 희망에 매달려 날마다 부활의 복을 기도하는도다.

이에 대하여 해외에 있는 동지의 각오는 어떠한가. 과연 그 요구에 응할 준비와 그 기대에 부응할 활동이 분명한가. 한밤중에 스스로 생각할 때 한 움큼 정열의 눈물이 멈추지 않으리로다.

이는 다름이 아니라 무질서하게 사적으로 다투다가 국가 상속의 대의大義를 돌아보지 않는 탓이니, 무슨 까닭인가? 융희황제가 삼보三寶(국민·주권·영토)를 포기한 1910년 8월 29일은 바로 우리 동지가 삼보를 계승한 8월 29일이니, 그사이에 한순간도 숨을 멈춘 적이 없음이라. 우리 동지는 완전한 상속자이니, 저 제권帝權 소멸의 때가 바로 민권民權 발생의 때요, 구한국 최후의 날은 바로 신한국 최

초의 날이니, 무슨 까닭인고. 우리 한국은 태곳적부터 한국인의 한국이요, 비한국인의 한국이 아니라. 한국인 사이의 주권 양여讓與(주고받음)는 역사상 불문법의 헌법이요, 비한국인에게 주권을 양도하는 것은 근본적으로 무효요 한국 민성民性이 절대 허락하지 않는 바이라. 그러므로 경술년 융희황제의 주권 포기는 곧 우리 국민 동지에 대한 묵시적 선위禪位(황제권 양위)이니, 우리 동지는 당연히 삼보를 계승하여 통치할 특권이 있고, 또 국가의 대통大統을 상속할 의무가 있도다. 그러므로 2천만의 백성(生靈)과 3천리의 옛 강토와 4천년의 주권은 우리 동지가 상속하였고, 상속하는 중이요 상속할 터이니 우리 동지는 이에 대하여 떼려야 뗄 수 없는 무한 책임이 중대하도다.(강조는 원문)

이같이 아득한 세월 이래 대대손손 계승하던 삼보를 상속한 사람은 완전히 통일된 조직을 갖춰야 비로소 그 권리와 의무의 행사가 가능할지니, 조그만 명예와 조그만 이익에 매몰되어 백년대계를 방해하면, 이는 고아가 밤과 대추에 마음이 뺏겨 상중喪中임을 망각한 꼴인저.

이에 지금 우리 동지는 국내외 정세에 느낀 바가 매우 절실하여 법리상·정신상으로 국가 상속의 대의를 선포하여 해외 동지의 총단결을 주장하며 국가적 행동의 진급적進級的인 활동을 표방하며, 아울러 내면으로 실질적인 문제에 들어가 대동단결의 이익을 논하노니 첫째는 재정, 둘째는 인물, 셋째는 신용의 문제가 그것이라.(강조는 원문)

돌아보면, 지금 포학한 정치를 피하여 해외에 생활근거를 세운 사람이 무려 100만명이니 빈부를 평균하여 1인당 반원半圓의 징수는 절대 무망한 것이 아니다. 만일 총단결의 명분이 정당하고 기치가 선명하여 완전한 계통적 활동을 꾀하면, 해마다 50만원의 수입으로 충분히 수많은 인사를 망라하여 계속 사업의 기초를 공고하게 할 수 있으려니와, 이와 반대로 동서의 대치 속에 자잘한 자본으로 여러 가지 사업을 각자 도모하면, 비유하건대 소규모 자본의 잡화상 부류에 불과한지라. 품목(名目)이 많을수록 품질이 그만큼 낮고, 간판이 고상할수록 내용이 더욱 빈약하여 도저히 문명 인사의 환영과 선량한 동포의 신망을 얻기 어려우리니, 저 (신지케이트 syndicate 알니안스alliance의) 유행은 합동合同하는 힘의 효용을 먼저 깨닫고 실행함이라. 상업〔商事〕과 국제(관계)가 오히려 이러하거늘, 하물며 우리가 패망한 뒤의 국면을 수습하려면 마땅히 위기 속에서 서로 보살펴주고,[6] 붙어 있는 두 연못처럼 서로 의지하여,[7] 아주 큰 유기체를 형성하여 대법인大法人의 원기元氣를 충실히 함양해야 할 것이니, 이는 경제로 대동단결의 요지를 말함이라.

만일 인재로 말하건대, 사람은 만사에 능한 재목이 적고, 일은 직책을 나눠야 이익이 많거늘, 현재 각처의 진행 상황은 임무를 나눈 규모가 적고 직무를 겸하는 풍조가 많으니, 떠도는 인생이니 어느 겨를에 완전하게 갖추어 다 잘하기를 요구하리오마는 개량할 여지가 있는 범위에서 곧 책임을 질 여지가 없지 않도다. 저 시골의 사숙私塾(서당)을 보건대, 마을마다 사숙을 설립하고 집집마다 독선생을 모시는 유풍이 없어지지 않아, 통일하고 개량하자는 논의가 저들의 양심을 건드리나 저 완고한 습속을 깨뜨리기가 어려워서 남의 자식을 잘못 가르치는 고루한 태도를 반복하나니, 해외의 현재 실정 또한 이와 다르지 않은지라.

인물을 양성하는 주체가 대단히 많지만 인물로 양성되는 객체가 대단히 적고, 문과 무를 겸비하는 착수 단계가 지극히 많으니와 하나의 일에 하나의 능력을 갖추는 성공이 지극히 어렵나니, 아, 뜻을 이루지 못한 영재〔蛟龍〕가 각자의 처지에서 큰 인물로 되기 어렵도다.

---

6 원문의 "후말(煦沫)로 상자(相滋)하며"는, 『장자(莊子)』「대종사(大宗師)」의 "물이 바짝 말라 물고기들이 땅바닥에 처하면, 서로 김을 내뿜어 축축하게 해주고 서로 거품으로 적셔 주지만, 강과 호수에서 서로 잊고 사는 것만 못하다(泉涸魚相與處於陸, 相煦以濕, 相濡以沫, 不如相忘於江湖)"에서 유래한 것으로 보인다.

7 원문의 "여택(麗澤)으로 상자(相資)하여"는, 『주역(周易)』「중택태(重澤兌)」의 "두 연못이 나란히 있는 것이 태괘이니, 군자는 이로써 붕우 간에 서로 학습한다(麗澤兌, 君子以朋友講習)"에서 유래한 것으로 보인다. 두 연못이 서로 붙어서 서로 불어나게 하듯이, 군자는 서로 배우고 품덕을 격려한다는 의미이다.

이제 앞으로는 총단체의 큰 뜻 아래 천하의 영재를 살펴 뽑고, 무상법인 無上法人(정부)의 대표를 선정하여 온갖 직책에 어진 사람을 간택하고 유능한 사람을 임용하면, 인재가 날로 여유롭고 사업이 날로 진보될 것이다. 이는 인물의 운용으로 합동의 핵심을 말함이라.

이상과 같이 재정을 합하고 인재를 모아 대의명분에 의거하여 총기관이 성립되면, 완연한 제 일급의 국가적 권위가 드러나서 규모는 방대하고 직권은 분명하고 실력은 충분하여 국내외에 신용이 확실하게 서고, 임기응변의 기능이 민활하여 충분히 대법인의 이상적 작용을 볼 수 있으리니, 청말 선통宣統황제는 동맹회同盟會의 통일된 연락을 기다려 대청제국을 물려주었고,[8] 러시아 황제는 폴란드 사람의 재외동맹단과 영토가 없는 유대인의 국가를 기다려 자치독립의 복음을 선전하였나니, 힘을 합치고 마음을 합친 효용이 이와 같도다.

동서의 정황에 비추어 보건대, 제1차 통일기관은 제2차 통일국가의 연원이 되고, 제2차 국가적 의제擬制는 필경 원만한 국가의 전신前身이다. 기회의 심지心地는 공평하니 준비하는 사람의 소원을 물리치지 말아야 할 것이다. 오늘날 우리의 눈앞에 가로놓여 있는 행운의 기회가 무엇을 기다리는고. 바로 시시각각으로 우리의 유기적인 통일을 기다리고 있도다. 저기【슬라브】의 혁명은 한반도의 복이니 핀란드·유대·폴란드는 그 선진先進이요, 연합국의 확산〔散渙〕은 전세계의 복이니 아일랜드·트리폴리·리비아·모로코·인도·티베트·고려高麗(한반도)는 그 부활의 소리가 날마다 높고 그 해방의 논의가 날마다 간절해지도다. 여기에만 그칠 뿐만 아니라 민권연합회는 강권 타파와 민권 신장의 대운동에 착수하여 국경과 인종 구별이 없고, 만국사회당[9]은 멸망한 국가를 회복한다〔繼絕存亡〕는 대의를 선포하

---

8   청조 마지막 황제인 선통(宣統, 재위 기간 1908~12)이 쑨원이 이끈 혁명파 단체인 동맹회(同盟會)를 중심으로 여러 세력이 연합한 단계에 이르자 그들에게 청조를 양위하는 형식으로 물러나, 중화민국이 성립한 것을 말한다.

여 인류의 화와 복을 결정하는 상황이다. 이때야말로 복된 시기이다. 지옥 타파의 소리와 성스러운 국가 건립의 운동이 큰 정세[大局]의 궤도를 올라타고 공전公轉함이 튼튼하니, 우리 동지가 이를 위해 스스로 힘써 하나로 합칠 때이라. 동쪽 이웃은 소를 잡고 있으나[10] 남은 날이 많지 않고, 빽빽한 구름은 비를 내리지 않으나 우리 서교西郊에서는 비가 오리라.[11] 아득히 오랜 세월의 광명이 금강의 옛 국토를 멀리 비추며, 세상에서 보기 드문 우담優曇이 인연에 따라 어지러이 떨어질 것이니, 단향목[栴檀]의 향기로운 바람에 대중의 마음이 기쁘리라. 이때는 복된 시기이니, 장엄하고 신성한 무상법인이 가장 큰 일을 위하여 출현할 상서로운 조짐이 아닌가.

이 때문에 차가운 피가 오히려 약동하고 긴 잠에서 막 깨어나리라. 모든 영혼[含靈]이 활기를 띠며 메마르고 고통스러운 중생이 복음을 기다리나니, 이에 즈음하여 애국의 정성과 무리를 하나로 모으는[合群] 소원이 서로 같으니, 어찌 선후와 우열이 그 사이에 있으리오마는, 어떤 자는 자중自重을 표방하고, 혹은 서로를 나무랄까 뒷일을 염려해 망설이고, 혹은 겸양의 덕을 숭상하며, 혹은 그 일부를 각자 도모함으로써 지난 몇해 공식적인 선언으로 대중에 대한 진심 어린 바람[情願]은 돌아볼 생각을 서로 잊었도다. 오호, 뜻을 같이해 모인 우리[同人]가 오늘에 이르러 세계 조류의 충격과,

---

9 국제사회주의자대회(International Socialist Congress). 당시 만국사회당, 국제사회당대회로 불림. 이 글이 쓰인 1917년 9월에 스톡홀름에서 대회를 열 예정이었음.

10 원문의 "동린(東鄰)은 살우(殺牛)하나"는 『주역』「수화기제(水火旣濟)」에 나오는 "동쪽 이웃은 소를 잡아 제사 지내도 서쪽 이웃이 약제를 지내 알차게 복을 받는 것만 못하리라(東鄰殺牛不如西鄰之禴祭實受其福)"에서 연유한 것으로 보인다. 여기에서 동쪽 이웃은 일본을 가리키며, 그 시기 일본의 행위가 성대해 보이나 민심의 관점에서 시의에 맞지 않음을 지적한 듯하다.

11 원문의 "밀운(密雲)은 불우(不雨)하나 자아서교(自我西郊)라"는 『주역』「풍천소축(風天小畜)」에 나오는 "조금씩 축적하는 상이로다. 형통하리라. 나의 서쪽 변방에서부터 구름은 점점 빽빽해지나 아직 비는 오지 않도다(小畜亨, 密雲不雨, 自我西郊)"에서 연유한 것으로 보인다. 동쪽 일본과 대비하여 우리나라를 '서교'로 비유하면서 우리 민족이 조금씩 힘을 기르고 기다리면 때가 와서 일이 저절로 이루어질 것을 전망하는 표현이지 싶다.

일편단심의 격발로 참으려 해도 참을 수 없고 주저할 겨를이 없어, 이에 주권 상속의 대의와 대동단결의 문제를 거론하여 먼저 각계의 사리를 통달한 여러 분의 찬동을 구하며, 이어서 일반 국민의 각성을 촉구하며, 아울러 세계의 공론을 환기하고자 하노니, 일치단결은 새로운 한국의 빛이요 진리요, 생명이라. 이를 떠나면 우리의 앞길은 암흑이요, 허위요, 죽음이니, 따라서 흩어지고 뭉치는 문제는 바로 살고 죽는 기로이지, 시비를 따지는 헛된 논의가 아니라. 우리의 단결이 하루 빨라지면 새로운 한국의 부활은 하루 빨라지고, 우리의 단결이 하루 늦어지면 새로운 한국의 건립은 하루가 늦어지리니, 이는 천리와 인정에 비추어 더없이 공정하고 사심 없는〔至公無私〕 주장이라. 따라서 온 천하, 동지 여러분 앞에 선포하고 제안하노니, 하늘이 명하심이니 사람이 그에 부응할진저.(강조는 원문)

강령 제안

1. 해외 각지에 현존하는 단체의 크고 작음, 드러나고 안 드러나고를 막론하고 규합하고 통일하여 유일무이한 최고기관을 조직할 것.

2. 중앙 총본부를 적당한 지점에 설치하여 모든 한민족을 통치하며 각지 지부로 관할구역을 확정할 것.

3. 헌법〔大憲〕을 제정하여 민정民情에 합치하는 법치를 실행할 것.

4. 독립 평등의 성권聖權을 주장하여 동화同化의 마력魔力과 자치自治의 어리석은 뿌리를 제거할 것.

5. 나라의 형편〔國情〕을 세계에 공개하여 국민외교를 실행할 것.

6. 영구하게 통일적 유기체의 존립을 공고키 위하여 동지자同志者 간의 애정을 수양修養할 것.

7. 위의 실행방법은 이미 성립한 각 단체의 대표와 덕망 있는 개인의 회의로 결정할 것.

단군 기원 4250년(서기 1917년) 7월 일

신정申檉(신규식) 조용은趙鏞殷(조소앙) 신헌민申獻民(신석우) 박용만朴容萬 한진韓辰(한흥韓興) 홍위洪煒(홍명희洪命熹) 박은식朴殷植 신채호申采浩 윤세복尹世復 조욱曹煜(조성환曹成煥) 박기준朴基駿(박찬익朴贊翊) 신빈申斌(신대모申大模) 김성金成(김규식金奎植) 이일李逸(이용혁李龍爀)[12]

대한독립선언서[13]

우리 대한의 동족 남매와 우리 세계의 우방 동포여! 우리 대한은 완전한 자주독립과 신성한 평등복리를 우리 자손 백성에 대대로 전하기 위하여, 이에 이민족 전제專制의 학대와 억압을 벗어나 대한민주大韓民主[14]의 자립을 선포하노라.

우리 대한은 태곳적부터 우리 대한의 한韓이요 이민족의 한韓이 아니라 반만년 역사의 내치와 외교는 한국 왕 한국 황제의 고유 권한이요, 백만 방리方里[15]의 높은 산과 맑은 물은 한국 남녀의 공유 재산이요, 기골과 문언文言이 유라시아에서 뛰어난 우리 민족은 능히 자국을 옹호하며 모든 나라와 화합하여 세계로 함께 나아갈〔共進〕 하늘이 내린 백성〔天民〕이라. 한국의 일부 권한이라도 이민족에게 넘겨줄 의무〔義〕가 없고, 한국의 적은 영토라도 이민족이 차지할 권한이 없으며, 한국의 한명의 백성이라도 이민

---

12 선언자 14명의 본명에 대해서는 『진단주보(震壇週報)』에 실린 「선언문」도 참고.

13 이 글 「대한독립선언서」는 1919년 2월 중국 지린(吉林)에서 대한독립의군부의 주도로 발표된 것이다. 보통 「무오독립선언서」라고도 한다. 국한문 혼용체. 『문집』의 원주에 따르면, 이 선언문을 기초할 당시 그의 친동생 용주(鏞周)의 요청으로 원고의 상당 부분을 "보다 격렬한 문자"로 수정하였다고 한다. 그런데 학계에서는 그 작성 시기를 좀더 늦춰 잡기도 한다. 1919년 3월 1일, 늦어도 3월 11일로 추정하는 견해도 있다. 김인식, 앞의 책 165면.

14 '대한민주'는 이미 민주공화국을 표방했다는 의미임.

15 방리는 정사각형 한변의 길이를 나타내는 거리 단위. 통상적으로 약 400미터의 길이.

족이 간섭할 조건이 없으니, 우리 한국은 완전한 한인韓人의 한韓이라.

아, 일본의 무력 재앙武孽이여! 임란(1592년 임진왜란) 이후 한반도에 쌓아놓은 악은 오랜 세월 감추지 못할 것이며, 갑오(1894년 청일전쟁) 이후 대륙에 지은 죄는 모든 국가에서 용납하지 못할지라. 저들이 전쟁을 즐기는 악습은, "스스로 지킨 것"이요 "스스로 보호한 것"이니 하고 구실을 삼더니, 끝내 하늘의 이치에 어긋나고 사람의 도리를 거스르는 보호 합병을 마음대로 하였다. 저들이 맹세를 어기는 나쁜 습속은 "영토"니 "문호"니 "기회"니 하는 명분을 빌리다가 필경 의롭지 못하고 불법적인 비밀조약을 강제로 체결하였다. 저들의 요망한 정책은 감히 종교와 문화를 말살하였고, 교육을 제한하여 과학의 전파를 방해하였다. 인권을 박탈하며, 경제를 농락하며, 군대와 경찰의 무력 강행과 민족을 이주시키는 비밀 계략으로 한국을 뿌리 뽑고 일본을 심는 간사한 흉계를 실행한지라.

적극적으로나 소극적으로 우리의 한민족을 마멸시킴이 그 얼마이뇨. 십년간 무력 재앙이 어지럽히는 정도가 지금 극에 달하므로 하늘이 저들의 좋지 못한 행동을 꺼리시어 우리에게 좋은 기회를 주실새 우리들은 하늘의 뜻에 따르고 사람의 도리에 호응하여 대한독립을 선포하는 동시에 저들의 합병한 죄악을 선포하고 징벌하노니,

1. 일본의 합방 동기는 저들이 이른바 범일본주의泛日本主義를 아시아에 실행함이니, 이는 동아시아의 적이요,

2. 일본의 합방 수단은 사기, 강박과 불법, 무도無道와 무력폭행을 수반했으니, 이는 국제법규의 악마이며,

3. 일본의 합병 결과는 군대와 경찰의 야만적 권한과 경제의 압박으로 종족을 마멸시키며, 종교를 억압 핍박하며, 교육을 제한하여 세계 문화를 저지 방해하였으니, 이는 인류의 적이라.

그러므로 하늘의 뜻〔天意〕, 사람의 도리〔人道〕, 정의와 법의 이치에 비추어 모든 국가의 입증으로 합방 무효를 선포하며, 저들의 죄악을 응징하며,

우리의 권리를 회복하노라.

아아, 일본의 무력 재앙이여! 부분적으로 징계하며 주로 훈계하는 것이 너희에게 복이니, 섬은 섬으로 회복하고, 반도는 반도로 회복하고, 대륙은 대륙으로 회복할지어다. 각기 원상을 회복함은 아시아의 다행인 동시에 너희도 다행이거니와, 완고하고 미련스럽게 깨닫지 못하면 모든 화근이 너희에게 있으리니, 옛것을 회복하여 스스로 새로워짐의 이익을 반복하여 알아듣게 깨우치노라.

한번 보라. 인민의 악마 같은 적인 전제와 강권은 남은 불꽃이 벌써 소진되었고, 인류에 부여된 평등과 평화는 밝은 태양이 하늘에 걸려서, 공의公義의 심판과 자유의 보편은 참으로 오랜 세월의 재앙을 한바탕 씻어내고자 하는 하늘의 뜻을 실현함이요, 약소국과 살아남은 민족을 구제하는 대지의 복음이라.

장하도다, 시대의 정의여. 이때를 만난 우리 민족이 함께 나아가 무도한 강권의 속박을 벗어나고 광명한 평화 독립을 회복함은, 하늘의 뜻을 받들어 인심에 순응코자 함이며, 지구에 입각한 권리로 세계를 개조하여 대동 건설을 도우려는 까닭일새, 우리들이 이에 2천만 대중의 뜨거운 충정衷情을 대표하여 감히 위대한 일신一神[16]께 밝히고 세계 만방에 널리 알리오니, 우리 독립은 하늘과 사람이 서로 감응한〔天人合應〕 순수한 동기로 민족 스스로 지키는 정당한 권리를 행사함이요, 결코 눈앞의 이해득실에 따른 우연한 충동이 아니며, 은혜와 원한에 얽매인 감정으로 비문명적 보복 수단에 자족함이 아니라. 참으로 항구적이고 일관된 국민의 지극한 정성이 솟구쳐 그들 이민족으로 하여금 스스로 깨달아 새로워지게 함이며, 우리의 결실은 야비한 정치 궤도를 초월하여 진정한 도의道義를 실현함이라.

아아, 우리 대중아. 공의公義로 독립한 사람은 공의로 나아갈지니라. 모

든 방법으로 군국주의와 전제정치를 제거해 민족 평등을 전세계에 널리 펼칠 것이니, 이는 우리 독립의 첫째 의의이다. 무력으로 국가를 병탄하는 것을 근절하여 천하를 균등하게 하는〔平均天下〕 공도公道로 나아갈지니, 이는 우리 독립의 본령이다. 은밀한 협약과 사사로운 전쟁을 엄격히 금지하고 대동大同평화를 선전할지니, 이는 우리 복국復國(국토 회복)의 사명이오. 동등한 권리와 동일한 부유함을 모든 동포에게 베풀어 남자나 여자나 빈곤한 사람이나 부유한 사람을 가지런히 하며, 지혜를 고르게 하고 수명을 고르게 함으로써 지식 있는 사람이나 어리석은 사람이나 늙은 사람이나 어린이에게 균등하게 하여 온세상 인류를 구제할 것이니, 이는 우리 입국의 기치이다. 나아가 국제의 불의를 감독하고 우주의 진선미를 체현할지니,[17] 이는 우리 대한 민족의 시대에 부응하는 부활의 최종 의의니라.

아, 같은 목표를 위해 한마음으로 힘쓰는[18] 우리 2천만 형제자매여. 우리 단군 대황조大皇祖께서 상제上帝 좌우에 계셔 우리의 기회와 운수를 명하시며, 세계와 시대가 우리의 복리를 돕는도다. 정의는 무적의 칼이니 이로써 하늘을 거스르는 악마와 나라를 도적질하는 적을 한 손으로 척결하라. 이로써 5천년 역대 선조의 광휘를 세상에 드러낼지며, 이로써 2천만 백성의 운명을 개척할지니, 일어나라, 독립군아. 경건하라, 독립군아. 천지의 그물 속에서 한번 죽는 것은 사람이 피하지 못할 바인즉, 개·돼지나 다름

---

17 소앙이 말하는 진선미란 서양의 진선미에 대한 인식과 다른 차원으로서 「일신교령(一神敎令)」(이 책 70~77면)에서 설명되듯이 진선미의 융합은 우주 본체의 합일을 이룬 경지를 의미한다. 이에 대해서는 이 책에 실린 「한국독립당 당 이념 연구방법」, 각주 9 참조.

18 원문의 '동심동덕(同心同德)'은 『서경』 「태서(泰誓)」에 나오는 "수(受)는 억조의 이인(夷人)들이 있지만, (그들은) 마음이 다르고 덕이 다르다. 나는 난을 다스린 신하 10인이 있는데 마음이 같고 덕이 같다(受有億兆夷人, 離心離德予 有亂臣十人, 同心同德)"라는 구절에서 유래한다. 주나라 무왕은 군사들의 사기를 높이려고 단결하여 싸움에서 공을 세우자는 다음과 같은 「태서」를 발표했다. "(은나라) 주왕은 많은 군사와 관리를 거느리고 있을지라도 마음을 한데 합하지 못하였지만, 우리는 다 함께 일치단결하여 하나의 목표로 마음과 덕을 같이 하고 있다."

없는 일생을 누가 구차히 꾀하리오. 살신성인하면 2천만 동포와 같은 몸으로 부활하리니 한 몸을 어찌 아낄 것이며, 집안이 기울어도 나라를 회복하면 3천리 옥토가 자기 집안의 소유이니 한 집안을 희생하라.

아, 같은 목표를 위해 한마음으로 힘쓰는 2천만 형제자매여. 국민의 본령을 자각한 독립인 줄을 기억할지며, 동양 평화를 보장하고 인류 평등을 실시하기 위한 자립임을 명심할지며, 위대한 하늘님〔皇天〕의 밝은 명령을 삼가 받들어 일체 사악한 그물에서 벗어나는 건국인 줄을 확신하여, 육탄 혈전으로 독립을 완성할지어다.

단군 기원 4252년 2월 일

김교헌金敎憲	김규식金奎植	김동삼金東三	김약연金躍淵	김좌진金佐鎭
김학만金學萬	여준呂準	유동열柳東說	이광李光	이대위李大爲
이동녕李東寧	이동휘李東輝	이범윤李範允	이봉우李奉雨	이상룡李相龍
이세영李世永	이승만李承晚	이시영李始榮	이종탁李鍾倬	이탁李沰
문창범文昌範	박성태朴性泰	박용만朴容萬	박은식朴殷植	박찬익朴贊翊
손일민孫一民	신정申檉	신채호申采浩	안정근安定根	안창호安昌浩
임방任邦	윤세복尹世復	조용은趙鏞殷	조욱曹昱	정재관鄭在寬
최병학崔炳學	한흥韓興	허혁許爀	황상규黃尙奎	

독립당과 공산당의 전도前途[19]

독립당은 국민 전체의 정치적 광복을 위하여 애국주의로 조직된 전투체

19　이 글은 『독립신문(獨立新聞)』 상하이판 1922년 5월 6일자에 실린 것임. 국한문 혼용체.

戰鬪體니 민주 정치의 실행자로 자처하며, 공산당은 빈천계급貧賤階級의 특권을 정치 경제 군사에 활용하기 위하여 성립한 혁명군이니 즉 빈주정체貧主政體(가난한 자가 주인이 되는 정체) 또는 공치주의工治主義(노동자가 다스리는 주의)의 선봉대로 자신한다.

따라서 전자는 역사의 국수國粹주의적 종교를 활용하면서 민족적 정화精華를 옹호하고자 하는 동시에 다소간 배외적 심리〔排外心理〕를 고수한다. 후자는 노동 만능〔勞工萬能〕 등의 세계주의로 나라와 민족〔國界種別〕의 경계선〔界線〕을 초월하여 국제연대와 공동생활의 기치 아래에서 부득불 민족적·애국적·종교적 색채를 말소하고자 한다.

직언하면 전자는 횡적橫的 독립인 민족혁명의 권화權化[20]며, 후자는 종적縱的 독립인 계급해방의 표현이다. 예부터 전해오는 내력〔緣起〕으로 한인韓人의 두 파를 관찰하면 4천년 사대사상事大思想과 3천년간의 왜구 침범에 피가 끓고 눈물이 솟구치는 자각적 민족 심리의 결정結晶이 전자로 발현되어, 안에서 몰아치고 밖에서 다그치는 교차기〔交衝期〕에 자발적인 첫소리로 3월 운동(3·1운동)이 되었다. 다른 일면을 보면 '윌슨'[21]의 백지복음白紙福音[22]에서 한족韓族 독립이 불가능한 실험임을 깊이 느껴 깨달은 자각과 아국혁명俄國革命(러시아 혁명)을 직접 보고 듣게 되면서 흠뻑 물들게 되어[23]

20　원문의 권화(權化)는 부처가 중생을 구제하기 위해 잠시 사람의 모습으로 현신(現身) 또는 화신(化身)하는 것을 말함.

21　원문의 우일선(禹一仙)은 미국의 28대 대통령 토머스 우드로 윌슨(Thomas Woodrow Wilson, 1856~1924)을 말함. 통상 윌슨은 위이손(威爾遜)으로 음차되는데, 여기서 우일선(禹一仙)은 윌슨의 또 다른 음차 표기인 듯함.

22　조소앙은 빠리강화회의에서 한국문제가 논의조차 되지 않았음에 "윌슨의 민족자결주의는 백지 복음에 불과하였다"라고 한탄했다 함. 출처는 국립서울현충원 블로그의 '조소앙' 소개 글(https://blog.naver.com/snmblove/223202157701). 안창호 또한 1차대전 종전 직후 윌슨의 민족자결주의에 별로 기대를 걸지 않았다고 한다. 강경석 『안창호』(한국사상선 19), 창비 2024, 31면.

23　원문의 훈염(燻染)은 일반적으로 훈염(熏染)으로 많이 사용되며, 주로 나쁜 것에 흠뻑 물들거나 상당히 전염된 상태를 말함.

서로 호응해서 격하게 뒤흔들려 외국에 적을 둔 한인〔外籍韓人〕의 새로운 흐름〔新潮〕과 한국에 적을 둔 독립당〔韓籍獨立黨〕의 일부 변형된 흐름의 단체〔變潮會〕가 함께 결속하여 공산혁명의 새로운 운동이 발생되었다.

전자와 후자의 이념〔主義〕과 내력〔緣起〕이 상당한 바탕이 있는 이상에는 각기 노력하여 최후의 결승을 겨룸은 한민족 발전의 일대 큰 사건〔一大事〕이라 한다. 혹은 전자의 일부가 후자의 일부를 헐뜯되 "너희 무리의 말과 행동이 경박하고 신중하지 못함[24]은 공산이란 허황된 꿈에 독립대의獨立大義를 돌아보지 아니한다"라고 하며, "세계주의로 국체國體와 국수國粹를 덧칠하여 본질을 가린다"[25]라고 하며, 심지어 "러시아에 기대어 한국을 파는 도적을 바로잡는다"는 이유를 들어 저들의 추태와 광적 상태〔狂狀〕만 보고, "왜倭에 의탁하여 한국을 대체하려는 비열한 마음〔心腸〕"을 폭로하여【편산잠片山潛[26]에게 한국·일본·중국·몽고 총대표를 위임한 사실】"국제 평등의 본의本義를 말살하는 도리에 어긋난 무리"라고 한다. 이는 이념〔主義〕 자체와 주의를 신앙으로 삼는 자를 혼동한 논법이다. 어째서인가. 목사의 비행이 기독교의 교리가 아니며, 추악한 승려의 악덕이 불타의 본심이 아님과 같이 한인공산당韓人共産黨 중 추태와 졸렬한 행적이 있다고 해서, 공산주의의 본령本領을 공격하는 것은 과한 비평〔過論〕이 아니라 볼 수 없다.

혹은 후자가 전자를 비웃으며 "너희들은 소수 계급의 대리자이다. 부를

---

24 원문의 경도부박(輕跳浮薄)은 경조부박(輕佻浮薄)의 오기인 듯하다.

25 원문의 도말(塗抹)은 덧칠하여 본질을 가리는 행위로 많이 사용됨.

26 편산잠(片山潛)은 카따야마 센(片山潛, 1859~1933, 일어 표기는 片山潜)을 가리킴. 그는 일본의 공산주의자이자 일본 공산당의 공동 창립자. 1921년 모스끄바에서 열린 코민테른 활동에 참여했다. 1922년 1월 그의 제안으로 모스끄바에서 극동 노동자 대표 대회가 개최되었고, 그는 이 대회에서 명예 주석으로 선출되어 대회의 결의안 초안을 작성했다. 이후 7월에 일본공산당 창립에 참여했다. 조소앙이 해당 논고를 집필한 것이 5월임을 감안할 때, 카따야마 센이 극동노동자 대표대회의 명예 주석으로 선출된 것을 말하는 듯하다.

끼고서 노동자를 억압하는 수구守舊 백파白派[27]이다. 계급혁명의 진리를 오해하고 의연하게 새로운 양반의 태도로 다수 한인韓人의 이익과 권리를 유린할 자이다"라고 하면 이 또한 지나친 논의이다. 어째서 그러한가. 한 인 독립당은 태반이 과거의 피압제자이며 현대의 빈천계급이다. 십년 이래로 풍찬노숙風餐露宿(바람과 이슬을 맞으며 추운 데서 먹고 자다)하며 미친 듯이 외치는 본령本領이 결단코 소수 계급의 옹호당擁護黨이라고 볼 수 없는 확실한 업적[實蹟][28]이 있다. 그러니 가마 밑과 솥 바닥이 상대방의 검음을 서로 비웃는다거나, 노루 잡기에 앞서 가죽을 재단하는[29] 배타적인 야심을 서로 가진다면 피차의 손실을 누가 배상하겠는가?

세계혁명의 참모장 지내비엽之乃飛葉군[30]이 약소국 및 식민지 공산당의 혁명방략을 정하고 "부자와 귀족의 계급을 막론하고 외국의 굴레[31]를 벗어버리자는 일체 집단[徒黨]과 손을 잡고[32] 제1급 해방을 시도하고, 그러한 이후에 공산전쟁을 시작하라. 제1급 해방기에 이념전쟁[主義戰爭]의 무대도 없고, 권리도 없다. 서로 돕고 나란히 하여 광복을 함께 도모하라" 하였다.[33]

양당의 결승점이 독립전쟁에 있으니 관중關中에 먼저 들어가는 것[34]이

---

27 원문의 백파(白派)는 러시아 볼셰비끼 세력에 대항해 러시아 내전에서 싸운 백색파, 곧 백색군을 말함. 붉은 색을 상징을 하는 볼셰비끼에 반대로 왕당파를 지지하는 수구 세력을 상징하는 색이 백색이었다고 함.

28 원문의 실적(實蹟)은 실적(實跡), 곧 확실한 행적으로 볼 수도 있음.

29 원문의 선장재피(先獐裁皮)에 대한 전거를 찾을 수 없어서 "노루 잡기 전에 골무감을 마련한다"라는 속담에서 가져와 의역함.

30 원문의 지내비엽(之乃飛葉)은 러시아 공산혁명가로 레닌의 측근이었던 지노비에프 (Grigory Yevseyevich Zinovyev, 1883~1936)를 가리킴. 1919년에 코민테른 집행위원회 의장을 맡은 바 있다.

31 원문의 패반(覇絆)은 기반(羈絆)의 오식인 듯.

32 원문의 휴수(擕手)는 휴수(携手)와 같은 뜻.

33 원문에는 "하라 하였다" 다음에 따옴표를 붙였지만 맥락상 번역문에서는 그 앞에 둠.

34 원문에 "선입관중(先入關中)"이라 되어 있다. 그 뜻은, 중국 고대 초한 전쟁 시기 초나라 회왕(懷王)이 항우(項羽)와 유방(劉邦)에게 "관중에 먼저 들어가 점령하는 자는 그 땅의 왕으

곧 결승점이 아닌가. 독립당원이여, 정면의 적이 일본이다. 공산당원이여, 정면의 적이 어찌 독립당이라 하는가. 흑하사건黑河事件[35]에서 전비前非(이전의 잘못)를 깨달을 용기 있는 결단이 없느냐. 아아, 4색전四色戰[36] 지방열地方熱[37]보다는 의義에 근거하여 당이 연합하여, 독립이니 공산이니 말하는 것도 비교적 진보된 사상이라 여겨 독립전쟁의 양대 무기로 보아서 양당의 서로 돕고 협력하여 나아감을 간절히 바란다.

이에 권하는 바는 독립당 자체가 자각하여 강력한 동맹체를 창조하며 무력적 실력을 속히 집중하여 공허한 글과 말을 미친 듯이 외치지 말고 계통적 '더오리'와 '탁틱'[38]을 분명하게 기초起草하여 나라 안팎의 동지가 흩어져 없어지거나 분열되지 않도록 노력하기를 두 손 모아 간절히 기대한다.[39] 전도前途의 승리는 경성京城(서울)에 먼저 들어갈 자에게 돌아가리니 독립당이나 공산군이나 건국 영웅이 어느 당에서 나올까를 눈을 씻고 기다린다.[40](강조는 원문)

로 삼는다(先入關中者爲王)"라고 한 데서 유래함.

35 자유시 참변(1921. 6. 28)을 말함. 1921년 6월 27일 극동공화국 자유시(러시아어명 스보보드니) 인근인 수라젭까에서 사할린 한인 부대가 극동공화국 인민혁명군에 진압당한 사건.

36 조선시대 당쟁을 말하는 듯함. 사색당쟁(四色黨爭)이라 하여 노론·소론·동인·서인 간의 당파 싸움을 지칭함.

37 같은 지방 사람들끼리 뭉쳐서 다른 지방 사람들을 배척하는 열성.

38 theory와 tactics의 음역이니 곧 이론과 전술을 의미함.

39 원문은 쌍수교기(雙手翹企)에서 교기, 곧 '발꿈치를 들고 바라본다'란 뜻이라 '간절히 기대하다'로 옮겼음.

40 원문의 "안(眼)을 식(拭)하고 대(待)한다"는 식목이대(拭目而待)에서 유래한 표현으로 보인다.

한살림 요강[41]

제1장 근본 취지[42]

한살림[43]은 민주독립, 즉 광복만한光復卍韓[44]을 제1보로 한다. 현재 한민족韓民族은 이중의 노예의 멍에[奴軛]에 고통받고 있기에, 한살림은 빈주공생貧主公生[45] 즉 계급혁명을 제2보로 한다. 역사적으로 국가는 소수에 치우쳐 있으며, (이들이) 군중을 억압하였다. 따라서 한살림은 무치無治로써, 즉 국가기구府院[46]와 분리되는 것을 궁극적인 목표로 한다. 대개 국가기관이 발생한 까닭은 이미 절대적이지 않으니 자유를 구속하는 것을 필요로 한 시기는 장차 물러갈 것이다. 따라서 이를 간단히 말하면 독립은 그 출발점이며 공평한 삶[公生]은 그 지름길이다. 다스리지 않으며 공평한 삶을 사는 것이 그 궁극적인 목표이다.

제2장 주요 조목綱目

제1보를 달성하기 위해 독립전쟁을 사전에 준비한다. 무릇 백두산과 흑

---

41 1922년 초에 집필한 것으로 추정됨. 한문체. 저본은 「한살림요령(韓薩任要領)」, 『자료집 1』, 22~27면.

42 원문은 "본의(本義)"이니, 근본적 취지 또는 이념을 의미한다.

43 원문의 "한살임(韓薩任)"은 순수 우리말인 한살림의 한자 음역이다.

44 만(卍, svastika)은 인도에서 전해오는 길상(吉祥)의 표상. 불상의 가슴·손·발 등에 그려, 공덕이 원만함을 나타내는 상(相)으로, 석가의 가슴 복판에 찍혀 있었다는 표지. 불교나 절의 표지로 쓰는데, 불교뿐만 아니라 힌두교나 자이나교에서도 길상의 의미로 사용함. 따라서 만한(卍韓)은 한민족 전체의 공덕과 원만을 상징한다고 볼 수 있을 듯함.

45 빈주(貧主)는 노동자·농민 등 무산계급이 주인이 되는 것을 의미한다. 빈주공생 곧 계급혁명을 거쳐 만한(卍韓)의 단계 곧 한민족 전체의 민치를 지향한다.

46 원문의 부원(府院)은 부(府)와 원(院) 즉 정부와 의원(議院, 의회)으로서 국가기관을 의미한다.

룡강(白山黑水) 옛 터전 안에서 한민족의 정치·경제·학문의 자유를 방해하는 것이 있다면 곧 독립전쟁의 대상으로 간주한다. 30년을 1기로 삼아 전쟁을 이어갈 것이다. 반드시 동족 내 각 문파(門派)와 함께하고 우방과는 같은 덕으로(同德)으로 대하며 서로 협력하여 나아가는 데 힘써서, 만한민국을 건립한다.

제2보를 달성하기 위해 계급전쟁을 사전에 준비한다. 무릇 만한민국 안에서 하늘이 낳고 사람이 만든 모든 이권은 마땅히 온 나라 사람이 함께 일하여 평등하게 그것을 나눠야 한다. 이러한 정책에 방해가 되는 자가 있다면 그를 계급전쟁의 대상으로 간주한다.[47] 50년을 한 주기로 하여, 전쟁을 계속한다. 응당 농민과 노동자 그 자체 그리고 이 계급을 대표할 수 있는 자들로 무장단체를 결성해야 한다. 국가기구의 모든 직능에서 벗어나는 데 전념하여 만한살림(卍韓薩任)을 건설한다.

제3보에 도달하기 위해 세계 한살림을 사전에 준비한다. 먼저 전체 아시아에서 사유재산(私産)을 없애서 공동 소유로 귀속시켜 국가(邦國)[48]의 소유로 전환하고, 하나의 가족으로 만들어, 아시아 한살림을 조직하고, 나아가 천하의 교화를 이룩한다.[49] 천하에 한살림이 완성된다면, 전쟁이 없음을 말할 수 있고, 또한 국가기구가 없음을 설정할 수 있어 저절로 무치로 돌아갈 수 있다. 이것이 말하자면 극락세계이다.

이를 시기별로 구분하면 세 단계가 되는데, 인과적으로 그것을 설명하면, 3(단계)은 곧 2(단계)의 결과이고, 2는 곧 1(단계)의 결과이다. 따라서 제

---

47 원문에는 "인지위계급전쟁지대상([illegible]之爲階級戰爭之對象)"으로 되어 있으나, 문맥상 인([illegible])은 인(認)의 오기인 듯하다.

48 원문의 방국을 유길준은 열국체제에서는 독립국이지만 대청관계에서는 '증공국(贈貢國)'인 조선의 양면성을 가리키는 의미로 사용한 사례가 있다. 그러나 조소앙은 이 글에서 열국체제에서의 독립국이라는 의미로 사용한 것으로 보인다.

49 원문의 '화성천하(化成天下)'에서 화성은 교화에 성공한다는 의미이다.『주역』「항괘(恒卦)」「단사(彖辭)」에 "성인이 그 도를 오랫동안 행하여 천하의 교화가 저절로 이루어진다(聖人久於其道, 而天下化成)"에서 유래한다.

1보에서 반드시 제2보로 나아가게[攝] 되고, 또한 제2보에서 반드시 제3보로 나아가게 된다. 1단계 2단계 3단계 차례대로 병행하되 모두에 공통된 목표를 만들어, 그것을 나열하면 7개가 된다.

첫째 놀고 먹지 않는다[50]: 남녀와 빈천貧賤을 막론하고 반드시 마음을 다해 노력하여, 각자 그 능력대로 행하여 모두 그 즐거움을 누린다.

둘째 사사로운 권한[私權]을 없앤다: 계급 스스로를 해치는 일체 낡은 껍데기를 타파하여 그 이권을 공공의 것으로 하며, 상속·겸병·사유·특권 등의 사악한 관행[魔習]을 제거한다. 어업·광업·농업·임업 및 생산과 소비, 교환과 유통 기관을 귀속시켜 공유로 하여 한살림을 실현한다.

셋째 이성異性 간의 동등한 권리: 대개 도덕·정치·경제·노동·예술 등 권리 및 의무에 있어서 남녀 모두 균등하게 그것을 향유한다.

넷째 자강대自强隊: 옛것을 파괴하고 새로운 것을 건설하는 데는 반드시 무력이 필요하다. 따라서 모든 노동자들은 스스로 무장단체를 만들어서 훈련하여 정강을 실행하고 사회를 유지할 수 있도록 한다.

다섯째 전쟁하지 않음: 열국관계에서 유래한 침략전쟁을 이용하여 군벌과 재벌 두 집단의 악이 자행되고, 약한 민족을 추구芻狗[51]처럼 대하고, 모든 노동자를 소나 말처럼 대하니, 이 화근을 멸하면 반드시 저절로 전쟁이

---

50   원문의 불소찬(不素餐)은 『시경』「벌단(伐檀)」에서 나오는, "저 군자는 놀고 먹지 않는구나(彼君子兮 不素餐兮)"에서 연원한다. 『맹자』「진심상(盡心上)」의 다음 글을 참고할 것. "공손찬이 말했다. '『시경』에 "놀고 먹지 않는다"고 하였는데, 군자가 밭도 갈지 않으면서 먹는 이유는 무엇입니까?' 맹자께서 말씀하셨다. '군자가 이 나라에 살고 있을 때, 그 임금이 그를 등용하게 되면 그 나라는 안정되고 부유해지며, 그 임금은 존귀해지고 영화로워질 것이다. 그리고 자제들이 그의 가르침을 따르게 되면 효도하고 공경하며 충성과 신의를 다할 것인데, 놀고 먹지 않는 일로 어떤 일이 이보다 더 크겠는가.'(公孫丑曰 '詩曰不素餐兮 君子之不耕而食 何也 君子居是國也 其君用之則安富尊榮 其子弟從之則孝悌忠信 不素餐兮 孰大於是)"

51   원문의 추구(芻狗)는 중국에서 제사 지낼 때 쓰던, 짚으로 만든 개를 말하는데, 쓰고 나면 내버렸기 때문에 아무런 소용이 없게 되어버린 물건을 비유한다.

금지될 것이다. 그러나 약소국의 독립전쟁과 피압박 계급의 자위를 위한 전쟁은 이러한 금지에 해당하지 않는다.

여섯째 민족연맹: 국가의 경계와 종족 구별은 본래 사람이 만든 것이니, 다른 민족 간 연대는 자타를 함께 이롭게 하는 것이다. 따라서 반드시 각국의 민족을 흥하게 하여 더불어 대동으로 화합한다.

일곱째 세계 한살림: 민족과 민족이 평등하고, 국가와 국가가 나란한 이후에야 화합하여 평화로울 수 있다. 평화로워서 안정을 이루면 자연히 세계 한살림의 무치가 완성되는 데 들어갈 수 있다.

제3장 당규

제1조 본당은 이름을 한살림으로 정한다.

제2조 본당은 한살림의 근본 취지 및 주요 조목을 실행하는 것을 목적으로 한다.

제3조 본당의 당기黨旗는 백색[52] 등변의 삼각형을 중앙에 두고 홍색의 직사각형을 바탕으로 한다.

제4조 본당의 중앙 본부는 임시로 △△△△△으로 정한다.

제5조 아래 각 항목을 갖춰야 당원으로 인정한다.

1. 본당의 근본 취지 및 주요 조목을 승인하는 자

2. 27세 이상의 신체 건강한 자

3. 입당 절차를 이행한 자

제6조 본당원의 권리는 아래와 같다.

1. 세계를 혁명할 권리

---

[52] 이 백색의 상징성은 소앙이 구상한 대동종교 입교에 필요한 물품의 백색과 상통한다. 물론 백의민족의 이미지와도 연결된다.

2. 옛것을 파괴하고 새로운 것을 건립하는 것을 집행할 권리

3. 당의 이익을 평등하게 분배할 권리

4. 당의 업무를 위해 발언하고 표결하며 제의하고 선거·피선거할 권리

제7조 본당원은 아래와 같은 의무를 가진다.

1. 당의 결정에 복종 및 당무를 집행할 권리

2. 비밀을 엄수할 의무

3. 군사軍事에 복종할 의무

4. 규칙에 의거하여 돈을 납부하고 몸과 마음을 다해 선전하고 사사로운 이익을 추구하지 않을 의무

제8조 본당 기관은 아래와 같다.

본당 대회本黨大會

지방 당회地方黨會

중앙집행위원회

지방집행위원회

제9조 본당 대회는 각 지방 당회의 대표가 그것을 조직하고 중앙집행위원회에서 결의한다. 또는 4개 지방 집행위원회의 결의 혹은 4개 지방 집행위원의 요구에 따라 또는 백인 이상 당원의 제의에 따라 그것을 소집한다. 소집에는 반드시 중앙집행위원장이 전체를 지휘한다.

 본당 대회의 직권은 아래와 같다.

1. 당 이념 및 당규를 의결한다.

1. 모든 중요한 사항을 의결한다.

1. 지방 및 중앙위원회가 제출한 사항을 의결한다.

1. 중앙집행위원 및 본당 대회를 대표할 회장을 선거한다.

제10조 본당 대회가 개회될 때, 보통 규례에 의거하여 그것을 준행한다.

제11조 지방 총회: 각 해당 지방 당원이 그것을 조직한다. 지방 집행위원회에서 그것을 소집한다. 해당 지방 당무를 의결하고 지방 집행위원을 선출한다.

제12조 중앙집행위원회: 본당 대회에서 선출된 위원으로 그것을 조직한다.

제13조 중앙집행위원회의 직무는 아래와 같다.
1. 1년 행사 계획
1. 대회의 위임사항을 집행하고 의결한다.
1. 지방부가 제출한 사항을 집행하고 의결한다.
1. 당규 초안을 개정한다.
1. 대회 소집을 의결한다.
1. 입당 및 출당을 의결한다.
1. 지방부를 인가 및 폐지한다.

제14조 중앙집행위원의 분담 직무는 아래와 같다.
1. 문사부文事部: 대체로 선전·교육·기록·출판·연락·조사·경제·생업 등의 일에 관한 것은 본부에서 연구하여 그것을 의결하고 집행한다.
1. 무사부武事部: 대체로 군사훈련·군대조직·전략·전쟁·암살·파괴〔炸破〕·습격〔襲掠〕·정탐[53]·파업 등에 관한 일은 본부에서 연구하여 그것을 의

---

53   원문에 정사(䄄査)로 되어 있는데, 정사(偵査)의 오기인 듯하다.

결하고 집행한다.

제15조 중앙집행위원: 본당 대회에서 무기명 단기單記로 투표하고 선거한다. 재선을 할 수 있다.

제16조 지방집행위원: 지방의회에서 선거된 위원이 그것을 조직한다. 재선할 수 있다.

제17조 지방집행위원회의 중앙집행위원회 조직에 대한 직무는 아래와 같다.
1. 매월 초순 전에 지방 당무 현황을 보고한다.
1. 중앙집행위원회로부터 위임된 사항을 집행한다.
1. 중앙집행위원회에 대해 불복할 때 지방총회의 결의로 재의再議를 제출한다. 만약 3분의 2로 전의前議를 고집하면 마땅히 그것에 복종해야 한다.

제18조 본당원은 반드시 입당 후 1개월 내에 12원을 중앙집행위원회에 납부한다.

제19조 지방집행위원회의 경비는 중앙집행위원회에서 지출한다.

제20조 입당은 반드시 2명의 당원에게 소개를 받고 중앙집행위원회를 걸쳐 승인받아야 한다.

제21조 당원이 규례를 위반했거나 또는 본당의 체면을 손상시켰을 때, 중앙집행위원회에서 결의하여 견책 혹은 출당시킨다.

제22조 본당규는 지방집행위원회 3개 이상의 연서連署를 한 제의, 또는 50인 연서를 한 제의나 중앙집행위원회 3분의 2 이상의 결의가 있어야 대회에 제출하여 그것을 수정 또는 개정할 수 있다.

제23조 본당규는 공포일부터 실행한다.

대한민국 7년 1월 22일

저작 겸 발행자 한살림〔韓薩任〕

인쇄소 삼일인서관三一印書館

당원 동지에게 고함告黨員同志[54]

9월 25일에 발표한 (한국독립당) 「재건설선언」은 본당 당원 및 독립운동자 각계에 동등하게 선전하였다. 그것은 요점만을 거론한 것이었기 때문에 본당의 동지 중에 신합동新合同(새로운 통합)[55]에 참가한 여러 동지와 개인적 입장의 태도를 취한 여러 동지 등은 다소 의혹과 곤란한 정서로 방황할 수 있다는 점을 참작하여, 이에 본당 전체 당원【즉 올해 6월 이전 본당

---

54 이 글 「고당원동지(告黨員同志)」는 한국독립당 임시당무위원회 명의로 1935년 10월 5일 공개한 팸플릿 자료인데, 내용과 당시 상황으로 미뤄 소앙이 집필한 것으로 보인다. 자료는 조선총독부 고등법원 검사국 사상부 『사상휘보(思想彙報)』 제7호(1936. 6)〔김정주 편 『조선통치사료』 10, 동경: 한국사료연구소 1972〕의 일본어본을 이용했다.

55 1935년 7월 5일 의열단·한국독립당·신한독립당·조선혁명당·미주대한인독립당 등 여러 당 대표가 난징에 모여 기존 정당을 해체하고 통합 정당으로 민족혁명당을 창당한 것을 가리키는 듯함.

에 당적을 둔 동지]에게 재건설의 중대한 의의를 다시 공개적으로 밝히고
〔聲明〕 고백하는 바이다.

자립독존自立獨尊의 민족이 강제적으로 합병당해, 수치를 씻어내기 위하여 적에게 병탄併吞당한 지위를 원래대로 광복하려고 노력하는 민족주의적 독립운동은, 원칙상 사회주의자의 국가관과는 확연히 다른 감정과 이론을 가지는 것이다. 민족의 경제문제만을 중심으로 삼아 국가의 말살과 주권의 포기와 자기 민족의 과정을 무시하는 공산주의자와는 얼음과 숯처럼 서로 어울릴 수 없는 혈통적〔血分的〕 상반성相反性을 가진다. 만일 원칙상 서로 배치되는 것을 상호 이해하여 일시 대적對敵전선을 확대하려는 공동정책에서, 혹은 자기 중심의 진로를 획득하려고 동상이몽적인 상호이용의 천박한 소견만으로는 백발을 쏘아 백발이 다 명중하지 않는 결과를 빚고 서로를 속이고 믿지 않는56 환극幻劇을 만들어낼 뿐이니, 국내의 신간회新幹會57와 국외의 촉성회促成會58의 합동이 즉 이와 같은 환극이었다. 유사한 정강과 우미愚迷한 담론 속에 천리나 상반된 모순을 통하게 하는 것도 한 걸음 두 걸음 상호 반대 방면을 각각 드러내는 듯이 되기 때문에 우담바라의 대합동은 연기처럼 일어났다 사라지게〔幻起幻滅〕 되어 혜성 무리〔彗星一線〕의 총단결이 아침에 모였다가 저녁에 흩어지는 비참한 결과를 볼 뿐이다.

지금 본당이 단호한 태도로 3개월 이상 중단되어 있는 본당의 생명을 다시 건설하고 부활하는 본뜻은 새로운 민주주의의 본령을 명백히 발휘하

---

56 원문의 "이사아우(爾詐我虞)"는 중국어 성어로 그 출처는 『춘추좌전(春秋左傳)』「선공십오년(한자)」에 나오는 "내가 너를 속이지 않을 테니 너도 나를 속이지 마라(我無爾詐 爾無我虞)"에서 유래한다. 점차 서로 속이고 믿지 않는다는 비유로 쓰인다.
57 1927년 2월 민족주의 좌파와 사회주의자들이 연합하여 서울에서 창립한 민족협동전선. 1931년 5월까지 존속한 신간회는 서울에 본부를 두고 전국적으로 120~150여개의 지회를 가지고 있었으며 2만~4만명에 이른 일제하 가장 규모가 컸던 국내 반일사회운동단체였다.
58 1920년대 국외의 민족유일당운동인 한국유일독립당 상하이촉성회가 1927년 3월 조직되었다가, 1929년 11월 해체선언을 발표하면서 사실상 종료되었다.

기 위함이다. 새로운 민주주의란 우리가 창조한 당 이념〔黨義〕[59]·당강黨綱에 게재한 것이다. 국내에 있어서 특권계급을 부인하는 삼균주의三均主義가 그것이다. 정치상으로는 전국민적 민주주의이기 때문에 개인독재 또는 계급독재를 수용할 수 없고 5천년 이래 주변 강국 속에 분투하며 힘겹게 지킨 민족적 주권의 전형과 국가의 독자성과 정부의 확립을 계승하여 미래국가로 하여금 영원히 존속성을 갖게 하려는 것이다. 본당의 입장으로서는 현대 이론만이 아니라 고대의 인물을 평가함에도 민족 본위의 위대한 업적을 추모하기 위하여 고구려의 독자성을 통쾌하게 열어 드러낸 을지문덕 또는 연개소문을 숭배하고 대외협조파의 일시적 승리를 위하여 만세의 민족적 자립을 손상시킨 김춘추를 매도하며, 고려의 독립당인 강감찬 또는 정지상을 허용하는 일은 있어도 통일이란 미명으로 사대적 질병균을 가진 김부식을 통한하는 것이며, 조선왕조의 호국당護國黨인 이순신을 숭배하는 일은 있어도 사대정책을 취한 최명길을 꾸짖지 않을 수 없다. 우리나라의 지세地勢는 예나 지금이나 달라진 것 없이 이웃 강국의 포위 속에 분투하지 않을 수 없으며, 자국 본위의 기초상 모든 것을 흡수하는 일시적인 정책을 쓴다 해도 외세에 아부하는 의타적 근성을 위험시하지 않으면 안 된다. 특히 일본 강적 때문에 말살되고 짓밟힌 우리 청년의 태도와 심리! 시세 조류의 맹렬한 풍랑에 흔들리고 혼미한 우리의 민족성! 외국문화의 오랜 마취 속에 도적을 받아들여 애비로 삼는 요망한 오랜 병증! 모든 병균을 소독하지 않으면 새로운 민족주의의 본령을 달성할 수 없는 것이다. 국가의 본질상 민족적 통일계획이 국가의 중추신경이 되기 때문에 우리 당은 새로운 민주주의의 기본 강령에 기초하여 정치·경제·교육의 균등화를 제창한 것이다. 이것이 즉 삼균주의의 안목이기 때문에 국가를 광

59　원문의 '당의(黨義)'는 당의 주의(主義), 곧 체계화된 이론, 이념으로 이해된다. 여기서 '주의'란 손문의 『삼민주의』에서 말한바 "주의는 일종의 사상이요, 일종의 신앙이요, 일종의 역량"이란 의미와 통한다.

복함과 동시에 1차방정식적인 새로운 건설로써 이중혁명의 위험을 방지하고 보장하려는 것이다.

그럼에도 불구하고 본당의 기본강령을 과도적 구두선처럼 생각하여 절실한 신앙을 갖지 않은 자는 본당의 이론과 대립적 태도를 보이려 하는 자, 또는 우리 광복의 성공 후에 일종의 특수한 재혁명을 일으켜 계급적 혈전을 조장하려는 마음속 음모〔暗算〕에서 나온 자라고 보지 않을 수 없다. 우리 당은 건설강령을 기본적 표석으로 하여 새로운 국가의 기공식〔奠礎式〕을 거행했음에도 불구하고, 만일 논자로서 임의로 초석을 넣거나 빼려는 자가 있다면 국가건설에 관하여 이론의 일치가 없었던 것이 된다. 현재는 어떻게든 임시변통을 한다 해도 영원히 모순을 잠재적으로 키우는〔潛養〕 꼴이 되므로 이 점을 우려하는 것이다.

본당 동지들이여, 우리의 대업을 공동부담하는 선봉의 본당 동지들이여, 우리가 새로운 건설에 착수한 참뜻이 어디에 있는가를 다시금 인식하기 위하여 몇 항목의 요목을 열거한다. 본당의 재건설을 통해서 비로소 그 특징을 표현하고 재건설하지 않으면 우리의 운동에 중대한 손실이 있을 뿐만 아니라 수습 불가능한 국면이 전개되고 말 것이다. 이에 9개의 표제로써 현재와 장래 두 문제의 요점을 분석〔剖劈〕해보려고 한다. 이와 동시에 본당이 뜻을 굳게 지켜 굽히지 않는 이유를 혼란 속에도 변함없이 버티는[60] 용맹한 여러 분〔諸兄〕과 함께 인식하고 수행하려는 것이다.

---

[60] 원문의 지주중류(砥柱中流)는 고사성어로 유향(劉向)의 『안자춘추(晏子春秋)』「내편간하(內篇谏下)」에서 유래함. 황하의 격류 속에 우뚝 돌출한 지주산(砥柱山)이 오랜 세월 버티고 있는 것을 말함. 혼란스러운 격동의 환경에서 변함없이 버틸 수 있는 역량을 비유하는 데 쓰임.

一. 마르크스 이론의 요점과 본당의 이론체계

　근대식 학설로 일세를 풍미했던 마르크시즘 이론체계의 요점은 유물론을 근본 신조로 하여 지구 단위의 공동생활, 즉 국가 경계〔國界〕와 종족 구별〔種別〕을 일시에 돌파하려고 하는 용감한 혈기로써 경제제도의 돌변을 전세계에 실시하려는 순정한 이론을 골간으로 하며, 보복심리를 이용하여 반대계급의 뿌리를 뽑으려 하는 과격한 이론으로써 무산계급의 독재적 정치를 유일한 수단으로 하고, 과거 문화의 진화적 법칙을 초계급적 인위로써 중단하고 본능적 성욕[61]을 기탄없이 발휘하여 감정적 충동의 비윤리적 맹동으로 혁명이라는 미명 아래 무모한 파괴만을 주창하고 있다.

　본당의 이론적 체계는,

　유물론의 단점을 지적하려 함.

　국가 경계와 종족 구별의 인위적 말살은 불가능한 일이므로, 언어·혈통·풍습·지리〔地帶〕·역사 등의 차별상을 있는 그대로 파악하려 함.

　공통한 국제적 객관 본질을 투시하면서 자기 민족의 특수한 조건을 중대시하려 함.

　전인류의 최후의 목적지와 궁극점〔究竟點〕을 목표로 추진하지만, 당면한 급선무의 시급한 우선적 정책을 즉각적으로 간취하여 민족중심·국가본위·주권확립 등의 과정적 임무를 충실히 이행하려 함.

　미래에는 그것이 불필요하게 될 국가 또는 정부이지만, 현재로서는 그것을 필요로 하는 객관적 통찰을 가지며, 당연히 없애야 할 전쟁, 인종적 편견, 독자성의 윤리, 국부적 언어, 혈통 등의 과도기적 차별상을 무리하게 전복하려는 어리석은 수단을 버리려 함.

61　본문의 성욕은 문맥상 성행위의 욕망이라는 일반적 뜻보다 불교 용어로서 습성이나 쾌락의 의미가 아닐까 싶다.

계급적 대립 상태로 동족 간의 분화작용을 도발하기보다는 민족적 대립 관계를 적대방향으로 첨예화하여 폭력의 합병을 폭력으로 분리하려 함.

헛되이 자기비하하는 사대심리와 시세를 좇아 굴복하는 외세아부〔媚外〕 근성을 철저하게 소독하여 자력자조自力自助, 독창독보獨唱獨步하는 남성적인 민족으로 진급하려 함.

학리學理의 취사取捨에 임하여 학자의 환경을 무시해서는 안 된다고 이야기하려 함【한족漢族의 공자가 한족 본위를 제창한다고 해서 비한족이 한족 본위로 스스로 나아갔던 착오와, 국가 건립에 낙망했던 유대민족이 국제주의화한다고 해서 자국 건립의 가능성을 무시한 어리석음과, 기성의 혁명세력을 유지하는 수단으로 국제적 동정자를 유인한다고 파렴치하게도 타인을 위하여 단지斷指하는 어리석은 의협자義俠者가 되는 것 등을 지적하려 함】.

5천년간 독립했던 강고한 철벽의 민족적 국가를 우리의 손으로 다시 건설하려 함.

이것이 본당의 이론적 윤곽이다.

二. 구민주주의와 신민주주의의 차이

구민주주의의 결점은 독재를 타도하고 독재를 창조하는 점에 있다. 이른바 '폭력으로 폭력을 바꾼다〔暴易暴〕'라는 말이 그것이다. 프랑스·미국·러시아를 보라. 프랑스와 미국 두 나라는 군주의 독재적 압박으로부터 벗어나려는 동기에서 민주주의를 창립했지만, 백여년 동안 시험한 결과는 지식층〔智識派〕과 유산층〔有産派〕의 독재화에 머물렀고, 의회제도가 민중 전체를 대리한다는 모토 아래 전민중을 물과 불구덩이 속에 빠지게 했다. 러시아는 군주독재와 유산지식계급의 발호에 자극되어 소비에뜨제도를 창립했지만, 10여년 동안 실험한 결과는 무산독재로 결착되고 말았다. 그리고 대다수 민중의 참정권을 박탈한 상태이다. 따라서 구민주주의가 발생했던 동기와 설치했던 내용에서 차이는 있지만, 전민정치全民政治의 효력을 볼 수 없었던 것만은 역사가의 비판을 면할 수 없다.

우리 당의 신민주주의는 삼균제도三均制度의 건국으로써 구미파의 구민주주의의 결함을 보완하고, 독재를 부인함으로써 독재제도의 맹아를 뽑아버리고 러시아 민주주의의 결함을 보완하려는 것이므로 우리 민족 대다수의 행복을 가져오기 위해 우리 민족 대다수의 소원대로 우리 민족 대다수의 집체적 총기관을 설립하려는 것이다. 소수가 다수를 통치하는 착취기계로서의 국가 또는 정부를 근본적으로 부인하고, 다수가 다수 자신을 옹호하는 자치기능의 임무를 충실하게 실천하지 않을 수 없는 독립정부를 수립하려는 것이다. 우주에 충만한 모든 생물은 진화의 보조와 더불어 진화하는〔齊進〕 생물의 창조적 진화에 발걸음을 맞추고 있다. 정치제도의 중심인 민주주의의 진로도 원칙상 진화의 궤도를 지나간다. 따라서 프랑스와 미국의 뒤를 따라서 러시아 민주주의가 대두하게 되었으며, 러시아의 뒤를 따라서 조선의 신민주주의가 제창되었다. 지금까지 시험된 정치제도를 가지고 정치적 민주화, 경제적 민주화, 교육적 민주화를 균등한 원칙으로써 병행시킬 수 있었던 국가는 없었다. 러시아는 균등한 경제적 민주화를 원했지만 교육적 민주화도 정치적 민주화도 실현되지 않았다. 프랑스와 미국의 정치적 민주화는 형해뿐인 화석이 되었고, 교육·경제의 민주화는 꿈에서도 볼 수 없었다. 이것은 명백한 사실이 아닌가. 정치·경제·교육을 민주화하여 병진하는 국가는 아직까지 세계에 그 전례가 없는데도 어떻게 균등적 민주화를 정치·경제·교육에 동시에 적용하는 표본이 있겠는가. 전례에 없는 새로운 표본, 새로운 전형, 새로운 범주를 우리 당의 골자로 하여 우리의 재건설은 전에 없던 창작적 국가를 잉태하고, 인류에게 새로운 제도를 제출하는 정중한 동의動議이다. 이와 같은 신선한 동맥이 활약하여 비로소 세계인의 일부인 우리의 책임을 수행할 수 있는 것이며, 동아시아의 유구한 문화적 결정結晶의 광선으로 전인류의 병태적病態的 제도에 대한 통쾌한 살균제가 되어 5천년간 한민족 독자의 발전상에서 새로운 문명의 피의 꽃을 피게 하는 것이다. 창작의 자부심이 없으면 정치결사의 유원悠遠한 생명이 될 수 없으며, 조국 광복의 막중한 임무를 짊어지고 과감하게 전진하는 것은 불가능하다.

三. 유물론과 국학파의 비교

유물론의 어리석은 망상은 유심론의 편향된 아집과 이름은 다르나 내용은 같은 결과를 보인다. 천박한 비유로 말하자면, 손등을 관통한 송곳의 끝은 손바닥으로 나오고, 손바닥을 관통한 송곳의 끝은 손등으로 나오는 것과 마찬가지로 유심론의 극치가 다시 유물론을 범하게 되며, 유물론의 종점은 유심론의 꼬리를 머뭇거리며 나오는 것이다. 무산자 철학의 과학적 설명을 보자. 원소의 원소를 전자라고 하며, 전자는 음양상반성陰陽相反性으로 이루어졌다고 한다. 음양성으로 창조된 태극이라는 종세포種細胞가 만물의 근본이라고 해석하는 우리의 국학파 이론과 부합하지 않는가. 일원론에 철저하다는 명분에 집착하여 하나의 물건의 양면〔一物兩面〕과 동일한 본체와 개별 응용〔同體殊用〕의 치물治物을 보지 않는 것은 천박한 철학이 아니겠는가. 심원한 철학적 지위를 체험하지 않고 타인의 찌꺼기만을 핥아먹는 단체〔結社〕는 민족적 임무 또는 세계적 책임을 넘볼 자격이 없는 것이다.

생물학적 입장에서 보자. 생물의 영생적 세포를 종세포라고 칭하지 않는가. 종세포가 발생할 당시에 본능적 향배성向背性을 가지고 있을 것이다. 종세포는 영원한 미래의 우리 민족을 계속 창조하며 오래 계승하는 것 아닌가. 종세포와 종심리種心理는 동시에 나란히 나타나는 것으로서 전후의 시간성 또는 주종의 차별은 없는 것이다. 우리의 국사國師, 우리 선현先

賢은 이것을 간파하였다. 마음이 곧 물〔卽心卽物〕의 원리를 파악하고, 사람과 하늘의 사이 없음〔人天無間〕의 철칙 아래 이기일여원융理氣一如圓融한 설명으로 우리를 지도했다. "이 밖에 기 없고 기 밖에 이 없다〔理外無氣氣外無理〕"는 논법은 즉 "마음 바깥에 물 없고 물 바깥에 마음 없다〔心外無物物外無心〕"[62]의 묘리를 직각했던 것이 아닌가. 송나라 유학자 주희朱熹가 "이는 기를 타고, 사람은 말을 타는 것과 같은 이치이다"[63]라고 이야기한 것을 우리의 국사 이항李恒[64]은 반박하였다. 사람과 말은 각자 달릴 수 있지만, 이와 기는 각자 활동할 수 없는 것이다. 바꿔 말하면 마음을 떠나서는 사물이 존재하지 않는다고 말하는 것이며, 또한 사물을 떠나서는 마음이 존재하지 않는다는 해석이다. 고대의 용어로 말하자면 '가지가지 마음〔種種心〕 가지가지 법〔種種法〕'에서 가지가지 법은 가지가지 마음과 상호 원인과 결과를 이룬다는 것이며,[65] 마음은 만가지 상황萬境에 따라서 변하고, 상황은 한 마음〔一心〕을 따라서 생겨난다는 진제眞諦(제일의 진리)를 설파했던 것이다. 이퇴계의 '착한 마음〔善心〕은 이의 작용이며, 나쁜 마음〔惡心〕은 기의 발동'이라는 말[66]을 이율곡은 반박하여 '착한 마음과 나쁜 마음은 모두 기

---

62 왕수인(王守仁)의 '심외무물(心外無物)'설에서 유래한 것 같다. 마음과 사물은 동체이니, 사물은 마음을 떠나 존재할 수 없고, 마음 또한 사물을 떠나 존재할 수 없다는 이론이다.

63 『주자어류』 권94 제50조목에서 주희는 "태극은 이치이고 움직이고 고요한 것은 기다. 기(氣)가 가면 이(理)도 또한 가는 것이니, 이치와 기 둘은 언제나 서로 의존하여 서로 떨어지지 않는다. 태극은 사람과 같고 움직임과 고요함은 말과 같다. 말은 사람을 태우는 것이고 사람은 말에 타는 것이다"라고 한 바 있다.

64 조선 명종 때의 유학자(1499~1576). 이기일원론을 발전시켜 성리학의 대가로 꼽혔다. 저서에 『일재집(一齋集)』이 있다.

65 원문의 '종종심 종종법(種種心 種種法)'은 다음과 같이 능엄경(楞嚴經)에서 유래한 표현이다. "아난이 말하였다. 저는 항상 부처님께서 사부대중에게 열어 보여주시기를 '마음이 일어나기 때문에 가지가지 법(法)이 생기고, 법이 있기 때문에 가지가지 마음이 생긴다'고 말씀하시는 것을 들었습니다.(阿難言我常聞佛開示四衆 由心生故種種法生 由法生故種種心生)"

66 『퇴계선생문집』 16권, 「답기명언(答奇明彦)」 제2서, 논사단칠정제이서(論四端七情第二書)에서 "사단〔착한 마음〕이 리의 발동〔작용〕이고 칠정〔악한 마음〕이 기의 발동"이라고 한 바

를 빌려서 발동한다'고 말했다는 것은 마음의 대명사이며, 기란 사물의 다른 이름이 아니겠는가?

우리 본당은 국사國師의 철학적 정통 맥을 계속 발휘하면서 편파적인 유물론의 폐해를 방지하려는 것이다. 무산파의 철학자도 고급적 체험을 가진 ○○(원문 그대로)은 보통의 인물이야 유물적 약점이 있기 때문에 유물적 원리를 적용하는 편리함이 있지만, 자각한 자신만은 유심적 입장을 고수하지 않으면 혁명 지도자가 될 수 없다고 말한다. 그 진의는 물질적 높낮이〔昇降〕가 인격적 온도계로 될 수 없다는 비통한 충고이다. 피상적인 유물론자는 먹는 것이 가장 중요하다는 말을 진리처럼 여기고, 자기 몸이 제일이라는 부패한 낡은 습속을 원칙으로 삼으려 한다. 이것이 과연 소아小我를 극복하고 대아大我를 발전시키는 용기일까. 그런 까닭에 우리는 절대적 유물론이 성립할 수 없다는 사실을 간파함과 동시에, 유심론만으로는 절대 실사회에 응용하기 어렵다는 사실로 보아 물심物心 문제의 상대성을 파악하여 상호인과를 이루는 묘체妙諦(깊고 오묘한 진리)만을 체험하여, 물심 문제의 상대성을 인식하고 일체 활동의 대자재大自在 대자유大自由한 활기를 드러낸 것이다. 이것이 본당의 정리된 철학 즉 심즉물心卽物의 진제이며, 즉리즉기卽理卽氣의 묘술妙術이다.

이와 같은 진제로써 비로소 비교할 수 없는 병력의 우열을 초탈하여 자국 광복의 순수한 용력勇力이 발동되는 것이다. 또 중과빈부衆寡貧富로써 대적할 수 없는 대립적 전선〔陣線〕을 고수할 수 있는 것이다. 그리하여 부인할 수 없는 물질적 건설과 마멸할 수 없는 민족적 정서를 동시에 병진시키는 일이 가능한 것이다. 주관을 승인하면서 객관을 무시함이 없이, 객관을 참작하면서 주관에 집착하지 않으며, 환상적인 미몽迷夢을 각성하는 반면에, 구체적인 진행 방법을 연마하여 현실적인 곤란과 장애를 돌파하면서

있다.

진정한 민족적 원기와 역사적 광휘의 찬란한 광채를 비출 수 있는 것이다.

四 기회주의와 정통파의 비교 (생략)

五 과거의 실패와 장래의 보완〔補救〕 (생략)

六 독재의 미몽과 데모크라시의 비교 (생략)

七 분합分合의 동기 (생략)

八 본당의 발걸음 (생략)

九 민족혁명당[67]에 대한 태도

이상 지적한 문제를 탐구하여 본당과 민혁民革(민족혁명당)의 분기점을 추단할 수 있는 반면에 민혁에 대한 태도를 결정하지 않으면 안 된다. 이미 「재건설선언」에서 집체적 효력을 승인한 이상은 즉각 민혁과 당적 관계를 끊고 본당에 복당하는 것이 제1보의 수단이며, 만일 장래에 본당의 이익을 위하여 일종의 사명을 이행할 여지를 보아 당단黨團(당내 계파) 작용을 행할 것을 기대하는 자는 그 충심衷心(참된 마음)을 본당 간부에게 밝힌 후 민혁에 머무는 것도 좋다. 당단 개인의 입장을 떠나 본당의 민혁에 대한 태

---

67   통합 정당으로 창당한 민족혁명당에서 소앙은 당 이념〔黨義〕을 기초해 삼균 이념을 천명했다. 그러나 김원봉(金元鳳)이 이끄는 의열단계가 당권을 장악하는 것이 빌미가 되어 분규가 일어났다. 창당된 지 3개월만에 소앙은 탈당하고 한국독립당 재건을 선언하고 임시정부 개조에 나섰다. 민족혁명당은 결성 이후 줄곧 임시정부에 참여하지 않았으나, 중일전쟁 이후 임시정부를 중심으로 독립운동 정당·단체 들이 연합전선을 형성하자, 1941년 11월에 개최된 제6회 전당대표대회 결의에 따라 임시정부에 참여, 광복 직후까지 활동했다.

도는, 첫째 민혁이 그 당 이념(黨義)을 신앙하는 정도를 살펴서 우의단체의 일종으로 할 예정이다. 그 이유는, 동당同黨(민혁)의 당 이념과 정강은 본당의 당 이념과 본당의 정강을 대부분 채용했기 때문이다. 두번째로 민혁이 본당의 발전에 대해 공정한 태도를 취하는 한도에서 본당도 민혁의 발전에 대하여 동일한 우의를 표시해야지, 대립적으로 투쟁할 필요는 없는 것이다. 민혁 자체 또는 민혁의 구성분자에 대하여는 국제적 입장과 동족단체로서의 우의 문제를 가능한 역량에 따라 유지하고, 상호 간의 침범 또는 비열한 공격적 태도를 취해서는 안 된다. 따라서 본당의 발전을 위하여, 또는 민족적 연대관계를 보유하기 위하여 당연한 결론이 여기에 있다고 확신한다.

건국 4268년(서기 1935년) 10월 5일

한국독립당 임시당무위원회

한국독립당의 근황[68]

한국독립당은 그 유래가 오래되었다. 처음 갑신혁명甲申革命(1884년 갑신정변) 때 김옥균金玉均·서광범徐光範·홍영식洪英植·박영효朴泳孝 등 소장 벌

---

68   이 글 「한국독립당지근상(韓國獨立黨之近象)」은 『시사월보』 제5권 제2기, 1931년 8월 1일자에 처음 게재되었다. 1931년 1월 즉 만주사변 전에 한국 독립운동이 벌인 활동을 소개한 글이다. 필자 소개에 "한국임시정부 외교부장/본간 특약 편찬"으로 나온다. 나중에 약간의 자구 수정을 거쳐 중국국민당계 인사가 주도한 『신아세아(新亞世亞)』 제5권 제1-2기, 1933년 1월 1일자에 재수록되었다. 중문체. 『문집』 상권의 자료는 후자와 같다. 이 책에서는 초출본인 『시사월보』 문건을 저본으로 삼았고, 『신아세아』와의 차이는 일일이 본문에 각주로 밝혔다.

열파閥閥派가 구성하고 조직하였다. 이어서 경술년 나라가 망한 이후로 이승만·이상설李相卨·이동녕李東寧·안창호安昌浩·양기탁梁起鐸 등 평민계급이 그 흐름을 계승하여 고취하였다. 전자는 일본과 연합하여 청나라에 반대하는 것을 기치로 삼았고, 후자는 중국과 연합하여 일본을 거꾸러뜨리는 것을 표방하였다. 전자는 귀족 집안의 선각자가 행한 것이고, 후자는 평민파의 선각자가 행한 것이니, 이것이 전자와 후자의 상반된 차이점이다. 오직 스스로 해방을 구하고 온전한 국가의 독립을 도모하는 것이 바로 전후 48년간 일관되게 변치 않은 근본정신이다.

사람들은 모두 "한국독립당이 기미년(1919) 이후에 생겨났는데, 그 근간을 전혀 모르겠다"라고 말하지만, 일찌감치 국민들 안에 뿌리내려 반세기라는 오랜 기간을 이어왔다. 사람들은 모두 "한국독립당이 멀리 아일랜드의 신분당新芬黨(신페인당Sinn Fein)[69]을 따른다"고 말하며, 혹은 "그 투쟁 방식과 인물 통제가 도리어 인도에 미치지 못한다"[70]고 한다. 연못에 숨어 있는 용이 움직이고 신출귀몰하는 각종 투쟁과 희생은 혁명사에서 필적할 만한 것이 거의 없다는 것을 전혀 알지 못하고 있다. 이는 부분적으로 일본에 의해 눈과 귀가 막혔기 때문이고, 또 부분적으로는 한국인의 선전 역량이 상대적으로 부족하기 때문이다. 그로 말미암아 결국 실상이 이름보다 더 뛰어난데도 명성이 실정에 못 미친 것이다. 지금 한국독립당의 조직 방면, 군대 능력, 활동 범위와 정책에 대하여 그 개요를 기술함으로써 우방의

69　1905년 창설된 아일랜드의 공화주의 정당. 신페인이란 아일랜드어로 '우리들 자신' 또는 '우리들만으로'라는 뜻을 갖고 있다. 1922년에는 신페인당 우파가 영국과 조약에 서명하고 남부 아일랜드의 26개주에 아일랜드자유국을 수립했다. 이에 신페인당 좌파는 우파가 공화국의 원칙을 침해한 조약을 체결했다고 공격하며 강경투쟁을 이어갔다. 무력투쟁조직 아일랜드공화군(IRA)은 신페인당의 군사조직이다. 현재 신페인당은 아일랜드에서 소수당에 머무르고 있다.

70　영국에 대한 인도의 비폭력 불복종 운동을 가리킨다. 마하트마 간디(Mahatma Gandhi)가 창안한 사티아그라하(satyagraha, 진리 추구) 이론에 기반한 비폭력·불복종·비협력을 핵심으로 하는 비폭력 저항투쟁을 전개하여 식민지 인도의 완전한 독립을 이끌었다.

동지들이 한번 훑어볼 수 있게 제공하고자 한다.

조직

　세상 사람들이 가리키는 한국독립당과 한국인 자신들이 말하는 한국독립당은 그 개념과 역량이 크게 다르다. 전자는 한국〔三韓〕 인물로 광복을 도모하는 사람을 대개 독립당인이라고 부르면서 그 이념과 정강政綱이 어떠한지, 그리고 단체와 개인 간 차이가 있는지를 더는 자세히 따지지 않기 때문에, 국내 5천여종의 크고 작은 단체와 국외 3백여종의 단체를 포괄한다. 후자는 동일한 이념과 정강으로 신조를 정하고 범주를 세우며, 게다가 엄격한 규율로 그 의무와 권리를 일체화하여 유기적인 활동을 실행할 수 있는 것을 가리켜 한국독립당이라고 부른다. 이 글이 말하는 바는 후자에 속하므로 온전히 실제로 존재하는 한국독립당은 오직 하나이지 둘이 아니다. 단 공개하지 않고 극도로 비밀리에 그 정책과 활동을 운용하고 있다.

　그러므로 한국독립당은 일종의 비밀결사이다. 그렇지만 그 수량과 능력이 일정한 수준에 도달하면 반드시 공개될 것이니, 이는 시간상 문제일 따름이다. 조직 제도의 경우는 중국 국민당과 공산당의 제도를 절충하여 영수領袖의 지위를 두지 않고도 실질적인 중앙집권의 실질을 능히 집행할 수 있다. 그러므로 중앙 간부가 사실상 영수 인물이 되어 능히 당원을 통제하되 전횡하는 폐단이 없다. 역량으로 말하면, 독립운동계의 적통 인물과 활동분자를 대개 망라하고, 농·공·상·학계의 남녀노소를 두루 받아들여 은밀히 각지에 배치하며, 일종의 서로 다른 공개 단체로 하여금 부문별 공작을 진행하여 핵심을 간명하게 제시하는 효과를 거두게 하였다. 이는 한국독립당의 특색이자 장점이다.

군사력

　나라가 망하기 전후로 한국 군대가 일본에 의해 무장해제를 당했기 때문에 국내에는 군사력이라 할 만한 것이 없다. 오직 중국·러시아·미국·멕시코 등지에 거주하는 독립당원 가운데 무예를 연마한 사람이 상당히 있다. 기병·포병·보병·공군·해군 등 각 전문 분야의 장교가 적어도 천명 이상이나 되는데, 대체로 청년층에 속하며 혁명사상이 풍부한 사람들이다. 무기를 지닌 병졸의 경우는 널리 포진시키기에 불편하지만, 언제라도 동원할 수 있는 정예병이 또한 1만명 이상을 밑돌지 않는다. 만약 군대로 훈련시키고 무기를 준다면, 반년 만에 국외에서 5개 사단을 편성할 수 있음은 의심의 여지없이 단언할 수 있다. 전투 능력의 경우는 비교적 강력해서 혼자서 백 사람을 당해낼 수 있는데, 이것이 비록 실제보다 과장되었다 하더라도 혼자서 다섯 사람을 당해낼 수 있으니, 여러 차례 전투에서 누차 경험하여 일본 정예병이라도 가히 대적할 수 없다.

　비록 이러하지만 넓디넓은 천지에 한국의 장사들이 무기를 쓸 땅이 이미 없어졌고, 얼마 안 되는 동삼성東三省[71]을 독립군이 모여 사는 곳으로 삼고 있다. 흉악한 승냥이 같은 적들이 이미 우리의 집을 헐어버리고 장차 우리의 자손에게까지 해를 입히려 하고, 걸핏하면 중국을 위협하여 감히 월권행위로 나라를 지키는 인재를 끊어놓으려 한다. 진실로 우방의 관리들과 인민들이 이에 대해 적극적으로 뒷수습을 하지 않는다면, 한국 독립군이 장차 북쪽으로 러시아 국경까지 도망하여 동삼성에서 자취가 끊어질지도 모를 형세이다. 동아시아의 앞날을 위하여 매우 힘써 연구해야 할 긴요한 과제이다.

71　동북3성 또는 동삼성이라 불리는 지역으로 라오닝성(遼寧省), 지린성(吉林省), 헤이룽장성(黑龍江省)이 이에 해당한다. '백산흑수白山黑水' 지역으로도 불림.

활동

한국독립당의 활동 범위는 대단히 광범위하다. 일본 제국주의자를 쳐부수고 민족 해방자를 촉진하는 것이 모두 당원의 공작에 속한다. 분류하여 논한다면, 조직, 선전, 훈련, 교양, 농·공·상·학계 동맹의 저항활동, 민중의 반일운동, 무장군과 암살대의 파괴운동, 피압박민족의 혁명단체와의 연락 등이 그것이다.

과거 13년 동안에 가장 힘쓴 일 그것은 바로 파괴운동이다. 즉 국외 무장군이 일본 군대와 경찰에게 목숨 걸고 도전한 일이었으나, 희생이 너무 많았고 효과는 비교적 미미하였다. 근래 수년 동안에는 조직과 민중운동에 집중하여 국내 조직이 국외 조직보다 더욱 격렬해졌으니, 점차 바른 궤도에 올라서 다시는 산만하고 지리멸렬하게 될 근심이 없어졌다. 예를 들면 신간회, 천도교청년당, 노동·농민·청년 등 3개 총동맹, 부녀·소년 등의 조직체는 비록 적의 통치 아래에서 법에 의거하여 공개적으로 드러낸 단체이지만, 실제로 건전한 독립당원이 그 안에서 조종하고 있으니 하루 아침에 일이 생기면 그들의 활동역량이 반드시 제약을 넘어서리라 생각한다.

국외로 말하면, 한국독립당의 총본부는 상하이에 설치하였는데, 외국 각지에 있는 운동단체를 지휘하고 통제할 수 있다. 이념이 서로 다른 단체를 제외하면 대체로 보조를 함께 맞추어 다시는 의견이 충돌하는 폐단이 없다. 지금 상하이 일각의 운동단체를 들어서 아래에 열거해 밝혀본다. 그 밖의 각종 활동은 이것으로 미루어 알 수 있을 것이다.

상하이 한인 독립당의 각종 단체와 기관[72]

---

72 『신아세아』판에는 단체 배열이 아래와 같이 수정됨. (1) 한국임시정부·임시의정원·한민단(韓民團)(상하이에 한함) (2) 한국 □□□본부 (3) 애국부인회(이하는 전국적 성격이 아니며 대체로 당지에 한함) (4) 여자청년동맹 (5) 청년당 (6) 소년동맹 (7) 화랑사(소년단체)

(1) 한국임시정부-임시의정원-(교민단僑民團은 상하이에 한함)

(2) 한국 □ □ □ 본부 (벽자는 원문 그대로)

(3) 애국부인회(이하는 전국적 성격이 아니며 대체로 당지에 한함)

(4) 여자청년동맹

(5) 혁명청년총동맹

(6) 소년동맹(화랑사花郎社와 척후대의 연합체)

(7) 인성학교仁成學校

(8) 병인丙寅의용대

(9) 노병회勞兵會

(10) 흥사단(상하이에 한정되지 않음)

(11) 상업회의소

(12) 직업동맹회

이상의 각종 단체가 노력 분투하여 상당한 효과를 거두었다. 해외 무장
군 활동의 경우도 비밀리에 진행 중이며, 내지의 의거는 때때로 들리고 있
다. 정묘년(1927) 이후 3년간의 활동은 또한 예년의 활동에 뒤지지 않으나,
경신년(1920) 이후 수년 동안의 활동에 비하면 크게 감소하였다. 이는 적인
敵人(일본인) 경비군의 증가와 한인 무장군의 정책 변화 때문이다.

이념과 정강, 정책

국가를 이미 이룩했는지 아니면 아직 이룩하지 못했는지를 막론하고 정
치단체에 속한 것이라면 모두 모름지기 '이념'을 생명으로, 정강을 골간으
로, 정책을 혈액으로 삼는다. 그중에서 '이념'이 가장 중요하다. 일정한 주

---

(8) 인성학교(소학교) (9) 척후대 (10) 병인의용대 (11) 노병회 (12) 흥사단(상하이에 한정
되지 않음) (13) 상업회의소 (14) 직업동맹회.

의가 없는 단체는 정당으로서의 가치가 없다. 사람들은 간혹 "한국독립당이 단지 '배일독립排日獨立'을 이념으로 삼는다"고 말한다. 나라가 망하기 전후의 일반 지사에게는 이러한 종지宗旨를 품는 것 말고, 실로 파괴하고 건설하는 것에 대한 구체적인 의견이 없었다. 그러나 그것은 이미 과거의 일이고, 지금은 이렇게 공허하고 막연한 민족감정을 이념으로 삼는 사람이 없다.

그렇다면 한국독립당이 표방하는 이념은 과연 무엇인가? "개인〔人〕과 개인, 민족과 민족, 국가와 국가의 균등한 생활을 이념으로 삼는다"는 것이다. 어떻게 개인과 개인의 균등을 꾀할 수 있는가? 정치 균등화, 경제 균등화, 교육 균등화가 그것이다. 보통선거제를 실행하여 정권을 가지런히 하고, 국유제를 실행하여 경제를 가지런히 하며, 국비 의무 학제學制를 실행하여 교육을 가지런히 하여 이것으로 국내 개인과 개인의 균등생활을 실현한다. 어떻게 민족과 민족의 균등을 이룰 수 있는가? '민족자결'을 자타의 민족에게 적용하여 소수민족과 약소민족으로 하여금 피압박·피통치의 지위로 떨어지지 않도록 하는 것이다. 어떻게 국가와 국가의 균등을 도모할 수 있는가? 식민정책과 자본제국주의를 무너뜨리고, 약한 나라를 겸병하고 우매한 나라를 공격하며 어지러운 나라를 공략하고 망한 나라를 업신여기는[73] 전쟁행위를 금해서 모든 국가가 서로 범하지 않고 침탈하지 않도록 하여, 국제 생활에서 평등한 지위를 온전하게 하여 사해일가四海一家와 세계 하나됨〔一元〕의 궁극적인 목적을 도모해나가는 것이다. 천하에서 국가를 가지런히 하고자 하는 사람은 먼저 그 민족을 가지런히 하고, 천하에서 민족을 가지런히 하고자 하는 사람은 먼저 국내에서 개인을 가지런히 하며, 국내에서 개인을 가지런히 하고자 하는 사람은 먼저 외부의 적

---

73 원문의 "겸약공매 취란모망(兼弱攻昧 取亂侮亡)"은 『서경(書經)』「중훼지고(仲虺之誥)」에 나오는 구절에서 유래한 것이다. "약한 제후를 겸병하고 우매한 제후를 공격하며, 나라가 어지러운 제후를 공략하고 망한 제후를 업신여긴다."

을 쓸어내고서 자기 나라를 세우는 것이 그 첫번째 걸음이다. 그러므로 한국독립당이 자기 나라를 건립하고자 하는 것은 국가를 목적으로 삼는 것이 아니라 바로 일종의 방략일 뿐이다.

그렇다면 세우려는 국가는 어떠한 국가 형태〔國種〕[74]에 속하며 어떠한 정치 체제〔政體〕를 따라야 하는가. 민주 입헌공화국이다. 이러한 국가의 건립은 모름지기 동일한 이념을 가진 정치단체가 집권하여 법을 세우고 난 후에야 비로소 국내의 모든 인민과 함께 그 법규를 승인하여 완성할 수 있다. 따라서 일당정치는 본디 과도기를 면하지 못하는 것이다. 한국독립당이 이러한 과도기의 임무를 짊어지려고 한다면, 그 역량과 책임은, 다른 단체는 감당할 수 없는 것임이 또한 분명한데,[75] 파괴의 임무만 지는 것이 아니라 실로 건설의 책임마저 짊어지게 되는 것이다.

그렇다면 독립당과 공산당은 어떠한 차이가 있는가? 파괴하는 시기에, 전자는 민족대립투쟁을 도구로 삼으며, 후자는 계급투쟁을 도구로 삼는다. 또 전자는 국내의 모든 민중[76] 및 국외의 피압박 민족과 연합하여 일본을 거꾸러뜨릴 것을 꾀하고, 후자는 국내의 무산계급과 세계의 무산계급이 모든 자본주의 국가를 타도할 것을 꾀한다. 건설하는 시기에, 전자는 독립당이 정치를 대행하며, 후자는 노동자와 농민 계급을 간판으로 내걸고서 정치를 독단한다. 건국하는 시기에, 전자는 자체 주권을 옹호하여 어떠한 외세의 간섭과 대행통치도 승인하지 않고, 후자는 동일한 이념을 가진 대국에 자국을 편입하는 것을 수단으로 삼아 더 이상 자국의 주권을 인식하지 못한다. 그 밖에 다른 점은 일일이 다 열거할 수 없다.

그렇다면 국권을 회복할〔復國〕 시기 동안에 양측이 원수로 여겨서 전쟁

74　『신아세아』 판에는 '국체(國體)'로 수정됨.

75　『신아세아』 판에는 "비타종단체소불가모역명의(非他種團體所不可侔亦明矣)"란 구절이 빠져 있다.

76　『신아세아』 판에는 "반일 민중"으로 수정됨.

할 위험이 있는가? 차라리 남이 나를 저버릴지언정 내가 남을 저버릴 수 없다. 후자가 독립당을 거꾸러뜨릴 것을 꾀한다면 이것은 잘못된 계획에서 나온 일이다. 전자는 국내의 혁명 역량을 모으려고 하기 때문에 일본과 전쟁하기에 앞서 내부 전쟁을 하려 하지 않을 것이 분명하다. 그러나 이러한 시기에 제휴할 가능성이 없다면, 오직 각자 진영을 정비하여 일본에 목숨 걸고 투쟁해야 할 따름이다. 자치 문제에 대하여 사람들은 혹여 독립당이 아닌 자들이 '자치론'[77]에 굴복한다고 의심하지만, 독립당의 입장에서 보면 이는 아마도 실현될 전망이 없다. 독립당의 방비와 제재가 대단히 엄밀하므로 설사 한두명의 무뢰한이 자치론에 부화뇌동하더라도 국내외에서 분투하여 박멸할 것이기 때문이다.

그런데 한국독립당의 일본에 대한 투쟁 방식에는 위에서 서술한 것 외에 두가지 정책이 있다. 민중의 반일운동과 무력적 파괴운동이 그것이다. 이 두가지 방책을 동시에 실행해야 한다. 따라서 인도의 비폭력 저항은 우리가 취할 바가 아니며, 아일랜드의 실전實戰도 한국 안에서 행할 수 있는 바가 아니다. 문화 운동 및 평화 시위, 그리고 때가 되면[78] 움직이는 일체 비혁명적 수단 역시 한국독립당이 채택할 수 있는 바가 아니다.

---

77 1920년대 일제강점기의 문화·정치 국면에서 전개된 민족개량주의 세력의 정치운동. 일제의 지배를 인정하는 범위 내에서 자치권을 획득하여 독립을 위한 실력을 양성하자는 주장이다.
78 원문은 "급시(及時)"인데, 『신아세아』 판에서는 '투기(投機, 기회를 엿보다)'로 수정됨.

대한민국건국강령[79]

총강總綱

1. 우리나라는 우리 민족이 반만년 이래 공통한 말과 글과 국토와 주권과 경제와 문화를 가지고 공통한 민족정기를 길러온, 우리끼리로서 형성하고 단결한 고정적 집단의 최고조직임.

2. 우리나라의 건국정신은 삼균제도三均制度에 역사적 근거를 두었으니, 조상〔先民〕이 밝히 명령한바, "머리와 꼬리가 균평하게 자리잡아야 나라가 융성하고 태평이 보장되리라"[80] 하였다. 이는 사회 각 계층·계급의 지력智力과 권력權力과 부력富力의 향유를 균평하게 하여 국가를 진흥하고 태평을 유지하라고 함이니, "널리 인간 세계를 이롭게 함"과 "이치로 세계를 교화"[81]하라 함은 우리 민족이 지킬 바 최고 공리公理임.

3. 우리나라의 토지제도는 국유國有라는 본보기를 조상이 남겼다. 선현先賢이 통렬히 논한바 "성스러운 선조들이 지극히 공평하게 분배해준 법을 준수해, 후인들이 사적으로 소유하고 겸병하는 폐단을 혁파한다"[82]라

---

79   이 글「대한민국건국강령(大韓民國建國綱領)」은 1941년 11월 28일 임시정부 국무회의를 통과한 문건이다. 이는 정식 헌법문서가 아니라, 해방 이후 헌법 제정에 대비해 장차 독립된 새 국가의 국가시스템을 어떻게 만들고, 국가 정책을 어떤 방향에서 펼칠 것인가에 대해 임시정부가 종합화해 발표한 것이다. 국한문 혼용체.
      임시 정부는 1945년 8·15해방 때까지 모두 여섯차례에 걸쳐 국가의 근간이라고 할 수 있는 헌법을 만들거나 수정하였다. 이를 차례로 보면 1919년 4월「대한민국 임시헌장」, 1919년 9월「대한민국 임시헌법」, 1925년「대한민국 임시헌법」, 1927년「대한민국 임시약헌」, 1940년「대한민국 임시약헌」, 1944년「대한민국 임시헌장」 등이 그것이다.

80   원문은 "수미균평위(首尾均平位)하야 흥방보태평(興邦保泰平)하라 하였다"이다.『신지비사(神誌秘詞)』에 나온다는 이 문구에 대해서는 이 책에 실린「건국절을 맞아 단군의 짧은 역사를 서술함」의 각주 25 참조.

81   원문은 "홍익인간(弘益人間)"과 "이화세계(理化世界)"이다. 본문의 번역문은『문집』상권의 원주를 따름.

82   원문은 "준성조지공분수지법 혁후인사유겸병지폐(遵聖祖至公分授之法 革後人私有兼倂之

하였다. 이는 문란한 사유를 국유로 환원하라는 토지혁명의 역사적 선언이다. 우리 민족은 옛 규율과 새로운 법을 상호 참조하여 토지제도를 국유로 확정할 것임.

4. 우리나라의 대외주권이 상실되었을 때에 순국한 선열은 우리 민족에게 한마음으로 복국[同心復國]할 것을 유촉하였으니, 이른바 "우리 동포는 국치를 잊지 말고 굳게 참고 노력하여 한마음 한뜻으로 외국의 모욕을 막아 우리의 자유 독립을 회복하길 바라노라"[83] 하였다. 이는 앞뒤로 순국한 수십만 선열의 전형적인 유지遺志로써 현재와 장래에 민족정기를 고취함이니, 우리 민족의 남녀노소가 영원토록 잊지 않을 것임.

5. 우리나라의 독립선언은 우리 민족의 혁혁한 혁명의 발동[發軔]이며, 신천지의 개벽이니, 이른바 "우리는 우리 조국이 독립국임과 우리 민족이 자유민임을 선언하노라. 이로써 세계만방에 고하여 인류 평등의 대의大義를 천명하며, 이로써 자손만대에 고告하여 민족 자존의 정권正權(정당한 권리)을 영원히 보유하라" 하였다. 이는 우리 민족의 3·1혈전三一血戰(3·1운동)을 발동한 원기元氣이며, 같은 해 4월 11일에 13도 대표로 조직된 임시의정원은 대한민국을 세우고 임시정부와 임시헌장 10조를 창안해 발표하였으며, 이는 우리 민족의 자력으로써 이민족 전제專制를 전복하며, 오천년 군주정치의 낡은 껍질을 파괴하고 새로운 민주제도를 건립하여, 사회의 계급을 소멸하는 제1보의 착수였다. 우리는 대중의 피와 살로 창조한 새로운 국가 형식의 초석인 대한민국을 절대로 옹호하며 확립하며 공동 혈전할 것임.

6. 임시정부는 13년 4월 「대외선언」을 발표하고[84] 균등제도의 건국 원칙

　　幣)"다. 본문의 번역문은 『문집』 상권의 원주를 따름.

83　원문은 "망아동포 물망국치 견인노력 동심동덕 이한외모 복아자유독립(望我同胞 勿忘國恥 堅忍努力 同心同德 以捍外侮 復我自由獨立)"이다. 본문의 번역문은 『문집』 상권의 원주를 따름.

84　대한민국 13년, 곧 1931년 4월 임시정부 외무장 자격으로 소앙이 「대한민국임시정부선언」

을 천명하였으니, 이른바 "보통선거제를 실시하여 정권政權을 고르게 하고, 국유제를 채용하여 이권利權을 고르게 하고, 공비公費 교육으로 교육권〔學權〕을 고르게 하며, 나라 안팎에 대하여 민족자결의 권리를 보장하여 민족과 민족 및 국가와 국가의 불평등을 없앨 것이며, 이로써 국내에 실현하면 특권계급이 곧 소멸하고, 소수민족이 침략을 벗어나고, 정치와 경제와 교육의 권리를 고르게 하여 우열[85]이 없게 하고, 한 민족이 이민족에 대하여 또한 이러하게 한다" 하였다. 이는 삼균제도의 제1차 선언이니, 이 제도를 발양發揚(떨쳐 일으킴) 확대할 것임.

7. 임시정부는 이상에 근거하여 혁명적 균등주의로써 복국과 건국을 통하여[86] 일관한 최고공리인 정치와 경제와 교육의 균등과 독립·민주·균치均治의 3종 방식을 동시에 실시할 것임.[87]

복국復國

1. 독립을 선포하고, 국호를 일정히 하여 행사하고, 임시정부와 임시의정원을 세우고, 임시약법(잠정헌법)과 기타 법규를 반포하고, 인민의 납세와 병역의 의무를 행하며, 군력과 외교와 당무黨務와 인심이 서로 융합하여 적에 대한 혈전을 정부로써 계속하는 과정을 복국의 제1기라 할 것임.

2. 일부 국토를 회복하고 당黨·정政·군軍의 기구가 국내로 옮겨 설치하여 국제적 지위를 본질적으로 취득함에 충족한 조건이 성숙할 때를 복국의 제2기라 할 것임.

(일명 대외선언)을 작성하여, 5월 난징에서 열린 중국 국민의회에 전달함.

85 원문은 "헌지(軒輊)"인데, 수레의 높고 낮음이란 뜻이니 곧 우열을 의미한다.

86 초고에는 "복국 건국 치국 구세의 네 단계에 일관한 최고원리"로 되어 있다.

87 초고에는 8조 즉 "복국 시기에 건국 인재와 계획을 미리 준비하여 치국·구세 각 시기에 본떠 시행할 것이며, 복국 시기를 세 단계로 나누고 건국·치국·구세 각 시기도 이를 본떠 시행할 것임"이란 조항이 더 들어가 있다.

3. 적의 세력에 장악된 국토와 포로가 된 인민과 침략당해 점거된 정치·경제와 말살된 교육과 문화 등을 완전히 탈환하고, 평등 지위와 자유의지로써 각국 정부와 조약을 체결할 때를 복국의 완성기라 할 것임.

4. 복국기에는 임시 약헌約憲과 기타 반포한 법규에 의하여 임시의정원의 선거로 조직된 국무위원회로써 복국의 공무를 집행할 것임.

5. 복국기의 국가주권은 광복 운동자가 대행할 것임.

6. 삼균제도로써 민족의 혁명의식을 환기하며, 국내〔海內〕 민족의 혁명역량을 집중하여 광복운동의 총동원을 실시하며, 장교와 무장대오를 통일 훈련하여 상당한 병력의 광복군을 곳곳마다 편성하여 혈전을 강화할 것임.

7. 적의 침탈세력을 박멸함에 일체 수단을 다하되 대중적 반항과 무장적 투쟁과 국제적 외교와 선전 등의 독립운동을 확대 강화할 것임.

8. 우리 독립운동을 동정하고 원조하는 민족과 국가와 연락하여 광복운동의 역량을 확대할 것이며, 적 일본과 항쟁하는 우방과 절실히 연락하여 항일동맹군의 구체적인 행동을 취할 것임.

9. 복국 임무가 완성되는 단계에 건국의 임무에 소용되는 인재와 법령과 계획을 준비할 것임.

10. 건국 시기에 실행할 헌법과 중앙과 지방의 정부조직법과 중앙의정원과 지방의정원의 조직 및 선거법과 지방자치제도와 군사·외교에 관한 법규는 임시의정원의 기초起草(글의 초안 잡기)와 결의를 통과하여 임시정부가 이것을 반포할 것임.

제3장 건국建國

1. 적의 일체 통치기구를 국내에서 완전히 박멸하고, 수도를 전정奠定(자리를 정함)하고, 중앙정부와 중앙의회의 정식 활동으로 주권을 행사하며, 선거와 입법과 관리임명과 군사와 외교와 경제 등 국가의 법령이 자유로이

행사되어, 삼균제도의 강령과 정책을 국내에 추진하기 시작하는 과정을 건국 제1기라 함.

2. 삼균제도를 골자로 한 헌법을 실시하여 정치와 경제와 교육의 민주적인 시설로 실제상 균형을 도모하며, 전국의 토지와 대량생산기관의 국유가 완성되고, 전국 학령 아동 모두가 고급 교육을 받는 무료 수학이 완성되고, 보통선거 제도가 구속 없이 완전히 실시되어 전국 각 리·동·촌과 면·읍과 도島·군郡·부府와 도道의 자치조직과 행정조직 및 민중단체와 민중조직[88]이 완비되어 삼균제도와 배합 실시되고, 경향京鄕(서울과 지방) 각층의 극빈계급의 물질과 정신상 생활 정도와 문화 수준이 제고 보장되는 과정을 건국의 제2기라 함.

3. 건국에 관한 일체 기본적 시설, 즉 군사·교육·행정·생산·위생·경찰·농·공·상·외교 등 방면의 건설 기구와 성과가 예정 계획의 과반이 성취될 때를 건국의 완성기라 함.

4. 건국기의 헌법상 인민의 기본 권리[89]와 의무는 아래 열거하는 원칙에 의거하고 법률로 따로 정해 시행함.

가. 노동권, 휴식권, 구제받을 권리, 피보험권, 무료수학권, 참정권, 선거

---

88 초고에는 "민중단체" 다음에 "(직업)"을, '민중조직' 다음에 "(소장부로군회少壯婦老軍會)"라는 설명을 달았다. 이를 통해, 민중단체는 직업대표제를, 민중조직은 청소년·청년·부녀·노인 집단 대표 참여를 의미하는 것임을 알 수 있다. 20세기 전반기 중국에서는 자유민주주의 형태와 다른 새로운 민주주의 모색이 활기를 띠었는데, 그 대표적인 양상이 지역대표제와 더불어 (상회·농회·교육회 등의) 직업단체나 각계 민중단체의 대표가 정치에 참여하는 직업대표제였다. 이러한 사조를 중국에 머물던 조소앙 등 임시정부 요인들이 수용한 것으로 보인다.

89 원문에는 '권위(權威)'로 표기되었으나, 문맥으로 봐 초고에 표기된 '권리'가 맞을 듯해 바로 잡았음.

권, 피선거권, 파면권, 입법권과 사회 각 조직에 가입할 권리가 있음.

나. 여성은 경제와 국가와 문화와 사회생활상 남자와 평등할 권리가 있음.

다. 신체의 자유와 거주·언론·저작·출판·신앙·집회·결사·행진·시위·운동·통신·비밀 등의 자유가 있음.

라. 보통선거에는 만 18세 이상 남녀로 선거권을 행사하되 신앙, 교육, 거주 년수, 사회 출신, 재산 상황과 과거 행동을 구분치 아니하며, 선거권을 가진 만 23세 이상의 남녀는 피선거권이 있으되 각 개인의 평등과 비밀과 직접으로 함.

마. 인민은 법률을 지키며 세금을 바치며 병역에 응하며 공무에 복무하고, 조국을 건설 보위하며 사회를 건설 지지하는 의무가 있음.

바. 적에 부화뇌동한 자와 독립운동을 방해한 자와 「건국강령」을 반대한 자와 정신의 결함이 있는 자와 범죄 판결을 받은 자는 선거와 피선거권이 없음.

5. 건국 시기에 헌법상 중앙과 지방의 정치기관은 아래 열거하는 원칙에 의거함.

가. 중앙정부는 건국 제1기에 중앙에서 총선거한 의회에서 통과한 헌법에 의거하여 조직한 국무회의의 결의로 국무를 집행하는 전국적 최고 행정기관임.[90] 행정분담은 내무·외무·군무軍務·법무·재무·교통·실업·교육·사회 각 부로 함.

나. 지방에는 도道에 도정부, 부府·군郡·도島에 부·군·도정부를 두고, 도道에 도의회, 부·군·도에 부·군·도 의회를 둠.

6. 건국 시기의 헌법상 경제 체계는 국민 각개의 균등 생활을 확보함과,

민족 전체의 발전 및 국가를 건립 보위함에 순환관계를 가지게 하되 아래에 열거한 기본 원칙에 의거하여 경제정책을 시행함.

가. 대량생산기관의 도구와 수단을 국유로 하고, 토지·광업·어업·농림·수리水利·소택沼澤(습지 관리)과 수상·육상·공중의 운수사업과 은행·전신·교통 등과 대규모의 농·공·상 기업과 도시 공업 구역의 공동적 주요 방산房産(가옥과 재산)은 국유로 하고, 소규모 혹 중등 기업은 사영私營으로 함.

나. 적의 침탈 점거 혹은 시설한 국유·공유·사유 토지와 어업·광업·농림업·은행·회사·공장·철도·학교·교회·사찰·병원·공원 등의 방산과 택지와 기타 경제·정치·군사·문화·교육·종교·위생에 관한 일체 사유 자본과 부역자의 일체 소유자본과 부동산을 몰수하여 국유로 함.

다. 몰수한 재산은 빈공, 빈농과 일체 무산자의 이익을 위한 국영國營 혹 공영公營의 집단생산기관에 제공함을 원칙으로 함.

라. 토지의 상속·매매·저당, 양도담보, 유언으로 증여, 전대차轉貸借의 금지와 고리대금업과 개인의 고용농업의 금지를 원칙으로 하고, 두레농장·국영농장, 생산·소비·무역의 합작기구를 조직 확충하여 농·공 대중의 물질과 정신상 생활 정도와 문화 수준을 제고함.

마. 국제무역·전기·자래수自來水(상수도)와 대규모의 인쇄·출판·영화·극장 등을 국유·국영으로 함.

바. 나이 든 노동자, 어린 노동자, 여성 노동자의 야간노동과 연령·지역·시간의 불합리한 노동을 금지함.

사. 노동자와 농민의 무상 의료를 보편적으로 실시하여 질병 소멸과 건강 보장을 힘써 행함.

아. 토지는 자력 경작인에게 나누어줌을 원칙으로 하되 본래의 고용농·자작농·소지주농·중지주농 등 원래 농민 지위로 보아 낮은 계급부터 우선권을 줌.

7. 건국 시기의 헌법상 교육의 기본 원칙은 국민 각개의 과학적 지식을 보편적으로 균등화하기 위해 아래 열거한 원칙에 의거하여 교육정책을 추진함.

가. 교육 종지宗旨는 삼균제도로 원칙을 삼아 혁명공리의 민족정기를 배합 발양發揚하며, 국민도덕과 생활 기능技能과 자치능력을 양성하여 완전한 국민을 조성함에 둠.

나. 6세부터 12세까지의 초등교육과 12세 이상의 고등 기본교육에 관한 일체 비용은 국가가 부담하고 의무로 시행함.

다. 학령이 초과되고 초등 혹 고등의 기본교육을 받지 못한 인민에게 일률로 무료 보습교육을 시행하고, 빈한한 자제子弟로 옷과 음식을 자급하지 못하는 자는 국가가 대신 제공함.

라. 지방의 인구·교통·문화·경제 등 형편에 따라 일정한 균형 비례로 교육기관을 설치하되 최저한도로 하나의 읍·면마다 5개 소학교와 2개 중학교, 하나의 군·도道마다 2개 전문학교, 하나의 도마다 1개 대학을 설치함.

마. 교과서의 편집과 인쇄·발행을 국영으로 하고 학생에게 무료로 나누어 줌.

바. 국민병과 상비병의 기본지식에 관한 교육은 전문 훈련을 제외하고 모든 중학교나 전문학교에서 필수과목으로 함.

사. 공·사립 학교는 일률적으로 국가의 감독을 받고 국가의 규정한 교육정책을 준수케 하며, 한교韓僑(재외 한인)의 교육에 대하여 국가로써 교육정책을 원조하여 추진함.

한국독립당 당 이념 연구방법[1]

1. 구성〔分節〕

당 이념〔黨義〕 글자 수가 199자인데 9절로 나누면 다음과 같다.

(1) 우리는 5천년 독립 자주 국가를 이민족 일본에 빼앗기고

(2) 지금 정치의 유린, 경제의 파멸 및 문화의 말살 아래 죽어 없어질 지경에 직면하여

(3) 민족적으로 자존을 얻기 불가능하고 세계적으로 함께 번영을 도모하기도 어디부터 시작해야 할지 모르니[2]

---

1   이 글 「한국독립당당의연구방법(韓國獨立黨黨義研究方法)」은 한국독립당 당원에게 배부하기 위해 작성된 것으로 추정되는 유인물에서 옮겨 실은 글인데, 1932년부터 3년간 집필된 듯하며, 6·7·8항의 해설은 산실(散失)된 듯하다(『문집』 상권의 원주). 국한문 혼용체. 1944년 『독립평론』에 연재 발표되었다.

2   원문은 "말유(末由)"로 『논어(論語)』 「자한(子罕)」에서 안연(顏淵)이 공자에 대해 언급한 다음과 같은 대목에서 유래한다. "(공부를) 그만두고자 해도 그만둘 수 없어 이미 나의 재주

(4) 이에 본당은 혁명적 수단으로써

(5) 원수 일본의 모든 침탈 세력을 박멸하여

(6) 국토와 주권을 완전히 되찾고

(7) 정치·경제·교육의 균등을 기초로 한 새로운 민주국가를 건설해서

(8) 안으로는 국민 각 개인의 균등한 생활을 확보하며, 밖으로는 민족과 민족, 나라와 나라의 평등을 실현하고

(9) 나아가 세계 한 집안〔世界一家〕의 진로로 향함

이와 같은 9절에서 첫절은 망국亡國, 2절은 멸족滅族, 3절은 망국·멸족의 결과 전체를 열거하여 당원의 진실한 혁명적 마음가짐〔發心〕과 동기를 촉진한 것이며, 4절은 입당, 5절은 일본 타도, 6절은 복국復國하는 진행 수단 및 방법을 제시하여 당원의 일상적 실행 절차를 표시한 것이며, 후반부 7절은 건국建國, 8절은 치국治國, 9절은 구세救世의 최후 결과와 목적을 미리 보여준 것이다.

2. 절차 및 형식

【별도의 도판: 복국·건국·치국의 세 범주가 왼쪽부터 오른쪽으로 나열된 것은, 첫 단계로 국가를 되찾은 다음에 두번째 단계로 국가의 각종 사업을 건설하며, 세번째 단계에서야 국가의 유지·발전에 필요한 과학적 시설로써 영원한 집단생명을 계속 성장하게 하는 하나의 절차를 단계적으로 나아가게 함을 그림으로 보인 것이다. 또 한편으로는 시간적인 순서로만 보지 않고 일종의 형식을 표시한 것으로 볼 수 있으니, '복국'은 독립국의 형식을 담은 것이며, '건국'은 민주정부 즉 신민주 제도의 형식을 말한 것

를 다하니, (부자의 도가) 내 앞에 우뚝 서 있는 듯하니, (그리하여) 그를 따르려 해도 어디부터 시작해야 할지 모르겠다.(欲罷不能 旣竭吾才 如有所立卓爾 雖欲從之 末由也已)"

외원도범해外圓圖凡解

시상時相	고상故相	물리율物理律	공상空相
A = 춘분春分, 묘卯, 소小, 자성기自成期 B = 하지夏至, 우牛, 장壯, 물성기物性期 C = 추분秋分, 유酉, 노老, 인생기人生期 D = 동지冬至, 자子, 유幼, 무생기無生期 Ⅱ　　Ⅱ　　Ⅱ　　Ⅱ (연年)　(월月)　(인人)　(우주宇宙)	선善, 행行, 선善, 행行, 약弱, 미美, 과果, 망妄, 기幾, 매昧, 악惡, 행行, 악惡, 행行, 난亂, 진眞, 기幾, 추醜, 과果, 망亡 인정률人情律	식息, 성成, 소양小陽 영盈, 주住, 노양老陽 소消, 양壤, 소음少陰 허虛, 공空, 노음老陰 물리율物理律	동東　　좌左 리離 남南　　상上 건乾 서西　　우右 차次 북北　　하下 곤坤 I 방위方位 입체立體
당의근원黨義根源			

당의도설黨議圖說 내방도內方圖

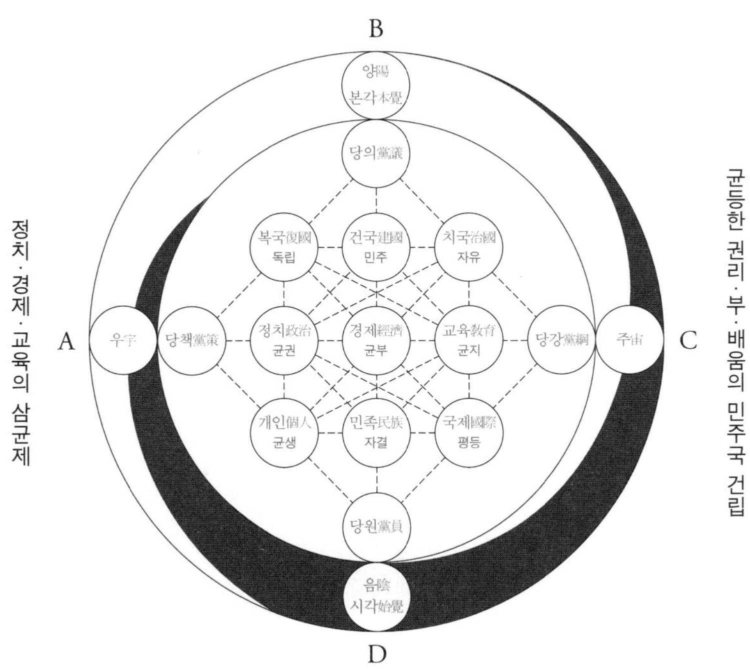

이며, '치국'은 자유 사회의 최고급 형태를 내포한 것이다.】

3. 내용 및 실질

별도의 도판 중 정政(정치)·경經(경제)·교教(교육)의 세 범주는 당 이념 가운데 핵심 문제이어서 중간에 그림으로 보인 것이다.

현존하는 일반적인 독립국, 민주정부, 자유사회의 형식만을 건립하는 데 만족하지 않고, 내용상 본질적으로 이상적인 생활 문제를 합리적으로 해결하기 위하여 정치·경제·교육 3대 제도를 철저히 혁신하는 제도의 건립을 갈구한 것이다. 권력·재산·지식 세 권리는 인류의 중심 문제이니, 첫걸음으로 상당한 수준까지 높이기에만 노력할 것이 아니라, 상당한 수준을 최고 수준으로, 최고 수준에서 가장 균등하고 가장 평등한 수준으로 높일 것을 유일한 임무로 규정한 것이다. 그러므로 정치·경제·교육 자체의 수립 발전을 통하여 균등한 권력, 균등한 재산, 균등한 지식의 최종 도달을 목표로 하여 돌진하게 한 것이다.

4. 주체 및 대상

별도의 도판 하단에 제시된, 개인·민족·국제의 세 영역〔圈〕은 당 이념 집행자의 주체이며, 동시에 당 이념 적용의 대상이라 하겠다. 개인의 단위로는 당원이 주체이나 적용 대상으로 본 개인은 당원에 국한되지 않으며, 집단 주체의 단위로는 당 전체, 당 소속 민족 전체가 집행 주인이 되며 동시에 적용 대상이 된다. 단 적용 대상이 자기 당, 자기 민족에만 국한되는 것이 아니다. 국가적 단위는 원칙상 당이 소속된 국가가 당의 집행 주체가 되며 동시에 당의 이념이 적용되는 높은 수준의 대상이 된다. 그러나 모종의 시기에는 적용 대상이 발전·확대됨에 따라 자기 당이 소속된 국가 이외의 국가까지 보급될 터이다. 그러므로 개인·민족·국가는 당 이념 집행자의 자격과 당 이념 적용의 대상물이 되는 것이다.

주체와 대상 문제 이외에 진일보한 연구가 필요하니, 곧 개인·민족·국가의 기본 요구가 무엇이냐는 것이다. 개인 대 개인의 균등한 생활 문제, 곧 정신상 물질상 생활 수준의 균등을 요구한다. 이것이 적용상 첫걸음이며 종점이 될 것이다.

다음, 민족 대 민족의 자결권, 스스로 결정하고 해결할 권리 실행 문제가 인류 과정 중 상당한 중요성을 갖게 된다. 자결의 내용은

(1) 한 민족이 불합리하게 소속된 국가로부터 자유롭게 이탈할 권리

(2) 새로 이탈한 한 민족이 자유롭게 건국할 권리

(3) 이미 이탈한 한 민족이 자체적인 정치·군사·경제·외교 등 건국 강령을 자유롭게 결정하고 다시 다른 나라에 부속되지 않을 권리

등등의 세가지 내용을 포괄하여 민족자결이라 한다. 이른바 민족 대 민족의 평등을 구체적으로 규정함에 각종 문제가 있지만, 압박을 받고 정복을 당한 민족 자체 문제로는 이상 세가지 내용을 최저한도의 요구 조건으로 본다.

다음에 국가 대 국가의 평등권은 이미 국제법상 결정한 이른바 독립권, 대내 주권 행사 자유권, 생존권, 자기보존권, 자위권, 평등권, 존엄권, 국제 교통권, 공사권公使權, 대외 국민보호권 등등이 그것이다. 무릇 이러한 각종 권리는 국가의 크고 작음과 강하고 약함을 불문하고 일률적으로 평등하게 한 국가마다 실제 처지에 따라 향유하여 침탈에서 해방하자는 것이 최저한도의 국가 대 국가, 혹은 국제적 요구로 본다.

다시 말하면 개인 관계에서 균등한 생활, 민족 관계에서 자기결정, 국제 관계에서의 완전한 평등 주권 행사는 아직도 인류사회의 필수 과정으로 남아 있기 때문에 이것을 실시함에 투철한 태도와 결정적인 정책을 단행하자는 것이다.

5. 연계와 상호관계

별도의 도판에서 보듯이, 내부의 사각형으로 표시된 9개 영역의 상호간 연계는 대개 검은 선의 가로와 세로와 같은 관계라고 할 수 있다. 제1선을 가로 세로로 보자.

복국은 4각 연계가 보이니, 건국 단계에 직접적으로 연속된 이외에 정치·경제·교육 세 방면에 잠시도 떨어질 수 없는[3] 직접 관계가 보인다. 복국 단계에 벌써 정치·경제·교육 3대 문제를 한걸음씩 한걸음씩 균등한 권력, 균등한 재산, 균등한 지식의 방향으로 추진하고 예비하며 계획함에 용감한 혁명적 수단을 보여주는 것이다. 4개 선 중에서 하나의 선이 중단되면 그는 당 이념의 일부를 망각하고 경시하는 반혁명의 노선으로 빗나간 것으로 본다. 건국도 4각적 관계가 보이니, 치국 단계에 직접적으로 연속되었고, 정치·경제·교육 세 방면에는 더욱 중심 문제로 접속되었다. 건국 시기에 정치·경제·교육의 균등을 홀시하거나 중단하면 당 이념에 반대하는 잘못된 길로 이탈하는 것이다. 치국 시기에는 정치·경제·교육과 3각 관계로 연계되니, 전문적으로 균등한 권력, 균등한 재산, 균등한 지식의 3대 핵심 문제를 실시하라는 것이다. 그러므로 정치·경제·교육의 균등 제도는 복국·건국·치국 세 단계의 공통적인 필수 과목이며 중심 사업이며 기초적인 본질을 가진 것이다.

제2선의 정치 문제를 가로 세로로 보자.

한 방면에 경제와 연결되고, 경제를 통하여 교육에 연결되고, 개인이 균

3　원문은 "수유불가리(須臾不可離)"다. 『중용장구(中庸章句)』 1장의 "도라는 것은 잠시도 떠날 수 없는 것이니, 떠날 수 있다면 그것은 도가 아니다. 그렇기에 군자는 보이지 않는다 하여도 조심하며, 들리지 않는다 하여도 두려워하는 것이다(道也者, 不可須臾離也, 可離非道 是故君子戒愼乎其所不睹, 恐懼乎其所不聞)"라고 한 문장에서 유래함.

등하게 생활할 권리〔均生權〕 문제와 민족의 자결권 문제와 국제적 평등 문제와 긴밀한 관계를 가진 것이다. 만일 어떠한 단계에서 정치 문제를 중심으로 어떤 상황에 부닥쳐 집행 또는 토론할 때, 개인의 균생권, 민족의 자결, 국제 간의 평등 여러 방면에 저촉되고 모순되는 행동을 고의로나 실수로 저지르게 되면, 이는 당 이념을 파괴하는 것이다. 정치의 4각 관계는 사실상 7각 관계를 가진 것이니, 복국·건국·치국 세 단계에 연결되어 있기 때문이다.

다음 경제 문제를 보자. 경제 문제는 8각 관계를 분명히 가지고 있다. 경제 문제는 모든 것의 중심이며, 모든 것의 원천이기 때문이다. 생산관계를 기초로 건립된 경제 제도 위에 모든 것이 세워지고 있기 때문이다. 도표로 보아 경제가 각 범주의 중심을 차지한 것이 형식으로만 볼 것이 아니다. 그래서 한편 교육문제와 밀접한 관계가 있고, 개인·민족·국제 세 방면 중에 가장 민족 문제에 근접한 것은 개인 경제가 아니라 민족 전체를 대상으로 또는 주체로 한 관계로, 자연스럽게 국제 문제나 개인 문제보다 민족 자체의 기본 문제에 인접한 것이다. 그러나 개인을 출발점으로 하여 균등하게 생산·분배·소비 등 권리를 부여하며, 민족을 중심점으로 하여 높은 수준의 과학적 방법으로 생산을 늘리며, 국민 전체의 총재산을 늘리는 동시에 능력에 맞고〔應能〕 분수에 맞는〔應分〕 소비를 균등하게 하고, 국제적으로 자원의 상호 이용, 기술의 협력, 자본의 수출입 등 상호호혜 관계를 전제로 하여 국제 전체에 상응하는 조화 및 협조를 촉진하는 것이다.

그러므로 개인·민족·국제 세 방면의 경제 현상 및 본질을 발휘하여 옛 시대의 고루한 풍습과 부의 독점주의[4]와 무력 약탈주의의 침략 및 피침략을 방어 제압하고 자력 발전으로 합리적인 생산·소비·분배를 전제로 하여

4 　원문은 "독부(獨富)"다. 『논어집주(論語集註)』 권6 「안연(顔淵)」 편의 "백성이 부유하면 군주는 홀로 빈곤한 데 이르지 않는다. 백성이 빈곤하면 군주는 홀로 부유할 수 없다(民富則君不至獨貧 民貧則君不能獨富)"라는 문장에 '독부'라는 표현이 나온다.

경제정책의 기본 원칙을 혁명적으로 실행하자는 것이다. 그렇지 않은 경제는 교육을 통하여 해결되는 것이니, 생활 문제로나 실행 문제로나 공업화·과학화의 문제, 농업의 공업화 등등의 교육을 요구하는 첫번째 이유가 여기에 있다. 한마디로 압축하면 당 이념의 문자를 아홉 범주로 배치한 것에서 정치·경제·교육이 중심이 되고, 정치·경제·교육 세 범주 중 경제가 중심이 되는 것이다.

다음에 교육 문제를 보자. 또한 7각 관계가 있어 당 이념 중 상당한 위치를 가진 것이다. 교육의 성질로 보아 개인을 완벽한 인간으로 만드는 문제로 개인에 연결되고, 민족의 건전한 자격이나 품성 및 재능을 양성할 필요를 위해 민족에 적용할 필요가 있고, 지식은 국경이 없으니 국제적 성질이 농후하며 과학의 수입 및 수출은 일종의 국제적 문화생활 중 빠트릴 수 없는 임무이기 때문에 국제 영역에서 특정한 위치를 갖는다. 그러나 교육 내용이 개인을 천재로 만드는 것〔天才主義〕이 아니며, 민족 위주의 옛 시대 방식의 결점에 함몰되지 말아야 하며, 국가 만능의 국가주의로 치닫지 않아야 할 것이다. 요컨대 교육적으로 보아 지식 수준을 일반적으로 높이는 데 첫걸음을 두고, 두번째 걸음으로 일반 대중의 두뇌 과학화의 이념을 실행하며, 동시에 개인·민족·국가가 실질적으로 평등한 세계 한 집안이라는 궁극적 목표를 향해 능력과 품성을 가르치는 근본 강령〔大本領〕을 발휘하지 않으면 안 된다. 요약하여 말하면 지식의 정도를 제고하고, 지식의 횡적 보급과 균학주의均學主義 또는 지식의 내용이 새로운 개인, 새로운 민족, 새로운 세계의 창조에 적합하도록 과감하게 전심전력을 다하여 나아가자는 것이다.

제3선의 개인·민족·국제의 상호관계를 보자. 개인이 정치·경제·교육의 주체이며 대상이 된다. 개인은 쌓여서 민족이 되고, 민족은 쌓여서 국가 또는 국제를 조직하게 되니, 개인은 사회, 민족국가 또는 세계 조직의 구성 요소로서 물질을 구성하는 원자나 전자와 같고 생물을 구성하는 개체

〔完子〕와 같다. 그러므로 개인은 모든 것의 기본 단위이며 더욱이 한 국가, 한 민족의 세포의 지위를 가지니, 개인의 지식·권력·재산의[5] 정도가 그 전체의 정도를 반영하고 있다. 그래서 개인은 4각 관계로 정치·경제·교육 및 민족과 밀접한 관계를 갖고 있으니, 이른바 '국가의 흥망에 누구나〔匹夫〕가 책임이 있다'라는 격언도 이와 관련되고, '삼정승三政丞[6]을 위하지 말고 제 자신만을 위하라'는 가치 관념도 여기에서 출발한 것이다. 그러나 삼정승을 위하지 말고 제 한 몸만을 위하라는 말을 악용하면 나라가 망하고 집안이 무너지는 쪽으로 치닫기 쉬우며, 좋게 해석하면 나라를 부흥시키고 민족을 도울 가능성도 있다. 다음으로 당黨의 입장에서 보면, 개인보다 더 소중하고 귀중한 것이 없다. 개인은 모든 것의 기초 단위인 만큼 당원 입장으로는 가장 출발점의 첫번째 지위를 가진 유력한 핵심이다. 다음에 민족은 개인의 집적체이며, 국가의 내용적 구성체로서 집체적인 효과를 가지고 있다. 한 민족의 구성 요소는 이러하다.

공동의 문자와 언어, 국토, 주권, 경제, 문화 및 민족정기가 그것이다. 7개 요소 중 1개 요소만 결핍되어도 민족 자체의 성립조건이 파괴된다. 만약 그 민족의 언어가 다른 민족에게 말살되고, 주권이 다른 민족에게 침탈당해 나라 안팎에 대한 주권 행사의 자유가 구속을 당하고, 문화가 다른 민족에게 유린되고, 민족정기가 다른 민족에게 박멸당하면, 그 민족의 겉몸뚱이와 생명이 비록 인류학상 문제로 현대에 남아 있다고 하더라도 벌써 그 민족은 다른 민족으로 이미 바뀐 것이니, 자기 민족은 이미 멸망한 것으로 간주하는 것이 타당하다.

지금 압박당하고 점령당한 민족의 상태는 십중팔구가 멸망 상태의 과정

---

5   원문은 "과"이나 문맥상 '의'가 맞을 것으로 판단된다.
6   삼정승은 조선 왕조 시대 국가 주요 정책을 결정하던 최고위 관리인 영의정·좌의정·우의정 같은 '권세 있는 사람'을 가리킨다. '삼정승을 위하지 말고 내 한 몸을 조심하라'는 속담도 있으니, 윗사람의 도움을 바라지 말고 제 할 일이나 잘하라는 뜻으로 쓰인다.

으로 향하고 있다. 오히려 자체의 멸망 상태를 감각할 감수성이 부족하고, 자기 민족의 구성 요소 중 몇 가지 조건이 몰락된 것인지에 대한 인식력도 없다고 하면, 자신이 비록 하늘 아래 먼 어느 구석에서 자유로운 생활을 한다 해도 벌써 국내 민족의 마비 상태와 함께 망한 것이나 다름없다.

다음에 국가 또는 국제 문제로 보자. 민족의 총체, 곧 그 집합체를 국가 혹은 국제라고 한다. 국제 관념의 발달은 가장 유치한 과정을 걸어가고 있다. 그러나 인류의 궁극적 목적, 최후의 입각점, 최고의 발전 목표는 개인이 아니며 가족도 아니며 오직 국제 조직으로 일원화한 총체가 그것이다. 지금도 하루하루 그리 향해 성큼성큼 나아가고 있다.

당 이념의 궁극적 목적도 국제 조직 혹은 인류의 전체 문제에까지 나아가고야 말 것이다. 세계 한 집안의 진로로 향한다고 함은 이를 가리킨다.

6. 기機·행行·과果[7]

7. 진·선·미[8]

8. 철학적 기초는 다음 회로 미루고 그친다.

【아래 도면과 글은 소앙이 1946년 8월에 모조지 전지에 작성하여 자택 사랑에 붙여놓았던 것이다. 앞에 나온 도면과 약간의 차이가 있어 참고로 싣는다.】(『문집』 상권의 원주, 조소앙선생기념관〔경기도 양주〕에 이것이 전시되어 있음)

---

[7] 불교의 연기론에 바탕해 서양 철학의 원인-결과론과는 다른 인과관계론을 펼치면서 그 원인과 결과를 매개하는 실천 행위의 의미를 궁구할 예정이었음이 6절 제목으로 미루어 짐작되나, 더 이상 진전된 논의를 발표한 바 없어 아쉽다.

[8] 소앙이 말하는 진선미란 서양의 진선미에 대한 인식과 다른 차원으로서 「일신교령(一神敎令)」(이 책 70~77면)에서 설명되듯이 진선미의 융합은 우주 본체의 합일을 이룬 경지를 의미한다. 그것이 정치적 실천과 연결되면, 진(동기), 선(진행), 미(결과)로 표현된다는 식으로 다음 표에 간략히 언급될 뿐이어서 매우 궁금하다. 그 흔적은 해방공간의 격동의 현장에서 1948년 그가 설립한 (건국운동 추진체인) 삼균주의학생동맹에 진선미의 융합 및 개인의 단련을 요구한 데서도 엿볼 수 있다.

당의 그림

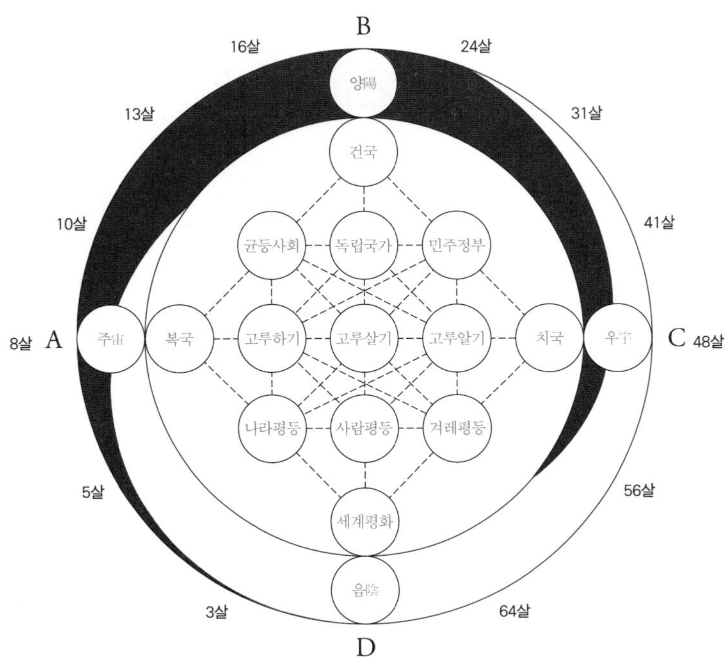

B
16살
24살
13살
31살
10살
41살
8살 A
주宙
복국
균등사회
독립국가
민주정부
고루하기
고루살기
고루알기
치국
우宇
C 48살
나라평등
사람평등
겨레평등
건국
양陽
세계평화
음陰
5살
56살
3살
64살
D

동기(動機)
진행(進行)
결과(結果)
진(眞)
선(善)
미(美)
망국, 멸족의 총과를 보고
입당, 도왜, 복국을 시작하며
건국, 치국, 구세의 큰 길까지 나감
1 2 3
4 5 6
7 8 9

당원 구실

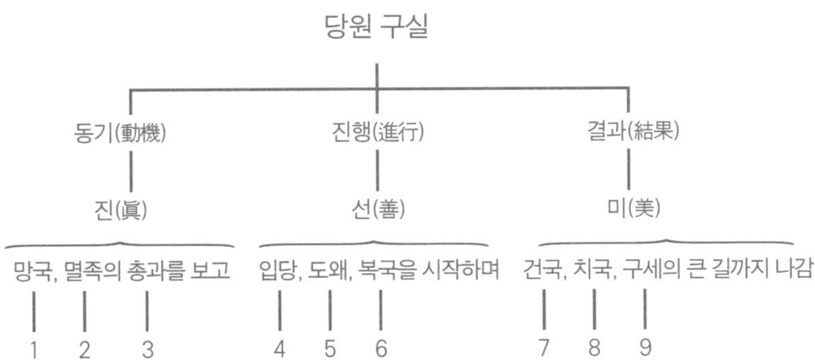

당 이념黨義 9절

1. 우리는 오천년 자유 독립하여오던 국가를 이민족 일본에게 빼앗기고 (망국의 한)···ㄱ

2. 지금 정치의 유린과 경제의 파멸과 문화의 말살 아래 사멸에 직면하여 (멸족의 우려)···ㄴ

3. 민족적으로 자존을 얻지 못하고 세계적으로 공영을 가질 수 없는지라 (망국멸족의 총결과를 둠)·······································ㄷ

4. 이제 본당은 혁명적 수단으로써 (당을 세워)·································ㄹ

5. 원수 일본의 모든 침탈 세력을 박멸하여 (왜놈을 거꾸러뜨림)··········ㅁ

6. 국토와 주권을 완전 광복하고 (나라를 찾음)·····························ㅂ

7. 정치·경제·교육의 균등을 기초로 한 새로운 민주국을 건설해서 (나라를 세움)···ㅅ

8. 안으로는 국민 각계의 균등생활을 확보하며 밖으로는 민족과 민족, 국가와 국가의 평등을 실현하고 (나라를 다스림)······················ ㅇ

9. 나아가 세계 한집안의 진로로 향함 (세계를 구제함)·······················ㅈ

7대 정책

1. 당 이념과 강령을 대중에게 적극 선전하여 민족적 혁명의식을 환기할 것.

2. 나라 안팎의 우리 민족의 혁명 역량을 집중하여 광복운동의 총동원을 실시할 것.

3. 장교와 무장대오를 통일 훈련하여 상당한 병력의 광복군을 편성할 것.

4. 적 일본의 모든 침탈세력을 박멸함에 일체 수단을 다 하되 대중적 반항과 무력적 전투와 국제적 선전 등등의 독립운동을 확대 강화하여 전면적 혈전을 적극 전개할 것.

5. 대한민국 임시정부를 옹호 지지할 것.

6. 한국 독립을 동정 혹은 원조하는 민족 및 국가와 연락하여 광복운동의 역량을 확대할 것.

7. 적 일본에 향하여 항전 중에 있는 중국과 절실히 연락하여 항일동맹군의 구체적 행동을 취할 것.

7대 정강政綱

1. 국토와 주권을 완전히 광복하여 대한민국을 건립할 것.

2. 우리 민족 생존의 기본 조건인 국토·국권·국익〔國利〕을 적극 보위하며 고유한 문화와 역사를 발양할 것.

3. 보통선거제를 실시하여 국민의 참정권을 평등히 하고 성별·교파·계급 등의 차별 없이 헌법상 국민의 기본권리를 균등화할 것.

4. 토지와 대생산 기관을 국유화하여 국민의 생활권을 균등화할 것.

5. 국민의 생활상 기본 지식과 필수 기능을 보급함에 충족한 의무 교육을 국비로 실시하여 국민의 학습권을 균등화할 것.

6. 국방군을 편성하기 위하여 국민의 의무 병역을 실시할 것.

7. 평등호조의 우의로써 우리 국가와 민족을 대우하는 국가 및 민족과 더불어 인류의 화평과 행복을 공동 촉진할 것.

한국독립당 당 이념 해석[9]

1. 당 이념〔黨義〕 원문의 중심사상

당 이념의 중심사상은 평등이다. 우리 옛 지혜로운 분〔先哲〕은 말하였으되 "머리와 꼬리가 균평하게 자리잡아야 나라가 융성하고 태평이 보장됨이 홍익인간하고 이화세계理化世界하는 최고공리"라 하였다.[10] 다시 말하면 머리와 꼬리 —상·하라고도 할 수 있다— 의 위치를 고르게 함으로써 나라를 흥왕케 하며 태평을 보전함이 널리 인간을 유익케 하며 세계를 진리로써 변화하는 가장 높은 공리라 함이다. 중국의 철인哲人 한유韓愈는 말하되 "무릇 물건이 그 고른 것을 얻지 못하면 운다〔一凡物不得其平則鳴〕"하였고,[11] 공자는 말하되 "적은 것을 걱정할 것 없이 고르지 못한 것을 걱정하라〔不患寡而患不均〕"하였다.[12] 물건이 고름을 얻지 못하면 반드시 울며 울어도 고를 길이 없으면 필경 난亂에 이르게 되고 머리와 꼬리의 위치가 평평하고 고르면 인간을 널리 유익하게 할 뿐만 아니라 세계까지 합리화할 수 있는 것이다. 그러므로 우리는 항상 적은 것을 걱정하지 않고 고르지 못함을 염려할지니 이는 동서고금에 움직일 수 없는 진리인 것이다.

개인과 개인 사이에 생활의 평균을 얻지 못하므로 가정이 불화하며 사

9　이 글 「한국독립당당의해석(韓國獨立黨黨義解釋)」은 1946년 4월 1일 재판 발행된 「한국독립당 당의 해석」에서 전재한 것이다. 집필 시기는 1940년경으로 추정된다(『문집』 상권). 국한문 혼용체.

10　『신지비사(神誌秘詞)』에 나온다는 이 문구에 대해서는 이 책에 실린 「건국절을 맞아 단군의 짧은 역사를 서술함」의 각주 25 참조.

11　당나라 한유(韓愈)의 「송맹동야서(送孟東野序)」의 첫 구절이다.

12　원문의 '불환과이환불균(不患寡而患不均)'은 『논어』「계씨(季氏)」 편에 나오는 다음과 같은 구절에서 유래한 것이다. "내가 듣기론, 나라를 소유하고 집안을 소유한 자는 (백성이) 적음을 근심하는 것이 아니라 고르지 못함을 근심하며, 가난함을 근심하는 것이 아니라 편안하지 못함을 근심한다고 한다.(丘也聞有國有家者, 不患寡而患不均, 不患貧而患不安)"

회에 혁명이 일어나며 국가에 내란이 일어나는 것이다. 따라서 국가 사이에 평등한 국제적 지위를 보전치 못하게 되면 국제적 대혈전이 발생할 수 있는 것이요, 민족과 민족 사이에 이익이 각자 균형발전을 하기 어렵게 되면 필경 민족적 대전大戰을 연출하게 되는 것이다. 회고하건대 영국 명예혁명, 프랑스 대혁명, 미국 독립전쟁, 소련의 사회주의혁명, 중국의 신해혁명, 그리고 우리 한국의 홍경래혁명, 동학당혁명, 갑신 정치혁명 등은 다 본국 인민 간에 존재한 불평으로 인하여 폭발한 것이다. 이 밖에 나라와 나라 사이의 지위, 즉 국제적 지위의 불평으로 인하여 난이 일어난 예가 또한 많으니 이를테면 1차대전과 2차대전 등이 다 그것이다. 1차대전의 발생 원인은 두말할 것 없이 독일·오스트리아 대 영국·프랑스·러시아 등 제국 간의 세력 내지 지위 투쟁이라고 볼 수 있는 것이다. 그리고 2차대전의 발생 원인은 국제이익 불균등의 씨를 깊이 깊이 심어놓은 이른바 '베르사이유' 조약이니 그 씨가 점점 자라나서 이번에 독일·이탈리아·일본 대 미국·소련·중국·영국·프랑스 간의 대혈전으로 표현된 것이라고 볼 수밖에 없는 것이다. 족여족族與族 곧 민족과 민족 사이에도 상호평균 발전을 위하여 발생한 투쟁의 사실이 허다하다.

그 예는 낱낱이 들어 말할 겨를이 없지만 설명에 편하기 위하여 몇 개 들어보기로 하자. '아프리카'와 '오스트레일리아' 등 주洲의 여러 야만민족의 투쟁의 자취는 사적 기록이 희소한즉 이것은 접어두더라도 동아시아 대륙과 구미 전체를 활동무대로 하고서 날뛰던 여러 민족의 승패소장勝敗消長과 흥망성쇠의 감탄하거나 애처로워할 만한 투쟁의 피의 자취는 오늘날에도 오히려 우리 눈앞에 강렬한 빛을 직접 비추고 있다. 세계에서 4대 문화 발상지라고 말하는 중국의 황하, 인도의 '갠지스'강, 이집트의 '나일'강, 그리고 또 '메소포타미아'의 '유프라테스'강과 '티그리스'강 등을 중심으로 하여 민족적 투쟁의 피가 그 얼마나 흘렀던가. 어찌 그뿐이랴. 현해탄 위와 백산白山·흑수黑水【백두산과 흑룡강】의 사이이며 압록·두만의 언덕에서 고대부터 최근까지 흘렀고, 또 현재는 물론 장래에도 흘리고 흘릴 뜨거운 피는 우리의 가슴 속에서 용솟음치고 있지 아니한가. 보라. 대 슬라브족, 대 튜튼족, 그리고 소아시아의 각 소수민족, 또 원동遠東(동아시아)에 있어 대화민족大和民族이라고 자칭하는 왜족, 중국의 한漢·만滿·몽蒙·회回·장藏 등 5족, 그 밖에 반만년의 찬란한 역사와 문화의 소유자인 우리 한족韓族 등의 여러 족속들이 어느 때는 서로 협조하고 어느 때에는 서로 의존하고 또 어느 때는 서로 공격하고 싸우지 않았던가. 이러한 싸우고 화해하고 흩어졌다 합하는 것은 시간〔時〕과 공간〔處〕의 여하를 불문하고 그 중심되는 원인은 각 민족이 상호역량의 균등을 구함에 있다고 단언할 수 있는 것이다.

전쟁은 인류의 재앙이요, 평화는 인류의 행복이다. 그런데 전쟁은 균형을 상실하므로 폭발되는 것이요, 평화는 균등을 유지함에서 존재할 수 있는 것이다. 그러므로 우리가 주장하는 정치·경제·교육의 삼균원칙을 실현함에서만 개인과 개인〔人與人〕, 민족과 민족〔族與族〕, 나라와 나라〔國與國〕내지 세계 전인류의 행복이 있을 수 있다는 것을 확실히 인식할 수 있는 것이다. 다시 말하면 인류사회의 균등을 실현함으로써 행복이 올 것이요, 균등을 실현하지 못함으로써 재앙이 올 것을 확실히 인식할 수 있다는 것이다.

이에 근거하여 우리는 우리 민족의 행복 내지 전인류의 행복을 실현함에 유일하고 또 절대적 기초가 되는 '균등'을 중심사상으로 한 것이다.

2. 당 이념 원문 해석

당의 원문을 크게 전반부·후반부의 두 부분으로 나눌 수 있다. 전반부에 있어서는 한국의 병증病症을 명확히 설명한 것이요, 후반부에 있어서는 그 병증에 대한 처방을 내린 것이다. 이것이 이른바 대증처방이다. 다음에 그

전·후 두 부분을 비교 세분하여 연구해보기로 하자.

A. 전반부

(1) "우리는 5천년 독립 자주하여오던 국가를 이민족 일본에게 빼앗기고"…

갑. '우리': 우리라 함은 문법적으로 보아 2인 이상의 제1인칭이니 곧 제1인칭 복수대명사이다. 우리 가족·종교·민족·국가·사회·계급·인류에까지 이르는 일체를 포괄하는 대명사이다. 그러나 본문 중의 '우리'는 협소한 가족·종교를 대명代名한 것도 아니요, 막연한 세계 인류를 대명한 것도 아니요, 어떤 계급을 대명한 것도 아니다. 오직 우리 3천만 한국 민족 전체를 일괄 대명한 것이다.

을. "5천년 독립 자주하여오던": 우리 배달 겨레는 단군께서 하늘을 열어 나라를 세우신 이래 동방에 있어서 가장 유구한 역사와 찬란한 문화를 가졌던 고구려의 무력의 위엄〔武威〕과 신라·백제·고려·조선의 문화를 (가지고) 자립하면서 오늘날에 이르렀으니 세계 어느 민족에 비하여도 손색이 없었고 따라서 이렇게 찬란하고 유구한 문화 위에 독립 자주하여온 것은 물론이고 문화상 영도적 지위에 처하였음도 자타가 부인할 수 없는 사실이다.

병. "국가를 이족 일본에게 빼앗기고": 우리는 우리의 국가를 이민족인 왜적에게 빼앗겼다. 그러므로 우리의 적은 우리 민족 자체 내에 있거나 또는 그 밖의 민족이나 국가 내에 있는 것이 아니고 오로지 이민족 일본에 있는 것이다. 그러므로 우리의 투쟁 대상은 뚜렷해졌고 조금도 현혹할 이유가 없는 것이다.

(2) "지금 정치의 유린과 경제의 파멸과 문화의 말살 아래서 사멸에 직면하여"…

갑. "정치의 유린": 왜적은 경술庚戌(1910년) 8월 29일에 우리 한족이 반만년의 역사를 가지고 대대로 독립 자주하여오던 한국정부를 강제로 소멸시키고 이른바 일한합병이라는 명분으로써 한국을 병탄하였다. 그래도 세계를 기만하기 위하여 일한합병은 한인의 바람〔願望〕이라고 선전하면서 한편으로는 일진회를 몰래 부추겨 합방청원운동을 전개하게 하였다. 그리고 서울에 이른바 조선총독부를 설치하여, 조선 인민의 일체 동정을 감시하는 동시에 도청·군청·면사무소 및 경찰서·헌병대·소방대·재향군인회 등의 허다한 주구기구走狗機構를 각 요지에 설치하였다. 그뿐 아니라 조선에 특수한 법령인 치안유지법·출판법·사상보호관찰법 등의 가혹한 법령을 발포 시행하며 형무소·구류소를 광대히 건축하여 무고한 우리 동포를 구금·고문하였고 교수대·사형장을 증축하고 무수한 우리 동포를 알게 모르게¹³ 살해하고 있다. 위에서 말한 바와 같은 이민족의 정치적 유린하에서 언론·집회·결사의 자유라는 것은 볼 수 없을 뿐 아니라 한반도는 한인을 구금하고 살육하는 도살장이 되고 말았다. 설령 요행히 놈들의 '순민順民(순종하는 백성)' 자격을 얻어 망국노의 빛깔 없는 더러운 생명을 구구히 연장하여나간다 할지라도 손가락·발가락 한개를 임의로 움직이지 못하여 울고 웃는 것까지 자유로 하지 못하는 것이다. 왜놈들은 눈에 보이지 아니하는 한인들의 사고하는 것까지 구속하며 감시하고 있다.

---

13   원문은 "명(明)에서 암(暗)으로"다. 이것은 중국어 표현의 '명래암왕(明来暗往)'과 관련 있어 보인다. 그 뜻은 '공개적으로 혹은 암암리'의 뜻인데, 주로 올바르지 못한 일에 쓰인다.

을. "경제의 파멸": 왜적은 정치적으로 한국을 독점한 후에 교통망·경찰망을 물샐틈없이 나열하여놓고 놈들의 손톱과 이빨인 육군 제19, 제20의 두 사단을 배치하여 한인을 위협하며 탄압까지 가하였다. 또 동척東拓과 삼정三井·삼릉三菱·주우住友 등[14] 여러 재벌을 동원하여서 왜인을 한국에 이식하며 토지·광산·교통기관·어업권·삼림이용권 등을 강탈하여 한국의 민생대계民生大計를 파괴하였다. 설상가상으로 거액의 가혹한 기부와 세금[苛捐雜稅]은 방어할 방도가 없이 취약한[15] 한인으로 하여금 가진 돈 한 푼도 없고[16] 뭇자리 쓸 땅조차 없는[17] 참경에 빠지게 하며 오막살이 한칸 집에 편히 몸을 넣 땅도 없게 하였다. 아침에 밥 먹고 저녁에 죽 먹는 것은 물론이요, 닭이나 쥐가 먹을래야 먹을 것이 없을 정도로 궁하게 되었다. 농촌에서 공장에서 쫓겨난 우리 동포들은 현해탄을 건너 일본으로 가고 압록강과 두만강을 건너 만주 황야로 가며 그리고 비린내 나는 피가 흐르며 포연이 자욱한 중국과 남양군도의 전장으로 헤매어 나가며 혹은 억지로 끌려가게 되었다. 정든 고향을 버리고 천리이역에 가기 좋아 갈 사람이 그 누구며 정당한 직업이 싫어서 아편장사나 인육장사를 할 사람이 그 누구이겠느냐. 그 원인을 캐보면 다름 아니라 망국노의 생명을 구구히 연장하려는 피눈물에 싸인 비극의 연출에 불과한 것이다. 말하자면 이것은 우리의 원수인 일본이 우리에게 주는 선물이 아니 될 수 없는 것이다. 현재 세계대전으로 인하여 극단으로 물질의 궁핍을 당한 왜적은 소위 국방헌금, 채권저축 및 공출이라는 각양각색의 미명으로써 한인에게 대하여 무제한

---

14 한국의 토지와 자원을 수탈하기 위해 세워진 국책회사인 동양척식회사, 지금도 존재하는 일본 굴지 재벌 미쓰이(三井)·미쓰비시(三菱)·스미또모(住友)를 가리킨다.

15 원문의 수무촌철(手無寸鐵)은 『삼국연의』에서 유래하는 고사성어로서 손에 방어할 수 있는 아무런 무기를 갖지 않은 취약한 상태를 말함.

16 원문의 낭무분전(囊無分錢)은 송대(宋代) 여정서(黎廷瑞)의 「호계삼도(虎溪三圖)」라는 시에 나오는 "주머니에 돈 한푼도 없다(囊中无一錢)"에서 유래한 것으로 보인다.

17 원문의 '토무삼척(土無三尺)'은 조상이 뭇자리 쓸 땅이란 의미.

한 강탈을 실시하고 있다. 심지어 밥그릇, 숟가락, 젓가락까지 빼앗아가며 낱알 한톨 남기지 아니하고 번번이 거두어간다. 이른바 배급이라는 것은 명색뿐이다. 한인은 산과 들의 초근목피로써 근근히 잔명을 부지하려 하나 그것도 넉넉하지 못하여 굶어 죽은 송장이 길에 즐비하고 사람의 흔적이 끊어질 참담한 지경에 당면하고 있다. 슬프다. 왜적의, 남의 나라를 망하게 하고 남의 종자까지 멸하는 그 수단이 그 얼마나 악랄하냐.

병: "문화의 말살 아래서": 왜적이 한국을 강점하자 한국의 정치를 유린하며 경제를 파멸하기보다도 먼저 한국의 고유한 역사와 문화를 말살하기에 더욱 급급하였던 것이다. 무릇 한 민족의 역사·문화는 그 민족의 영혼과 정신이 되기 때문이다. 옛사람이 말하기를 "슬픈 것이 마음 죽은 것보다 큰 것이 없다(哀莫大於心死)"고 하고,[18] 또 말하기를 "남의 마음을 공격하는 것이 남의 성城을 공격하는 것보다 더욱 중요하다"[19] 하였다. 왜적은 우리의 정신상 만리장성을 공격·파괴하려는 간계에서 과거 한국에서 경영하던 학교부터 강탈한 후에 그 명칭을 바꾸며 교장 이하 중요한 교직자는 왜적으로 채우며, 한국의 역사·지리·국어·수신 등 정신교육에 관련되는 각 교과서를 겉만 그럴싸하게 바꾸어[20] 사실을 위조하고 옳고 그름을 뒤바꾸며, 한인 학생에게는 차별대우를 하여 고급적 문물을 학습하지 못하게 하며 학교 수를 축소하여 학령 아동으로 하여금 배움을 잃게 하며, 왜문·왜어는 국문·국어라 하여 강제로 학습케 하되 우리 글과 우리 말은 언문諺文·선어

---

18 『장자(莊子)』「전자방(田子方)」의 "무릇 마음이 죽는 것보다 더 큰 슬픔은 없으니, 사람이
    죽는 것이 그다음이다(夫哀莫大於心死, 而人死亦次之)"라는 구절에서 유래한 듯하다.
19 『자치통감(資治通鑑)』「위기(魏纪) 이(二)」에 "병사를 운용하는 방법에서 마음을 공격하는
    것은 상책이고, 성을 공격하는 것은 하책이며, 심리전은 상책이고 군사전은 하책이다(用兵
    之道 攻心爲上 攻城爲下 心戰爲上 兵戰爲下)"라는 구절이 있다.
20 원문의 '개두환면(改頭換面)' 곧 '머리와 얼굴을 바꾼다'는 뜻으로, 어떤 일의 근본은 고치
    지 아니하고 겉만 바꾸는 변화를 비판하는 표현임.

鮮語라 멸시하여 소멸하기에 힘쓰며, 한문韓文·신문·잡지의 출판까지 일체 금지하고 썩은 한국 문인을 이용 혹은 매수하여서 그들로 하여금 사이비적·반동적·매국적 언론을 허구날조하여 한인의 사상을 혼란 현혹하며 이른바 '일선융화' '내선일체'[21] 운운 등의 회유 기만적 용어를 마구 사용하여, 사람을 죽여도 피가 보이지 않는 수단을 부리고 있다.

7·7 루거우차오 대전[22] 후 왜적은 한인의 정신행위를 더욱 경계하고 대비하기 위하여 극단으로 강압을 실시하고 있는바, 이른바 예비검속이라는 명색하에 우리의 정신을 대표한 투사들을 인간지옥으로 몰아넣는 동시에 조선 지식분자가 제일 위험하다 하여 소위 특별지원병이라 하여 각 전문 및 대학교의 한인 재학생 및 졸업생을 강제로 입영케 한 후에 침략전에로 몰아넣으며, 자기네의 인력 보충과 한국의 인구 감멸을 위하여 이른바 징용·지원병·징병제를 감행하고 있으며, 한인이 역사적으로 써오던 성명의 사용을 하루 아침에 금지하고 왜적의 성씨를 쓰게 하며, 의복제도까지 바꾸며, 한인과 왜인의 혼인을 요구하는 등 우리 한국의 문화·혈통·언어·풍속 등을 말살하기 위하여 수단을 가리지 않으며, 하지 못하는 일이 없고 틈만 보이면 파고들고 있다. 각종 각색으로 표현되는 그 술법은 실로 형용하기 어려운 바 있는 것이다.

을: "사멸에 직면하여": 인류의 생존 요소는 의·식·주·행行(이동)의 4개 조건이다. 인민의 의·식·주·행권을 완전히 획득하려면 정치·경제·문화의 자유발전권이 없이는 불가능한 것이다. 우리 한족은 이민족 일본에게 이

---

21 원문의 '일(日)·선융화(鮮融和)' '내선일체(內鮮一體)'는 일제가 전쟁협력 강요를 위해 취한 조선통치정책. '내(內)'라 함은 일본이 2차대전 전, 그들의 해외식민지를 '외지(外地)'라 부른 데 비해 일본 본토를 가리키는 '내지(內地)'의 첫 자이며, '선(鮮)'이란 조선을 가리키는 말로, 일본과 조선의 일체, 그리고 일본과 조선의 융화라는 뜻이다.

22 1937년 7월 7일 일본·중국 양국 군대가 베이징 교외의 루거우차오(蘆溝橋)에서 충돌한 사건. 이 사건 이후 전면전으로 확대되어 중일전쟁으로 돌입했다.

상 4개의 생존권을 빼앗겼으니 어찌 생존할 수 있으랴. 곧 사멸에 직면할 것뿐이다.

(3) "민족적으로 자존을 얻기 불가능하고 세계적으로 함께 번영을 도모하기도 어디부터 시작해야 할지 모르니"…

이는 한국 민족의 흥망성쇠가 한국 민족의 자체 존망에만 국한된 것이 아니라 세계 인류의 공존공영에까지 연관성을 갖고 있다는 것이다. 우리 한국은 유구한 역사와 고급적 문물을 가지고 유사 이래 세계 인류에 향하여 위대한 창작적 공헌을 하였다. 일단 왜적이 우리 한국의 존재를 덮칠해 지워버린 이래로 한국 민족이 자존할 수 없을 뿐 아니라 세계는 마침내 일대 공헌을 잃었고 또 평화의 기초가 파탄되었다. 그뿐 아니라 한국은 지리적으로 보아 태평양의 평화 등대가 되는 동시에 원동遠東(동아시아) 내지 세계평화의 평화 사령대가 된다. 보라. 한반도의 평화등대에서 불이 꺼지자 원동은 그만 온갖 도깨비가 난무하는 캄캄한 밤중이 되고 말지 않았는가. 그 지리한 밤은 얼른 새일 줄도 모르는 것이다. 그러므로 왜적이 한국을 꺾어 손상한 것은 바로 원동 내지 세계평화를 보장하고 있는 등대와 사령탑을 파괴한 것이나 다름이 없는 것이다.

그러므로 무너진 평화의 등대와 사령탑을 재건하려면 한국의 독립이 반드시 전제가 되는 것이요, 한국 독립의 완성은 마침내 세계평화를 재건함이 되는 것이다. 다시 말하면 한국의 독립은 세계평화의 기본 조건이요, 일본제국주의는 전인류의 공공의 적〔公敵〕이 되는 것이다. 한국 독립이 없고는 세계평화가 있을 수 없고, 일본제국주의가 존재하고는 한국독립 즉 세계평화를 말할 수 없는 것이다. 위에서 서술한 세 조건은 떼려야 뗄 수 없는 상관성이 있는 것이다.

B. 후반부

(1) "이에 본당은 혁명적 수단으로써 원수 일본의 모든 침탈세력을 박멸하여"…

갑. "…혁명적 수단으로써…": 혁명적 수단이라는 것은 절대 비타협적인바 이것은 유혈을 의미하는 것이다. 개량적·타협적·협상적·자치적 등 불철저한 것은 혁명적 수단이라고 할 수 없다. 영국 영토 중에는 자치운동을 실행하는 곳도 있으며 인도에는 간디의 무저항주의·비협력주의도 있다. 이것은 다 비혁명적이다. 왜적은 우리 민중을 우롱하여 가로되 "조선에도 독립할 시기가 오고 조선인이 독립할 자격만 구비하면 일본 국회는 조선독립 안을 통과할 것"이라고도 하고 있다. 우리 민족 내부의 부패한 정객꾼·친일주구배·문인배는 일본과의 합법적 독립과 합법적 자치를 몽상하고 있다. 물어보건대 강도 손에 이미 빼앗긴 물건을 애걸복걸한다고 해서 찾아낼 수 있을까. 이러한 사이비적 이론은 실현할 가능성 없는 그릇된 말이라기보다도 왜적의 고의적 기만작용이며 부패한 반동분자들의 원수를 아비로 섬기는 말을 대변[代言]하는 행위에 불과한 것이다.

보라! 미국의 독립전쟁, 프랑스의 대혁명, 중국의 국민혁명, 소련의 공산혁명, 그 어느 것이 기세 드높게 뜨거운 피를 흘리지 않았더냐. 이러한 강철 같은 사실史實에 비추어 본당은 혁명의 피로써 빛나고 영광된 독립을 쟁취하고 또 완성하려 하는 것이다.

을. "원수 일본의 모든 침탈세력을 박멸하여": 우리의 투쟁 대상은 일본 인민 전체에 있는 것이 아니다. 오직 우리 한국을 침략 강탈하는 일본 제국주의자, 곧 일본의 군벌·재벌·정벌政閥[23] 및 그들의 주구배들이 우리의 적이다. 우리는 우리 민족의 자주·자결·자유를 요구하는 동시에 일본 민족

내지 그 밖의 민족의 동일한 요구도 존중하여 마지아니한다. 만일 일본이 잘못을 뉘우치고 스스로 새로워질[24] 그 침략적 정책을 버리고 한국에 대한 침략행위를 정지하는 동시에 한국에서 물러난다면 위험에 직면해 잘못을 뉘우치고 스스로 고칠[25] 여지가 있을 뿐 아니라, 일본이 멸망으로부터 탈출하는 수단과 방법 중에 가장 현명한 정책도 이것일 것이다. 만일 그들이 진정으로 스스로 새로워지는 길에 들어선다면 우리들은 그들의 과거를 탓하지 않고 그들과 더불어 호조호혜互助互惠 원칙하에서 세계의 참다운 공존공영을 건립하기 위하여 마음을 열어 성의를 보이며[26] 한마음으로 어려움을 함께 극복하려는[27] 것이다.

(2) "국토와 주권을 완전 광복하고"…

갑. "국토와…": 인민·국토·주권은 나라를 세우는 세 요소이다. 그리고 국토는 인민이 뿌리내려 사는 근본적 근거처이다. 국토가 없이는 인민이 생산하지 못하며 생존할 수도 없는 것이다. 우리 한국 민족의 자자손손이

23　군벌·재벌은 익숙한 단어이나 정벌은 조소앙의 조어인 듯하다. 일본 정계가 몇몇 중요 정파가 계속 주도해왔다는 사실을 날카롭게 지적하는 흥미로운 표현이라 하겠다.

24　원문의 '회과자신(悔過自新)'은 『사기』 「오왕비열전(吳王濞列傳)」에 나오는 "옛 법에 의하면 처형해야 마땅하나, (한나라) 문제가 차마 처벌하지 못하고 궤장을 하사하였다. 은덕이 이토록 두터우니 의당 스스로 잘못을 고치고 새로운 사람이 되어야 하였을 것이다(于古法 當誅 文帝弗忍 因賜几杖 德至厚 當改過自新)"에서 유래한 듯하다. 잘못을 고치고 새사람이 되겠다는 결의를 표현하는 고사성어로 쓰인다.

25　원문의 '현애늑마(懸崖勒馬)'는 "험한 낭떠러지에 이르러서야 말고삐를 죈다"는 뜻으로, 위험에 직면하고서야 잘못을 깨닫고 고침을 비유하는 고사성어. 정광조(鄭光祖) 『종리춘지용정제(鐘離春智勇定齊)』에 나온다.

26　원문의 '개성포공(開誠佈公)'은 "마음을 열고 성의를 보인다"는 뜻으로 성의로 남을 대한다는 비유의 고사성어. 진수(陳壽) 『삼국지』 「촉지(蜀志)」 「제갈량전」 평(評)에 나온다.

27　원문의 '화충공제(和衷共濟)'는 "한마음으로 협력하여 곤란을 극복한다"는 뜻의 고사성어. 『상서(尚書)』 「고도모(皋陶謨)」에 나온다.

살아오던 아름다운 조국 강토[28]를 일단 왜족의 손에 빼앗긴 이후로 우리들은 살아서 설 곳이 없고 죽어서 몸을 묻힐 손바닥만 한 땅도 없다. 의존할 집을 잃은 개미와 벌같이 사방에 흩어져서 멸망하게 되었다. 이제 우리 민족이 다시 살아나고자 하면 무엇보다도 먼저 우리의 집안 국토를 광복함이 기본조건이다. 국토를 광복하지 못하고는 정치니 경제니 문화니 또 무슨 주의니 사상이니 하는 것이 전혀 지상공론紙上空論이 될 것이다. 그러므로 계급혁명의 스승〔導師〕 레닌도 이렇게 말한 일이 있다. "약소민족은 계급혁명보다 먼저 민족혁명에 의한 민족적 단결이 필요하다. 왜 그러냐 하면 약소민족이란 민족적 단위로 보아서 이미 일종의 무산계급에 속하는 것이니 만일 자체 내부에서 다시 계급적 투쟁이나 대립을 전개하면 자체의 분열로 말미암아 한갓 착취계급인 침략국가 혹은 민족 — 곧 그의 적에 대한 투쟁력을 약화하여서 적을 기쁘게 할 따름인 까닭이다." 가죽도 없는데 털을 빼앗겠다고 서로 싸우는 것을 보고 비웃는다면, 나라도 찾아놓지 못하고 정권을 차지하겠다고 서로 싸우는 것을 비웃지 아니할 사람이 어디 있으랴. 그러므로 현 단계의 우리의 임무는 민족 전체가 단결하여 우리의 원수 일본을 우리 강토에서 내쫓고 우리 국토를 완전히 광복함에 최대 의의가 있는 것이다.

을. "주권": 어떤 철학가는 말하기를 사람의 권리는 하늘이 부여하였다고 하였다.[29] 또 어떤 학자는 말하되 인권은 곧 사람의 제2의 생명이라고 하였다. 이는 인권은 신성불가침이라는 절대성 또는 신비성을 가리킨 것이다. 다시 말하면 우리가 가지고 있는 인권은 감히 침해할 사람도 없으며 또 침해를 받고서는 우리가 생존할 수도 없는 것이다. 왜적은 우리의 국토

28　원문의 '대호산하(大好山河)'는 "무한히 아름다운 조국 국토"라는 뜻으로, 조국에 대한 사랑과 찬미의 표현임. 추근(秋瑾)『보고동포격고(普告同胞檄稿)』에 나온다.

29　18세기 유럽 계몽사상가들이 제창한 천부인권설을 의미한다.

를 빼앗은 동시에 우리 민족의 정치적 주권 내지 일체 인권을 강탈하였다. 이로부터 우리들은 소나 말만도 못한 노예가 되었다. 우리의 이마에는 '나라 잃은 노예[亡國奴]'라는 각인이 찍혀 있게 되었다. 가는 곳마다 사람의 대우를 받지 못하는 것은 말할 것도 없이 생명과 재산의 보장을 잃게 되며, 이민족에게 능욕 학살을 당하고 있다. 망국된 지 30여년에 우리 원수 왜족에게 또는 그 밖의 민족에게 학대 능욕을 그 얼마나 받아왔는가. 왜놈의 감옥, 왜놈의 교수대에서 쓰러진 수천, 수만의 동포는 그 무슨 죄가 있었는가. 1920년 북만주 청산리전투 후의 대학살이며 1923년 토오꾜오 대지진 때의 대학살은 그 얼마나 비참하고 처절하였던가. 아직도 그들의 피는 마르지 않고 있으며 두만강과 압록강 및 현해탄의 물까지도 목메어 있지 아니한가. 최후몰락의 길로 돌진하고 있는 왜적이 또 무슨 발악을 할는지 누가 담보할 수 있으랴. 생존상 주권이 없는 우리를 마치 도마 위에 오른 고기 모양으로 어느 때 어떻게 토막을 내게 될는지 모르는 것이다. '권權'은 즉 '힘[力]'을 의미하는 것이다. 우리의 자위력이 회복되지 못하면 우리의 생존권은 언제나 보장이 없는 것이다. 이러한 의미에서 우리는 왜적에게 빼앗긴 우리 주권을 완전히 광복함이 또한 중요한 임무이다.

　병. "완전광복": "영토주권의 완정完整"이라는 말은 현재 국제 간에 상용하는 말이다. 완정이라 함은 불완정의 상대이다. 그러면 어떤 것을 불완정이라 하는가. 예를 들어 말하면 중국은 영토주권의 완정을 얻지 못한 국가의 하나였다. 중국에는 비록 국민정부가 있고 물산이 풍부하고 땅이 넓은 영토가 있다 할지라도 그 영토 중에서 만주·홍콩·대만·펑후澎湖(대만해협의 제도) 등은 각 제국주의자에게 강점을 당하였고 따렌大連·톈진天津·한커우漢口·상하이上海 등 지방에는 외국의 조차지·조계지가 있으며 바깥 바다와 내륙 강의 항해권까지 외국인에게 허용하여 외국의 군함·상선까지 횡행하고 있다. 주권으로 말하더라도 중국과 각 제국주의 국가 간에는 불평등조약이 체결되어 외국인이 중국의 내정을 간섭하게 되었고, 또 외국인이 중국 국경 내에서 죄를 범할지라도 치외법권에 의하여 중국 정부는 재판권을 가지지 못하게 되었다. 이러한 국가는 영토주권의 완정을 잃은 국가이다. 이러한 국가를 가리켜 중국의 쑨중산孫中山(쑨원) 선생은 차식민지次植民地 혹은 반식민지적半植民地的 국가라고 이름하였다. 중국이 이번 전쟁에 승리하면 그때야 비로소 잃은 땅과 잃은 주권을 광복하게 될 희망이 있을 것이다. 이는 전쟁에 대한 공헌과 승리로 말미암아 일체 불평등조약이 철폐될 것이며 따라서 일체 그 조약으로 인하여 발생한 결과가 소멸될 것은 물론이며 적에게 상실한 영토는 무조건으로 반환될 것인 까닭이다.

우리가 현재 요구하는 광복은 결단코 차식민지나 반식민지적으로 영토와 주권이 불완정한 절름발이 독립이 아니고 한 조각의 영토와 일개 조항의 불완정과 불평등도 없는 완전 무결한 한국의 광명을 요구하는 것이다. 우리는 조국의 영토 주권을 완전 광복할 때까지 뜨거운 피로써 투쟁하는 것을 각오하는 바이다.

(3) "정치·경제·교육의 균등을 기초로 한 신민주국을 건설하여서"…

갑. "정치 균등": 한 국가의 정치기구의 좋고 나쁨은 인민생활에 직접으로 영향을 주는 것이다. 정치가 명랑하고 합리적임으로 인하여 그 나라의 국민이 행복을 누릴 수 있고, 정치가 암흑적이고 불합리함으로 인하여 그 국민이 비참한 운명에 빠지게 되는 것이다. 합리적인 정치는 무엇을 기본 원칙으로 하여야 할까. 이것이야 두말할 것 없이 국민의 이익을 기초로 하여 정권을 민주적으로 균등화하는 것을 기본원칙으로 하여야 할 것이다. 민주·민권·민치·민유民有(국민 소유)·민향民享(국민 향유) 등 각 전문용어도 일찍이 미국에서 표방한 "인민으로 된, 인민이 소유한, 인민을 위한"【By the people, Of the people, For the people】등의 정치주장에 기초한, 곧 민중의 이익을 중심으로 한 동서고금의 기준적 원칙이다. 18세기 말의 프랑스는 국가의 정권이 오직 부르봉왕가의 루이 16세와 귀족·성직자에게 귀속되고 일반 인민은 소나 말, 노예같이 되어 인민의 운명이 비참한 사멸의 불구덩이에 떨어지는 데 이르렀고 1789년에는 마침내 대혁명까지 폭발하였다. 남의 예만 들 것 없이 우리 한국에서도 예를 찾아보자. 한국이 이민족에게 왜 침탈을 당하였는가. 그 원인이 물론 복잡다단한 것이지만 간단히 말하면 중대한 먼 이유는 이조 5백년을 통하여 존재하였던 소위 양반과 평민[常人] 간의 정치적 불균등이다. 이 태조太祖 등극 이래 그들 상층계급은 정권을 한손에 독차지하였다. 그들은 이미 장악한 정권을 혹 타인에게 빼앗길까 두려워하여 민중을 억압 우롱하기에만 힘을 썼었다. 그러나 민족 전체의 큰 계획[大計]과 세계조류에 대하여는 완전히 몽매하였을 뿐이다. 이로 말미암아 민중이 불평을 울부짖고 궐기한 혁명의 핏자국이 남아 있거니와 이 민권혁명에 실패한 한국은 도리어 양반과 상인이 함께 멸망하는 망국의 참혹한 화를 당하게 되었다.

경술庚戌(1910년) 망국 후 정권이 이민족 일본의 수중에 들어간 이후로 멸종의 박해까지 당하였다. 이러한 과정 중에서 우리들은 정치적 균등이 없이는 개인과 개인, 민족과 민족 간에 평화와 행복을 향유할 수 없다는 것을 뼛속까지 체험하여 감득感得하였다. 이에서 본당은 이민족의 손으로부터 우리의 정권을 완전히 광복한 후에는 어떤 한 계급으로 하여금 정권을 독차지하게 두지 아니하고, 다시 말하면 이조 시대의 양반 같은 새 특권계층을 만들어내지 아니하고 광복한 정권을 국민 전체에게 돌리어 균등히 향유케 하려 한다. 현재 세계 각국의 정치 형태를 살피어보면 영·미 자본주의 국가에는 자본을 중심으로 하여 자본가들이 권력을 휘두르는 폐단이 보인다. 독일과 이탈리아 등 국가는 변칙적 군황君皇 히틀러와 무솔리니 등이 나찌스와 파쇼 독재를 감행하면서 침략을 일삼고 있다. 사회주의 소련에서는 노동자·농민 독재정치[勞農專政]를 실시하고 있다. 본당이 주장하는 정치적 균등은 어떠한 한 계급의 독재정치를 요구하지 아니하고 오직 진정한 전민적全民的 정치균등을 요구하는 것이다. 그 이유는 위에서 설명한 것과 같이 정치의 불균등으로 말미암아 발생하는 폐단이 너무 엄중하며 복잡다단하며 위험천만인 까닭이다. 정치를 균등히 하는 방법은 무엇인가. 이는 본당 당강 제2항과 당책黨策 제3항에 명백히 규정되어 있다. 당강 제2항에는 "전민적 정치기구를 건립하여서 민주공화의 국가체제를 완성할 것", 당책 제3항에는 "계급·성별·교파 등의 차별이 없는 보통선거제를 실시하여 국민의 정치권을 균등히 할 것"이라 하였다. 다시 말하면 무릇 한국 국민으로서 정신병자·범죄자 및 반역분자를 제외하고 헌법상 공민권을 향유한 자는 남녀·교파·계급의 차별 없이 당연히 선거·피선거권을 가지고 국가정치에 참여할 권리가 있게 한다는 것이다. 이것을 실행함으로써 비로소 국가의 발전이 있을 것이고 국민의 진정한 행복이 있을 것이다.

을. "경제 균등": 현재 자본주의 국가 내에는 두가지 큰 모순이 있다. 이는 곧 생산의 집체적 무정부 상태와 분배의 불합리·불균등성이다. 즉 소수 자본가·지주의 욕망을 달성하기 위하여 국가자본 일체를 상품화하여놓고 사회적 필수 여부를 불문하고 개인 이익 중심으로 계획 없는 생산에서 경쟁하고 있으며, 무제한한 사유욕의 발동으로 현대의 발달된 과학력을 이용하여 각종 대생산기계와 토지의 대부분을 장악 경영하며, 전인민의 절대다수를 점하는 노동자와 농민의 노동력을 착취하며 또 재력을 이용하여 정치·군사를 농락하며, 상품시장과 공업원료지를 쟁탈하기 위하여 식민지 쟁탈전 내지 세계대전까지 빚어내는 추악한 연극을 연출하고 있다.

이러한 모순으로 인하여 대지주·대자본가가 세계의 정치·경제·군사를 임의로 휘두르며 지배케 되었고 절대다수인 무산대중이 기아에서 헤매며 죽어 쓰러지게 되었다. 노동자·농민이 피땀을 흘려 만들어낸 공업품·

농작물은 몇몇 소수인의 끝도 없는 사치스러운 낭비로 허비되고 말며 피땀 흘린 절대다수의 무산대중은 얼어붙고 굶주리어 엎어지며 자빠지고 있다. 이와 같은 사회적 모순은 오직 경제상의 생산과 분배의 불합리함에 말미암은 것이다. 불합리하다는 것은 경제생산의 무계획성과 분배의 불균등을 의미하는 것이다. 본당은 이에 비추어 인민생활과 국가존재의 기초인 경제제도를 합리화하기 위하여 생산의 국가사회적 지도 및 계획조정과 분배의 민족적 합리성을 구하는 경제의 균등을 주장한다. 경제 균등의 목적은 위에서 설명한 바와 같이 국민 각개의 평등생활을 확보하여 인민의 물적 생활을 높여 누리게 하며 국가의 경제적 토대를 합리하고 공고화하는 데 있다. 경제 균등의 방법은 당강 제2항과 당책 제7, 8, 9, 10항에 규정되어 있다. 그 내용에 대하여는 지면관계로 여기서 자세히 논의하지 못함이 유감이나 간단히 말하면 그 요점은 토지와 대생산기관을 국유로 하여 국민의 생활권을 균등화함에 있다.

병. "교육 균등": 위에서 언급한 바와 같이 한 국가의 문화는 그 국민의 정신과 영혼이다. 그런데 국가의 교육은 그 국민의 정신을 강고히 하는 동시에 그 국민의 생활기능을 높이며 그 국민 자신으로 하여금 생활능력을 소유케 할 수 있는 동시에 그 국가의 일체 능력을 과학화시킬 수 있는 것이다. 이와 같이 국가의 전반적 문화수준의 높고 낮음이 오로지 국민의 교육 정도에 관계하게 되므로 국가정책 중에서 국민교육정책이 가장 중요한 지위를 차지하지 아니할 수 없는 것이다. 따라서 현재 세계 각국에서는 국민교육의 수준을 높이기 위하여 온힘을 쏟고 있는 것이다.

교육이라는 것은 공민교육과 직업·기술교육과 사회교육으로 대략 나눌 수 있는바 공민교육의 정도는 각국이 같지 않은 것이다. 우리 한국 국민은 예부터 교육을 균등히 받을 기회를 얻지 못하였다. 과거 이조시대에는 양반과 상민의 계급 차별로 인하여 상민의 자제는 교육받음을 허락지 않았고 현재 왜적의 철발굽 아래에 있는 한인의 문화교육은 더 말할 것 없이 꺾여 손상되며 말살당하고 말았다. 그리하여 한인의 문맹률은 세상 사람이 놀랄 만큼 높은 정도에 달하게 된 것이다. 이에 본당은 이민족에게 말살을 당한 문화를 다시 건설하며 국민의 생활기능을 배양하며 세계문화에 대하여 상당한 공헌을 하며 자기가 서려고 하면 남을 세우는〔己立立人〕 이상에 도달하기 위하여 광복 후 국민교육에 주력하려는 것이다. 본당 당강 제4항과 당책 제11, 12항【부록 참조】[30]에 그 방법을 명백히 규정하였다.

정. "신민주국을 건설하여서": 우리가 조국을 광복한 후에 어떤 체제의 국가를 건립할 것이냐. 옛날의 황제와 귀족 양반을 그대로 모셔다 놓겠는가. 아니다. 과거 어떤 시대에는 군주 전제정치를 필요로 한 일도 있었는지 모른다. 그러나 20세기 50년대인[31] 오늘날에 와서는 그러한 구제도는 하등의 필요가 없는 것이다. 17, 8세기부터 구미에서는 민권운동이 대두되어 혁명의 피를 흘린 일이 많다. 그리고 그들이 성공한 때는 민주공화국 즉 데모크라시의 국가를 건설하였다. 그러면 현재 우리의 이상 중에 있는 민주국가가 17, 8세기에 구미에서 건립된 그 데모크라시 국가인가. 그것도 아니다. 당시 그들의 성공으로 인하여 건립되었던 데모크라시는 상승기 자본주의를 기초로 한 것이었다. 그리하여 현재 노사 간의 극도의 갈등과 모순을 내포한 제도를 산출하여놓은 것이다. 그러면 우리는 어떤 제도를 건설할까. 본당 당 이념〔黨義〕에 명명백백히 규정한바 정치·경제·교육의 균등을 기초로 한 신민주국, 즉 '뉴 데모크라시'의 국가를 건설하려는 것이다. 여기에 신민주라 함은 민중을 우롱하는 '자본주의 데모크라시'도 아니며 무산자 독재를 표방하는 사회주의 데모크라시도 아니다. 더 말할 것도

---

30   여기서 언급하는 부록은 『문집』에 실려 있지 않다.
31   이 글이 집필된 것은 1940년대이고, 1946년 재판이 간행된 것으로 보아, '1950년대인 오늘날'이란 문구는 1900년대 중반이라는 의미로 보인다.

없이 범한민족汎韓民族을 지반으로 하고 범한국 국민을 단위로 한 전민적
全民的 데모크라시다.

(4) "안으로는 국민 각개의 균등생활을 확보하며 밖으로는 민족과 민
족, 국가와 국가의 평등을 실현하고 나아가 세계 한가족의 진로로 향함"

갑. "안으로는 국민 각개의 균등생활을 확보하며": 우리가 조국을 이민
족의 손에서 광복하고 우리 민족적 정권을 수립한다 하여 그것만으로는
만족을 느낄 수 없는 것이다. 국민 각개의 물적 생활의 개선이 없이 껍데기
정권 수립에만 성공을 한다면 주권이 누구의 손에 있든지 이는 헛수고이
고 보람이 없을 것이며 또는 존립할 방법이 조금도 없다 할 것이다. 왜 그
러냐 하면 우리의 목적의식이 국민생활의 절대조건인 '국민경제의 합리
화'에 있는 것이고 '민족'의 신비성에 목적의식을 귀착하려 하지 않기 때
문이다. 1941년 본당 제1차 「전당대표대회선언」 중에 명백히 기재된 문구
를 인용하여 설명을 대신하여보자. "…한국 민족과 독립권은 물론 한국 민
족의 자유생존을 선결조건으로 한다. 그러나 우리들은 정치독립의 허명
을 쟁취하였다 하여 만족을 느끼지 못한다. 이러한 실제 이익에 보탬이 없
는 텅빈 맹목적 운동은 이미 과거의 일이다. 우리는 주장한다. 독립적 형
식 표면에 반드시 혁명적 본질을 포함할지며, 혁명적 본질 속에 민주 균등
의 참뜻을 포함할지며, 민주 균등의 참뜻 속에 과학적·구체적 실제 건설을
포함하여서 국민 각개가 모두 정치·경제·교육의 실제 이익을 누리게 되기
를…"[32] 우리는 이로써 우리 운동의 최종 목적이 국민 각개로 하여금 실제

---

[32] 「한국독립당 제1차 전당대표대회 선언」에서 해당 문구를 찾아보면 아래와 같다. 소앙이 인
　　용한 대목과 대체의 뜻은 같지만 문장상 일치하지는 않는다. "독립정치를 쟁취하지 못하고
　　는 우리 민족의 생존과 자유가 박탈되기 때문이다. 그러나 형식상 정치독립에만 심취하던
　　맹목적 운동은 이미 과거에 속한 운동이다. 우리는 독립의 형식 속에 혁명의 본질을 내포하
　　며, 혁명의 형식 속에 민주적 균등을 내포하며, 민주적 형식 위에 과학적으로 구체화한 실제

이익을 누리게 하자는 데 있다는 것을 더욱 확실히 인식할 수 있다. 이 목적을 관철하려면 어떤 절차가 필요할까. 더 말할 것도 없이 우리 민족 생존의 선결조건인 민족적 독립정권을 수립한 후에 삼균주의의 합리적 원칙하에 국민경제를 적극적으로 건설함이 필요하다.

을. "민족과 민족, 국가와 국가의 평등을 실현하고": 세계의 평화가 무엇으로 인하여 파괴되느냐. 위에서 명백히 지적한 바 있거니와 그 원인이 오직 민족과 민족, 국가와 국가 사이의 이익 내지 지위의 불평등에 있다고 하였다. 그러므로 우리는 자신이 잘살고 타인이 잘살고, 또 세계 전인류가 잘 살 수 있게 하기 위하여 어떤 민족이나 국가가 강함을 믿고 약소국을 능멸하며 또 그네의 야욕을 채우기 위하여 타인·타민족·타국가를 침략하는 행위를 반대하는 것이다.

그러므로 우리는 우리 한국을 침탈하는 일본제국주의를 타도하며 자신의 생존권을 회복하는 동시에 일본제국주의의 침략은 물론 그외에 어떠한 침략이든지 반대하는 모든 국가·민족과 긴밀히 연락하여서 우리의 최종 목적을 관철하려 하는 것이다. 본당 당강 제5항과 당책 제13, 14항에도 명백히 규정한 바가 있다.【부록 참조】[33]

우리는 언제든지 평등호조의 우의로써 우리 국가·민족을 대우하는 국가 및 민족과 더불어 인류의 평화와 행복을 공동 촉진하려 하는 것이다. 그러나 그와 반대로 우리를 불평등하게 대우하며 세계평화를 파괴하는 민족이나 국가는 곧 우리의 적이 되는 것이다. 우리는 이와 같은 적과 최후까지 악전고투하여서 자아의 생존과 세계의 평화를 쟁취하려 하는 것이다.

시설로써 정치·경제·교육의 실익을 인민 각각에 균등하게 누리도록 강렬하게 주장하며 힘써 행하는 중이다." 이 책 221면 참조.

33   여기서 언급하는 당강 제5항과 당책 제13, 14항, 그리고 부록은 『문집』에 실려 있지 않다.

병. "세계 한가족의 진로로 향함": 인간은 가장 총명하면서도 또한 가장 미련한 모순적 행동을 하고 있는 것이다. 예를 들어 말하면, 한 국가 내에서도 한편에서는 활인活人(사람을 살림)을 힘쓰면서 다른 한편에서는 살인을 힘쓰고 있는 모순이 있는 것이다. 사람을 살리기 위해서 의학을 연구하고 의원을 설립하며 제약공장을 확대하고 있으면서, 반면에서는 사람을 죽이기 위하여 군사를 연구하며 군인을 양성하고 병기공장을 시설하는 등 살인 이기利器 제조에 전력을 쏟고 있다. 어떤 발명가가 어떤 이기를 발명하였을 때에는 그 본의는 인류 행복에 공헌함에 있었다 할지라도 이따금 인간은 그것을 이용하여서 저와 같은 다른 인간을 살해함에 사용하고 있다. 그러므로 현재 과학의 발달은 인류의 행복을 초래치 못하고 도리어 인류의 재앙을 조장하는 일이 많다. 증기기관을 이용하여 군함을 만들고 전기를 이용하여 살인광선을 만들고 각종 화학을 이용하여 독가스를 만들고 항공기를 이용하여 인류를 폭살하는 공군을 편성한다. 그리고 가장 사람을 많이 죽인 장수에게 훈장을 채워준다. 이 얼마나 모순된 행동인가. 이것이 곧 인간의 모순이요, 어리석음이요, 불의不義인 것이다.

이 모순의 원인이 어디 있으며 이 원인을 어떻게 청산할 것이냐. 과연 어떻게 하여야 인간이 평화롭고 안락하고 행복스럽게 살 수 있겠느냐. 이 문제가 가장 중요한 인간의 최종문제였기에 예부터 종교가·철학가, 그리고 그 외에도 다수의 총명한 학자들이 이 문제를 해결하고자 마음 쓰고 애태운 것이다. 일찍이 석가모니는 불의한 속세에서는 그 원인을 청산할 수 없다고 단정하고 생로병사를 해탈할 수 있는 극락세계를 꿈꾸었다. 예수 그리스도는 그 원인이 인간의 죄악에 있다 하여 회개와 박애로써 만민을 구하고 지상에 천국을 강림케 하려고 하였다. 공자와 맹자 같은 선현은 인의仁義의 도를 천하에 크게 행하며 전세계 모든 동포의 이상을 실현하려고 하였다. 굴원屈原과 도연명陶淵明은 속세를 저주하여서 「이소부離騷賦」를 슬피 읊기도 하고 무릉도원도 찾았다.[34] 서양의 어느 철학자는 세계의 모

순이 국가·민족의 장벽으로부터 발생한다 하여 국가의 존재를 저주하였
고, 또 어느 학자는 물적 생산의 불합리와 분배의 불균등으로 인하여 인간
의 모순이 발생한다고 사유하고 계급투쟁의 수단으로써 모순된 구사회를
파괴하고서 사회주의적 사회를 건설하려고 하였다. 이상 여러 대가의 논
점에 대한 시비는 여기서 더 말하지 아니하려니와 하여튼 그들이 다 같이
현 인간사회의 모순을 제거하고 합리적 신사회를 건설하여서 인간의 고통
을 덜며 행복을 증진하기를 목적하고 노력한 것은 사실이다. 그들의 이론
의 현실성 유무를 막론하고 인류애에 기인한 노력에 대하여 경의를 표하
지 아니할 수 없다.

　본당 당 이념의 최고이상은 무엇이냐. 명백히 쓰여 있는 바와 같이 '세
계 한가족〔世界一家〕'이다. 세계 한가족은 왜 실현하려는가. 인간의 모순을
제거하고 영구한 평화와 행복을 실현하려 함이다. 이것을 실현하는 원칙
과 절차는 어떠한가. 곧 우리 당의 중심사상인 균등을 실현함을 원칙으로
하고 개인과 개인, 민족과 민족, 국가와 국가의 균등을 차례로 실현하는 동
시에 나아가 세계 인류의 평등을 실현하면 세계 한가족의 이상이 완성될
것이다. 우리가 말하는 세계 한가족은 침략적 야심을 가진 왜적이 말하는
'팔굉일우'35와는 근본적으로 그 성질이 다른 것이다.

　우리의 적인 일본 제국주의자들은 병력을 다하고 무장을 강화함으로써
자기 왜족의 사사로운 이익을 위하여 침략전쟁을 야기하고 동아시아 내지
전세계까지 정복하려는 야심을 포장하였다. 이렇게 충분히 패도적 야심과

34　「이소부(離騷賦)」는 초나라 대신 굴원이 간신의 모함으로 유배 가서 지은 장편 서사시. 이소
　　는 이별과 우수의 의미라고 한다. 무릉도원(武陵桃源)은 동진(東晉) 때의 시인 도잠(陶潛,
　　자는 연명淵明)의 「도화원기(桃花源記)」에 나오는 이상향으로서 인간이 찾을 수 없는 곳을
　　의미한다.

35　팔굉일우(八紘一宇). 글자 그대로는 "전세계를 하나의 집으로 삼는 일"을 의미하나, 2차대
　　전 중 일본이 중국과 동남아시아를 침략하며 대동아공영권 수립을 정당화하기 위한 슬로건
　　으로 사용했다.

패도적 폭행을 감행하면서도 왜놈들은 소위 왕도王道를 사칭하고 있다.[36] 예를 들면 9·18사변에 만주 일대를 강점하고 대포와 기관총으로써 중국의 양민을 여지없이 총살하면서도 스스로 칭하기를 왕도낙토王道樂土를 건설하였다고 했다. 우리 한국을 무력으로써 강점하고 우리 동포를 무수히 살육하면서도 일시동인一視同仁,[37] 내선일체內鮮一體 운운의 요망한 말을 표방하였다. 중국에 대한 침략을 점점 가혹하게 실행하면서도 일지日支(일본과 지나支那 곧 중국)친선을 계속하여 부르짖었다. 동아시아의 평화와 질서를 파괴하면서도 동아신질서와 대동아주의大東亞主義를 부르짖었다. 남양군도를 침범하고 그 도민島民을 학대하면서도 언제든지 말로는 공영권을 확보한다고 하였다.

어찌 그뿐이랴. 그들은 세계정복을 꿈꾸고 소위 '팔굉일우'라는 파렴치한 문구를 난발하였다. 이러한 어리둥절하여 예측하기 어렵고 옳고 그름이 뒤집힌 언사 속에는 악독한 침략의 칼날이 숨어 있음을 누구나 잘 알았다. 일본뿐 아니라 세계의 어떤 개인, 어떤 민족, 어떤 국가를 막론하고 자기의 사적 이익을 위하여 침략적 행동을 하는 때는 그 이론이 얼마나 아름답고 교묘하며, 그 행동이 얼마나 맵시 나고 완곡하다 할지라도 그는 틀림없이 인류평화에 대한 행동으로 인정될 수 없나니, 이는 세계 공공의 적〔公敵〕이다. 반드시 정의의 칼날에 소멸되고야 말 것이다.

우리들이 주장하는 왕도적 세계 한가족은 어떠한가. 이는 더 말할 것 없

---

36 패도(覇道)는 인의(仁義)를 무시하고 무력이나 형벌, 권모술수로써 나라를 다스리는 일을 말한다. 왕도(王道)는 그와 달리 인으로 다스리는 것이다. 이는 맹자의 설에서 기원한다. 『맹자』「공손추상(公孫丑上)」 3, "무력으로 인을 가장하는 것이 패인데, 패도를 이루려면 반드시 큰 나라를 가져야 한다. 덕으로 인을 행하는 것이 왕도인데, 왕도를 펴는 데는 나라가 클 필요는 없다(以力假仁者覇, 覇必有大國, 以德行仁者王, 王不待大)"라는 구절이 이를 잘 보여준다.

37 일시동인(一視同仁)은 모든 사람을 평등하게 보아 똑같이 사랑한다는 뜻으로 그 출처는 당나라 한유(韓愈)가 지은 「원인(原人)」이다. 일본제국이 조선을 식민지로 만들고 나서 일시동인을 바탕으로 한 동화주의 또는 내지연장주의를 통치 이데올로기로 활용했다.

이 자기의 사적 무력침략을 반대하고 세계 각 민족의 독립생존과 자유발전을 존중하며 또 상호공격을 반대하는 동시에 상호협조를 원칙으로 하여 세계 문화와 인류 행복을 공동 촉진함에 그 의의가 존재하는 것이다. 진보되는 시대의 전진을 따라서 세계 각 민족의 문화 수준과 경제 수준이 급속도로 높아져 동일 평면상에 나란히 이를 것이며 지극한 과학의 발달이 육·해·공의 교통을 발전시켜 지구상 거리가 축소될 것이다. 따라서 각 민족의 접촉이 빈번하여 언어·풍속·습관·혈통 및 감정이 교류 융합하게 되며 민족적 가로막이 한꺼번에 제거될 뿐 아니라 국가적 장벽도 자연 무력해질 것이니 이때에 이르러 비로소 민족국가의 존재가 불필요해질 것이다. 이는 곧 세계 한가족의 최고 단계요 또한 우리의 최고 이상이 실현되는 최후 단계이다.

3. 결론

10수數를 세고자 할 땐 반드시 제1수에서 시작하여야 한다. 만사는 일원一元화된 진리를 가지고 있다. 옛말에 말하되, "물건에는 본말이 있고 일에는 시종이 있으니 먼저 하고 뒤에 할 바를 알면 도에 가깝다" 하였다.[38] 이는 중국의 유명한 정치철학이다.

본당 이념의 최고 이상은 세계 한가족을 실현함에 있다. 이 이상을 실현하는 데에도 반드시 "1, 2, 3……10"의 단계를 경과하여야 할 것이니 이는 본말 시종을 뒤집을 수 없는 까닭이다.

민족·국가는 세계 구성의 단위이다. 민족과 국가를 부정하고는 세계를

38　원문의 "물유본말 사유종시 지소선후즉근도의(物有本末 事有終始 知所先後則近道矣)"라는 구절은 『대학장구(大學章句)』 「경(經)」 1장에서 유래한다. "물(物)에는 근본과 말단이 있고 일에는 시작과 끝이 있으니, 먼저 하고 뒤에 할 것을 알면 도에 가까울 것이다"라는 뜻이다.

긍정할 수 없다. 그러므로 한국을 부정하는 자는 세계의 존재성도 긍정치 못할 것이다.

우리는 이러한 과학적 이념에 입각하여 세계 구성의 단위인 자아의 독립 생존을 제1로 주장하고, 제2로 타인의 독립 생존을 존중하며 이러한 과정 중에서 다시 진일보하여 각 민족의 수준이 모두 나란히 되면 비로소 세계 한가족의 최고 이념이 최후적으로 완성되는 것이다. 이것이 과학적이며 또 실천적인 이론인 것이다.

만천하의 동지들아! 3천만의 동포들아! 이 정당한 지침이 가리키는 곳을 향하여 용맹하게 나아가고 매진하자! 그곳에 우리의 생존이 있고 세계 인류의 행복이 있는 것이다.

한국독립당 제1차 전당대표대회 선언[39]

작년(1940년) 5월 9일에 본당이 창립된 이후 1년 만에 이번 본당 제1차 대표대회가 소집되었다. 적의 공습 중에서 몇 주간의 밤과 낮에 개회함으로써 회의가 순조로이 진행된 이때에 본 대회는 먼저 순국선열의 영령을 추경추모追敬追慕하고, 전방에서 우방 전우와 함께 혈전하는 영용英勇한 장병 전체에 향하여 삼가 위로하며, 국내외 각계 동지와 동포와 미주에서 피와 땀이 밴 물력物力과 정력을 기울여 임시정부와 광복군을 후원하는 여러 동포에 향하여 진심 어린 존경의 뜻을 표하며, 일반 당원 및 동포에 향하여 본당의 본령本領(근본 강령)과 장래 수행할 각종 책략에 관하여 일언을 고하

---

39   이 글 「한국독립당 제1차 전당대표대회 선언」은 1941년 5월 열린 제1차 전당대회에서 발표
      된 것이다. 당의 강령인 삼균주의에 기반한 혁명의 수행을 논하는 글이다. 국한문 혼용체. 이
      문건 역시 소앙이 작성하였다. 1941년 11월 28일 공포되는 「대한민국건국강령」의 초안에 해
      당된다.

려 한다.

본당은 창립된 지 얼마 되지 않은 중에 외진 곳에서 개회되었으므로[40] 다수 대표가 뜻하는 대로 집합하지 못하였으나, 산시성·윈난성·쓰촨성 세 곳에 분포한 각지 당원의 의사와 정견을 대표함에 충족한 회의가 성립된 것은 주변 환경에 비추어 오히려 다행한 일이었다.

원래 세 당을 합하여 한 당을 건립한[41] 결과로 수십년 동북 각성에서 맹렬히 분투하던 혁명 주력군이 본당에 가입되고 미주 한인교포〔韓僑〕 각계의 유력한 주동 역량이 직접으로 본당에 합류한 외에 최근 미주 두서너 단체의 대규모적 통일운동과 합작 형세는 간접으로 본당의 형세와 기초를 조장하며 공고하게 하였다. 민국 원년[42] 전후해 수십년 내로 중국 장쑤·저장 두 성을 중심으로 한 상하이운동의 정화精華가 본당의 주요한 부분으로 집중되고 기타 방면의 여기저기 흩어진 민족운동의 거물도 거의 본당을 중심으로 한 목소리로 호응하여, 본당의 조직과 드러난 형세가 어느 시기의 어느 집단보다 견실하고 웅장하게 위엄을 떨치게 된 것은, 현 단계의 주요한 임무와 상응배합相應配合하였음을 넉넉히 증명하겠다.

신미辛未(1811년)에서 갑자甲子(1864년)[43]까지 홍경래洪景來와 최제우崔濟愚의 정치혁명의 흥기와 쇠락은 차치하고, 갑신甲申(1884년 갑신정변)에서 병신丙申(1896년 아관파천)까지의 민족운동 즉 반청反淸 독립운동으로부터, 병신에서 계묘癸卯(1903년)까지의 대외 주권확립운동과 대내 민주운동의 독립협회 시기까지를 합하여 민족운동 계몽 시기라 할 것이며, 갑

---

40 중국 국민정부가 1938년 쓰촨으로 피난가면서 충칭(重慶)을 전시수도로 정했다. 임시정부도 역시 쓰촨성 충칭으로 옮기는 과정에서 그에 속한 치장현성(綦江縣城)이라는 곳에서 이 대회를 열었다. 1940년 9월 임정은 충칭에 안착했다.

41 한국국민당·한국독립당·조선혁명당이 1940년 5월 8일 3당 해체선언을 발표하고 통합정당으로 (통합)한국독립당(또는 중경한국독립당)을 창립했다. 그로부터 1년 지나 1차 전당대회를 열고, 바로 이 문건을 채택한 것이다.

42 중화민국 원년 곧 신해혁명이 성공한 1911년을 가리킨다.

43 신미년에 홍경래의난이 일어나고, 갑자년에 최제우가 처형되었다.

진甲辰(1904년 한일의정서 체결)·을사乙巳(1905년 을사조약 체결)에서 경술庚戌 (1910년 한일강제병합)·신해辛亥(1911년)까지의 의병운동, 국권회수운동 시기 로부터 신해·임자壬子(1912년)·경술년의 국내외 혁명역량 잠복·양성 시기 를 반일 독립운동 시기라 할 것이며, 기미己未(1919년 3·1운동)에서 기사己巳 (1929년) 10년간의 대중폭동과 독립군 혈전 고조기로부터 기사에서 신사辛 巳(1941년) 연간의 삼균제도(정치·경제·교육의 3대 균등) 주창 시기까지를 반일 민주독립운동의 초기라 하겠다. 종합하여 말하면, 약 60년간에 여러 서로 다른 주동자로 여러 상이한 형식을 통하여 잡다한 민족운동을 각각 추진 하였다. 그러나 우리 운동계에서 일정한 이념〔主義〕을 가진 근대식 혁명단 체의 조직은 3·1운동 이후 1930년 전후에 비로소 동북과 상하이에서 궐기 하여, 삼균제도의 건국을 전제로 한 파괴와 건설의 강령을 걸고 새로운 기 치를 날리기 시작하였다.

이상의 혁명의 올바른 맥락을 계승하여 다시 새로운 진용과 기치를 재 정비해 나서게 된 본당의 연원을 되돌아보자면, 가까이 잡더라도 10여년 이며 멀리 거슬러 올라가면 신미·갑자 당시부터 100여년의 정치와 민족혁 명을 통하여, 당의 토대와 조직과 이념과 정강 및 정책이 단련되고 키워졌 음을 재인식하자. 본당은 이렇게 보귀寶貴한, 유혈·참화·도살·음해·압박 등 각종 풍상을 체험한 대중의 피바다 속에서 발전되고 탈바꿈하여, 마침 내 우리 민족이 공동 갈구하는, 우리 대중에게 절실히 수요되는 이념인 삼 균제도의 건국강령을 높이 내걸고, 민족의 영광스러운 역사적 임무를 다하 기 위하여 전국을 대표하고 독립운동을 담당하고 있음을 밝히 선언한다.

본당은 우리 전체 민족으로 더불어 영원히 할 바 임무를 규정하고 복 국·건국·치국 및 세계 한가족〔一家〕의 네 단계에 일관하게 추진해나갈 원 칙을 밝혔다.

(1) 첫째로 혁명방식, 즉 독립운동의 행동책략으로 목전에 실행할 7대 당책黨策을 걸어 복국운동 단계의 활동할 바를 규정하고 삼균제도를 선전하여서 적을 파괴하고 조국을 광복하고 민족을 부활하고 인류를 구제하고 군대를 훈련할 것을 규정하였다. 이제 다시 7개 당책을 열거하자.

① 당 이념〔黨義〕·당강을 대중에게 적극 선전하여 민족적 혁명의식을 환기할 것.

② 국내외 우리 민족의 혁명역량을 집중하여 광복운동의 총동원을 실시할 것.

③ 장교 및 무장 대오를 통일 훈련하여 상당한 병력의 광복군을 편성할 것.

④ 적 일본의 모든 침탈세력을 박멸함에 일체 수단을 다하되 대중적 반항, 무장적 전투, 국제적 선전 등 일련의 독립운동을 확대·강화할 것.

⑤ 대한민국 임시정부를 옹호하고 지지할 것.

⑥ 한국독립을 동정 혹은 원조하는 민족과 국가와 연락하여 광복운동의 역량을 확대할 것.

⑦ 적 일본에 향하여 항전 중에 있는 중국과 절실하게 연락하여 항일 동맹군의 구체적 행동을 취할 것.

(2) 둘째로 복국이 완성되는 때에 건국 단계가 시작될 것이다. 혁명적 이론에 근거하고 한국 역사와 객관 정세에 필연적으로 수요되는 7대 정강을 건국강령으로 하여 건국운동 단계의 최고임무로 규정하였다. 삼균제도로써 국가와 사회를 창립하여 민주정치와 균등정책을 건국의 주요 목적으로 확립하였다. 이제 7대 조항 건국강령을 열거하자.

ㄱ. 국토와 주권을 완전 광복하여 대한민국을 건립할 것.

ㄴ. 우리 민족 생존의 기본조건인 국토·국권·국익〔國利〕을 보위하며 고

유한 문화와 역사를 발양할 것.

ㄷ. 보통선거제를 실시하여 국민의 참정권을 평등히 하고 성별·교파敎
派·계급 등의 차별이 없이 헌법상 국민의 기본권리를 균등화할 것

ㄹ. 토지와 대생산기관을 국유로 하여 국민의 생활권을 균등화할 것.

ㅁ. 국민의 생활상 기본지식과 필수기능을 보급함에 충족한 의무교육을
국비로 실시하여 국민의 교육권〔修學權〕을 균등화할 것.

ㅂ. 국방군을 편성하기 위하여 국민에게 의무병역을 실시할 것.

ㅅ. 평등호조〔互助〕의 우의로써 우리 국가와 민족을 대우하는 국가 및 민
족으로 더불어 인류의 화평과 행복을 공동 촉진할 것.

(3) 셋째로는 건국이 완성되고 치국 단계에 도달하는 때에 최고임무로
삼균제도의 고급적 이론 및 계획에 비추어 대내문제로는 국민 각 개인의
지력·권력 및 부력富力을 균등화하며 대외문제로는 민족 대 민족의 평등
과, 국가 대 국가의 평등을 구체적으로 실시할 것을 규정하였다.

(4) 넷째로는 치국이 완성되는 때에 비로소 세계 한가족의 단계로 도달
할 것이다. 곧 국가 존립의 필요와 민족 대립 혹은 국가 대립의 조건이 소
멸되어 인류 지상의 세계 본위가 공동으로 확인되는 시기에 세계 한가족
의 최고단계로 인도할 것이니 이는 우리 민족의 최후 임무로 규정된 세계
한가족의 단계이다.

시간상으로 네 단계에 분별하여 일종의 순서를 정하는 것은 결코 기계
적으로 고착하자는 것이 아니므로 제1단계인 복국 시기에도 제2단계의 건
국 임무를 담당할 인재 양성과 계획 수립이 불가결한 예비 과정으로 규정
될 것이다. 제2단계의 건국 시기에도 건국을 주요 임무로 하되 치국에 필
요한 인재와 계획을 수립하여 구체적 방안과 역량의 예비가 또한 주요 임

무로 규정되어야 할 것이다. 제3단계의 치국 시기에도 치국을 주요 임무로 하는 한편으로 세계 한가족에 관한 일체의 준비행동을 불가결로 이행하여 1, 2, 3, 4단계가 순차적으로 인접하게 질서정연한 계획적 활동에 의하여서만 우리 민족의 위대한 창조적 진화와 찬란광휘한 신문화의 서광을 인류에 투사할 수 있는 것이다.

현재 우리 민족의 활동 과정은 제1단계, 즉 복국 단계의 초기에서 진행 중에 있음을 인식하자. 복국운동 초기에 있어서는 민족 대립 투쟁을 전개함에 주요 임무를 가진 고로 민족정기의 용맹을 고려하여 혁명적 본질로써 광복 대상의 각 방면, 즉 국토·국권·국민 및 정부를 우리 수중에 수복할 것은 물론이며, 정치·경제·교육의 일체 형식 기구와 실제 내용을 완전하게 우리 수중에 수복·장악할 것을 각오하고 나가자. 즉 정치·경제·교육의 독립화를 쟁취하기 위하여 삼균제도로써 민족을 당화黨化(당이 이념으로 교화)할 뿐만 아니라, 정치를 당화하고 경제를 당화하고 교육을 당화하기에 착수하며 진공進攻하지 않으면 안 된다. 동시에 다음 단계의 건국 시기에 필요할 인재와 계획을 예비하며 실습하지 않으면 안 된다. 그러므로 복국 단계의 초기 임무는 이상에서 설파한 것과 같으니 구체적으로 말하면,

1) 독립을 선포하고,

2) 국호를 확립하고,

3) 정부 및 의회의 전형典型을 건립하고,

4) 독립에 필요한 정부 조직, 훈련 및 혈전을 실행하며 계속함으로써 복국의 초기 단계의 임무로 한다.

또한 우리는 복국 기간 중에 있어서도 초기 단계를 넘지 못하였다. 초기 단계를 넘어서 복국기의 제2단계로 접속하자면 최저한도로 3개 조건을 쟁취하여야 한다. 즉,

1) 당·정·군의 일부가 국토 내부에 자리잡을 것.

2) 국토의 일부를 수복할 것.

3) 국제적인 승인을 받을 것.

이상 세 조건의 완성으로써 복국의 제2단계, 즉 중기中期라 할 것이다. 제1단계에 있는 우리의 목하 임무 중 가장 중요한 것이 제2단계의 세 조건을 준비하며 실행하기에 노력하는 것이다. 제2단계를 성공한 뒤에야 제3단계에 도착할 것이니 복국 제3단계의 임무는,

1) 국내에서 적을 완전 쫓아내고 국권의 수복을 완성할 것.

2) 정부와 의회가 확립되어 건국의 실제적 예비 임무가 개시될 것.

3) 관련 각국과 조약을 체결할 것.

이상 세가지 임무가 완료되는 때가 즉 복국의 완성기라 할 것이다. 건국·치국 및 세계 한가족의 단계에도 각각 단계 안의 단계가 있어야 할 뿐임을 이에 말한다. 현재 우리 민족의 일치 협력할 최대 임무는 본당의 당강·당책으로 규정된 7대 정책이 그것이다.

이상에 열거한 당강·당책과 창립선언에 발표한 당 이념〔黨義〕을 보아 본당의 임무가 밝히 드러나게 될 것이며, 일반 대중은 본당이 표방한 바를 보아 향배를 결정할 것이다. 이제 아래와 같이 본당의 본질을 대중에게 발표함은 대중의 진로를 명시하자는 것이다.

(1) 한국독립당은 역사적 유풍遺風과 순국선열의 정기正氣를 집중 계승하여 민족운동의 동력이 되며, 신도덕의 활력소가 되는 일종의 원동력을

가지고 일체 이론을 실행하며 힘써 실천하는 발동기가 되게 하자는 것이다. 용감·성근誠勤·투명〔通明〕·공평으로써 국가 광복으로부터 세계 한가족에 이르기까지의 네 단계에 일관한 동력이 되게 하여, 정치·경제·교육의 3권을 이민족 수중에서 독립화하고, 봉건 유습과 이기적 완고함에서 혁명화하고, 대립된 계급과 불공평한 소유와 생산 분배를 균등화하고, 미신·어리석음·무계통한 암흑 속에서 과학화하여, 정치적으로 경제적으로 교육과 문화상으로 우리 민족의 완전한 균생제도均生制度의 신사회를 건립하자는 것이다.

(2) 한국독립당은 오직 혁명적 방식을 가지고 당·정·군·민 상호의 배합을 통하여 복국으로부터 세계를 한가족으로 만들 삼균제도를 실현하자는 것이다.

(3) 한국독립당은 우리 민족의 정치독립을 절대로 주장하고 적 일본의 통치시설을 박멸하여 우리 민족끼리의 독립정치를 쟁취하려 한다. 독립정치를 쟁취하지 못하고는 우리 민족의 생존과 자유가 박탈되기 때문이다. 그러나 형식상 정치독립에만 심취하던 맹목적 운동은 이미 과거에 속한 운동이다. 우리는 독립의 형식 속에 혁명의 본질을 내포하며, 혁명의 형식 속에 민주적 균등을 내포하며, 민주적 형식 위에 과학적으로 구체화한 실제 시설로써 정치·경제·교육의 실익을 인민 각각이 균등하게 누리도록 강렬하게 주장하며 힘써 행하는 중이다. 정치 부분이 중대하지만 정치만을 적 일본에서 분리하여 독립의 빈 껍질만을 가지게 된다고 가정하면, 적은 경제와 교육의 실권을 장악하고 한사코 놓아주지 않을 것이다【보호국·식민지국가의 상태】. 그러므로 본당은 정치에만 착안하지 않고 경제의 독립과 교육의 독립을 동시에 해결하기에 주의注意를 집중한다. 적 일본의 통치계급과 적의 수중에서 정치권·경제권 및 교육권을 단호히 탈환할 것을

목표로 하고 혈전을 계속하는 중이다. 탈환 즉 광복이 완성되는 즉시에 혁명화·균등화·과학화의 순서로 철저하게 적용하는 것이다.

(4) 한국독립당은 이상과 같이 정치·경제·교육에 대하여 독립을 선포하고 혁명을 포고하고 균등화·과학화할 것을 예비한 것이다. 국내 민족에 향하여 또는 세계 인류에 향하여 무한한 책임을 지고 과감하게 돌진하는 중이다.

(5) 한국독립당은 운동방식에 있어서 자유연합을 배격하고 민주주의 중앙집권제를 채용하여 ① 소수는 다수에 ② 하급은 상급에 ③ 개인은 조직에 복종할 것을 규정하였다. 건설 시기에 있어서도 국가와 정부와 법령과 군·경을 수요하는 때문에 본당은 무치無治주의[44]와 구별하지 않으면 안 된다. 또는 동일한 중앙집권제를 취한다 하여도 의결의 독자성을 없애고, 외부 명령에 제약되고, 건국·치국의 자립성을 포기하고, 대국가[45]의 종주권을 승인하여 이에 부속 가맹할 것을 미리 정해둔 노선을 불변할 절차로 하는 공산주의와 구별하지 않으면 안 된다. 민족문제의 해석이 다르고 계급투쟁 지상주의와 무산독재 제일주의를 공식적으로 기계적으로 맹종하는 당과 구별하지 않으면 안 된다. 서로 다른 점을 다른 노선〔異線〕의 지속〔始終〕으로 보고, 공통한 문제는 여기서 거론할 바가 아니다. 더구나 파시스트당이나 나찌스당과는 같고 다름을 비교해 논의할 여지도 없다.

다음에 민족문제에 있어서 세계 무산혁명의 입장에서 보는 표준과 관점을 지적하고 열거하여 본당은 그것이 아님을 간접적으로 표시하자. 저들이 주장하는 바 ① 부분 이익은 전체 이익을 위해 희생할 것【한 민족 단위 대 세계문제】, ② 무산혁명을 이룩한 기존 국가에 가입할 것을 선결조건으

---

44 무정부주의를 의미한다. 소앙이 1920년대에 품은 무정부주의적 지향과는 거리가 멀어졌다.
45 소련을 의미하는 듯하다.

로 하여 피압박민족·식민지민족·반￢식민지민족의 독립을 도울 것, ③ 무산혁명의 이익과 일치한 한도에서만 민족혁명의 독립운동을 도울 것, ④ 본질적으로 무산혁명 성공 전에는 혼자 힘으로 독립하기 불가능한 것, ⑤ 무산혁명당의 영도권을 승인하는 한도에서만 민족당과 연맹 혹은 통일전선을 취할 것, ⑥ 피압박민족의 혁명역량을 잠시 이용하여 무산혁명화할 것, ⑦ 피압박민족이 그 통치국의 문화 및 경제에까지 접근될 때에는 피압박민족의 독립은 불필요로 하는 것【과거 폴란드 문제】, ⑧ 일개 식민지국가의 협애한 사회주의 혁명은 불가능 또는 불필요한 것【제국주의의 통치를 소멸하기 전에는】. 이상에 열거된 견지에서 한국의 특수성을 전제로 하여 그들의 견지와 본당의 견지가 같지 않은 것만을 표출한 것이다.

(6) 한국독립당은 다음의 각 계층을 충실하게 대표할 필연성을 말하자.

ㄱ. 한국 전체 민족 중에서 한국의 완전한 독립의 성공을 민족적 의식과 개인적 양심으로 갈망하는 각 계층의 이익을 대표한다.

ㄴ. 한국독립당의 이념〔主義〕과 정강·정책이 실현될 것을 각자 계층의 입장으로 보아 중점적으로〔中心〕 환영하는 각 계층의 이익을 대표한다.

ㄷ. 한국독립당의 이념·정책의 실현에 따라 자기네들의 이익이 보장될 것을 명백히 인식하는 그네들의 이익을 대표한다.

(7) 한국독립당의 기본 대오基本隊伍를 열거하면, ① 소작농과 자작농 ② 공장노동자 ③ 각종 일용직 노동자와 서울과 지방의 무산자 ④ 극빈층의 떠돌이 생활자 ⑤ 도시와 향촌의 중소 상공업체 ⑥ 각종 직업계 ⑦ 각층 지식계급 ⑧ 각 종교와 문화단체 소속자 ⑨ 소자산·소지주층과 서울과 지방 군인층. 그네들을 포괄하여 본당의 기본 대오로 하고, 대지주·대생산기관·비협력분자와 적 세력에 합류된 관공리와 군인·경찰층에서 바른 길로 돌아설 소질을 가진 각종 인물은 본당의 발전, 즉 독립운동의 진전에 따라 본

당의 충실한 옹호자가 될 것이다. 그런고로 결국은 복국 완성기까지 반독립운동과 반동범죄적 공작을 계속하는 염치 없는 부류를 제외한 이외의 전체 한국 민족의 절대다수가 본당을 지지 옹호할 것이며, 그네들의 이익을 정확하게 옹호하고 대표하기 위하여 본당은 혁명적·결사적 투쟁을 계속하여 최후 성공기까지 매진하자는 민족적 유일당임을 다시 한번 선언한다.

보라, 현재 한국의 실제 정세상 한인 전체로 하여금 독립당 이념의 성공을 갈망하는 구체적 조건의 몇 가지를 들어보자. 전한국 총자본의 경제력이 대략 1억원 이상이라 한다. 당연히 우리끼리 소유하고 사용하여야 할 것이지만 왜적은 60만인으로 한국을 뒤따라 공격〔追攻〕하여 국부國富를 계속적으로 빼앗지 않느냐.

(1) 1년에 거둬들인 1천만석의 백미는 한인 1명 1년 5두의 소비에 대하여 한국 거주 일인 1명 1년 1석 2두.

(2) 5대 도시의 토지소유 면적은 한인보다 일인은 36배.

(3) 회사 자본 소유가 한인보다 일인은 54배.

(4) 전기가스업 자본 소유가 한인보다 일인은 109배.

(5) 운전업 자본 소유가 한인보다 일인은 68배.

(6) 광업 자본 소유가 한인보다 일인은 160여배.

(7) 어업 자본 소유가 한인보다 일인은 461배.

(8) 농업 자본 소유가 한인보다 일인은 93배.

(9) 임업 자본 소유가 한인보다 일인은 323배.

(10) 상업 자본 소유가 한인보다 일인은 26배.

(11) 금융 자본 소유가 한인보다 일인은 28배.

(12) 공업 자본 소유가 한인 4퍼센트에 대하여 일인은 92퍼센트.

(13) 봉급은 한인 1명 1원에 대하여 일인 1명은 4원.

(14) 연 5백원 납세자 전 인구 10만인 중 한인 2명에 대하여 일인은

107인.

경제문제에서 한·일 양 민족의 대비는 계급 구성이 같을수록 엄중히 첨예화한바, 이 10여년의 통계숫자로서 이상과 같다. 그뿐 아니라 교육·정치 기타 일체가 이와 같이 손님이 오히려 주인이 되지 않는가. 이러한 열악한 지위에 처한 각계 각층이 반드시 강도 일본에 대한 혈전 중에 있는 본당을 옹호 지지하지 않을 수 없는 것이다. 각 계층의 옹호를 받을 수 있는 본당은 전체의 이익을 위하여 맹렬하게 주력전을 계속하여야만 할 것이다.

본당은 당원 전체를 동원하며 무장하여 대한민국의 국군인 광복군의 주력이 되어 각 전선에서 대규모의 혈전을 계속하는 중이다. 적은 2백만인의 육군 정예부대가 중국 전장에서 다치거나 죽어 거의 무너졌으며, 270억원은 중일전쟁 비용으로 벌써 소비되었고, 국제적 지위는 실제상으로 극단의 고립상태에 빠졌으며, 전후방의 반전 사상과 피폐·마비·비겁·공포의 심리가 전체 전선의 일군日軍을 포위하여 날카로운 기운이 꺾이고 군율이 추락되고 광대한 지역에 분산된 일군은 두루 다 돌볼 수 없어 서로 연결되지 못하는 곤경에 빠졌음은 적 자신이 스스로 인정하는 실정이 아니냐. 소·일 중립협약[46]은 외면상으로 적에게 유리한 것 같으나 실제상으로는 적의 육군이 중일 전선의 진흙탕 속에 짓밟혀 중국의 장기 항전으로 치명상을 받은 기회를 이용하여 적의 해군 실력을 몰아서 태평양에 침몰시키려는 일종의 외교상 전술로서의 작용을 쉽게 간파할 수 있다. 적의 허욕이 도발할

46　　1941년 4월 13일 모스끄바에서 소·일 양국 간에 조인된 중립조약. 일본은 독일·이탈리아와의 삼국동맹 체결 이후 남진정책을 취하고 있었으므로 북방으로부터의 불안을 제거하려 했으며, 소련은 발칸반도를 둘러싼 독일과의 긴장 격화를 앞두고 일본과 우호관계 유지를 필요로 하였기 때문에 이 조약이 맺어졌다. 그러나 1945년 2월의 얄타회담에서 미국·영국의 요청을 받은 소련은 대일(對日) 참전을 약속하고, 같은 해 4월 5일 이 조약의 폐기를 일본에 통고했다.

수록 적은 자멸에의 달음질을 가속도로 할 것이며 거리낌이 없어질수록
적의 재앙적 업보〔孽業〕를 축적하는 데 잠시 편의를 얻게 될 것이다. 보라,
3천만 조국의 민족은 5천년 역사의 싱싱한 줄거리가 있다. 3천만의 동북
인민은 벌써 반일군의 예비대가 되었다. 4억 5천만 중국 국민의 항전 결심
은 영·미의 원조와 상응하여 전보다 백배 천배로 견지하고 있다. 중국전
에서 패전을 증명하게 된 적 일본은 다시 호언할 여지가 없고 호랑이 등에
탄 추세로 부득이 남진을 실행한다 하여도 일본 제국주의의 최후 몰락을
재촉할 뿐이다.

　본당은 이미 중국 항전 장병과 절실한 동맹제휴의 군사관계를 맺고 미
국과 중요한 교제관계를 타개打開하였다. 이번 전쟁 국면은 우리 독립 문
제와 밀접한 국제적 외교관계를 이미 맺었다. 동아시아〔遠東〕의 영원한 화
평이 오직 서로 떠날 수 없는 중국의 승리와 한국의 독립을 완성함에 있음
은 세계적으로 공인된 바이다. 세계 전쟁 국면은 민족주의 승리를 장악하
고 불합리하고 무자비하게 패망을 당한 수십개 약소국가와 민족의 부흥을
담보하고 있음을 확단確斷한다. 1차대전 끝에도 우리는 위대한 민족혁명
을 발동하지 않았는가. 2차대전의 끝에는 우리 민족문제에 대한 유리한 조
건이 1차대전 당시에 비하여 몇백배 정확한 객관정세가 존재하였음을 누
가 부인하랴. 시기는 왔다. 조국 광복을 위하여 일치 협력하자.

5장
세계, 동아시아 질서의 모순들
한중관계 및 국제정세

한중문화협회성립선언[1]

대한민국 24년, 대중화민국 31년[2] 10월 11일, 한국과 중국 두 나라 인사는 중국의 전시수도 충칭重慶[3]에 모여 한중문화협회를 성립하고, 특별히 한국과 중국 두 나라 동포, 그리고 우방의 인사들에게 다음과 같이 삼가 알린다.

한국과 중국은 영토가 인접하여 수천년 동안 깊은 우호 관계를 맺어왔다. 문화로 말하면, 서로에게 크게 도움이 되는 관계여서 동아시아의 영광

---

1   이 글 「한중문화협회성립선언(韓中文化協會成立宣言)」은 1942년 10월 11일 충칭에서 발족한 한중문화협회 창립선언문이다. 중문체. 소앙은 1월에 항일 공동전선 형성을 위한 여론 조성에 기여할 한중문화협회를 조직하자고 제안해, 10월에 그 성립식이 성대하게 개최되었다.

2   1942년을 표기하는 방식이 정치적 정당성과 연관되어 있음이 주목된다. 1919년 상하이임시정부의 공화정 수립을 기년으로 한 대한민국 몇 년이란 표기와 나란히 1911년 청조를 타도하고 공화혁명에 성공해 수립된 중화민국을 기년으로 한 중화민국 몇 년이란 표기가 차례로 제시되어 있다.

3   일본 침략으로 수도인 난징을 떠나 서북 지방의 도시 충칭으로 옮겨 간 중화민국 정부를 따라 한국의 상하이임시정부도 그곳을 거처를 삼았다.

을 성대하게 하였다. 국방으로 말하면, 입술과 이처럼 서로 의지하는 관계여서 실제로 화와 복을 함께하였다. 한국이 멸망한 뒤부터 저 왜노倭奴가 강대해져서 중국이 수레의 덧방나무〔輔車〕[4]를 잃어버렸으니, 동아시아가 마침내 편안한 날이 없게 되었다. 저 왜노는 진실로 한국과 중국의 문화와 교육〔文敎〕이 남긴 실마리〔餘緖〕를 훔쳐서 점차 문명을 열더니, 끝내 흉악한 본성으로 한국을 멸망시키고 중국을 망하게 하고자 하였다. 동아시아를 제패하겠다는 악한 마음을 가진 저들은 실로 한국과 중국의 원수이며, 또한 동방문화의 해충 같은 도적이다. 다행히 장蔣 위원장[5]이 중국을 영도하여 떨쳐 일어나 항전하였다. 이 신성한 전쟁의 목적은 단순히 중국의 안전을 영구히 보전하는 데 있는 것이 아니다. 동방 문화를 발양하여 위기에서 벗어날 정신을 북돋워 동아 각 민족을 왜노의 노역에서 모두 벗어나게 하는 데 있으니, 한국의 독립은 동아시아 평화를 위해 없어서는 안 될 요소이다.

한국이 망한 이후 뜻있는 인사들이 광복을 도모하는 데 뜻을 두어 목이 잘리고 피를 흘리면서도 앞사람이 넘어지면 뒷사람이 이어나갔다. 또한 중국에 임시정부를 성립하고 독립운동을 영도하며 굳세게 분투하여 20여 년을 하루처럼 하였다. 중국의 조야朝野(정부와 민간)는 형제의 나라가 왜구에 몰락되는 것을 참지 못하고 한국의 독립에 깊은 동정을 보내었다. 중국의 승리가 곧 한국의 승리임을 잘 알고 있는 한국의 지사들도 중국의 항전에 열렬한 지지를 보냈다. 중국을 위해 헌신한 자가 얼마나 되는지 가늠하기 어려울 정도이다. 최근에는 더욱이 광복군을 성립하였으니 조직적 참

4　원문은 "보거(輔車)"로 한국과 중국의 밀접한 관계를 비유한 표현이다. 『춘추좌전(春秋左傳)』 희공(僖公) 5년조에 나오는 고사에서 유래한 것이다. 진나라가 괵(虢)나라를 공격하기 위해 우(虞)나라에 길을 빌려달라 하자, 우나라의 궁지기(宮之奇)가 우와 괵의 관계를 말하면서, 두 나라의 관계가 밀접하니 괵이 망하면 우 또한 지키기 어려울 테니 거절하라고 간언했다. 이때 "수레의 덧방나무와 바퀴가 서로 의지하고, 입술이 없으면 이가 시리다(輔車相依 脣亡齒寒)"라는 속담을 인용했다.

5　당시 국민당 영도자인 장제스(蔣介石)를 의미.

전을 위함이다. 오늘 공동의 적을 타도하기 위한 협력은 반드시 만년을 이어온 우호관계를 더욱 돈독하게 할 것이다. 한국과 중국 양대 민족은 과거에 장구한 역사가 있고, 오늘날에 공동의 적이 있으며, 미래에 공동의 책임이 있다. 우리는 이러한 점에 비춰 한중문화협회를 발기하며 협회 성립의 두가지 취지를 밝히고자 한다.

첫째, 한중 두 나라의 문화를 발양하며 양대 민족의 영구한 협력을 강화하자는 것이다.

아시아의 오래된 문명국은 서아시아와 인도 말고는 한국과 중국이 선진적이었다. 중국 문화의 찬란한 빛은 오랫동안 이미 세계에 빛나고 있으며, 한국 또한 문학·철학·공예 영역에서 독창적으로 창조한 유산이 있다. 정의와 평화를 숭상하는 것은 진실로 양대 민족의 문화에 담긴 공동의 정신이다. 또한 양대 민족의 역사 관계가 밀접하고 인민의 교류가 빈번함으로 말미암아 중국 중원문화가 한반도에 유입되어 간접적으로는 일본〔東海〕[6]에까지 전해졌고, 거꾸로 한국문화도 중국에 전해졌다. 양대 민족 문화의 위대한 정신을 우리가 직접 발양하고 번성하게 해야 한다. 양대 민족의 선조들이 만세에 걸쳐 맺은 깊은 우의를 우리가 직접 소중히 여겨 증진해야 한다.

둘째, 한국과 중국의 상호원조를 촉진하여 동아시아의 영구한 평화를 정립한다.

지리 환경이라는 결정적 요소로 인하여 한국과 중국은 반드시 협력하고 공존해야 한다. 한국의 입장에서 보자면 중국은 등 뒤의 든든한 버팀목이요, 중국의 입장에서 보자면 한국은 실로 선봉이라 할 수 있다. 당나라 때와 명나라 때, 호전적이어서 난을 일으킨 왜구에 저항하기 위해, 양대 민족은 역사적으로 이미 장기간 협력한 일이 있었다. 지난 수십년간 왜구가 적

---

6 원문에는 동해로 표기되었는데, 일본으로 이해해야 옳을 듯하다. 중국에서는 청일전쟁을 '중동전쟁(中東戰爭)'으로 호칭하듯이, '동양(東洋)'을 일본으로 호명한 바 있다.

극 추진해온 이른바 대륙정책의 궁극적 목적은 중국을 멸망시키고 세계를 정복하는 데 있다. 그 첫걸음으로 왜적들은 한국을 병탄하였다. 그러므로 중국의 국난은 선양瀋陽 함락에서 비롯된 것이 아니라, 실제로는 한국의 독립이 보전되지 못한 때부터 이미 시작된 것이다.

중국이 일본의 대륙정책을 철저히 소멸시키기 위해 전략적으로는 한국 독립이 반드시 중국의 작전 목적 안에 포함되어야 한다. 동아시아의 평화를 영구히 보전하기 위해서는 삼민주의7를 건국정신으로 삼은 중국이 동아시아 약소민족을 도와줄 책임이 있다. 하물며 한국과 중국의 우의는 손발과 같으니 도의상 더더욱 마다할 수 없는 일이다. 또한 중국은 「루스벨트·처칠 선언」8에 서명한 나라이니, 마땅히 앞장서 3천만 위대한 민족의 독립을 도와야 한다. 태평양전쟁이 발발한 이후 평화를 애호하는 민족은 모두 공동의 전선에 나란히 섰다. 미래 동아시아 평화를 건설하는 과정에 각 우방은 모두 다 신성한 책임이 있다. 한국과 중국 양대 민족은 역사·지리·문화 관계가 가장 밀접하니 그 책임은 더욱 중대하다.

총괄하면, 글로써 벗을 모아 동방문화의 찬란한 빛을 함께 드날리고, 벗으로써 인을 도와9 동아시아 평화의 기초를 함께 세우는 것이 바로 우리 협회의 양대 사명이다. 중국은 항전에서 반드시 승리할 것이며, 한국은 반드시 독립을 이룰 것이다. 양대 민족이 영구히 협력하면 왜구가 침략하는 화근을 반드시 두절시키고, 동아시아의 영광을 다시 세울 수 있을 것이다. 동아시아의 부흥이라는 위대한 과업은 반드시 양대 민족의 현명하고 재능

---

7   1905년 쑨원이 제창한 중국혁명의 기본 이념으로, 민족주의·민권주의·민생주의로 구성됨.

8   미국이 2차대전에 본격 참전하기 전인 1941년 8월 14일 미국 대통령 루스벨트와 영국 수상 처칠이 전후 문제의 처리 방향을 포함한 세계질서의 재편을 예고하는 「대서양헌장」을 발표함.

9   원문에 나오는 '이우보인(以友輔仁)'은 『논어(論語)』 「안연(顏淵)」에 나오는 "군자는 글로써 벗을 모으고, 벗으로써 인을 돕는다(君子以文會友, 以友輔仁)"라는 구절에서 연유한 것이다.

있는 인사들의 도움과 우방 인사들의 환영을 얻을 수 있으리라 우리는 굳게 믿고, 삼가 이에 선언한다.

화교폭동사건에 대한 한국 상하이임시정부 외무장의 성명서[10]

(직함은 생략) 근래 한국 내에서 발생한 화교폭동사건〔華僑慘案〕[11]은 무고한 중국인을 많이 다치거나 죽게 하였습니다. 본 정부는 그 소식을 듣고 몹시 놀라 국내 민중에게 즉시 중국인 배척〔排華〕을 제지하도록 하였을 뿐만 아니라, 별도로 국내 동지들에게 단단히 이르기를 확실하게 관리 단속하여 일본인의 간사한 계략에 빠지지 않도록 하였으니, 이러한 풍조가 다시는 널리 퍼지지[12] 않을 것이라고 깊이 확신합니다. 이렇게 엄중한 때 한국과 중국 양측의 민중은 마땅히 진정하고 인과관계를 정밀히 조사하고 사후 처리 방안을 강구하여 혹시라도 의기意氣와 감정으로 복수하기를 반복하지 말아 두 민족의 혈육이 일본에 희생되지 않도록 해야 합니다. 본 정부는 일찌감치 생각이 여기에 미쳐 작년 가을 이후로 여러 차례 중국 당국과 자세한 사정을 논의하였고, 화교에 대한 압박을 완화해 일본 정부가 기회를 틈타 농간하지 못하도록 하였습니다. 어찌 화근을 미연에 방지하는 계책을 시행하지 않아서 화급한 재난이 닥쳤겠습니까.

이번 화교 사건의 원인을 조사해보니 그 형세가 상당히 복잡합니다. 먼저 일본 측면에서 보면 다음과 같습니다. (1) 중국 국민의 혁명 역량의 발

---

10 이 글 「조선주호임시정부외무장대화교참안소발표성명서(朝鮮駐滬臨時政府外務長對華僑慘案所發表聲明書)」는 1931년 7월에 발생한 완바오산사건 직후에 임정 외무부장으로 발표한 성명이다. 중문체.

11 원문에 나오는 '화교참안(華僑慘案)'을 '화교폭동사건'으로 옮긴다. 중국어에서 '참안'은 인명이 다수 살상당한 비참한 사건으로 그 파급이 크고 엄중한 경우에 쓰인다.

12 원문에는 '만정(蔓廷)'으로 되어 있는데, 문맥으로 봐 '정(廷)'은 '연(延)'의 오자인 듯하다.

전과 한국인의 독립운동에 매우 중대한 연쇄 관계가 있어 일본을 위협할 만하니, 이에 일본 정부가 우치다內田를 파견하고 우가끼宇垣를 임명하여 1개 사단의 군대를 증원해서 한국과 만주를 일원화하는 정책을 실행하였습니다.[13] 아울러 힘을 다해 한국과 중국의 감정을 도발하여 그 우의와 연락을 끊어버리기를 도모하였습니다. (2) 소련의 5개년 계획[14]과 한국 혁명 역시 일본에게 예상되었기 때문에 일본 정부가 미리 만주와 몽골을 점령함으로써 먼저 움직여 남을 제압하는 계책을 시행하였으며, 교묘하게 동삼성의 한국 교민 전체가 불안한 틈을 타서 음험한 계략을 자행하였습니다. 완바오산萬寶山사건[15]을 구실 삼아 한편으로 합장철도哈長鐵道(하얼빈-창춘 간 철도)를 점령할 준비를 갖추었으며, 한편으로 국내의 한국인과 한국 교민이 동삼성의 관리와 인민과 불화한 것을 좋은 기회로 여기고서 이용하여 양측 민족이 정면으로 충돌하게 만드는 데 힘썼습니다.

다음으로 국내의 한국인 측면에서 말하면 다음과 같습니다. (1) 평소 중국 국민혁명에 크나큰 공감과 희망을 품고 독립운동과 한국 교민의 입장이 비교적 우세를 견지하기를 기대했으나 최근 3개월 사이에 수만명의 한국 교민이 압박을 받아 고국으로 돌아오는 것을 목도하고는 괴이하다고

---

13   우치다는 우익단체 흑룡회(黑龍會)의 간부로 한국과 만주 침략에 참여했던 우치다 료헤이(內田良平)를 가리키고, 우가끼는 제6대 조선 총독을 지낸 우가끼 카즈시게(宇垣一成)를 가리킨다.

14   후발 자본주의 국가 소련이 경제 발전을 달성하고 사회주의로의 전환을 위한 토대를 마련하기 위한 국가 주도의 일련의 계획으로, 중공업 발전과 집단 농업의 완성에 중점을 둔 것을 말한다. 이 목표를 위해 2차대전이 일어나기 직전까지 1차 5개년 계획(1928~32)과 2차 5개년 계획(1933~37)을 세웠다.

15   1931년 7월 2일 중국 지린성 창춘현 완바오산 지역에서 한인 농민과 중국 농민 사이에 토지 계약과 수로 개착 문제를 둘러싸고 일어났던 충돌 사건이다. 당시 조선 내 각 신문에는 동족을 사랑하고 동정하는 조선 민족의 민족감정을 자극하여 조선 내에 거류하는 중국인을 적대시하는 운동을 도발시켰다. 이 때문에 인천을 필두로 경성·원산·평양 등 각지에서 중국인 배척운동이 일어났으며, 평양에서는 대낮에 중국인 상점과 가옥을 파괴하고 구타 학살하는 사건이 며칠간 계속되는 등 폭동으로 확산되었다.

여겼습니다. 그러나 일본인이 간사한 짓을 할까 두려워 마음속으로 견디고 침묵하여 자못 고통을 느끼고 있습니다. (2) 완바오오산사건 직전에 무고한 한국인 농민 600여명이 창춘현長春縣에서 핍박받아 추방당했다는 소식을 듣고서 국내의 일부 민중이 마침내 시위운동을 벌이는 데 이르렀습니다. 저 교활한 일본인이 기회를 틈타 변장을 하고 그 속에 섞여 들어가 제멋대로 참혹한 살상을 가하고, 군대와 경찰을 파견하여 살인하면서 또 구제도 하였습니다. 우리에게 중국을 원수로 여기는 실상을 떠넘기고 중국을 벗으로 여기는 명분을 자처하나 저들의 속내는 천리 밖에 있는 사람도 알 수 있습니다.

종합해보면, 이번 화교 폭행사건을 근본적으로 만들어낸 것은 오로지 일본 제국주의일 따름입니다. 일부 가까운 원인은 또한 한국 교민에 대한 동삼성 당국의 실책입니다. 일찍이 무고한 한국 교민에게 편안히 살면서 즐겁게 일할 수 있도록 해주었다면, 설령 일본이 있은들 반드시 틈탈 만한 기회가 없었을 것입니다. 본 정부는 이에 다시 정중하게 성명을 발표하는 바입니다. (1) 중국 국민정부와 전체 민중이 일치하여 힘써 분발해서 일본인을 억제하며, 한국과 중국의 자주독립을 힘써 도모하기를 바랍니다. (2) 중국 국민정부와 동삼성의 관리와 인민이 한국 교민에 대해 추방을 완화하고 함께 적을 제압할 것을 속히 도모하기를 바랍니다. (3) 중국 언론계가 공평한 태도를 견지하여 한국과 중국 민족이 오해를 종식하고 공동의 적개심을 일으킬 수 있게 하기를 바랍니다. 동아시아의 원흉을 신속히 타도합시다.

한국 내 화교배척 폭동사건에 대한 선언[16]

(직함 생략) 7월 3일 이후 일주일 사이에 한국에 있는 화교 가운데 다치거

나 사망한 사람이 수백명이다. 불길한 소식이 널리 전해져 온 세상이 몹시 놀라 탄식하고 있다. 우리는 먼저 사망한 사람을 위해 애도하고, 다음으로 그 유족을 위해 근심하며, 마지막으로 우리 우방의 민중 전체를 위해 한 목소리로 원통해함을 금치 못한다. 우리는 일찍이 노중련魯仲連의 부끄러움을 안고 게다가 장자방張子房의 분발도 가슴에 지닌 채,[17] 중국으로 도망한 지 20년이 지나, 동삼성의 한국 교민과 비교적 밀접한 관련을 맺고 있다. 이에 한국의 독립운동과 중국의 국민혁명 입장에서 이번 화교 폭행사건과 한국 교민 문제의 전후 인과관계를 변증하고자 한다.

중국의 혁명 동지들이 스스로 해방을 구하고 일본 세력을 내쫓기 위한 견지에서 현재 중국 영토 안에서의 고유한 주권과 응당 누려야 할 이익을 주장하는 것이 당연함은 본디 알고 있던 바이다. 대개 신해(1911년) 이후부터 20년 동안 피를 흘린 것은 사실 여기에서 비롯되었으며, 이후 더욱 극렬해진 대외 투쟁도 필히 이 때문이다. 이것은 중국 민족 자신의 혁명의식이 요구한 일일 뿐 아니라 또한 한국인이 중국에 간절히 바라는 바이다. 무엇 때문이겠는가. 한국독립당의 입장도 이와 마찬가지로 자기네 국토에서 자주독립을 실행하려면 일본을 내쫓고 그 세력을 없앨 수밖에 없다. 경술(1910년) 이후부터 20년 동안 피를 흘린 것도 이 때문이고, 이후 더욱 장렬

---

16 이 글 「대한국내화교참안선언(對韓國內華僑慘案宣言)」은 1931년 9월 중국 각계에 보낸 한국독립당의 성명서다(『소앙집』에 수록). 중문체.

17 중국 남북조 시기 사령운(謝靈運)의 오언절구의 시 「임천피수(臨川被收)」 전반부에 나오는 구절에서 유래함. 시인은 두 역사 인물의 고사를 통해 충성과 정의를 찬미하는 정서를 표현했다. "한나라가 망하자 장자방이 분발하고, 진나라가 황제라 칭하자 노중련이 부끄러워했네. 본래 모두 조정 관리가 아니나 충의는 군자를 감동시켰네(韓亡子房奮, 秦帝魯連恥本自江海人, 忠義感君子)"라고 한 데서 나온 말이다. 노중련은 전국 시대 제(齊)나라의 기개 높은 사대부로서 무도한 진(秦)나라 왕이 천하를 다스린다면 동해에 빠져 죽는 것이 낫다고 말하며 절개를 지켰다(『사기』 권83 「노중련열전魯仲連列傳」). 장자방은 한(漢)나라 고조(高祖)의 공신인 장량(張良)을 가리킨다. 자방은 그의 자이다. 장량의 가문은 본래 전국 시대 한(韓)나라에서 벼슬했는데, 장량은 조국을 멸망시킨 진나라에 복수하기 위해 진시황(秦始皇)이 탄 수레를 공격했다(『사기』 권55 「유후세가留侯世家」).

하고 위대해진 대일본 전쟁도 필히 여기에서 비롯되었다. 이것은 한국 민중의 큰 바람일 뿐 아니라 또한 중국 민중이 기꺼이 함께 협조하고 공감하는 일이다. 무엇 때문이겠는가. 그 원수가 같고 원하는 바가 일치하기 때문이다. 일본은 한국과 중국 독립의 가장 큰 적이 아닌가. 이미 공동의 원수에게 곤란을 겪은 데다가 해방의 길이 시급하니, 형세로 볼 때 마땅히 서로 구제해야 하고 이치로 볼 때 서로 충돌할 것이 없다. 누가 오늘날 한국에 화교 사건을 연출하여 우방 민중의 분노를 격발하려 한단 말인가. 이는 모순되는 현상이자 우리 한국과 중국 양측의 수수께끼이다. 이른바 수수께끼의 매듭은 오직 동삼성의 한국 교민 문제이다.

세상 사람들은 종종 "동삼성의 한국 교민은 한국독립당과 일본 제국주의자가 옹호하고 중국인이 미워하는 무리이다"라고 말한다. 아, 어찌 그리도 사정을 모른단 말인가. 동삼성의 한국 교민이 한국독립당의 친구라면 일본의 적이지 중국의 적이 아니다. 동삼성의 한국 교민이 중국의 적이라면 일본의 친구이니 실제로 한국독립당의 적이다. 어떻게 중국의 적이 도리어 한국독립당과 일본인의 친구가 될 수 있겠는가. 이것이 이른바 커다란 수수께끼이다. 오늘날 중국을 배척하자는 말이 이 같은 수수께끼에서 생겨났으니, 중국의 분노 또한 이로부터 격발된 것이다.

저 교활한 일본인이 먼저 수수께끼를 만들고 나서 한국과 중국 양측이 수수께끼에 미혹된 틈을 타 다시 한국에서 두번째 수수께끼를 만들어냈으니, 화교 폭행사건이 그것이다. 겉으로 보면 한국독립당은 본디 한국 교민을 옹호하여 압박에서 벗어나게 하려고 안전을 요구하지 않을 수 없고, 일본 제국주의 또한 한국 교민을 옹호하여 압박에서 벗어나게 하려고 안전하기를 요구하고 있으니, 사람들이 그 행적을 같다고 말하면서 의심하는 일은 이상할 것이 없다. 비록 그렇지만 한국독립당의 목적과 수단이 과연 한국 교민과 관련하여 일본 제국주의자와 그 실상이 같겠는가. 한국독립당에서 이른바 한국 교민이라는 개념의 내포가 과연 일본 제국주의자와 그 실질이 같겠는가. 한국 교민에 대한 개념의 내포, 수단과 목적이 어느 것이 같고 어느 것이 다르며, 어느 것이 그릇되고 어느 것이 바른지 마땅히 사실에 의거하여 명백히 분석한 뒤에야 수수께끼가 비로소 풀릴 것이다. 이 점을 분명히 알아주기를 바란다.

첫째, 한국독립당은 다수의 동삼성 한국 교민과 함께 독립운동 세력의 기반을 만들고, 이에 힘입어 동삼성과 한국에서 일본 세력을 쫓아내려고 한다. 반대로 일본 제국주의는 소수의 동삼성 한국 교민과 함께 침략 세력의 기반을 만들고, 이에 힘입어 동삼성과 중국의 주권 및 이익을 방해하고 아울러 동삼성에서 한국독립당을 없애려고 한다. 이것이 목적의 차이점이다.

둘째, 한국독립당은 중국의 세력 범위 안에 있는 다수의 한국 교민을 예비군으로 간주한다. 반대로 일본 제국주의는 남만주철도의 일본 세력 범위 안에 있는 소수의 한국 교민을 예비군으로 간주한다. 이것이 지역의 차이점이다.

셋째, 한국독립당은 한국 교민과 함께 일본 국적과 법령을 거부하고서 차라리 중국에 입적入籍(중국에 귀화)하거나 국적이 없게 되더라도 맹세코 이중국적자가 되기를 원하지 않는다. 반대로 일본 제국주의는 한국 교민들에게 중국에 입적되는 것을 거절하도록 하고서 이를 빌미로 자유롭게 단속하려 한다. 이것이 수단의 차이점이다.

넷째, 한국독립당은 모든 한국 교민에게 중국인과 우의를 다하는 데 힘쓰도록 하여 한배를 타고 서로 구하는 일을 실행하려 한다. 반대로 일본 제국주의는 모든 한국 교민에게 중국인을 원수로 보게 하여 형제끼리 싸우는 재앙을 만들어내려 한다. 이것이 교양과 희망의 차이이다.

다섯째, 한국독립당은 한국 교민에게 정당한 직업에 종사하도록 하고 부정한 물건의 매매를 금지한다. 반대로 일본 제국주의는 방관한다. 이것이 경영 태도의 차이점이다.

여섯째, 한국독립당이 말하는 한국 교민이란 일본에 반대하고 한국을 되찾으려는 의식을 가지고 행동하는 사람을 가리킨다. 반대로 일본 제국주의자가 말하는 한국 교민이란 일본에 순종하면서 한국을 배반하고 중국을 배척하여 기꺼이 그들의 도구가 되는 사람을 가리킨다. 이것이 개념의 차이점이다.

일곱째, 한국독립당이 말하는 한국 교민은 바로 150만명 가운데 140여만명의 건전한 구성원이다. 반대로 일본 제국주의자가 말하는 한국 교민은 소수의 창귀倀鬼와 앞잡이를 가리킨다. 이것이 수량의 차이점이다.

이를 통해 보면 한국독립당의 한국 교민 옹호는 실제로 한국 교민을 이용하는 일본 제국주의자와 상반되고 상극하는 이상의 일곱가지 형세를 확실히 지니고 있다. 무릇 한국 교민이라는 동일한 이름에 일곱가지 상극하는 실체가 포함되어 있으니, 한국 교민에게 모순이 감춰져 있는 것이 (이번 사태의) 한 측면이다. 또한 중국 측의 입장에서 보면 역시 한국 교민에게 이러한 모순이 있어서 스스로 수수께끼에 미혹된 것이니, 아래에 다시 설명하고자 한다.

첫째, 국민당 원칙에 의거하여 국내의 소수 민족은 마땅히 예외 없이 평등하게 대해야 한다. 그렇지만 한국 교민에 대해서는 다르게 여길 수밖에 없다.

둘째, 한국의 독립운동에 원칙적으로 공감을 표하고 함께 협조할 수 있다. 그렇지만 한국 교민에 대해서는 엄격히 (일본의 요구에 따라) 협조하는 것을 금지할 수밖에 없다.

셋째, 이론상으로 한결같이 일본인이 나라의 원수임을 굳게 인식하고, 한국인이 혁명 동지임을 인식한다. 그렇지만 실제로는 이 같은 인식을 동삼성에서 뒤집을 수밖에 없다.

넷째, 수치상으로 일본인 가운데 동삼성에서 투자하고 무기를 지닌 사람이 동삼성의 한국 교민보다 만천배나 많다는 것을 잘 알고 있다. 그렇지

만 실제로는 자본도 없고 무기도 없는 한국인을 추방하는 일부터 먼저 시
작한 것이다.

다섯째, 도의적으로 본래 떠돌아다니고 보금자리를 잃은 이웃 백성을
매우 동정하여 그들이 편안히 살면서 즐겁게 생업에 임하도록 하지 않을
수 없다. 그렇지만 감정적으로 일본인의 앞잡이라 여겨 경멸하고 욕하지
않을 수 없는 것이다.

여섯째, 수량상으로 호랑이를 위해 창귀가 되는 사람은 적고, 나라를 위
해 충성을 도모하는 사람은 많다는 것을 잘 알고 있다. 그렇지만 정책상 연
대 책임을 지워 뒤섞을 수밖에 없는 것이다.

일곱째, 역사적으로 한국 교민이 동삼성에 모여 살면서 원수를 갚기 위
해 괴로움을 견디는 곳으로 여기고 있음을 잘 알고 있다. 그렇지만 근본적
으로 외교로서만 문제를 해결할 수밖에 없다.[18]

위에서 거론한 대로 중국인이 동삼성의 한국 교민에 대해 또한 상반되
고 상극하는 일곱가지 관념과 감정을 갖고 있으니, 중국에 모순이 감춰져
있는 것이 (이번 사태의) 또 하나의 측면이다. 중국이 그 모순의 근원을 스스
로 해결하지 못하는데 누가 바깥에서 해결해줄 수 있겠는가. 이미 한국 교
민에게 이러한 모순이 있는 데다가 또 중국에 이러한 모순이 있으니 주·객
관적 형세에 걸쳐 모순의 그물에 걸린 격이니, 이는 한국과 중국 양쪽의 수
수께끼라 할 만하다. 무릇 한국과 중국 양측이 이미 일곱가지 모순되는 수
수께끼에 얽혀 있으니, 만일 과감하게 결단하는 용기가 없다면 형세로 볼
때 반드시 수수께끼로 말미암아 다시 수수께끼로 옮겨 가서 인과관계가
돌고 돌아 누구도 멈추게 할 방법을 모를 것이다. 우리는 여기에서 큰소리
로 "수수께끼가 일본에서 나왔으니 일본이 수수께끼를 만들어낸 것이다.

---

18   원문의 "추신이지비(抽薪而止沸)"는 고사성어로 그 출처는 여불위(呂不韋)의 『여씨춘추
      (呂氏春秋)』다. 아궁이에서 나무를 빼내 물이 끓게 하지 않는다는 말이니, 곧 근본적으로 문
      제를 해결한다는 비유로 사용된다.

일본이 한국과 중국의 원흉이다!"라고 외칠 것이다. 왜 이렇게 말하는가. 일본 세력이 한국을 점령하지 않았다면 한국 교민에게 일곱가지 모순된 수수께끼가 없었을 것이며, 일본 세력이 만주와 몽골 지역을 종횡하지 않았다면 중국에 일곱가지 모순된 수수께끼가 없었을 것이기 때문이다. 양측의 열네가지 수수께끼는 오로지 일본 제국주의에서 비롯될 것일 뿐이다.

일본 제국주의를 하루라도 빨리 만주와 몽골에서 타도하지 않으면 중국의 수수께끼가 그만큼 더 연장될 것이며, 일본 제국주의를 하루라도 빨리 한국에서 뒤엎어버리지 않으면 한국 교민의 수수께끼가 그만큼 더 작동할 것이다. 진실로 양측이 하루라도 수수께끼에 걸리면 그만큼의 해를 입을 것은 지극히 분명하다. 바꾸어 말하면, 일본을 거꾸러뜨린 뒤에 수수께끼가 풀릴 것이고, 수수께끼가 풀린 뒤에 양측이 그 복을 누릴 것이니, 이는 바로 필연적인 결론이다. 비록 그렇지만 이미 수수께끼에 미혹되어 양쪽에서 서로 추측하기 때문에 역량이 나누어진다. 역량을 나누어 적과 겨루기를 도모한다면 적을 거꾸러뜨릴 수 있는 날이 없을 것이다. 우리는 오늘날 중국의 형세가 적에게 단독으로 전쟁을 선포할 수 없고, 한국의 형세 또한 이와 같음을 잘 알고 있다. 그리하여 양측의 약점을 세세히 아는 자가 반드시 간교를 부려 기회를 틈탈 것이다. 이에 우리는 양측이 수수께끼를 풀기 위해, 양측이 스스로 온전해지기 위해 수수께끼를 풀 수 있는 근본 요체를 다음과 같이 제시하고자 한다.

첫째, 한국독립당과 한국 내 민중은 완전히 하나가 되어 일본 세력의 동삼성 침략을 물리치는 데 노력을 기울이고, 의식적으로나 실제적으로나 절대로 일본 제국주의 도구의 뒷배가 되지 않는다. 중국 민중은 이러한 점을 분명히 인식하기를 바란다.

둘째, 한국독립당과 동삼성의 한국 교민은 흥망이 서로 얽힌 형세에 놓여 있으니, 한국 교민이 압박을 받으면 곧 한국독립당이 압박을 받게 된다. 중국 민중은 여기에 특별히 주의하기를 바란다.

셋째, 동삼성의 자체 해방과 한국의 독립은 원인과 결과가 서로 이어지는 형세에 있다. 한국과 중국 양측은 한국 교민 전체가 연합전선에 함께 서도록 하고, 사람들을 적의 편에 서도록 내모는 것을 삼가도록 힘쓴다. 중국 민중이 이 일에 진지하게 노력하기를 바란다.

넷째, 일본의 정치 세력이 한국 교민을 강하게 핍박하여 도구로 이바지하게 했다는 것 또한 부분적으로 사실이다. 그렇더라도 중국의 관리와 민간이 우의로 협상하고 보호해준 것을 일본 세력과 비교해보면 그 효과가 더욱 강하게 나타난다. 중국 관리와 민간이 한국 교민의 숙원과 정세를 몸소 살펴서 안정할 수 있는 방책을 힘써 강구해주기를 바란다.

다섯째, 한국 교민 전체와 완바오산萬寶山을 개간한 농민은 절대로 아무런 관련이 없다. 또한 완바오산 사건이 알려진 것은 농민들의 의식적인 선택 탓이 아니라 실제로 일본의 군대와 경찰이 자진해서 나섰기 때문이다. 만약 일본의 군사력이 미치는 지역이 아니었다면 한국 교민 농가와 중국인 지주 사이에 반드시 충돌이 발생하지는 않았을 것이다. 중국 민중은 이러한 점을 분명히 꿰뚫어 보기를 바란다.

여섯째, 이번 한국 내에서 발생한 화교 폭행사건의 원인은 전적으로 일본 제국주의가 만들어낸 것으로, 실제로 토오꾜오 대지진[19] 때와 산둥山東에 출병出兵[20]했을 때의 대규모 살상 사건과 다르지 않다. 중국 국민은 그 간교한 계책을 간파하기를 바란다. 다만 우리는 사전에 막지 못하여 우방의 교민이 한국 안에서 무고하게 죽음을 당한 것을 마음속으로 우방에게

19　1923년 9월 1일 일본 칸또오·시즈오까(靜岡)·야마나시(山梨) 지방에서 일어난 대지진. 일본정부는 국민의 불만을 다른 데로 돌리기 위해 한국인과 사회주의자들이 폭동을 일으키려 한다는 소문을 조직적으로 퍼뜨렸다. 이에 격분한 일본인들은 자경단(自警團)을 조직, 관헌들과 함께 조선인을 무조건 체포·구타·학살했다. 이 사건으로 무고한 한국인을 수천명씩이나 학살한 일본의 잔학행위에 대한 평가 문제는 지금도 역사 쟁점으로 남아 있다.

20　중국 혁명의 움직임을 억제하고, 만주·화북 침략을 목적으로 일본군이 항일전쟁이 본격화되기 이전에 이미 여러 차례 중국 산둥성(山東省)에 간섭하여 출병한 사건을 가리킨다. 명목은 독일 조차지였던 칭다오(靑島)의 이권과 일본 거류민을 보호하기 위해서였다.

미안하게 생각한다. 중국 관리와 민간이 하나 되어 노력을 기울여 단기간에 적을 없애기로 맹세하기를 바란다. 우리들은 기꺼이 당신들과 함께 일어날 것이다.

동삼성의 한국 교민 문제[21]

1. 서론

사람들은 모두 "동삼성東三省은 중화민국을 구성하는 중요한 부분으로 정치·경제·군사 방면에서 본디 중국의 주권 범위 안에 속해야 한다"라고 말한다. 그렇게 말하면서도 국제관계로 보면 사람들은 모두 "동삼성의 지위는 형세가 상당히 불안하고 특수하여 쉽게 예측할 수 없다"라고 말한다.

중동철도中東鐵道[22]가 동삼성의 심장부를 관통하여 동서로 2,800여리에 뻗어 있는데, 러시아 세력이 이곳을 대동맥으로 삼고서 활약하고 있다. 남만철도南滿鐵道,[23] 길회철도吉會鐵道,[24] 사조철도四洮鐵道[25] 등이 4천여리에

---

21   이 글 「동삼성한교문제(東三省韓僑問題)」는 1930년 10월 소책자로 발간된 글로『소앙집』 중편에 수록되어 있다.『문집』의 원주에 따르면, 당시는 만주사변 1년 전으로 일본제국주의가 만주·몽골 지역을 잠식해 들어오고 있었다. 이에 조소앙은 만주에 거주하는 2백만 한국 교민의 실정을 중국 각계에 알려, 이후 벌어질 일본제국주의와의 항쟁에서 한국 교민을 동맹군으로서 영입해야 할 것을 호소한 것이다. 중문체.

22   중국동방철로의 약칭. 동청철로(東淸鐵路) 또는 동성철로(東省鐵路)로도 불림. 1897년 러시아가 극동정책의 일환으로 만주를 관통하여 시베리아까지 건설한 철도. 러일전쟁 종료 후 중동철도로 통칭.

23   1897년에서 1903년 사이에 재정러시아가 중국 동부 지역에 개설한 중동철로의 일부로 창춘(長春)에서 다롄(大連) 사이의 구간을 가리킴. 러일전쟁으로 경영권이 일본에 양도되면서 남만주철도(南滿洲鐵道)로 개칭됨.

24   지린(吉林)과 창춘(長春) 간 철도인 길장철도를 한국 회령(會寧)까지 연장하여 부설한 철도. 일본이 길회철로의 건축권을 빼앗아 철로를 1933년 개통함.

25   랴오닝성 북부의 쓰핑(四平)에서 헤이룽장성 남부의 타오난(洮南)까지 연결한 철도.

종횡으로 교차해 있는데, 일본의 침략 정책이 이곳을 대본영大本營[26]으로 삼고서 흉악한 귀신처럼 제멋대로 굴고 있다. 게다가 1년에 1만 5천 명의 일본 병사를 주둔시켜 군사상으로 중국에 커다란 위해를 가하고 있으며, 20만 일본인을 이주시키고 일본 돈 13억 엔으로 일본 자본을 육성하여 경제상으로 침략할 수 있는 조건마저 갖추었다.

지리상으로 보면 두만강과 압록강이 이미 일본에게 점거당하여 한국은 동삼성에서의 지위를 보장받지 못하게 되었고, 헤이룽강黑龍江과 외몽골이 러시아에게 통제당하여 중국 동북 변경의 장벽이 무너졌다. 이렇게 위급하고 어려운 때에 동삼성이 불행히도 러시아와 일본이 이용하는 지역이 되었는데, 이로 인해 동삼성에서 곤욕과 압박을 당하는 사람은 중국인도 아니요, 일본인도 아니요, 러시아인도 아니라, 바로 한국인이다.

한국 교민 문제는 이로 인해 중국의 불안을 야기하였으며, 국제사회의 시선을 2백만 한국 교민에 집중시켰다. 간혹 일부 소수의 사람들이 모스끄바를 배후로 몰래 주모朱毛[27]와 내통한다고 의심하거나, 혹은 일부 양심 없는 사람들이 토오꾜오의 수족이 되어 만철공사滿鐵公司[28]와 내통한다고 의심하기도 한다. 의심의 문이 점차 열려서 사소한 일을 크게 만들어 옥석구분[29]의 재앙을 연출하게 되었으니, 이는 한국 교민의 불행일 뿐만 아니라 혹여 한국의 독립운동에 중대한 영향을 끼치게 될지도 모르는 일이다.

비록 그렇지만 한국 교민 중 대다수 민중들의 본성과 진심을 자세히 살

---

26 일본 군사 영역에서 작전 지휘의 핵심거점. 주로 천황의 직속으로 군대를 통솔하던 최고 통수부를 가리킴.

27 주모란 공산당 지도자 주더(朱德)와 마오쩌둥(毛澤東)을 줄여 암시적으로 표현한 것이니 곧 중국공산당을 의미한다.

28 일본이 1906년 남만철도를 운영하기 위해 설립한 회사가 남만주철도주식회사(南满洲鐵道株式會社)다.

29 옥석구분(玉石俱焚)은 "옥(玉)이나 돌이 모두 다 불에 탄다"는 뜻으로, 옳은 사람이나 그른 사람이 구별 없이 모두 재앙을 받음을 이르는 비유로 쓰임.『서경(書經)』「윤정(胤征)」의 "곤강에 불길이 번져 옥과 돌이 모두 탄다(火焱崑岡 玉石俱焚)"라는 구절에서 유래함.

펴보면, 모두 중국과 연합하여 일본을 거꾸러뜨려서 스스로 해방을 찾는 일을 첫번째 뜻으로 여길 따름이다. 한국 교민의 처지와 역량으로는 절대로 중국과 민족적 혹은 경제적 충돌이 발생할 수 없는데 기회를 틈타 갑자기 일어나 중국에 해를 끼칠 것이라고 누가 믿겠는가. 만약 그러한 세력이 있다면 일본과 러시아뿐이다.

한국 교민이 멀게는 1세기 이전부터, 가깝게는 수십년 전부터 동삼성으로 이주하여 몇 경頃(토지 단위)의 밭을 빌려 다른 사람의 소작농이 되었다. 의식적으로도 실제로도 일찌감치 일본 국적을 벗어났기 때문에 다시 원수의 노예가 되는 것은 견딜 수 없다. 그러나 도리어 중국 관헌이 한국인을 가리켜 일본인이라 말하고 있으니, 한국 교민이 참고 견딜 수 있는 일이 아니다. 그러므로 법률이 승인하는 바에 의거하여 중국에 귀화〔入籍〕된 일부 한국 교민 또한 일본 관헌이 마음대로 체포하여 중국 국적을 인정하지 않고 있다. 이는 한국 교민이 실제로 자주 경험하는 일로서 수년간 동삼성에 있는 한국인의 독립운동단체가 타격을 받은 것은 여기에 기인한다. 만약 한국 교민이 일본 국적을 인정하지 않으면서 중국 국적도 없으면, 중국과 일본 양측이 협력하여 체포하거나, 혹은 자유롭게 죽이는 참극이 벌어질 것이다. 중국 관청에 입적하려면 수속이 번거롭고 인세印稅(인지세)가 비싼데, 근래에는 또 기피하여 승인하지 않는다.

아, 나라를 잃은 슬픔이 이토록 잔인한 지경에 이르렀도다. 이미 보장받은 권리가 없는 데다 또 억압받는 재앙을 당하니, 편안히 살면서 즐겁게 일할 희망이 없을 뿐 아니라 날마다 추방되고 학살되는 재난만이 있을 뿐이다. 오늘 공산당이란 이유로 죽임을 당하지 않으면 내일 독립군으로 지목되어 죽임을 당하거니와, 다행히 살게 된들 산골짜기를 방황하다가 일본의 수족이라 불리며 추방된다. 슬프다, 이 2백만 한국 교민의 운명이 장차 밝은 대낮에 아무한테나 죽임당하고 추방되는 흑인 노예나 인디언과 같은 신세가 되고 말 것인가. 이는 한국인의 큰 불상사이다.

중국의 관리와 인민이 마땅히 이 일에 빨리 주의를 기울여 연장하거나 확대하지 않도록 해야 진정 양국의 행복이 될 것이다. 만약 해소하거나 완화할 방책을 마련하는 데 적극적인 노력을 기울이지 않는다면, 아마도 다음과 같은 엄중한 결과를 가져올 것이다. (1) 한국과 중국이 역대로 친밀하게 도와온 정신에 위배된다. (2) 중국 내 민족이 예외 없이 평등하다는 원칙에 위배된다. (3) 국제적으로 교민을 평등하게 대우하는 공의公義에 위배된다. (4) 중국 경제상 손실을 입는다. (5) 일본과 러시아 두 나라가 이 기회를 틈타 구실을 삼도록 촉진하여 동삼성에 예측할 수 없는 어려운 일들이 발생한다. (6) 약소민족을 돕는 정의와 공공 도리〔公道〕에 위배된다.

이러한 여러 가지 결과는 동삼성에 불리한 일이 될 뿐만 아니라 중국 전체의 손실이 될 것임이 너무나 명확하다. 위험에서 벗어나 안전해지는 방책은 이미 발생한 재앙을 막고 장래에 다시는 발생하지 않게 조속히 힘쓰는 데 달려 있다. 그리하여 한국 교민이 당연히 받아야 하는 혜택을 누릴 수 있도록 하며, 부당한 시달림을 받지 않도록 해야 한다. 지금 차례대로 서술하고 그 근거를 밝힌다. 중국 안팎의 현명한 분들이 잘살펴봐주기를 바란다.

2. 동삼성과 한국 교민의 역사 고찰

한국과 중국의 역사적 관계는 동삼성을 매개로 양국의 문화와 인종이 상호 융화되고 연결되어 서로 버리거나 떠날 수 없으니, 나라의 행복과 불행, 존속과 멸망을 함께 느끼고, 원인과 결과가 얽혀 있는 것이 예로부터 그러하였다.

단군 조선의 시대는 까마득하여 말하기 어려우나, 기원전 11세기부터 기원후 9세기까지 대략 1,940여년 사이에 기자箕子와 위만衛滿이 랴오둥遼東에 갔고, 그곳이 고구려와 발해가 굴기한 장소이다. 모두 동삼성의 일부 지역을 근거지로 삼아 중국과 정치·경제·문화 영역에서 교류할 수 있었다. 근래 조선 말엽, 청 말기에 일본이라는 신흥 세력에 의해 억압을 받게 됨에 따라 짐을 지고 강을 건너는 사람들이 이어졌다. 수백년간 불모지였던 곳을 개척하여 황무지를 비옥한 땅으로 바꿔놓고 산천을 논밭으로 개간하며 맹수와 독사를 몰아내고 나자, 동삼성에서 비로소 쌀이 대량으로 생산되어 주인과 객이 안도하며 기뻐하였다.

한번 돌이켜보라. 중국의 은왕조와 주왕조의 교체기부터 진왕조와 한왕조, 송왕조와 금왕조, 명왕조와 청왕조의 교체기마다 망한 조국을 위해 한을 품은 중국 인민들이 무리를 이끌고 동쪽으로 와서 사士·농農·공工·상商이 서로 뒤섞여 살면서 즐겁게 일하지 않았는가. 오늘날 한국 교민이 동삼성에 온 사정도 매우 비슷하니, 양쪽은 거의 형제의 나라이자 혼인한 한 집안이나 다름없다고 생각한다. 담장을 맞대고 살면서 반감이 없으며, 밭을 이웃하여 경작하면서 원수처럼 여기지 않으니, 이는 지리와 역사가 그렇게 만든 것이다. 더욱이 한국과 중국은 입술과 이의 관계처럼 밀접한 관계를 맺어왔기에 자연스럽게 일본을 원수로 여기면서 서로 의지하는 것을 운명으로 삼을 수밖에 없다. 감정이 이끄는 대로 더욱 돈독하게 지내고 서로 해치지 말아야 한다.

3. 한일합병 후 한국 교민의 이주

유구하고 독특한 역사를 지닌 한국 민족이 이민족에게 병탄된 후 삶의 터전, 정치적 기능, 사회적 지위를 모두 외적의 폭압 아래 유린당하여 나라 밖으로 떠돌아다녀야만 하는 형편이 되었다. 그러므로 한국인의 이주는 바로 한일합병의 필연적인 결과이다.

합병된 지 20년이 지나 나라 밖을 떠돌아다니는 한국인이 3백만명 이상에 이르렀다. 처음에는 지사志士, 청년, 학생, 유생儒生 등이 삶을 도모하고 원수를 갚을 근거지를 구하기 위해 압록강과 두만강 북쪽에서 무리를 모으기 시작하였다. 한국인이 팔을 걷어붙이고 검을 들고서 찾아왔으니, 의병, 병사, 군관, 교회나 학교의 선진적 인물들이 서로 호응하였던 것이다. 혹은 학교를 설립하여 나라를 회복하려는 사상을 고취시키기도 하고, 혹은 토지를 개간하여 자신들의 힘으로 먹고사는 방책을 마련하기도 하였다.

이어서 농민들이 살림살이를 짊어지고 와서 교민의 수가 실로 많아졌다. 땅을 막 개간할 무렵에는 산천을 태우고 맹수를 몰아내어 마치 천지개벽한 듯 보였으나, 역병, 도적떼, 풍토병, 수독水毒에 의해 희생된 사람들의 시체가 넘쳐나서 그 수를 셀 수 없었다. 동삼성을 개척하는 데 든 노력, 목숨, 자본을 정확히 계산할 수 없으나 어림짐작해보면, 거의 한차례의 전쟁에서 다치거나 죽고 재산을 잃는 것과 맞먹을 터이다.

오늘날 동삼성에서 논을 새로 일구는 고생은 상상을 초월하니, 사람들이 한국 교민이 동삼성에 대해 공로가 있다고 말하는 것은 참으로 이 때문이다. 특별한 의지와 노력이 이와 같지만, 모두 자발적으로 나라를 위해 원수를 갚고 백성을 위해 생존을 도모하려는 비분강개한 충정일 따름이다. 그러므로 피땀으로 얻은 옷과 음식, 재물과 곡식을 독립당에 주는 사람들이 상당히 많으며, 아울러 목숨과 처자식을 독립운동을 위해 희생한 사람들이 열에 아홉이다. 이는 중국 혁명에서의 화교와 비교하면 더 많은 수치이다. 이로써 보면, 동삼성의 한국 교민은 중국의 좋은 벗일 뿐만 아니라 바로 동삼성에 공로가 있는 교민이자 또한 독립운동의 주력군이다.

불행히도 1920년에 간도間島에서 마적馬賊[30]이 일본영사관에 불을 지른 일【실제로는 일본이 조작한 짓】 때문에 일본 병사가 한국인을 학살하고 분탕하는 화를 겪었다. 1921년에 헤이룽허黑龍河에서 7백명의 무장한 한국군이 러시아인에 의해 죽임을 당하였으며, 1919년부터 2만여명의 독립

---

30 청나라 말기로부터 2차대전에 걸쳐서 화베이(華北)·둥베이(東北) 지역에 할거해 말 타고 촌락을 습격하여 약탈행위를 자행한 비적(匪賊) 또는 토비(土匪).

군이 일본 병사와 교전하다가 다치거나 죽고 체포된 수를 헤아릴 수 없으니, 나라를 위해 독립을 꾀하는 노고란 또한 이러한 것이다. 이로써 동삼성에 있는 한국 교민의 특수한 임무를 알 수 있으니, 일본에 저항하고 조국 광복을 이루려는 것은 최근의 일이 아니거니와, 장래의 태도 역시 이와 같을 것이다.

그러므로 우방이 한국 교민 문제를 대하는 것을 보면 족히 한국 독립에 대한 태도를 결정지을 수 있다. 한국 교민이 탄압받고 추방되는 것은 곧 독립운동에 대한 탄압이며, 한국의 독립운동을 탄압하는 것은 곧 일본과 연합하여 한국을 거꾸러뜨리는 것이다. 만약 중국의 관리와 민간에게 일본과 연합하여 한국을 거꾸러뜨리는 정책이 없다면, 굳이 한국 교민을 추방하는 일을 당연하게 여기지 않을 것이다. 한국 교민 문제는 이처럼 중대한 성격을 지니기 때문에, 일부 지역의 경제나 토지 문제만이 아니라 실제로 국제 정치의 의미를 포함하고 있다. 동아시아의 장래에 관심이 있는 사람이라면 이 문제를 경시해서는 안 된다.

어떤 사람은 "한국인의 배후에 일본 세력이 있기 때문에 추방해야 한다"고 말하고, 어떤 사람은 "한국인이 가는 곳에는 일본 세력이 확장되어 영사領事나 경찰이 따라오기 때문에 추방하지 않을 수 없다"고 말한다. 또 어떤 사람은 "중국 남부에 이재민이 많으니 이들로 한국인의 농업을 대체해야 한다"고 말한다. 이러한 말들은 모두 견문에 한계가 있어 큰 흐름을 꿰뚫어보지 못한 논의이다.

일본 세력이 남만철도선 연안에 집중해 있는데, 오늘날 추방된 한국인은 헤이룽장성黑龍江省에서 나온다. 한국인이 한명도 없는 산둥山東 지역은 일본이 종종 병사들을 출동하는 곳이다. 일본 세력의 동삼성 침입은 실제로 중국이 저항하지 않기 때문이지, 한국인이 매개가 되기 때문이 아니다. 또한 동삼성은 땅이 넓어서 오늘날 소수의 한국 교민이 중국인의 이주에 거의 방해가 되지 않는다. 정리해서 말하면, 중국을 위한 계책으로 한국 교민을 추방하는 것은 백가지 해로움만 있고 한가지 이로움도 없으나, 한국 교민을 편안히 정착하게 하는 것은 백가지 이로움만 있고 한가지 해로움도 없다.

4. 동삼성 한국 교민의 현황

한국 교민이 동삼성으로 이주한 것은 조선왕조 정조 9년, 즉 1785년부터 시작하였다. 이어서 1869년에 조선 관북關北(함경도 지방)에 기근이 발생하여 한차례 이주하였고, 근래에 한일합병과 3·1운동 전후로 더욱 성행하였다.

한국 교민의 실제 수를 살펴보면, 비록 조사마다 차이가 많긴 하지만 대체로 2백만명을 넘지 않는다. 최근 한국 교민 측에서 조사한 바에 의하면 대략 130만명 정도인데, 랴오닝성遼寧省에 50만명, 지린성吉林省에 70만명, 헤이룽장성黑龍江省에 10만명이 있다고 한다. 창춘長春 측에서 조사한 바에 의거하여, 중국과 러시아 두 나라의 국경 부근에 걸쳐 살고 있는 한국 교민의 분포 상황을 들어보면 47만 5,977명【작년〔1929년〕 기준】에 이른다고 한다.

(이하 내용 및 5절「일본 제국주의와 동삼성 한교의 장래」, 6절「최근 발생한 동삼성 한교사건」의 상세한 교민 생활 서술 부분은 생략함.)

7. 삼민주의와 동삼성 한국 교민의 권리

오늘날 동삼성은 완전히 여러 '이념〔主義〕'이 투쟁하는 소용돌이 속에 휘말려 들어 있다. 왜 그런가. 삼민주의와 제국주의가 진을 치고 대치하여 우열을 가릴 수 없으니, 중국과 일본의 관계가 이러하다. 삼민주의와 공산주의가 중동철도의 통제 여부를 최종 목표로 삼고서 적대와 우호를 서로 반복하여 승부를 미리 단정할 수 없으니, 중국과 러시아의 관계가 이러하다. 제국주의와 공산주의가 서로 대립한 채 화해하지 못하여 반드시 서로 부딪치는 결과만 있고 결코 모두 보전하는 방책은 없기에, 이미 나란히 서기 어려워서 평행선을 달리다가 분명 어느 때에 충돌할 텐데 동삼성이 바로 그 충돌지점이니, 러시아와 일본의 관계가 이러하다.

한창 성하면 쇠하고, 지극히 궁하면 통한다. 약소민족이 이미 극도로 궁한데, 강함을 믿고서 함부로 날뛰는 국가의 흉한 불길이 하늘까지 치솟았다. 이에 민족자결주의로 식민정책과 한국 땅에서 서로 충돌하다가 동삼성으로 물러났는데, 이길 수 있는 기회를 타고 추격하여 장차 백두산과 헤이룽강 사이에서 전쟁을 하려 한다. 이는 민족주의와 제국주의가 맞붙어 싸워서 피를 흘리고 있는 것이니, 한국과 일본의 관계가 이러하다.

한국 교민의 입장에서 논하면, 조국의 독립을 위한 계책으로 일본 제국주의를 타도하는 일보다 급한 것이 없으며, 동삼성의 안전을 위한 계책으로 삼민주의와 손잡는 일보다 좋은 것이 없다. 이것으로 미루어 한국 교민의 뜻이 굳이 러시아와 연합하여 세계와 전쟁하기보다는 중국과 연합하여 일본을 거꾸러뜨리는 데 있음을 알 수 있다. 대체로 세계와 전쟁해서 이기는 것은 어렵고도 더디지만, 일본과 전쟁하여 이기는 것은 쉽고도 빠르다. 빨리 이루어서 자신에게 이롭기를 바라는 것은 사람이라면 누구나 가지는 보통의 마음인데, 누가 한국 교민만 이런 보통의 마음이 없다고 말하는가.

비록 그렇지만 한국 교민은 이념이 충돌하는 지역에 끼어 있기 때문에 실로 뜻밖의 재앙을 입어도 홀로 말하기 어려운 억울함을 품고 있다. 중국과 러시아에 일이 생기면 양측은 그들이 적에게 붙었다고 의심하여 모두 토벌하니, 이는 중러전쟁 때 이미 실제로 경험한 바 있다. 중국과 일본이 서로 마음에 들지 않으면 중국과 일본 양측은 한국 교민이 자기에게 붙지 않을 것을 걱정하여 도륙한다. 그뿐만 아니라 의심을 확장하여 러시아에게 붙었다고 지목해 없애버리려 하니, 이는 오늘날 한국 교민이 처한 상황이다. 그렇지만 독립 국가라 해도 주변 이웃나라와 동시에 모두 잘 지낼 수는 없으니, 갑과 소원해지면 반드시 을과 친해지는 법이다. 유독 우리 한국 교민만 어떻게 궁벽한 산골짜기에서 일본, 중국, 러시아와 동시에 친할 수 있겠는가. 이는 사람의 지식으로 알 수 있는 것이니 의심할 여지가 없다. 이미 의심할 만한 근거가 없는데도 의구심과 추측에 의한 화를 당하고 있다니 유독 이상하지 않은가.

중국의 입장에서 보면, 삼민주의를 한국 교민에게 적용할 수 있는지 여부는 필수적 과제인데, 토지 문제, 노동자와 자본가 문제, 참정권 문제가 그로부터 거의 결정되기 때문이다. 한국 교민의 지위 또한 삼민주의의 실행 여부에 따라 그 높낮이가 결정될 것이다. 만약 한국 교민을 삼민주의에서 제외한다면, 중국의 손실이 한국 교민의 손실보다 더 클 것이다. 다름 아니라 러시아와 일본 두 나라를 위해 백성을 추방하는 일에 불과하고, 또한 적병에게 양식을 보태어주는 것과 무엇이 다르겠는가. 만약 한국 교민에게 동화정책을 시행하여 동삼성에서 자국의 언어와 의복 등 관습을 금지한다면, 반드시 시행하기 어려워져 분쟁만 더 일어날 뿐이니, 이 또한 양국에 이로운 일이 아니다.

무릇 동삼성에 거주하는 한국인은 경제력이 사실상 일개 농노의 수준에서 벗어나지 못한다. 그러나 그 천성과 의식을 살펴보면 본디 남에게 동화되기를 원하지 않거니와, 굶주린 서러움이 골수에 깊이 사무쳤기 때문에 법률이나 인력으로 뽑아낼 수 있는 사람들이 아니다. 간혹 비난하는 사람이 "만약 동화되지 않는다는 뜻을 드러낸다면 누가 그 권리를 보장해주고 그 이익을 보호해주겠는가"라고 말한다. 그러나 "그렇지 않다"고 말하겠다. 중국은 이미 4억만명의 무리가 있어서 사람이 적은 것을 근심하지 않고 많은 것을 근심하고 있는데, 어째서 굳이 한국인을 동화시켜 중국인으로 만들어 백성을 늘리려 하겠는가?

현재 국제상 공의公義는 오히려 교민과 정주국 국민 간의 동등한 권리를 인정하여 차별을 두지 않는다. 하물며 삼민주의는 원칙상 동화를 조건으로 걸지 않으면서 일률적으로 평등한 권리를 부여한다. 그러니 외국으로 추방하는 것은 반드시 국제적인 공의에 손해되는 일이며, 강제로 동화시키는 것은 반드시 삼민주의에 위배되는 일이다. 삼민주의를 실행할 것인지 그렇지 않을지, 삼민주의에 충실할지 그렇지 않을지의 선택은 중국 민중 자체의 몫이니, 한국 교민이 감히 물을 수 있는 일이 아니다. 그러나 오늘날 바야흐로 확장해나가는 신흥 세력이 반드시 합당한 기준을 세울 것이니,[31] 동삼성의 관리와 민간이 함께 노력해서 그 의로움을 실행하는 데 있어 정말로 중앙정부에 뒤지지 않는다면, 2백만 한국 교민의 앞날은 반드시 최단기간 내에 서광을 보게 될 것으로 믿는다.

한국 교민이 최소한으로 바라는 조건

이상에서 서술한 내용을 종합해서, 한국 교민이 최소한으로 바라는 조건을 정하여 중국 국민정부 및 동삼성 당국과 일반 민중들의 주의를 촉구하며, 우의의 태도로 가장 빠른 기간 안에 아래에 열거한 각 조항을 구현해서 한국 교민이 안전한 방책을 얻도록 하여 한국과 중국 두 나라의 이익을 온전하게 하기를 바란다.

하나, 지린과 둔화敦化에서 일어난 각종 한교 충돌[32] 사건에 관해서는 관대하게 처리하고, 아울러 무고하게 갇힌 한국 교민을 즉시 석방한다.

하나, 한국 교민을 추방한다는 관청의 명령을 거두어들이고, 아울러 민중들의 한인 배척 행동을 제지한다.

하나, 토지법에 관해서는 관대하고 간소한 방법을 취하도록 하고, 금년

---

31   1928년에 전국을 통일한 중국국민당이 이끄는 난징 중앙정부의 정책을 가리키는 듯함.

32   최근 3년 동안 동삼성에서 발생한 한국 교민과의 각종 충돌 사건의 사례는 여기에서 생략한 6절에 상세히 소개되어 있다.

에 반포한 토지조례 3, 4, 5, 6, 7조 및 입국조례 3조를 취소한다.

하나, 한국인 독립운동가에 대해서는 정치범으로 대우하며, 일본 경찰이 체포하고 일본에 인도하는 폐단을 제거한다.

하나, 무고한 피해자를 조사하고 그 유족을 위로한다.

하나, 이미 중국에 귀화한 사람에 대해서는 당연히 누려야 할 권리를 주고 삼민주의 원칙을 적용하여 편견과 차별대우를 없앤다.

하나, 귀화하지 않은 일반 한국 교민에 대해서는 한국과 중국의 관계 및 한국 독립운동의 과도기라는 특수한 정세를 참작하여, 명백하게 원수와 내통하여 중국에 위해를 가한 사람을 제외하고는 대체로 한국인임을 인정하며 일본인으로 대우하지 않는다.

하나, 한국 교민 사무기관을 설치하여 한국 교민의 교육·산업·자치 등에 관한 일을 신중하게 처리한다.

미래 세계에서의 한국의 위치[33]

미래 한국의 세계적 지위를 논하고자 한다면 반드시 먼저 두가지 문제에 착안해야 한다. 하나는 한국 자신이 본래 가지고 있으며 장차 발휘할 기본능력 문제이고, 다른 하나는 한국을 둘러싼 국제적인 외부정세가 인류 공동의 요구에 부합하여 발전할 수 있을지이다. 이러한 추세에 근거하여 나는 한국이 전후 즉시 하나의 새로운 민주국가를 건립할 수 있으며, 활기차고 참신한 모습으로 독립국가의 지위를 드러낼 수 있을 것이라고 단언

---

33   이 글 「한국재미래세계중적지위(韓國在未來世界中的地位)」는 『시사신보(時事新報)』(충칭
重慶), 1944년 10월 10일자에 실림. 중문체. 『문집』 상권의 원주에서 1942년경에 외국, 특히
중국 사회의 인사들을 대상으로 하고, 내부적으로는 독립운동가를 대상으로 집필했다고 한
것은 정확하지 않은 설명임.

할 수 있다. 이러한 판단은 결코 주관적인 정서나 환상에서 나온 것이 아니라, 실로 절대 뒤집거나 파괴할 수 없는 실증에 근거해 도달한 필연적인 결론이다.

먼저 외부 형세부터 논해보자. 대체로 초기에 열린 국제회의 이래 비엔나·빠리·베를린·런던 그리고 1차대전 이후 빠리와 워싱턴 등에서 열렸던 회의는, 그 내막을 파고들면 당사국들의 이해관계에 따른 협잡의 의미가 강하였다. 공자孔子의 이름을 빌리되 도척盜拓[34]과 같은 흔적을 보였고, 안전과 평화를 다지기에 힘쓴다면서도 혼란한 국면을 수습하는 데 급급하여 표면적인 문제만 일시적으로 해결하는 계책으로 방황하며 분주하였다. 그 와중에도 한줄기 진보하는 추세가 저절로 생겨났으니, 이른바 "이후가 이전보다 낫고" "내일이 오늘보다 낫다"는 것이다. 합리적인 진보의 형식이 많아져서 마치 모든 하천이 동쪽으로 흘러가는 것과 같이 인류를 정상적인 궤도로 오르게 하고, 국제사회에 광명을 열었으니 실로 소중히 여길 만하다.

우리는 이로 미루어 전후에 수립될 원칙과 조직될 국제기구는 비교하건대 과거의 어떠한 기구와 제도보다 저열하지 않을 것이며, 이전의 실패를 거의 답습하지 않을 것임을 알 수 있다. 앞으로 조직될 국제연합 같은 것은 장물을 나누거나 독재하는 계략이라고 후대 사람들이 함부로 욕하는 사태에서는 벗어날 것이다. 이에 근거하여 볼 때, 각 전승국 및 한국에 인접한 유관 국가들은 전쟁 중이든 전쟁 후든 한국의 독립과 자주를 해치는 어떠한 밀약이나 양해도 맺지 않으리라 짐작할 수 있다.

눈앞의 정세에 의거하여 말하자면, 중국·미국·영국·소련 등 유력한 국가, 특히 현명하고 원대한 안목을 갖춘 자들은 반드시 내부의 각종 모순을 극복하고 사방의 화근을 슬기롭게 조화해나갈 것으로 본다. 어리석고 망

---

34   중국 춘추시대 때 공자와 거의 같은 시대에 살았다고 하는 도둑의 두목.

령된 자가 아니라면, 감히 한국의 완전한 독립을 소홀히 여길 사람은 없을 것이다. 감히 한국인의 평소 바람에 위반되는 의제를 제출하여 3천만 민족의 분노의 행동을 계속하게 조장하여 원동遠東(동아시아)에 끝없는 혼란의 씨앗을 뿌리겠는가

더군다나 4강 중 어떤 국가든 모두 한국의 독립에 대해 원조할 의무와 우의가 있으니, 네 국가는 이해관계를 가늠하고 옳고 그름을 따져서 이제까지 선포한바 정당한 이론을 헤아리며, 마땅히 솔선해 천하에 호소하여 광명정대한 태도를 보여야 한다. 행여 기회를 엿보는 음흉한 무리가 있다면, 일이 더 커지기 전에 미리 막아서 그들이 종적을 감추도록 만들면 된다.

영국·미국과 소련이 비록 이른 시기에 먼저 항일전쟁을 발동하진 못했으나 일본을 공격하는 전쟁에 또한 공동으로 참가하여 끝내 일본에 무자비한 타격을 가하게 될 것이니, 이전에 발표한 선언에서 말한 바 그대로이다. 이렇게 되면 한국 민족의 완전한 해방과 독립운동은 도저히 막을 수 없는 기세를 크게 떨치게 될 것이다. 마치 유럽의 피압박민족이 1차대전 중 분연히 대두하여 독립국가를 세운 것과 같은 형세이다. 이상이 한국의 미래 국제 지위가 외부 정세로 보아 자주독립의 위치를 능히 획득할 수 있으리라 단정하는 근거이다.

다음으로 한국 인민이 기본적인 능력과 조건을 갖춰 완전한 독립국가를 수립할 자격이 있는지를 논해보자. 역사로 말하자면, 이미 40여세기 동안 이어져 내려온 독립과 분투의 역사가 있다. 일찍이 랴오선遼瀋(랴오닝遼寧과 선양瀋陽) 평원에서 국가의 형식을 갖추고 발전하여 동쪽으로 숙신肅愼과 교통하고, 서쪽으로 동호東胡와 교류하였으며, 북쪽으로 몽골과 손잡고 민족국가로서의 통일발전을 이루었다. 중국의 주나라와 진나라 이후, 그리고 한나라와 당나라 시기에 한국은 독자적으로 동쪽으로 일본과 교류하고, 서쪽으로 인도·페르시아와 교통하여 용감히 떨쳐 일어나 자립함으로써 동아시아 문화를 널리 전하는 영광된 책임을 감당하였다. 이를 통해 세

계 문명교류사에서 중추적인 지위를 차지하였음은 모든 사람이 아는 바이니 다시 말할 필요도 없겠다.

한국은 유구하고 찬란한 문화와 독립의 역사를 지녔다. 따라서 오늘날까지도 한국 민족의 한줄기 정기가 천지를 관통하여 변하지 않고, 포학한 일본의 무력 정책에도 소멸되지 않았다. 오히려 합방合邦(강제병합) 이후 백번 단련한 굳센 기상을 떨쳐 만번 죽기를 무릅쓰고 자유를 쟁취하기 위해 60년간 분투하였다. 하루하루를 곤궁하고 굶주린 가운데서도 그 뜻과 기상을 북돋아 세계에 떨쳤으며, 항일구국을 위해 목숨을 걸고 줄곧 분투하기를 한결같이 했다. 한국 인민은 이와 같은 위대한 정신이 있을 뿐만 아니라 또한 아래와 같은 물질적인 조건도 갖추고 있다.

(1) 인구로 말하면, 이미 3천만명【일본·중국·소련·미국·멕시코·남양 등지에 있는 교민을 포함】이 있다. 세계의 60여개 독립국의 인구와 비교하면, 한국은 실로 11위를 차지한다. 한국의 국토 면적은 22만제곱킬로미터이고 1제곱킬로미터당 인구밀도는 약 150명이다. 단일민족의 나라인 한국은 인구 면에서 스페인이나 폴란드와 맞먹으니 결코 작은 나라가 아니다. 면적 면에서 영국 본토와 필적할 만하니 또한 소국이라 할 수 없다.

(2) 산업 방면으로 말하면, ① 농산물 중 미곡은 4천 7백만석石【쌀, 보리, 밀 등 포함】이고, 면화는 3억 1천 8백만근斤이며, 사과는 1억 5천 2백만근이다. ② 양잠업은 생사 2천 1백만톤이 생산된다. ③ 축산은 1천 3백만톤【산양, 면양, 당나귀, 노새, 돼지, 닭, 소, 말 등 포함】이다. ④ 임업 생산액은 9천만원元이다. ⑤ 수산업 생산액은 1억 1천만원이다. ⑥ 광산은 금 1억 2천만원, 철은 1백만톤이며, 석탄은 3백만톤이다.【이상은 연간 생산액 기준, 아래도 마찬가지임】

(3) 상공업 방면으로 말하면, ① 회사는 총 3천개가 있고, 자본 총액은 9억원이다. ② 공업생산액은 6억 6천 7백만원이다.

(4) 전기사업 방면으로 말하면, 발전소가 140곳이 있고, 전력 생산량은 2백 37만킬로와트이다.

(5) 교통 방면으로 말하면, ① 철도가 5천킬로미터이고, ② 도로가 2천 5백킬로미터이다. ③ 증기선이 1천 8백척 있고, 총 톤수는 10만 8천톤이다. 범선이 1만여척 있고, 총 톤수는 10만 9천여톤이다.

(6) 무역으로 말하면, 총액은 10억 8천 4백만원【중국·영국·미국·일본·네덜란드 등 무역상대국 포함】이고, 농업·임업·어업·광업·공업 등의 총 연간 생산량은 대략 20여억원 정도이다.

(7) 교육으로 말하면, ① 소학교는 2천 5백여개 교가 있다. ② 중등학교는 270개 교가 있고, 학생은 17만명이다. 전국 누계 70만명의 중등학교 졸업자가 있다. ③ 사범학교는 3개 교가 있다. ④ 전문 및 고등학교는 21개 교가 있다. ⑤ 대학은 2개 교가 있으며, 대학생 총수는 3만 5천여명【유학생 포함】이다. 학생 총수는 1백만명인데, 일본어를 할 줄 아는 자는 169만명이다. 학령아동 3백만명 중 취학한 자는 겨우 22퍼센트를 차지한다. 구식 서당 학생은 14만 8천 1백여명이다.

(8) 위생 방면으로 말하면, ① 의사는 6천 3백 2명이 있다. ② 의생醫生은 4천명이 있다. ③ 치과의사는 1천 1백 92명이 있다. ④ 약제사藥劑師(약사)는 1천 3백 49명이 있다.

이상 각 방면의 실제 조건과 숫자에 근거해보면, 선진국과 비교할 때 낙후되었다고 하지 않을 수 없다. 그러나 전후 한국이 만일 건국과 치국의 완전한 자유를 얻어, 임시정부가 반포한 「건국강령」[35]에 의거해서 차례대로 장기계획, 곧 말 그대로 다름 아닌 통제경제를 시행하기만 한다면, 국방·교육·산업·교통·의료 등 방면에서 선진국과 일약 어깨를 나란히 할 수 있

35 　상세한 내용은 이 책 169~76면 참조.

을 것은 물론이다. 이로써 한국이 물질적으로 정신적으로 실로 자급자족, 자치자립의 충분한 조건을 갖추었음을 알 수 있다.

그뿐만 아니라 즉시 무장시킬 수 있는 수십만명의 애국 혁명청년들이 동북·소련·중국 및 미주에서 일본 도적과 생사를 건 결전을 기꺼이 도모하고 있다. 더욱이 국내의 수백만 장정이 속으로 망국의 한을 품고서, 밖으로 천년에 한번 있을 기회를 만나 호소하면 크게 떨쳐 일어나 모여들 기세이다.[36] 이로써 위대한 혁명적 민족국가를 만들 수 있으리라 단언할 수 있다. 중국 신해혁명, 소련 10월혁명 및 터키 등 민족부흥사를 한번 보라. 그들도 안팎으로 백척간두의 위험에 크게 당하여 조금도 일이 순조롭게 진행되지 않은 때가 있었다. 그러나 저항과 건설의 과정에서 오묘함을 발휘해 끝내 거대한 공을 이루었다.

더욱이 한국은 안으로는 30여년 동안 강적에 저항하는 훈련을 해왔고, 밖으로는 수십개 동맹국의 후원과 동정을 받고 있다. 이른바 안팎이 호응하고 하늘에 따르며 인심에 부응한다는 것이 이를 말한다. 수십년간 단독으로 항전한 용기에 더하여 천하무적의 강대한 동맹국 우군을 아우르게 되었다. "초나라는 세 집만 남아도 진나라를 멸망시켜 초나라를 회복할 수 있다"는 옛말이 있다.[37] 이는 바로 한국〔三韓〕의 지사志士를 말함이다. 이러한 기개로 잔학한 적 일본을 꺾어버리는 일은 그 형세가 온 땅에 가을바람이 불어 낙엽을 쓸어버리는 것이나 다름없을 따름이다. 한국인 개개인은 조직과 선전, 민주적인 동원, 유격 등의 기술을 풍부하게 가지고 있으니,

---

36   원문의 "진비일호(振臂一呼)"는 한나라 이릉(李陵)의 「답소무서(答蘇武書)」에서 연유하는
      성어다. 손을 내젓고 고함을 질러 싸울 힘을 보이면서 남들을 독려함을 의미한다. 이 구절은
      "응하는 사람이 구름처럼 모여든다(應者雲集)"와 짝을 이뤄 많이 쓰인다.

37   원문의 "초유삼호 가이망진(楚有三戶 可以亡秦)"은 사마천의 『사기』「항우본기(項羽本紀)」
      에 나오는 "초수삼호 망진필초(楚雖三戶 亡秦必楚)"라는 성어에서 연유한다. 초나라가 세
      호 곧 극소수만 남아도 진나라를 물리칠 수 있다는 뜻이다. 후대에 약소 피억압민족의 결심
      과 용기를 표현하는 뜻으로 쓰임.

이로부터 한국인의 참전능력이 매우 위대함을 알 수 있다. 또 전후에 건국할 때 반드시 안으로는 각파와 협동하여 일치하고, 밖으로는 우방과 우호관계를 도모하여 독립국가 건설의 모든 임무를 박력 있게 진행하여, 전후에 반드시 신국가의 위대한 지위를 세울 수 있을 터이다.

외부와 내부의 조건은 대체로 이미 위에서 서술한 바와 같으니, 한국의 전후 지위문제를 이미 깨달았을 것이다.[38] 그런데 요즈음 일부에서 "(전후)한국을 국제사회가 통치해야 한다"거나 "한국을 영구히 중립국으로 세워야 한다"는 등 황당한 주장이 제기되고 있다.[39] 이는 논박할 가치도 없으나, 이에 현혹되는 사람들이 사실상 없지 않기에 한마디 해두고자 한다.

영세중립제도는 스위스·벨기에·룩셈부르크 3개 국으로부터 시작되었다. 벨기에와 룩셈부르크 두 나라는 이미 1919년부터 영세중립국의 지위를 스스로 취소하고 완전한 독립을 획득하였다. 단지 나머지 스위스 한 나라만이 그 잔형을 보존하고 있다. 한국을 한번 보자. 한국이 다른 언어를 쓰는 다양한 민족으로 구성된 스위스와 같은가. 한국이 1만 5천제곱킬로미터의 스위스처럼 소국인가. 한국이 룩셈부르크처럼 겨우 999평방마일의 영토와 80만 인구의 소국인가. 지난 60년 동안 한국에서 누가 이런 잘못된 논의를 내놓은 적이 있었던가. 60여개 독립국 중 열강 사이에 끼여서 여러 지역에 국경을 형성하고 있는 나라가 단지 한국뿐인가.

그리고 영세중립국은 (1) 다른 나라에 대해 참전하지 않고 작전행위를 하지 않을 의무, (2) 반反중립 침략에 저항할 의무, (3) 다른 나라와 동맹을 맺지 않을 의무【제한적인 조건 아래서 단지 약간의 동맹을 맺을 권리만 있음】, (4) 관계국의 동의 없이는 참전할 수 없는 의무, (5) 전시 중립국의 자

38　원문의 "사과반의(思過半矣)"는 『주역』「계사하(繫辭下)」에 나오는 "지자관기단사 즉사과반의(知者觀其象辭 卽思過半矣)"라는 구절에서 연유한다. 대부분 이미 깨달았다, 또는 사정이 이미 다 해결되었다는 뜻으로 쓰인다.

39　국제공동관리〔國際共管〕 구상 소개와 그에 대한 소앙의 상세한 비평은 이 책 261~65면 참조.

유행동을 하지 않을 의무, (6) 요새방어는 할 수 없고 단지 경찰력만 보유할 의무【1867년 런던조약에서 룩셈부르크의 경우를 규정한 것과 같음】등을 갖는다. 종합하여 말하자면, 영세중립제도는 그저 스스로의 힘만으로는 존속할 수 없는 작은 나라에 제한된 것이며, 또한 과거의 제도일 따름이다. 한국인 개개인의 뜨거운 피와 몸뚱이가 어찌 완전한 독립을 쟁취하기 위해 분투하지 않겠는가.

'국제통치'라는 것은 더더욱 잘못된 논의이다. 한번 물어보자. 한국문화가 근동近東(서아시아)에서 영국과 프랑스가 일찍이 관할하여 통치한 3개 소국의 그것만큼 저열한가. 또 물어보자. 한국이 태평양에서 영국과 일본이 관할하는 몇몇 작은 섬들〔群島〕과 같은가. 지도를 훑어보면 한눈에 봐도 그것이 망령된 논의라는 것을 알 수 있다. 만약 한국이 아메리카에 있었다면, 지난 150여년 이래 자주독립국의 지위를 누렸을 것이다. 만약 한국이 유럽에 있었다면, 역대의 대규모 전쟁 속에서 가장 크고 가장 강한 맹주의 지위를 확보했을 것이다. 그런데 불행히도 원동(동아시아)의 구석진 모퉁이에 치우쳐 제국주의의 잔혹한 억압통치를 받은 지 이미 30여년이 되었다. 이에 대해 뼛속 깊숙이까지 한이 맺힌 민족에게, 조금도 근거 없는 황당한 언설을 늘어놓고 있으니 이는 화를 부르고 원한을 키울 뿐, 세상을 구하고 백성을 이끄는 데 조금도 도움이 되지 않는다.

다시 지구상의 독립국 분포 상황을 논해보자. 유럽에서는 4억 7천여만 명의 인구가 34개 국가를 세웠으므로, 매 1천 4백만명이 하나의 나라를 세운 셈이다. 아메리카에서는 2억 2천만명의 인구가 22개 국가【캐나다를 포함】를 세웠으니, 매 1천만명이 하나의 나라를 얻은 셈이다. 아프리카에서는 1억 4천만명의 인구가 겨우 3개 국가를 세웠으니, 매 5천만명이 한 나라를 얻은 꼴이다. 아시아의 경우에는 11억 명의 인구가 겨우 8개 국가【한국 포함】를 세웠다. 아메리카의 국가 분포의 사례와 비교한다면, 아시아에는 마땅히 100여개의 독립국이 존재해야 하는 것이다.

또한 면적으로 따져보면, 유럽은 각국당 21만제곱킬로미터의 국토를 갖고, 아메리카는 각국당 13만제곱킬로미터, 아프리카는 각국당 1천만제곱킬로미터, 아시아는 각국당 540만제곱킬로미터의 국토를 갖는 셈이다. 이로써 나라를 세운 밀도는 아메리카가 가장 높고, 유럽이 그다음이며, 아시아가 또 그다음이고, 아프리카가 가장 희박하다는 것을 알 수 있다. 만약 각국당 인구로 따져보면, 인구가 3천만명 이상인 나라는 열에 하나인데 한국이 여기에 속한다. 1천만명 이상의 국민을 가진 나라가 열에 하나이고, 1백만명 이상인 나라는 33개국이며, 10만명 이상(이며 100만명 이하)인 나라는 7개국이다. 종합하여 말하면, 인구 면에서 한국보다 적은 독립국가는 모두 51개국이 있다.

만일 천하에 태평시대를 열고, 인류에게 진정한 민족 자유를 수립하며, 식민지의 원수를 갚고, 피압박 인류의 행복을 도모하고자 하는 이가 있다면, 반드시 과거의 실패가 재연되지는 않을 것이다. 한국이 1차대전 때 비록 성공하지 못했으나, 뼈가 산처럼 쌓이도록 왜놈을 도륙하고 나라를 구할 것을 임무로 삼아 투쟁을 전개한 지 4반세기가 지나도록 하루도 멈춤이 없었다. 이제 온 세상이 동맹을 맺고 무기를 휘두르며 동쪽을 가리키는 날을 맞이하여, 한국의 장사들은 피 끓으며 팔뚝을 걷어붙이고 전선에 서서 전쟁터에서 죽음을 무릅쓰고 나라를 위해 헌신하기를 바랄 따름이다. 과거의 쌓인 원한이 이미 깊고 장래의 분투가 반드시 맹렬할 것이니, 미래 세계에서는 한국 민족의 위대함을 보게 될 것으로 확신한다. 그 위대함은 그저 나라를 회복하는 데 있지 않고 반드시 나라를 건설하는 데 있으며, 그 위대함은 그저 독립국가의 형식을 얻는 데 있지 않고 반드시 근대국가의 새로운 임무를 집행하는 데 있다.

만약 정치·경제·교육 방면에 신민주주의를 실현한다면, 국민 하나하나 모두 반드시 하루 세 끼니를 걱정하지 않게 될 것이고, 각 청년 남녀는 모두 중등학교 졸업장을 얻을 수 있을 것이며, 각 공민 모두는 반드시 자유와 비밀이 보장된 합법적인 투표용지 한장을 얻을 수 있을 것이다. 그렇게 된 뒤에 각 농민 모두는 반드시 자기가 경작할 토지와 자기가 살 집을 얻을 수 있게 될 것이고, 각 노동자 모두는 공장에서 일자리를 얻을 수 있을 것이다. 또한 늙고 병에 걸려 전전하며 의지할 데 없는 자들이 각기 죽을 때까지 공공의료를 받을 수 있고, 각 학생 모두가 각자가 원하는 학교에서 공부할 수 있게 될 것이며, 모든 공무원은 각기 필요한 것을 얻고 능력을 발휘할 신분상의 안전을 보장받을 수 있을 것이다. 이와 같은 일을 전개하여 아시아 전체에 이르고, 다시 인류 전체에 이르게 하는 것이 한민족이 부흥한 후 우리와 남을 위해 해야 할 가장 큰 임무이다.

한국인이 바라는 자주독립은 부국강병이라는 옛 형식에 있지 않다. 반드시 남에게 선을 행하여 천하위공天下爲公(천하는 우리 모두의 것)인[40] 진정한 민주세계를 구현하는 데 있다. 이는 바로 우리 한국인이 말하는 세계 한가족이라는 궁극적 목적이니, 이를 달성함으로써 한국의 세계적 지위를 높일 수 있다. 이러한 목적에 도달하기 위하여 동맹국들이 도움을 주기 바란다. 아울러 국내의 동포에게 바라노니, 때를 타서 궐기하고 나라 안팎으로 호응하여 인류의 위대한 승리를 이루길 기대한다.

전후 한국 독립문제의 국제공동관리론을 반박함[41]

최근 미국의 일부 인사들이 전후 약소민족문제에 대하여 때때로 잘못된 인식을 가지고 있는데, 이른바 국제공동관리〔國際共管〕가 한국 민족문제를

40　본문의 "천하위공(天下爲公)"은 『예기』 「예운편(禮運篇)」의 "대도가 행해지면 천하가 모두의 것이 된다(大道之行也天下爲公)"에서 연유한 고사성어다. 그 뜻은 천하는 공공의 것이니, 천자 곧 황제 자리는 현명한 자에게 물려줘야지 자식에게 줘서는 안 된다는 것이다. 후세에 이상적 정치사상으로 여러 명의 사상가가 활용했다. 그 대표적인 인물인 20세기 혁명가 쑨원이 사용함으로써 널리 인용되었다.

해결할 수 있다는 것이다.

(1) 작년 4월 『포춘』『라이프』『타임』[42] 등 3개 잡지에서 전후 태평양 문제를 다뤘을 때, 공동관리로 한국의 독립문제를 해결하려고 하였다.

(2) 7월 『아시아』 잡지에 실린 오스트레일리아 기자의 논설을 예로 들면, 전후 평화원칙 9개 조항 또한 공동관리로 한국 독립문제를 해결하려는 것이다.

(3) 남가주南加州 대학[43] 국제협회에서 국제문제를 토론할 때 또한 한국이 독립할 자격이 없음을 논하였다.

우리는 언론의 자유를 지닌 국가가 자유롭게 의견을 발표할 수 있음을 잘 알고 있다. 또한 그 필자들이 꼭 한국인에게 악의를 품어서가 아니고, 어느 한 국가의 이익을 위해서 말한 것도 아니고, 더욱이 미국의 여론을 반드시 대표한 것도 아니며, 4대 강국에 일고의 가치도 없음을 깊이 알고 있다. 다만 한국인의 입장에서 보건대 청각 장애인처럼 못 들은 척할 수 없어, 이에 일부 인사의 논거를 바로잡는 차원에서 몇 가지 이유를 들어 아래처럼 반박한다.

① 1915년부터 프랑스에서 여러 약소민족 대표회의를 소집하여 「민족 권리 선언」을 발표하였다. 그 내용에 "민족의 차이와 대립은 진보를 위한 귀중한 조건이니, 어떠한 민족도 그 성립 원인이 서로 다른 인종 집단이 스스로 원하는 연합에 의해 이뤄진 바이든 아니든 가리지 않고, 모두 그 자

41　이 글 「전후한국독립문제: 불능찬동국제공관(不能贊同國際共管)」은 임시정부 외무부장 명의로 발표한 성명서로, 중국 신문인 『대공보(大公報)』(충칭) 1943년 2월 1일자에 수록되었다. 중문체. 1942년 4월 이후 미국 각종 언론매체에서 전후 한국에 대한 국제공동관리 구상이 보도되기 시작하고 중국 매체들도 인용 보도하는 상황에 대처하기 위한 문건이다.

42　원문에는 『행복(幸福)』『생명(生命)』『시대(時代)』로 표기되어 있는데, 순서대로 『포춘(Fortune)』『라이프(Life)』『타임(Time)』을 말한다.

43　서던캘리포니아대학교(University of Southern California).

신을 자유롭게 처분할 권리를 똑같이 지니며, 어떠한 영토도 민족의 의지와 이익을 어겨가며 병합하거나 양도할 수 없다"라고 밝혔다. 그와 동시에 협약국이 윌슨〔威爾遜, 우드로 윌슨Woodrow Wilson〕의 물음에 답하여 "약소민족의 독립을 위해 싸운다"라고 하였다. 또 윌슨이 여러 차례 성명을 발표하여 다음과 같이 말하였다. "어떠한 국가도 다른 국가 혹은 민족에 그 정권을 확장해서는 안 된다. 모든 민족은 크고 작음, 강하고 약함을 막론하고 모두 방해를 받아서도, 위협을 받아서도 안 된다. 조금도 두려움 없이 그 자체의 정치 생활과 발전 과정을 스스로 결정한다. 하나의 민족이 거주하는 토지를 물품처럼 여겨서는 안 되니, 어느 몇 개 국가가 서로 주고받거나 인민의 동의를 거치지 않고 변경해서는 안 된다. 오늘날의 정치가는 이러한 민족자결의 권리를 소홀히 여기니, 끝내는 반드시 실패하고 말 것이다."

또 1917년 소련이 선언하여 민족자결의 권리를 확인하였다. 약소민족이 자결을 실행하는 데 대해 발틱 연안 4개국[44]이 한 것과 같이 처리하기로 하였던 것이다. 1921년 에스토니아에 대해 선언하기를 "모든 민족은 자신의 운명을 스스로 결정할 권리를 가지며, 이전에 속한 국가로부터의 관계에서 완전히 벗어날 권리를 똑같이 지닌다"라고 하였다. 1941년 「루스벨트·처칠선언」[45]에서 또한 과거의 원칙을 계승해 8개 조를 서술하여 명백히 세계에 알렸다.

한국 방면에 관해서는, 1919년 독립을 선포하였는데 그 내용에 "이에 반

---

44   발트해 연안 4개국은 에스토니아, 라트비아, 리투아니아, 핀란드. 2차대전 이전에는 핀란드도 때로 '발트 4국'의 일원으로 포함되었다. 1918년 3월 3일, 1차대전 당시 동맹국과 신생 소비에뜨 러시아 정부가 맺은 브레스트-리뚭스끄 조약에 의해 소비에뜨 러시아는 폴란드, 우크라이나, 핀란드, 깝까스, 발트 3국의 독립을 인정했다. 이들 국가는 1919년(폴란드), 1920년(핀란드)과 1921년(발트 3국)에 차례로 국제 연맹에 가입했다.

45   1941년 8월 루스벨트 미 대통령과 처칠 영국 수상이 발표한 「대서양 헌장」에 대해서는 이 책에 실린 「태평양전쟁과 한국문제」의 각주 57번 참조.

만년 역사의 권위에 의지하고, 3천만 민족의 뜻을 모아서 우리 한국은 독립국임과 한국 민족이 자유민임을 선포한다"[46]라고 하였다

이것은 실로 동방 민족을 위해 민족자결을 실행한 최초의 장엄한 행동이다. 이러한 원칙과 사실에 근거하여 민족자결의 원칙을 나눠 살펴보면 다음 세 방면의 결정권이 있다. (갑) 합병당한 국가가 자유롭게 벗어날 것을 결정할 권리와 벗어난 국가가 건국을 자유롭게 결정할 권리. (을) 벗어난 국가가 그 정치·외교·군사 등 건국 강령을 자유롭게 결정할 권리. (병) 다시는 다른 나라에 부속되지 않을 것을 자유롭게 결정할 권리.

이로 말미암아 '위임통치와 국제공관 제도'가 실은 민족자결의 원칙에 위배된다는 것을 저절로 알 수 있다. 그러므로 2차대전이 종결될 때 다시는 불합리한 나쁜 제도를 답습해서는 안 된다.

② 한국 정부는 여러 차례 다음과 같은 성명을 발표하였다. 동방민족, 예컨대 한국·필리핀·쟈바[47]·베트남·태국·미얀마·인도 같은 점령당한 모든 민족이 반드시 자유와 독립을 획득하여 한결같이 유럽의 망명 정부에 속하는 각국 민족과 마찬가지로 다시는 강한 이웃 나라에 의해 관리되어서는 안 된다.

③ 한국은 물산·인구·영토의 자연적인 요소로 말하면, 또 문화·역사·정치·능력 및 민족의 본질로 말하면, 새로운 국가를 건립하여 자치·자립·자족의 내실을 구현할 수 있으니, 외국인의 대리관리를 받을 필요가 없다.

④ 한국 민족은 완전한 독립과 자유를 취득하지 않고서는 반드시 어떠한 형태의 대리관리에도 계속 반대·저항할 것이니, 과거 30여년간의 혈전

---

46 현존하는 독립선언서의 해당 부분은 아래와 같다. 보면 알 수 있듯이 본문에 인용된 내용과 약간의 차이가 있다. "이 선언은 오천년 동안 이어온 우리 역사의 힘으로 하는 것이며, 이천만 민중의 정성을 모은 것이다. 우리 민족이 영원히 자유롭게 발전하려는 것이며, 인류가 양심에 따라 만들어가는 세계 변화의 큰 흐름에 발맞추려는 것이다."

47 인도네시아가 아니라 여러 섬으로 구성된 인도네시아의 한 섬인 자바(瓜哇)로 표기되어 있다.

과 매한가지이다. 그러니 국제공관에 한국을 두는 것은 동아시아의 평화를 파괴하는 것과 다름없다.

⑤ 대리관리 제도로 한국문제를 해결하려 든다면, 일본 적인敵人의 반反선전을 부추길 수 있게 되어, 한국의 독립운동 기관이 여러 가지 방해를 받아 의외의 결과를 조성할 위험이 있다.

⑥ 위임통치 같은 구식 제도로 전후 약소민족을 해결하는 것은 미국의 여론을 대표할 수 없으며, 또한 중국과 소련, 영국 등 국가에 인준을 받을 수 없다. 대체로 이러한 국가는 태평양전쟁 후의 최대 문제가 동아시아의 정세를 안정시키는 데 있음을 깊이 알고 있다. 동아시아의 정세를 안정시키는 유일한 방안은 오직 한국과 중국이 완전히 독립하고 온전한 영토를 회복하여 각기 자유롭게 발전할 기회를 얻게 하는 것일 따름이다.

이상 여섯가지 이유에 근거하여 본 정부를 대표해 정중히 성명하는 바이다. 국제공동관리 혹은 위임통치제도는 절대로 현대 민족이 찬동할 수 없거니와, 특히 독립을 위해 분투하고 혈전을 치러온 한국 민족이 받아들일 수 있는 바가 아니다.

태평양전쟁과 한국문제[48]

근래 중국 안팎의 신문에 한국문제에 관한 논평이 때때로 실리고 있다. 이는 동맹국이 한국문제를 중요 의제로 삼고 있음을 보여준다. 작년 12월 11일과 올해 1월 19일 워싱턴과 런던 두곳의 신문에 한국문제를 다룬 논설문이 연달아 게재되었다. 동맹국은 한국이 일본의 압제에서 벗어나 원상태를 회복하여 다시는 침략당하지 않기를 바라고 있음을 알 수 있다.

---

48 이 글 「태평양전쟁여한국문제(太平洋戰爭與韓國問題)」는 중국 일간지 『대공보』(충칭) 1945년 2월 5일자에 게재된 것이다. 중문체.

한국은 5천년의 문화를 갖춘 민족이지만 포츠머스조약[49]【1905년 11월 17일에 체결된 이른바 '보호조약'】에 의해 희생되었다. 한국 민족의 반일 독립운동은 실로 이로부터 시작되었다. 이때부터 한국인 가운데 조금이라도 국제적인 안목을 갖춘 사람은 모두 "태평양전쟁은 피할 수 없을 것이고, 또한 태평양전쟁이 없이는 동아시아의 핵심문제도 해결할 방법이 없을 것이다"라고 하였다. 그렇다면 동아시아의 핵심문제란 무엇인가. 우리의 견해로는 바로 한국의 독립문제가 그것이다.

일본제국주의의 발전은 한국 침략에서 비롯되었다. 이후 세차례 큰 전쟁을 벌여 동아시아를 어지럽혔으며, 끝내 화가 세계에 미쳤으니 동아시아의 질서를 조정하고자 한다면, 그 근원을 추궁하여 마땅히 한국의 독립을 실현하는 것이 상책이다. 갑오년(1894)과 갑진년(1904)의 두차례 전쟁[50]까지 거슬러 올라가면, 일본은 작은 섬나라로 청과 러시아에 잇달아 승리한 뒤에 서슴없이 한반도〔三韓〕를 독점하였다. 한국 민족은 이로부터 문화교류의 교량〔津梁〕의 임무를 수행하지 못하고, 오히려 왜구가 서쪽을 침범하는 큰길이 되었다. 왜군이 한걸음 한걸음 서쪽을 핍박해가던 과정에서, 1905년 대한보호조약對韓保護條約을 제1보로, 1910년 한일합병을 제2보로, 1931년 9·18사변[51]을 제3보로, 1937년 7·7사변[52]을 제4보로, 1942년 남침[53]

---

49 박사모자조약(樸士茅資條約, Treaty of Portsmouth). 1905년 9월 5일 시어도어 루스벨트 미국 대통령의 중재로 미국 뉴햄프셔주에 있는 군항 도시 포츠머스에서 일본 제국의 전권외상 코무라 주따로오와 러시아 제국의 재무장관 세르게이 비테 간에 맺은 러일전쟁의 강화조약. 러일 강화조약이라고도 불린다. 주요 내용은 한국에 대한 일본의 지도와 보호감리권의 승인 등이다. 이 조약으로 미국과 영국, 러시아까지 일본의 한국 지배를 승인함으로써 일제의 한국 지배가 국제적으로 확인되었다.

50 1894년 발발한 청일전쟁과 1904년 발발한 러일전쟁을 말한다.

51 만주사변이라고도 한다.

52 1938년 7월 7일 중국 베이징 남서부 교외의 루거우차오(盧溝橋) 부근에서 중국군과 일본군이 충돌한 루거우차오 사건. 이 사건으로 전면적인 중일전쟁이 시작되었다.

53 1941년 말에서 1942년 중엽에 걸친 일본군의 동남아시아 점령전. 영어로는 말레이 전역(Malayan campaign)이라고 부른다.

을 제5보로 삼아 벌판을 태우는 불길이 드디어 전세계로 번져갔다.

만약 동아시아 혹은 태평양과 관련 있는 국가들이 일찍이 한국문제에 착안해 한반도가 보호조약에 의해 횡포하게 침범당했을 때 일본에 항의서를 제출했다면, 한국 병탄의 복선이 깔리는 일은 없었을 것이다. 만약 한국이 병탄될 때 협력하여 일본을 제지했다면, 9·18사변 같은 변동도 반드시 예방할 수 있었을 것이다. 나아가 만약 우방들이 9·18사변 당시 정당한 태도를 취하기로 과감하게 결정하였다면, 이른바 리턴조사단[54]이나 대충 사태를 얼버무려버리는 타협정책도 없었을 것이다. 그랬더라면 일본이 7·7사변을 일으키지도 않았을 것이다. 더욱이 만약 영국·미국·소련 세 대국과 중국이, 7·7사변 당시 동맹을 맺어 실력으로 중국을 원조하기로 결정했다면, 결코 홍콩과 마닐라를 잃는 일[55]도 일어나지 않았을 것이다. 열강의 거듭된 오판이 오늘에 이르러, 전세계 인류가 모두 불구덩이 속에 빠지게 되었다. 그 근원을 따져 전쟁의 시발을 살펴보면 어찌 '한국이 망하는 것을 방관한' 데서 기인한 것이 아니겠는가. 그러한즉 한국문제가 동아시아 지역 재앙의 유일한 핵심〔樞機〕인 셈이다.

그 변천을 논하자면, 1905년에 항의서 한장만으로도 족히 화의 조짐을 방지할 수 있었을 텐데 지금은 세계의 역량을 다 기울여도 이미 속전속결의 효과는 보기 어려워졌다. 지금 전쟁의 승패는 아직 결정되지 않았지만, 우리는 최후의 승리가 반드시 동맹국의 것이리라 확신한다. 그리고 동맹국이 승리한 뒤 동아시아 민족문제의 합리적 해결은 동아시아 지역 민족

---

54 리턴조사단(Lytton Commission)은 국제연맹이 만주사변과 만주국을 조사하라고 조직한 국제연맹 중일 분쟁 조사위원회의 통칭. 중국이 만주사변을 제소한 데 대해 국제연맹의 결의에 따라 1931년 12월 영국의 리턴을 위원장으로 하여 일본과 중국에 파견된 조사단이다.

55 홍콩 전투(Battle of Hong Kong, 중국에서의 명칭은 홍콩 방어전香港保衛戰 또는 홍콩 함락)는 2차대전 중 태평양전쟁 초기에 동시다발적으로 일어났던 첫 전투 중 하나다. 일본은 1941년 12월 25일까지 영국군과 벌인 전투에서 승리한 뒤 홍콩을 점령했다. 또한 일본은 남방작전을 개시하여 1941년 12월 필리핀을 침공해 그곳에 주둔한 미군을 몰아내고 마닐라가 있는 본섬을 점령했다.

만이 갈망하는 바에 그치지 않고, 반드시 세계 민주동맹 각국의 인민과 정부가 속히 이해관계를 잘 헤아려 계획해야 할 것이라고 믿는다. 동아시아 민족문제의 합리적 해결은 민족자결주의를 적용하여 각 민족이 입법, 관리 선발, 정부 수립, 국가건설의 권리를 스스로 결정할 수 있도록 힘쓰는 데 있다.

과거 5천년 동안 내치와 외교에서 자주를 누리며 나라를 잘 다스려왔던 한국 민족이 또 다시 이전처럼 하찮은 존재가 되어서는 안 된다. 한국은 8만 5천평방리의 국토와 3천만의 단일민족으로 이루어진 나라이고, 물자가 풍부하고 사람들이 지혜와 능력을 갖추고 있어 나라를 세워서 자치하기에 충분한 역량이 있다. 동아시아 정세를 위해서나 한국 자신을 위해서나 두루 독립 자주의 민주국가를 건립하는 것은 마땅한 일이다.

우리는 태평양전쟁의 최대 임무가 다름 아니라 일본을 격퇴하고 한국을 해방하는 데 있다고 생각한다. 사람들은 모두 일본 격퇴의 결과가 한국을 해방하고 동아시아의 영구적 평화의 기틀을 세우는 길임을 알고 있다. 그러나 한국 민족의 역량이 일본을 격퇴하는 하나의 요소임을 아는 사람은 드물다. 한국 민족의 동원이 일본을 구축하는 하나의 무기임을 아는 사람도 드물다. 그렇다 보니 한국의 정당[56]을 활용하여 일본을 격퇴하는 하나의 도구로 삼는 것을 아는 사람을 드물게 만든다.

한국의 해방은 앞으로 반드시 실현될 것이다. 이에 다시 한국의 장래에 대한 우리의 희망과 갖춰야 할 의견을 다음과 같이 하나하나 밝힌다.

(1) 3천만 한국 민족 자신의 이익을 위해 자주 국가를 건립하는 것은 유일한 해방의 길이다.

(2) 중국을 위해서도 마땅히 한반도에 완전한 독립국가를 건립해야 한다. 이로써 한국의 독립이 중국이 지난 50년 동안 외쳐온 신의를 지키고

---

56   한국 독립군이 건립한 정당을 말한다. 소앙이 주도한 한국독립당을 염두에 둔 듯하다.

화목을 닦으며 강자를 억제하고 약자를 일으켜 세운다는 전통 정신을 보장하고, 아울러 한국 독립은 5억 중화민족에게 안전한 보루가 된다. 한중 두 나라는 절대 상극이 아니라, 서로에게 이익이 되어 상생할 수 있다. 따라서 중국이 한국의 조속한 해방을 위해 힘을 다해 돕는 것은 필연적인 정세이다.

(3) 소련을 위해서도 마땅히 한국의 독립을 제창하고 수립해야 한다. 이로써 일본이 서쪽을 침범하는 사잇길〔間道〕을 끊게 되고, 제국주의의 흉포와 침략을 저지하며, 동아시아의 약소민족을 돕고자 했던 레닌 선생의 숙원에 부응할 수 있다.

(4) 영국과 미국을 위해서도 마땅히 한국독립을 원조해야 한다. 마치 북아메리카가 독립할 때 프랑스가 그랬던 것처럼 말이다. 그렇게 되면 한국 3백만 예수교도의 기독교문화와 3천만 인민의 민주정치가 유지될 수 있다.

이상의 내용이 일본에 대한 중국·소련·영국·미국의 국제적인 세력 균형을 조절할 수 있을지는 모르겠으나, 동아시아의 영구적인 평화를 다지고 태평양 대일전쟁의 목적을 완성하여 「루스벨트·처칠 선언」[57]의 원칙을 한국에서 실현할 수 있을 터이다.

이어서, 한국 독립운동 단계에 대해 말하면, 반드시 아래의 절차를 거쳐야 할 것이다.

(1) 한국의 각 당파와 각 지방의 유력 집단은 이미 연합하여 임시정부를 옹호하고 있다. 5개 사단 내외의 병력 동원에 착수하고, 대중 폭동을 발동해 후방을 교란함으로써 적의 세력을 분산시키고 적을 제압하여 사지로 몰아야 한다.

57　원문의 「나구선언(羅邱宣言)」은 루스벨트와 처칠의 선언, 일명 「대서양헌장」을 말한다. 1941년 8월 14일 전쟁의 목표와 전후 세계질서 구상 등을 합의한 8개 항목으로 구상된 선언이 발표되었다. 발표 이후 이 헌장은 임시정부가 한국독립의 근거와 자주성을 주장하는 근거로 활용했다.

(2) 동맹국의 26개 정부와 인민이 연합하여 한국 임시정부를 원조하고, 광복군의 항일능력을 강화하는 동시에 한국 전역에서 혁명적 공세를 취하여 일본을 격파하는 일을 꾀한다.

(3) 한국 임시정부를 원조함과 동시에 (한국)독립당의 지위를 강화함으로써 혁명세력을 집중시켜 독립 실현을 촉진한다.

종합하면, 태평양전쟁의 발생 원인은 한국이 병탄된 것으로 멀리 거슬러 올라가니, 태평양전쟁의 결과는 반드시 한국의 해방으로 귀결되어야 한다. 태평양전쟁은 이미 일본을 격파하고 일본을 징벌하는 것을 주요 목적으로 삼고 있기 때문이다. 태평양전쟁에서 승리하는 날 반드시 일본이 탈취한 장물을 탈환해야 한다. 그 장물을 빼앗아 본래 주인에게 돌려줄 뿐만 아니라, 다른 사람이 다시는 침탈하지 않도록 경계해야 한다. 이는 태평양전쟁이 종식될 때 소홀히 되어서는 안 될 점이다.

또한 중국의 입장에서 말하자면, 전쟁에서 승리한 뒤 중국이 동아시아에서 우세한 위치를 차지할 것은 거의 확실하다. 이때 중국이 국내 및 국외의 인접한 각 민족에 대해 어떠한 입장과 태도를 보일지 충분히 예측할 수 있다. 왜 이렇게 말할 수 있을까. 손중산 선생이 생전에 남긴 가르침에 따르면, "중국이 훗날 융성해지면 '약한 나라를 구제하고 기울어지는 나라를 붙들어준다'는 전통적인 모범을 실행할 수 있을 것이고, 강대국의 제국주의적 행위를 흉내내어서는 안 된다"라고 하였기 때문이다. 이를 입국의 정신으로 삼은 중국이 반드시 주변 사방의 민족국가를 보위[58]할 수 있을 터이다.

---

58 『문집』 상권에는 '보술(保術)'로 잘못 나와 있다.

6장
당위와 현실을 결합한 중도노선
해방정국의 조소앙

민족단결을 주장함[1]

해외에 나가 있는 동안 우리의 운동이 혁명운동이냐 독립운동이냐 하는 그 정의에 대한 논란〔物論〕[2]이 많아서 어떨 때는 동지들 간에 충돌도 하였으며, 또는 광복운동이라고도 하였으나, 여하간 혁명이든 독립이든 광복이든 일치되고 공통된 개념이란 조국의 광복이 위주였다. 이제 우리들의 운동을 혁명운동이라고 그 정의를 말해보면 다음과 같다.

혁명의 내용

일치된 정견으로 결속된 집결이 주체가 되어 그 목적을 달성하고자 자

---

1   이 글 「일체(一體)의 구세력(舊勢力)을 파괴(破壞)코 새 체재(體裁) 수립(樹立)이 혁명(革命)」은 『자유신문(自由新聞)』 1945년 12월 14일자에 실린 것이다. 국한문 혼용체. 귀국 직후 소앙의 임정중심론이 잘 드러나 있다.

2   원문의 '물론(物論)'은 (대개 부정적인 뜻으로 쓰여) 어떤 사람 또는 단체의 처사에 대하여 많은 사람이 이러쿵저러쿵 논평하는 상태를 말함.

기 옆에 놓여 있는 정권과 기타를 화평의 수단으로 취하지 않고, 타도 전복시키는 것을 혁명이라 하겠다. 그러므로 정치·경제·문화·교통 등 일체의 존재를 파괴하고 새 것을 수립하기 위하여 동지들이 한 목적으로 나아가는 것이 혁명의 행동이다. 갑신정변·동학란·기미운동 등은 전부 혁명운동이었으며, 이 운동은 주지主旨를 관철하고 성취하기 위하여 끊임없이〔부절不絶히〕 노력해야 하는 것으로 우리 임시정부의 운동도 이러하였다.

혁명자의 자격 일반

3천만 대중이 전부 혁명가라고는 할 수 없다. 혁명운동 핵심분자의 지도가 필요한 것이며, 혁명집단의 구성이 동지적 결합이어야 하므로 단순한 희망자, 즉 혁명을 희망만 해서는 그 운동을 추진시킬 수 없는 것이다.

그러므로 이 운동자는 행동이 일관하여야 하며, 물 흐르듯 낙엽 밑에까지 흐르도록 암석을 걷어차고, 대하大河같이 흐르듯, 그 운동에 끊임없는 노력을 하는 것이 혁명운동자라 하겠고 직업적으로 나선 이가 또한 혁명가라 하겠다.

혁명운동의 형식

내지에서 혁명운동을 했느니, 상하이에서 했느니, 러시아 영토〔亞領〕에서 했느니 하는 일체의 지역적 형식은 있을 수 없다. 내외 일체를 통하여 우리 흙덩어리 위에 혁명운동의 공간적 시간적 조건을 버리고〔棄揚〕 나서야 이 혁명운동은 완성되는 것이라고 하겠다. 그리고 강령 같은 것을 작문 짓듯 내걸고 새로운 정당이니 새로운 혁명운동이니 하는 것은 양심적인 혁명은 못 된다.

혁명세력의 통일

각 정당 혹은 각 혁명운동이 집결될 때 비로소 통일되는 것이다. 좌·우익이 한데 모여, 거기에 '헤게모니'를 누가 잡느냐 하는 문제가 대두될 때는 과거의 신간회新幹會[3] 모양으로 통일에 실패될까 염려되는 바이다.

더욱이 우리 민족은 역사적으로 통일되어 있으며, 자연 과정으로 4천년 전부터 통일되었다고 볼 수 있다. 그러나 국내 통일이 시급 절실히 요구되는 이때 또한 국호의 통일도 필요하다. 한 가정에 한개의 가호家號가 있듯이 우리나라에도 한 국호만이 있을 수 있으며, 민족단결의 표준으로 이 국호의 통일 역시 하나밖에는 있을 수 없다. 그리고 국기 역시 태극기로 통일되어야 할 것은 물론이며, 따라서 연호도 통일되어야만 하겠다. 그러므로 우리는 나라 안팎에 우리 민족의 통일을 보여야 하며, 특히 우리 임시정부는 이미 '러시아[亞國]'의 '레닌' 자신이 절대적인 지지를 했으며, 또 중국의 장(장제스蔣介石) 위원장, 기타 미국과 프랑스도 인정을 하고 있는 만큼, 국내에서도 이를 지지는 못할지언정 이를 부인한다는 것은 안 될 말이다. 그러므로 우리는 일치 통일을 위하여, 또는 국제 형세에 조화되기 위하여 허심탄회로 임해야 하며, 밥이 되기 전에 솥을 가지고 싸움하는 것은 부당한 동시에 기계적인 평등, 즉 5대 5의 세력을 가지라는 것이다. 이보다 나 자신더러 말하면 나는 넷을 가지고 싶으며 상대방에게는 여섯을 가지라고 하고 싶다.

---

[3] 1927년 2월 민족주의 좌파와 사회주의자들이 연합하여 서울에서 창립한 민족협동전선. 1927년 2월부터 1931년 5월까지 존속한 신간회는 서울에 본부를 두고 전국적으로 120~150여개의 지회를 가지고 있었으며 회원이 2만~4만명에 이른 일제하 가장 규모가 컸던 반일사회운동단체였다. 그러나 창립 당시부터 좌우익 간의 갈등·대립으로 분란이 계속되던 신간회는, 1931년 5월 16일 조선중앙기독교청년회에서 대의원 77명이 참석한 가운데 해소 대회를 열고 해산을 결의, 창립된 지 만 4년 만에 막을 내렸다.

남북협상안[4]

(1) 외교 문제를 내정內政에서 구하는 원칙, 즉 내부의 대립을 해소함으로 외부의 모순을 극복하여 영토 불가분의 원칙과 민족 및 주권의 자율적〔非依他的〕인 독립운동을 철저히 집행하자는 것.

(2) 남북에 걸친 우리 애국자들의 공통한 호소와 정견政見과 방침을 백지 위에 새로운 원칙으로 세워 남북의 대중과 우방 정부로 하여금 이의 없이 집행케 하자는 것.

(3) 불행한 예언인 3차대전의 무기한 연기를 빨리 이루어지게 할 수 없다면 적어도 우리 국토 범위 안에서 갑자기 발발하지 않도록 이른바 ‘굴뚝을 구부리고 땔감을 옮기는’[5] 공작에 힘써 우리 조국으로 하여금 화평한 공원이 되게 하는 것.

(4) 경제독점은 정치권의 독점 못지 않은 해독을 받게 되는 것이며, 결과적으로 과학을 봉쇄하여 대중을 우마화牛馬化하는 나쁜 결과를 가져오게 하는 것이다. 우리가 기도企圖하는 신정부의 형식은 과학상 지력智力을 경제상 부력富力과 함께 각 계층에 골고루 배급주기 위하여 선결문제로 정치상 권력을 어느 한 계급이 독점하지 않도록 하고, 공민公民 각개의 기본적인 균향均享(고루 누리기)을 완성할 것.

(5) 이미 완료된 (미국과 소련의) 분점分占의 임무로 하여금 한국에 대한 평

---

4   이 글 「조소앙씨협상안(趙素昂氏協商案) 7조항목(條項目)을 발표(發表)」는 『서울신문』 1948년 4월 20일자에 실린 것이다. 국한문혼용체. 남북협상을 위해 북한으로 떠나기 직전 소앙의 입장이 잘 드러난다.

5   원문의 ‘곡돌사신(曲突徙薪)’은 화근을 미리 방지한다는 의미이다. 『한서(漢書)』「곽광전(霍光傳)」에 나오는 고사에서 유래한다. 손님이 주인에게 굴뚝을 구부리고 땔감을 옮겨 화재를 예방하라고 건의했으나 받아들이지 않았다. 후에 불이 났는데, 주인은 불을 꺼준 사람에게 후하게 대접하였지, 미리 예방하라고 건의한 사람은 잊고 대접하지 않았다. 이 일화로부터 사전예방의 중요성을 일깨우는 비유로 쓰이는 고사성어가 생겼다.

등외교의 임무로 전변轉變케 하되 과거의 착오, 예컨대 '상당한 시기' '5년 신탁통치' '선거 감시' '단독선거' 등의 불철저한 단계를 완전히 청산하고, 한국의 독립을 보증하는 미국·소련·중국·미국·프랑스 등 주요 국가의 새 협정 또는 UN의 새 결의로써 한국의 새 중앙정부가 성립되는 즉시 합법적인 국제승인을 취득케 하여 통일된 한국문제가 종결되어 다시 미국·소련 또는 국제분규의 대상이 되지 않도록 할 것.

(6) 남북 인사로서 한국 전체의 의사를 대표하며 집행할 만한 최고권위의 기구로써 대외교섭을 전개하며, 대내 협조를 진행하여서 (미국과 소련 주둔군의) 철병 절차, 총선거, 정부 조직, 과도적 치안 등의 문제를 토의 결정할 것.

(7) 지금 긴급히 수요되는 남북의 물자교류, 인사人事, 교통, 전기, 수리, 식량, 연료, 의약 등 국민 생활을 위협하는 장애를 긴급조치로써 해결할 방안을 토의 결정할 것.

이상은 남북 쌍방 간의 공통한 요구 조건이므로 회담의 기본과제가 될 것으로 믿고, 이를 토의하여 결정함에는 서로 양보하고 절충하여 민족 전체의 의견을 반영시키는 데 노력할 뿐이요, 남방이니 북방이니, 어느〔某〕 당이니 어느 파니 하는 편견과 고집에서 벗어나고자 결심하는 바이다.

남북회담에 관한 결정서[6]

제1차 남북회담에 관한 각 방면 보고를 종합하여 아래와 같이 결정한다.

---

6   이 글 「남북회담에 관한 결정서」(초안)는 1948년 5월 10일 삼민주의청년동맹 위원장 자격으로 작성, 발표한 것이다. 국한문 혼용체. 남북한 각각 독자적인 정부가 세워지는 현실의 변화를 고려하여 앞으로의 남북협상의 방향을 모색한 결과다.

1. 통일국가를 조성하는 책임상 남북에 있는 각계 인사들의 공동협의는 내용과 효과 여하를 막론하고 독립 운동자로서 사양하거나 피할 수 없는 역사적 임무이다.

2. (미국과 소련) 양국 군대의 철퇴와 국토 양단, 민족분열의 구급책을 운위한 것은 민족 전체로서 공동 요망하는 바로서 부인할 수 없는 사실이다. 그러나 구체적으로 실현할 방법 문제가 제기되지 못한 것이 결함이다.

3. 신탁통치를 조건으로 한 형식적 통일, 즉 이미 소멸된 모스끄바 3상협정[7]을 다시 제기하고 반탁진영의 혁명세력까지를 부인하는 것 같이 문자로 결정한 것은 당파적 입장만을 표현하였으므로 도리어 국제적 대립감정을 격화시키며 내부 단결에도 유리한 표현이 되지 못하였다.

4. 앞으로 남북회담의 진행은 형식과 조건을 달리하는 새로운 자세로 대두될 것이다. 즉 집행능력과 자유의사를 구비한 양방 대표로서 과학적 건국방침을 내용 조건으로 한 남북회담의 신 발전이 실현되어 역량과 이론과 대표의 자격과 수효數爻와의 부자연한 결함이 없어야 할 것이다.

1948년 5월 10일
삼균주의청년동맹

---

7   모스끄바 삼국 외상회의(三國外相會議) 또는 모스끄바 3상회의(三相會議)는 1945년 12월 16일부터 26일까지 소련의 모스끄바에서 개최된 미국·영국·소련의 외무장관 회의다. 2차대전 뒤의 일본 점령지구에 대한 관리 문제를 비롯하여 얄타회담에 따른 대한민국의 독립문제를 거론했다. 같은 해 12월 27일 합의문으로 네개의 조로 이루어진 「미·영·소 3국 외무장관 회의 보고서」를 발표했다. 이 문서에서 세번째 조인 "한국(III. Korea)"에 관한 문단은 네개 항으로 이루어졌는데 이것이 속칭 '한국문제에 관한 4개 항의 결의서'다. 이 회의 보고서에서 세 나라는 한반도의 정부 수립에 대해 세번째 항에서 신탁통치안을 제시했다.

한국독립당을 떠나 새로운 당을 창당하며[8]

남북협상과 가능한 지역 선거

일개 민족의 운명을 결정하기 위하여 그 자신들이 공동으로 노력할 전제조건으로 정치·경제·교육 등 문제에 관하여 의결과 집행에 노력하지 않을 수 없는 것은 민족 그네들의 역사적 사명이며, 국제적으로 부여된 민족 자결의 정당한 권리를 발동한 첫단계 행동이다. 과거에 남한 각 당의 공통 견해를 발견하고자 하는 노력이나 남북 지도층들의 공통한 원칙을 발견하기 위하여 이른바 '13정협政協'[9]도 남북협상도 민족운동의 과도단계에 없을 수 없는 절차였다. 이런 과정 중에는 어쩔 수 없이 국제 결정을 합리적으로 변화시키기 위하여, 또는 남북 동포의 최대 결심을 촉구하기 위하여 부분적인 선거가 우리 앞에 오지 말고, 오직 전체적인 선거가 오도록 국민에게 동의動議[10]할 권리를 발동하였던 것이다. 이른바 '7인 성명'[11]이 그것이었다. 그러나 결국 재청한[12] 사람이 소수였으므로 북방의 보이콧과 남방의 선거 감행의 결과로 총인구의 3분의 2의 대표가 선출되었다.

---

8 이 글 「성명서(聲明書)」는 1948년 10월 11일 한국독립당에서 분당하기 직전에 발표한 것이다. 국한문 혼용체.

9 1947년 11월 2일 조소앙이 주도하여 한국독립당의 명의로 10여개 중간 좌우파 정당을 초청하여 예비회담을 가진 뒤, 5일 각정당협의회를 결성함. 그러나 좌우익의 대표 정당인 남조선노동당과 한국민주당이 불참함으로써 13개 정당협의회로 축소됨. 그리고 통일독립정부 수립을 위해 남한 정치세력의 통일이 절대 필요하다는 절박감에서 공산주의자들에게도 손을 내밀었으나, 이로 인해 김구와의 불협화음이 생겨 한국독립당의 내분이 심각해지면서 정당협의회는 자초되고 말았다.

10 회의 중에 토의할 안건을 제기함.

11 1948년 3월 12일, 소앙은 김구·김규식·김창숙·조성환·조완구·홍명희 등 6인과 함께 7인 공동성명서, 이른바 「7거두 성명서」를 발표했다. 그 요지는 남한 총선거로써 중앙정부를 수립함은 민족과 국토의 분열을 초래하므로 반대하며, 조선문제의 해결책은 오직 민족자결의 원칙에 따라야 한다는 비장함을 표명하는 것이었다. 남북협상을 추진하는 원동력이 되었다.

12 회의할 때에 다른 사람의 동의(動議)에 찬성하여 자기도 그와 같이 청함을 이르는 말.

대한민국의 지위와 성질

독립운동 역사상 대한민국은 본질적으로 시간성과 공간적으로 단계적 생장 발전을 내포한 독립운동의 최고기관이므로, 돌연히 완성되어 국토의 완정完整과 주권 통일과 민족 신앙을 제조하기는 거의 불가능한 정세이므로, 30년 긴 세월을 통하여 겨우 13도 중 8도의 영역과 3천만 중 2천만 국민의 민주주의 전형典型 위에 입각하게 되었다. 정책과 인물과 정부 형식의 내용 여하를 논급하기 전에 역사적 주권 계통의 일관한 국가적 성격을 국민 자신이 인식하고 이에 집결하는 것은 독립운동의 공간적 단계나 시간상 관계로 필연적 사실임을 벌써부터 전망하였던 것이다. 그러므로 대한민국 「건국강령」에도 복국復國과 건국建國을 6단계로 나누었으며, 충칭重慶시대의 대한민국으로서 해외 임무의 종결과 국내 건국의 단계적 교량과 통일 정권의 방식 문제까지를 14개 조 당면정책【부록 참조】[13] 가운데 명백히 표현하였던 것이다.

목전 서울에 있는 대한민국[14]은 그 전신이 피 두루마기를 입은 3·1운동의 골격이며, 5천년의 독립 민족의 적자嫡子이며 장래 통일 정권에로 돌진하는 발동기가 되고 가교가 되고 민족진영의 최고 조직체임을 이에 천명한다. 정부와 인물과 정책이 천변만화千變萬化할지라도 국가의 본질적 생명에 대해서는 국제적으로나 국민적으로나 부인되지 않는 것이 일개 민족의 상식이며 국제법의 통례이다. 그러므로 입각된 인물론과 집행되는 정책론을 초월하여 태극기를 고집하고 대한민국을 최고도로 발전케 할 의무가 규정되는 것이다. 자신이 참가하지 않았다는 이유로, 자기 당黨의 정책

13 　여기서 언급하는 부록은 『문집』에 게재되지 않았다.
14 　'평양에 있는 조선민주주의인민공화국'에 대비되는 표현으로 당시 분단된 임시 상황을 표현한 문구이다.

이 집행되지 못했다는 이유로, 주권과 영토가 완성되지 못했다는 이유로, 대한민국을 거부할 이유가 발견되지 않는 것이다.

민족자결 대 신탁통치

신탁통치〔託治〕를 반대하던 깃발로 신탁통치를 초래하는 구호를 부를 수는 없는 것이다. 푸이溥儀[15]의 만주국滿洲國을 위조한 일본에 대하여 국제연맹 조사단은 뜨뜻미지근한 해결방안이라고 하여 소위 "외국 교관〔教鍊官〕의 협조로써 특별 헌병과 경찰을 조직하여 중국 군대와 일본 군대가 만주에서 철퇴한 후 진공 시기에 충당하자는 질서 유지책과 소위 외국고문단으로써 세금을 거두고 경찰을 감독케 하자는 방안"을 제의하였으나, 각국 신문의 논평과 각국 정부의 비판은 '만주국제공관滿洲國際共管'의 여섯 글자로 결론하였던 것이다. 구차한 타협이란 것은 성공되지 못하는 법이다.

근래 신문 지상에 보도된 바에 의하면, 국제 경찰로 한국 인민의 질서를 유지하라고 동의動議하였다 한다. 양국 동시 철병이 며칠 몇 시에 집행될는지? 동시 철병이 완수만 된다는 전제 조건하에서는 우리의 입으로 국제경찰을 요청하고 싶지 않다. 국제경찰이 요청대로 왕림한다면 잠시적이라 할지라도 주권 문제에 대한 제약을 우리 자신이 청구할 수 없다는 것이다. 마치 통일 선거가 실패도 되기 전에 미리 단선單選(남한 단독선거)과 단정單政(남한 단독정부 수립)을 요구하는 자태를 보여서는 안 된다는 것과 같이 양군 철퇴가 되기도 전에 미리 뒷수습 방법이라도 되는 듯 국제경찰을 요구하는 의사를 표시할 필요는 없는 것이다. 민족자결을 보장하는 UN으로서 총선거를 집행케 하는 당시에도 국제경찰을 발동치 않고 우리 자신으로

---

15 청(淸) 왕조 마지막 황제 선통제(宣統帝)를 말함. 일본제국의 지원 아래 이른바 괴뢰국인 만주국을 1932년 3월 건설해 일본의 패전 시기까지 유지했음.

하여금 질서를 유지케 한 바 있으니 장래 통일 선거에 한하여 국제경찰을 파견할 의도도 없을 것이다. 선거의 자유를 민족 자신들이 보장하는 데서 민족자결의 첫걸음이 밟아질 것이다.

건국강령과 독립운동

독립운동사의 유산으로 「건국강령」이 대한민국으로부터 창조되었다. 「건국강령」은 역사 발전에 필연적 작품이며, 우리 국민의 고통과 빈핍과 실패를 구제하는 최선의 방안이며, 민족의식을 고도로 발전시키며 통일케 하는 과학적 방법이며, 이름만의[16] 독립과 괴뢰정부 등 약소국가의 관행적 범죄가 우리나라에 다시 오지 않게 하는 최대 방책이며, 혼란한 사상 대립을 일소하고 민족문제와 사회문제와 인류 전체 문제를 단계적으로 건축하여나가자는 개혁방안이다. 이것으로써 사대事大·미외媚外(외국에 아부함)·봉건封建·벌열閥閱·귀족 등 '찌꺼기 신경〔神經〕'이 작용하는바 정치적 독재, 경제적 독점, 과학적 봉쇄 등의 죄악을 영원히 인류의 영역에서 몰아내자는 문화적 철퇴로 쓰자는 것이다.

「건국강령」을 한걸음 한걸음 실천하는 데서 민생문제가 해결될 것이고, 민생문제가 해결됨에 따라 국민과 정부와의 관계가 융합될 것이며, 내란과 소동이 영원히 청산될 것이고, 국가주권도 이에서만 확립되고 영토의 완정完整도 이로써만 성공될 것이다. 모순된 체제와 대립되는 법규와 상극된 감정도 이에서 통일되고 조화되어 아시아의 전형적 신민주국가의 활발한 업적이 나타날 것이다.

「건국강령」은 정치상 권력과 경제상 부력과 과학상 지력을 국민 각개에 공평하게 배급하여 개인 대 개인의 기본 권리와 기본 생활과 기본 지식이

---

16   원문의 '차함(借啣)'은 타인의 명망과 지위를 이용한다는 뜻.

균등하게 발전케 하여서 민족 대 민족의 기본 권리와 국가 대 국가의 상호 관계가 개인 대 개인의 균형과 같이 발전되어 식민지의 칭호와 국제시장의 제도 등 불유쾌한 껍질을 부수어 "사람이 서로를 잡아먹고〔人相食〕, 민족이 서로를 죽이며〔族相殺〕, 나라가 서로를 도둑질하는〔國相盜〕 참화"를 물리치고 인류 연대의 책임과 세계 안전과 화평을 국제헌장 그대로 보장하는 구체적 설계이다. 그러므로 「건국강령」은 독립운동의 핵심 신앙을 삼균주의에 뿌리박아 삼균주의의 구체적 계획을 1평방리 영토에서 2평방리로 점차 실시하여 전세계에까지 파급케 하자는 시대적 사명을 띠고 나온 깃발이다. 그러기 때문에 삼균주의와 「건국강령」은 겉과 속〔表裏〕이 되며, 본체와 작용〔體用〕이 되는 구국 방안이므로 국민의 공유이요, 한 당이나 한 계파〔門〕의 사적 소유가 아님을 이에 성명한다.

한국독립당의 관계

한국독립당은 「건국강령」, 즉 삼균주의와 당면 정책 14개조를 충실히 집행할 책임이 있다. 이것을 실천하자면 현실을 통해서만 가능하다. 만일 내부에 대한 발언권을 스스로 포기하고, 대외발언권만을 사용코자 한다면 유효로써 무효를 교환〔交易〕하는 비산술적非算術的인 결과를 가져올 것이다.

나는 당내 동지들에게 두번 세번 요구하였다. 중앙집행위원회나 전당대표대회를 불러 당원 전체의 의식을 반영시키며 불일치한 견해를 단일화하자는 것과, 혹은 당의 문호를 개방하여 양심적 지식계급과 순수한 혁명분자인 유능한 인재를 우리 진영으로 단결하여 역량과 이념을 총집중하자는 의견을 제출하였다. 또는 현실을 통하여 대한민국의 자주와 통일을 실현하자는 것을 제출하였다. 또는 당 내부의 종파적宗派的 오해를 깨끗이 씻기 위하여, 활발한 청년을 받아들이기 위하여 당헌과 당규의 수정도 제의하였다. 또는 본당의 강령과 정책을 국내 대중의 기초 위에 세우기 위하여 수정할 필요도 역설하였던 것이다.

임시정부로 하여금 해외에서, 체면을 고수하기 위하여 입국을 거절치 못한 이상에는 적어도 (미)군정부軍政府의 고문이 되지 말아야 할 것이 아니냐. 군정부의 고문 기관을 통하여 독립운동을 실천하겠다고 한다면 전체적으로 고문이 되었어야 하였을 것이다. 그러나 소수의 민주의원民主議院[17] 문제로 임시정부는 분산되고, 독립운동에는 낙제가 되었던 것이다. 우리의 평소 뜻도 아니었으며 민족의 본래 소원에도 어그러졌던 것이다. 입법의원立法議院[18] 문제에 대해서도 본당으로서는 입법의원의 자주성과 불해산론不解散論, 예산 통과론, 거부권 상대론 등을 조건으로 군정 당국과 담판하였던 것도 사실이다. 당시 미국 방면의 원만한 회답을 얻지 못한 것이 유감이었으나 장래에 여지를 두기 위하여 본당 중앙집행위원회에서는 다음과 같이 결정하였던 것이다. "자주성이 있는 대의代議기관을 통하여 당 이념〔黨義〕과 당강을 실천하는 수단으로 선거운동에 개인 자격으로 참가할 수 있다"는 것을 선포한 바 있다. 그 본의는 민생문제나 지방조직 문제나 중대한 행정상 법규는 국회를 통하여서만 집행되는 것이며, 국회는 투표에 의한 의원으로서 조직되는 것을 상식적으로 판단한 때문이다.

삼균주의를 실천하자면 입법기관에 발언권을 사용하는 단계를 통하여서만 가능한 것이다. 그러나 당은 이전의 결의안을 번복하고 선거 불참가

---

17 1946년 2월 14일 발족한 미군정의 자문기관인 남조선국민대표민주의원(약칭 민주의원)이 발족됨. 이승만이 의장, 김구 김규식이 부의장으로 선임되었고, 소앙도 최고정무의원의 한 사람으로 선임되었는데, 처음에는 임시정부의 법통과 미군정의 자문기관이라는 성격이 사실상 양립하기 어렵다는 명분 때문에 회의에 불참했다. 그러나 소련 군정의 지지를 받는 김일성정권에 상응하기 위해서는 미군정과 합작해야 한다고 판단하고 참여했는데, 이로 인해 임시정부 내부에 노선 차이를 빚었다.

18 1946년 미군정이 추진한 남조선과도입법의원. 1946년 10월 간접선거로 치러진 한국 '최초의 선거'로 구성된 입법의원이 12월 12일 개원되었다. 조소앙 등 한국독립당계의 인사들이 당선되었지만, 입법의원이 군정부 기관의 일부이고 미군정 장관이 거부권 해산권을 가지고 있다는 등의 이유로 사퇴를 결의함.

를 결의하였던 것이다. 선거가 이미 완료된 오늘날에는 선거 반대가 완전히 무의미하여진 것이다. 목전에 걸린 긴급한 문제와 장래에 닥쳐올 여러 곤란을 타개하고 방지하기 위하여서는 대중의 기초 위에서 원칙과 방법을 병행하여야 할 것이다. 통일의 원칙만 사수하고 통일의 방법을 무시하여서는 안 될 것이다. 통일의 구호만을 부르고 통일로 가는 첩경을 차단하여도 안 될 것이다. 통일의 방법으로는 전민중의 공론을 채용할 것과 권력 형태의 조직을 통할 것과 국제기구의 협조를 고려할 것 등이다. 이 세가지에 전체적으로 매진하자면 삼균주의의 사상을 향촌에 있는 농민층에, 도시와 항만에 있는 노동계와 각 상점에 있는 소시민과 사용자층에, 중등학교 이상의 학생층에, 관·공리 각 계층에까지 이해시키고 인식시켜 민족적 견해가 정치·경제·교육의 균등제도 궤도로 들어서게 하여야만 할 것이다. 이러기 때문에 이러한 과업을 기성 정당으로서 활발하게 집행할 수 없다고 단정한다면 새로운 조직의 형태를 통하여 이것을 운용하는 전환의 기축機軸도 돌릴 필요가 있다. 이에 민족진영의 재단결과 균등사회의 법률화를 위한 현실적 행동론과 새로운 조직개편론을 4개 원칙으로 각 방면이 합의한 것이다.

4개 원칙과 새로운 당

새로운 조직을 집결함에 있어서 선원칙이냐 후단결이냐, 선단결이냐 후원칙이냐 하는 문제에 대하여서 나는 원칙의 동의를 선결문제로 하고 싶다. 현재나 장래나 균등사회 원칙을 부정하는 개인 또는 단체는 4개 원칙을 동의한 단일조직체에 참가할 수 없는 것이다. 그러나 4개 원칙을 완전히 동의한다면 누구든지 가입할 여지가 있는 것이다. 새로운 조직의 사명은 「건국강령」과 삼균주의를 단계적으로 현실을 통하여 한걸음 한걸음 집행하는 데 있는 것이다.

당원 동지들! 선택하자! 새로운 당으로 당 안팎에 인재와 대중을 집중하여 입법기구와 행정기구를 통하여 현실적 내치內治·외교·군사 문제를 거쳐서 완전한 통일 국가와 독립 정부의 완성에까지 노력하는 깃발을 잡으려느냐? 과거 4년과 같은 소극 태도, 부동浮動 형태, 무조직 상태로 아미타불식 통일과 철병撤兵[19] 구호로만 늘 그러기냐?

위와 같이 성명함

대한민국 30년(1948년) 10월 11일
조소앙

사회당 결성 당대회 선언서[20]

인류 간에 압박과 착취 불평등에 기인한 대립과 투쟁 등의[21] 모든 불합리한 모순을 제거하고, 개인 대 개인, 민족 대 민족, 국가 대 국가 간에 평등과 상호부조〔互助〕를 원칙으로 한 자유와 평화와 안전을 누릴 수 있는 사회를 건설하며, 나아가서 세계 한가족〔一家〕을 형성하고자 하는 것은 인류의 공통적인 최대 염원이다.

이와 같은 인류의 최고 이상을 실현하기 위하여 평화를 애호하는 우리 민족은 예로부터 대외적으로 다른 민족에 대하여 침략의 무기를 사용한

---

19   미·소 양군의 동시 철군을 요구하는 원칙론.

20   이 글 「사회당 결당대회 선언서(社會黨結黨大會宣言書)」는 1948년 12월 1일 사회당 결당대회에서 발표한 선언문이다. 국한문 혼용체. 사회당 창당으로 남한의 최대 정당인 한국독립당은 둘로 나뉘게 된다.

21   "인류 간에 압박과 착취 불평등에 기인한 대립과 투쟁 등의 모든 불합리한"에서 "간에 압박과 착취 불평등에 기인한 대립과 투쟁 등"의 문구는 『문집』 하권 수록 문건에는 생략되어 있다.

일이 없으며, 대내적으로 항상 국민의 정치상·경제상·교육상 균등한 향상 向上 발전을 위하여 노력하여왔다.

그러나 불행히도 일본 제국주의의 유린으로 말미암아 우리 민족은 정치·경제·문화·사회 모든 분야에서 자유로운 정상적인 발전이 저해되었고, 인류의 최고 이상까지도 완전히 말살당하게 된 때문에 우리 민족의 총력은 주권 광복에 집중되었으며, 혁명 선열의 앞사람이 넘어지면 뒷사람이 이어간 끓는 피와 혁명 지사들의 열렬한 투쟁은 드디어 연합국의 정의에 힘입어 일본 및 모든 침략주의 국가들을 8월 15일을 최후의 날로 완전히 붕괴시켰다.

그러나 세계는 또다시 양대 이데올로기의 대립으로 인하여 항쟁적 태세를 형성하게 됨에 그 파문은 각 약소민족에 파급되어 동족상잔의 참극을 나타내게 되었다.

특히 우리나라에 있어서는 미국과 소련 양군의 분단점령으로 인한 국토의 두 동강〔兩斷〕이 동족상잔을 한층 격화시키고 말았다.

이와 같은 외래적 원인으로 인하여 우리 사회는 이른바 진보적 민주주의라는 계급 독재파들이 무산계급 독재를 실시하고자 함으로써 일부 민중은 이에 유혹과 선동을 받고 있는 현상이며, 또 일부 자본주의 특권계급은 반세기에 가까운 일본 제국주의의 엄호 아래 성장·발전하여 8·15 일제의 패망 이후 자기 계급의 특권을 연장 발전시키고자 봉건 잔재와 결합하여 엄연히 하나의 세력을 형성하고 있다.

이와 같은 두가지 세력은 그 세력을 확충하기 위하여 민중의 정당한 판단을 현혹하게 하고, 민족상쟁이라는 화禍의 실마리를 일으키며, 인심의 혼란과 시정施政의 지장을 주는 것이 오늘날 한국사회의 가릴 수 없는 실정이다.

우리 민중은 무산계급 독재도, 자본주의 특권계급의 사이비적 민주주의 정치도 원하는 바가 아니요, 오직 대한민국 헌법에 제정된 균등사회의 완전한 실현만을 갈구할 뿐이다. 이것은 인류의 이상이 지향하는 정상적인 요구이며, 그 실현을 촉진함은 우리 민족에게 부여된 민족의 최대 과업이다.

우리 사회당은 이와 같은 실정實情에 입각하여 당쟁과 정권 쟁탈 등의 저속〔庸俗〕한 폐습을 배제하고, 모든 농민과 노동자, 사무원과 소시민 및 학술층의 정수精髓분자를 규합하고 결속하여 모든 국민에게 균등사회의 이념을 고취하며, 나아가 반민족·반민주주의 분자 등 일체 반동분자를 제외한 각계 각층, 각당 각파, 무당無黨 무파無派 등 일체의 민족진영과 보조步調를 같이하여 현실을 통하여 대한민국의 자주독립과 남북통일을 완성하고, 정치·경제·교육상 완전히 평등한 균등사회 건설로 일로一路 매진邁進할 것을 전민족 앞에 정중히 선언한다.

1948년 12월 1일
사회당 결당대회

삼균주의자가 본 세계[22]

【앞부분 생략】 동지들! 전인민들이여! 우리 삼균주의자의 안목으로 보는 세계는 벌써 삼균주의를 인류 최대 다수가 갈망하며 요구하며 집행하고 있는 이념과 제도가 삼균주의 영역〔圈線〕 안에 포괄되고 있다. 더구나 영국 같은 나라는 삼균주의 사회 건설에 가장 충실한 노력을 기울이고 있는 것이다. 영국의 노동당은 50년 투쟁을 거듭한 결과, 이제 국회 과반수의 세력과 행정의 주동세력을 소유하고 2차대전에 병든 영국 민족이란 환자를 병상 위에 놓고 정확한 과학적 진단 위에서 반세기 동안 연구하였던 처

---

22   이 글 「삼균주의자(三均主義者)가 본 세계」는 1949년 3월 24일 발표한 것이다(『문집』의 원주). 국한문 혼용체.

방을 집행하고 있다. 그들은 벌써 대학교육에 있어서 입학자로 하여금 균등한 기회를 보장할 뿐만 아니라, 우수한 자로 하여금 국비교육의 은택을 맛보게 하고 있다. 이것은 벌써 우리 삼균주의자의 강령의 일부를 집행하고 있는 것이 아니냐.

초등 교육과 중등 교육에 있어서도 학부형이 허약한 병자이거나 실업자인 경우에는 교육비 면제 이외에 식료공급까지 국가가 부담하고 있는 것이다. 교육〔면〕에 나타난 영국이 이럴 뿐 아니라 경제 면에 있어서는 더욱 삼균주의를 이행하고 있는 것이다. 그네들이 주장하던 철도·광산·전기·은행 등이 국유제도하에 편입된 것은 세상 사람들이 널리 아는 바이거니와 분배와 소비 문제도 철저하게 계획되고 통제되고 있음은 영국을 연구하는 자는 잘 알고 있는 바이다. 그네들은 한 사람으로 하여금 우유로 세수하고 계란으로 머리 감게 하던 암흑세계를 쫓아버리고, 한 사람이 매일 갈아입는 의복의 사치 습관도 벌써 격퇴하였다 한다. 영국의 전국민에게 수학적으로 배급된 계란 수는 한 사람에 대하여 한개에 지나지 않는다 한다. 와이셔츠 두벌로 한해를 보내기 때문에 구멍 뚫린 와이셔츠를 대관들이 안심하고 당당하게 입고 있다 한다. 영국 국내에서는 식량문제 등 긴급조치를 위하여 최소한의 소비품을 국내에서 유통케 하고, 그 이외는 국외로 수출하여 국민 생활의 위기를 긴급히 구함에 노력하고 있다. 배급량을 초과한 손수건 한개, 버선 한개도 매매할 자유를 가지지 못한다고 한다.

영국인의 안목을 통해서 보는 우리나라 식량문제의 배급과 공출供出[23] 문제는 몰상식한 조치로 보여질 것이다. 농민에게 손해를 주는 공정가격公定價格과 중류中流 이상의 부자로 하여금 빈자와 동등하게 배급량을 정한 것은 국가의 식구로 하여금 동등한 생존을 보장함에 타당한 방침이 아닌

23　전쟁 때나 전후의 비상 시기에 국민이 국가의 수요에 따라 농업 생산물이나 기물 따위를 의무적으로 정부에 내어놓음.

때문이다.[24]

2차대전 중에 중국 정부도 식량 정책에 있어서는 우리보다 진보된 방법을 취했다. 그 방법은 국가의 차관으로 농민의 곡식을 적당하게 매입하고, 대지주와 모리배의 미곡 독점을 철저히 방지하며, 빈자에 한해서만 농민에게서 매입한 가격보다 저렴한 공정가격으로 배급해주는 제도였다. 영국과 중국에서 행하던 것과 반대로 우리 제도는 농민에게 손해되는 매입 가격과 빈부 평등의 공정가격 기초 위에 배급하도록 하는 것은 본질상 국민 생활의 불평등을 창조하고 있는 것이다.

영국의 정치 면에 있어서는 오랫동안 민주주의에 훈련된 때문에 또다시 언급할 여지가 없다. 그 밖에 2차대전에 혹독한 재난을 겪은 여러 국가는 이구동성으로 생존권의 균등을 법률로써 제도화하여 확보하지 않는 나라가 없는 것이다. 일본에서도 토지의 소유권과 이용권을 매 농가 3정보町步[25]를 초과하지 못하도록 UN 측에서[26] 일본 정부에 명령하여 집행된 사실은 벌써 수년 전의 일이다. 『세계 연감年鑑』을 재편할 여지없이 각국의 각 민족들은 정치적 균등에만 만족하지 않고, 경제적 균등에만 안심하지 않고, 교육 문제에 있어서도 과학의 보급도 식량과 의복의 배급과 같이 균등을 갈구하고 실시하고 있는 것이다.

24　해방 직후 미군정이 식량 위기를 해결하고 경제안정을 위해 식량 공출과 배급 정책을 시행했으나, 주요 식량에 대한 생산 통계나 소비 실태를 제대로 파악하지 못한 탓에 도시민과 농민 모두에게 불만을 샀다. 이는 신생 이승만 정부의 식량 운용에 제약을 가해, 식량에 대한 중점 배급제를 실시할 수밖에 없도록 만들었다.

25　1정보는 3000평.

26　원문의 'UN 측'은 정확하게는 연합국 최고사령부(SCAP, Supreme Commander of the Allied Powers, GHQ: General Headquarters, 일본어 명칭은 연합국군최고사령관총사령부 聯合國軍最高司令官總司令部)를 말한다. 이 기구는 일본이 태평양전쟁에서 패전한 이후 1945년 10월 2일부터 샌프란시스코 강화조약 발효(1952. 4. 28) 때까지 6년 반 동안 일본에서 실질적으로 통치하던 연합국 사령부다. 초기에는 미국이 단독으로 일본을 점령·통치했으나 1946년 2월 26일 11개국으로 구성된 극동위원회가 발족한 이후 이 위원회가 일본 관리에 대한 기본정책을 결정했다.

한국의 삼균주의 운동은 국내 정세로 보아 선착편先着鞭[27]이 아닌 것이 아니지만, 국제 형편으로 보면 늦은 봄 응달에 피는 꽃과 같다. 우리 과거의 반만년 역사의 바퀴는 교육의 균등화, 경제의 균등화, 정치의 균등화를 최종 목표로 삼고 왔던 것이다. 학생을 국자國子라 한 것은 학령아동을 자식같이 국가가 무료로 교육하라는 말이며, 학전學田이란 말은 토지를 국비로 이용하여 학생을 가르치고 기르라는〔敎養〕 말이다. 국전國田이나 전시田柴[28]라 함은 우리 민족의 생활공간을 개인의 사유로 보지 않고 국민 전체의 공동 소유로 규정한 데서 이름 지어진 것이다. 토지개혁은 새로운 국가를 창립할 때마다, 새로운 정권을 건립할 때마다 반듯하게 정초식定礎式을 거행한 주춧돌이었다.

(고려왕조) 왕건王建 태조太祖의 토지개혁이 고려 5백년의 기초였으며, (조선왕조) 이태조李太祖의 토지개혁이 서울 5백년 건축의 초석이었다. 개성開城 시대의 토지제도가 개성 밑에 거꾸러진 주춧돌과 함께 비뚤어질 때 고려 왕조는 거꾸러지고 말았다. 조선왕조의 토지제도가 옛 궁궐 옛 성의 주춧돌과 함께 비뚤어질 때 조선왕조의 기업起業은 비뚤어지기 시작하였던 것이다. 국민의 애국심은 국방역량에 나타나고, 국방역량은 농촌에 그 기초를 두었으며, 농촌경제와 생명은 토지제도에 뿌리를 박았던 것이다. 그러므로 한국 역사상 토지문제는 그네들의 국방역량과 애국심을 규정하는 준칙이 되었던 것이다.

우리 삼균주의자는 역사적 보편 법칙〔公律〕에 의하여, 세계적 공동 추세에 의하여, 우리 민족의 현실적 요구에 의하여 삼균주의 사회 건설에 분투하고 노력해야 할 것이다. 성공은 우리의 것이다! 용감하게 나아가자!

---

27   남보다 먼저 시작하거나 자리를 잡음.

28   전지(田地)와 시지(柴地), 곧 경작용 토지와 땔나무 채취하던 공유지〔樵採地〕를 말함.

차기 총선거와 나의 정국관政局觀[29]

반만년 역사에 빛나는 우리 3천만 민족은 과거 36년 동안 악독한 왜정倭政 아래 갖은 압박과 착취를 당하였던 것이 다행히 2차대전의 종결과 더불어 해방을 얻었으나, 뜻하지 않은 38선으로 인하여 북한은 소련 군정하에, 남한은 미 군정하에 본의 아닌 외국군의 통치를 받아왔던 것이다. 그간 신탁통치를 내포한 모스끄바 3상회의 결정은 우리 3천만 민족의 결사적 반대로 말미암아 배제되었으며, 다시 UN 총회 결의로써 5·10총선거를 실시하여 우리 대한민국이 세계에 등장하게 된 것이다. 그러나 우리 대한민국은 우연한 계기로 된 것은 아니다. 우리 민족의 피와 죽음으로 3천리 강토를 물들인 기미(1919년) 3·1독립운동을 계기로, 독립정신에 불타는 애국지사들은 해외로 망명하여 지금으로부터 32년 전에 상하이에서 대한민국 임시정부를 수립하였다. 30여년이라는 긴 세월을 혁명선열이 앞에서 넘어지면 뒤에서 이어나간 열혈과 그들의 열렬한 투쟁정신을 지속하여, 그동안 왜적과 직접 전투도 하였고, 세계 외교회의에 사절을 파견하여 세계 여론에 호소도 하여왔던 것이다. 성사될 희망도 막연한 정황에 백절불굴百折不屈의 확신을 가지고 꿈에도 잊지 못할 고국을 그리면서 한숨과 눈물을 흘리며 굶주린 배와 왜헌倭憲(일본 헌병)의 추격으로 사선死線을 넘던 생각을 하면 오늘날 그 법통을 계승하고 정정당당히 세계에 빛나는 대한민국 건립을 볼 때 그것이 겨우 13도 중 8도의 국민 3분의 2의 가결로 된 민주주의 기반 위에 입각한 것이라 할지라도 우선 뼈에 사무친 원한의 제1보는 해소된 것이다.

귀국 당시를 회고하면 국내에서는 사상의 혼란과 정당의 사태沙汰가 내렸고, 민중은 갈 곳을 찾지 못하여 우왕좌왕하고 있었으며, 국내의 질서는

29　이 글 「차기(次期) 총선거(總選擧)와 여(余)의 정국관(政局觀)」은 『삼천리(三千里)』 1950년 4월 1일자에 발표된 것이다(『문집』의 원주). 국한문 혼용체.

난마亂麻와 같았으며 민생문제는 날로 더욱 심각하여져갔던 것이다. 그러던 중 신탁통치[託治]를 포함한 모스끄바 3상회의 결정이 발표되었으니, 이는 청천벽력이었으며 미·소공동위원회는 잇따라 두차례나 유회流會됨에 38선은 더욱 굳어가고 좌우 사상의 대립은 점점 격화되어갔던 것이다.

여기에서 우리가 일개 민족의 운명을 결정하기 위하여 그 자신들이 공동으로 노력한다는 전제조건으로 정치·경제·교육 등의 문제에 관하여 의결과 집행에 노력하지 않을 수 없는 것은, 민족 그들의 역사적 사명이며, 국제적으로 부여된 민족자결의 정당한 권리 발동이다. 과거에 남한 각 정당이 공통 견해를 발견코자 하던 노력이나 남북 지도층들이 공통된 원칙을 발견하기 위한 이른바 13정협政協, 남북협상도 민족운동의 과도단계에 없을 수 없는 절차였다. 이러한 과정하에서 특히 남북협상의 목적한 바는 부득불 국제 결정을 합리적으로 변화시키기 위하여, 또는 남북 동포의 최대 결심을 북돋기 위하여 전체적이지 못한 선거가 우리 앞에 와주지 말고 오직 전체적인 선거가 오도록 국민에 향하여 동의動議할 권리를 발동할 따름이었다. 그러나 북측은 소련 '코민포름' 지령하에 강대한 권력과 무력을 배경으로 한 데 대하여 우리들은 진정한 민중을 기반으로 한 정당과 사회단체의 대표로서 대하게 되어 도저히 상대가 되지 않았으므로 결국 실패에 돌아갔던 것이다. 우리는 남한으로 돌아오면서 민족진영의 재편성 내지는 대동단결의 필요성과 가능한 지역에서의 선거로 우리의 정부를 수립하여 민족진영의 기반을 공고히 하여야겠다고 가슴 깊이 느꼈던 것이다.

여기에서 내가 소속하고 있는 당을 이러한 노선으로 이끌려고 당내 투쟁을 전개하였던 것이다.

나는 당내 동지들에게 여러 차례 되풀이하여 요구하였다. 중앙집행위원회나 전당대표대회를 불러 당원 전체의 의사를 반영시키어 불일치한 견해를 단일화하자는 것과 본당의 문호를 개방하여 양심적 지식층과 순수한 혁명분자인 유능한 인사를 우리 진영으로 영입하여 역량과 이념을 총집중하자는 의견을 제출하였다. 또 현실을 통하여 대한민국의 자주와 통일을 실현하자고 제의하였다. 또한 당 내부의 종파적 오해를 청소키 위하여, 활발한 청년을 영합하기 위하여 당헌의 수정도 제의하였다. 또한 국내 대중의 기초를 세우기 위하여 본당의 강령과 정책을 수정할 필요도 역설하였던 것이다. 그러나 이것은 헛된 노력에 그치고 말았다.

군정시대의 입법의원立法議院에서도 입법의원立法議員의 자주성과 불해산론不解散論, 예산 통과와 거부권, 상대론 등을 조건으로 군정 당국과 담판하였으나 미군 당국의 원만한 답변을 얻지 못하였었다. 그러므로 당시 한국독립당 중앙집행위원회에서는 "자주적 대의기관을 통하여 당 이념과 당강을 실천할 수 있는 경우에는 개인 자격으로 선거에 참여할 것"을 결정하였으나 결과는 역시 허사에 돌아갔다.

합법적 권력체를 통하여 공론을 환기하려던 모든 노력이 수포에 돌아가며 나는 단연 수십년간 갖은 어려움과 고초를 겪어오면서도 지켜오던 한극독립당과 결별하였던 것이다. 나는 여기에서 통일의 방법은 전민중의 공론을 채용할 것과 권력 형태의 조직을 통할 것과 국제기구의 협조를 고려할 것 등을 생각하였다. 이 과업을 기성 정당으로서 활발하게 집행할 수 없다고 단정하고, 민족진영의 단결과 균등사회를 법률화하는 현실적 행동론과 새로운 조직기구론 등의 4원칙을 세우고 신당 조직을 기도하였다. 당시 6인의 4원칙[30]이 이것이다.

이 원칙하에 탄생한 것이 사회당이며, 본당은 민족진영의 재편성과 현실을 통하여 대한민국의 자주 및 통일을 완성할 것과 균지均智·균권·균부의 균등사회 건설을 목표로 한 노·농·학·상 각 계층의 총 단결체인 것이다. 이 사회당의 정강과 정책의 실천을 위한 현실은 무엇이냐. 독립운동사상의 대한민국은 그 「건국강령」에 표시된 바와 같이 복국復國과 건국建國

---

30   1948년 9월 4일 신익희, 이청천, 안재홍 등이 회합하면서 신당 논의가 구체화되었다. 『동아일보』 1948년 9월 5일자.

을 여섯 단계로 나누어, 충칭重慶 시대의 대한민국으로서 해외 임무의 종결과 국내 건국의 단계적 교량 역할과 통일 정부의 방식 문제까지를 14개 조의 당면정책으로 책정하고, 복국하여 건국에 노력할 때까지 독립운동의 최고기관이었다.

현재의 대한민국은 3·1운동의 정신을 계승한 망명 대한민국 정부의 영웅적 투쟁의 결과이며, 5천년 독립 민족의 적자嫡子이며, 장래 통일정부로 돌진할 유일무이한 원동체이며, 민족진영의 최고 조직체인 것이다. 정부와 인물과 정책이 변화할지라도 국가의 본질적 생명은 계속되는 것이며, 입각된 인물론과 집행되는 정책론을 초월하여 태극기를 고집하고 대한민국을 최고로 발전케 할 의무가 있는 것이다. 특히 유럽에서 맹렬히 전개되는 냉전의 전화戰火는 동아시아에 집중되며 적색 세력은 중국을 석권하며 나아가서는 동남아시아에 뻗쳤으며, 각처에 38선을 형성하고 있는 형태이니, 세계 냉전의 최첨단에 서 있는 우리 한국의 위치는 매우 중요하며, 또 민족진영의 아성인 대한민국 정부의 사명과 역할은 실로 중대한 바가 있다. 민족진영의 존망, 아니 한국 민족의 민족적 운명은 대한민국의 육성 강화 여하에 있는 것이다. 이 30여년의 법통을 계승하고, 혁명 선열의 피와 죽음으로 이루어진 대한민국을 우리는 육성하고 강화할 책임을 느끼는 바이며, 그 육성 강화의 일익을 담당하려고 이번에 나는 새로운 충성된 결의를 국민 앞에 하는 바이다.

다음에서 나는 나의 생각을 정치·경제·교육의 세 부문으로 나누어 논하기로 한다.

1. 정치에 대한 나의 견해

정치에 있어서 첫째로 자주독립과 남북통일의 완성을 기한다. 세계는 양대 이데올로기의 대립으로 인하여 항쟁적 태세를 형성하게 됨에 그 파문은 각 약소민족에 파급되어 각처에서 동족상쟁의 참극을 연출하게 되었다. 특히 우리나라에 있어서는 미·소 양국의 분할 점령으로 인한 국토의 양단兩斷이 동족상잔을 격화시키고 말았다. 우리는 이 남북분단으로 말미암아, 직접 간접으로 많은 견제를 받고 있는 현상인데 하루라도 속히 남북 통일을 단행하여 완전 자주적 독립의 실현을 기해야 할 것이다. 남북의 대립은 이데올로기의 대립이니 우리는 그 본질이 사상전임을 파악하여 그에 대비하여야 할 것이다. 그 방책으로 남한의 모든 정치력을 총집결하여 정치공세를 취할 것이며, 또 민심을 수습하여 사상공세로 자주통일을 기도하여야 할 것이다. 정치력을 총집결하는 데는 민의 의사를 반영한〔民願〕 내각을 중심으로 민족진영의 재편성 내지 대동단결이 있어야 할 것이며, 민심을 수습하려면 경제안정과 민생 문제를 해결하여야 할 것이다.

둘째로는 민주정치 발전을 위하여 노력하려 한다. 민주정치의 중심은 의회이다. 정부도 의회의 기초 위에 서야 할 것이며, 책임도 의회, 즉 국민에게 지는 책임정치가 되어야 한다. 그리고 의회의 순화純化는 선거로부터 시작되는 것이니, 현 선거법에 따른 선거는 금력金力의 배경 없이는 할 수 없는 것이다. 금력을 배경으로 하면 결국 금력에 사로잡히는 것이며 자본계급의 조종을 받게 되는 것이다. 그러므로 금력을 필요로 하지 않은 선거법 제정이 긴급할 것이다. 그리고 현행 선거구는 소선구제인 고로 유능한 인사가 구역의 제한을 받아 탈락〔漏洩〕되는 수가 많다. 그러므로 일단 시市와 몇 개 군郡을 단위로 한 중선거구제가 필요하다고 생각한다.

그리고 과거에는 인물 중심으로 정당이 만들어졌으나 금후에는 이념 중심으로 발전되어야 할 것이다. 당쟁과 정권 쟁탈을 위해서는 수단과 방법을 가리지 않는 정당이 있으면 민족의 발전은 따라서 실패하고 말 것이다. 우리 한국에서 정당정치가 실현되지 않고 민중이 정당을 좋아하지 않는 것은 이런 데 원인이 있는 것이니, 절대 다수 민중의 여론을 대표하는 정당만이 존재할 가치가 있는 것이며, 이 여론과 민중과의 약속을 이행치 않고 정권 획득을 위하여서는 여론과 민중과의 약속을 배신하는 정당은 봉건적 도당徒黨이라고 규정한다. 다음에 의회정치, 즉 대의정치의 정상적 발전을 위해서는 언론의 자유가 있어야 한다. 진실성이 있는 언론을 자기 당의 비위에 맞지 않는다는 이유로 탄압하여서는 안 된다. 이러한 의미에서 민주주의적 신문법과 출판법의 제정이 요청된다.

민주정치는 중앙뿐만 아니라 지방에도 고루 보급시켜 국민의 자치능력을 향상 발전시켜야 한다. 이러한 의미에서 지방자치제를 조속히 실시하여 엽관배獵官輩(관직을 얻으려고 갖은 방법을 쓰는 무리)가 함부로 날뛰는 것[跳梁]을 방지하고 민의를 반영하여 민심을 수습하여야 할 것이다. 지금 시행되고 있는 모든 법령은 한국[31] 말년 및 소위 총독부 시대와 군정 시기에 발포된 것으로 대부분이 아직도 대한민국을 알맞은 궤도에 올려놓지 못하였다. 국가의 체면과 민족의 생활 내용이 부합하도록 긴급히 수정해야 할 것을 주장한다. 외교 문제에 있어서도 현실적 난관에 주의를 기울이면서 국제법과 외교 관례를 참조하여 형식적 독립에 안심하는 것보다 내용으로 독립 국가의 모든 주권이 약동할 수 있는 데까지 최대의 노력을 기울여야 할 것이다.

다음에는 정부 인사 정책에 있어서 민주주의의 본의本義에 비추어 민중이 요망하는 인물로서 내각을 조직할 것과, 그 아래 자리에는 적재적소주의適材適所主義를 채용하여야 한다. 장관이 경질되면 국·과장은 물론 계원까지도 경질되는 식의 인사는 절대 배격하여야 한다. 정실인사情實人事와 비적재 등용으로 그 지위가 완고完固치 않으므로 그들은 재임 시에 탐리貪利를 꾀하게 되니 이런 폐풍을 일소하여야 한다. 인물 채용에 있어서는 정실인사를 배격하고 등용에 있어서는 실력주의를 채택하여야 한다.

다음에는, 민주정치의 본의는 인민이 정치에 참가한다는 점보다 인민의

---

31   여기서 한국은 대한제국 시기를 말함.

자유와 권리를 보장하는 데 목적이 있는 것이니 그 본래 의의를 망각하여서는 안 된다. 특히 인권 옹호 문제는 민심 파악에 중대한 관건이 되는 것이니 특히 유의해야 할 것이며, 범죄 수사에 있어서는 과학적인 방법을 채택하여 비죄인을 죄인 취급하지 말 것이며, 또 신문에 있어서 본인 자백으로 중심 증거를 삼는 주의는 자연히 고문을 수반하는 것이므로 모든 문명국의 예와 같이 자백을 유일한 증거로 인정치 않는 원칙을 채용하여 진정한 민주경찰이 되도록 하여야 할 것이다. 그리고 행형行刑(형을 집행)에 있어서도 현재의 감옥은 죄를 다스리는 기관이 아니라 지옥이라 할 수 있으니, 죄를 다스리기 위하여 귀중한 인명을 손상하면 교각살우矯角殺牛(소의 뿔을 바로 잡으려다 소를 죽이는 꼴)가 될 것이다.

2. 경제와 민생 문제

국가의 독립은 정치적으로만 완성되는 것이 아니다. 그 기초도 경제적 기반이 튼튼하여야 할 것이다. 우리는 이러한 의미에서 타국에 의존하지 않아도 능히 모든 살림을 할 수 있는 자주경제 확립과 그 발전을 도모하며, 국민생활의 안정과 발전을 기하기 위하여 균등사회 건설을 목표로 하여야 할 것이다.

자주경제 확립과 균등사회 건설을 위하여 국가의 일체 경제적 자원을 총동원하여 계획경제를 실시하여야 한다. 서구의 여러 나라와 일본 등에서 전후戰後 경제 안정의 경로를 보면 경제 안정과 인플레 수습에 이르기까지는 전시戰時 통제를 전후에 더욱 강화하였으며, 안정된 뒤부터 통제가격과 암暗시세가 가까워지면 점차 가격 통제를 해제하는 것이 통제경제로부터 자유경제로 전환하는 경로이다. 그런데 한국에 있어서는 인플레가 나날이 팽창되고 있음에도 불구하고 통제를 해제하고 자유로 방임하고 있으니 이래서는 인플레는 더욱 심화되어가고 민생은 도탄에 빠지고 말 것이므로 산업부흥, 인플레 대책, 양곡정책, 실업자 대책을 확립하여 용감하게 실천하여야 할 것이다.

(1) 농지개혁을 중심한 농촌문제

농지개혁법은 이미 제정되었고 실시 단계에 들어섰으니, 다만 모든 국민과 함께 그 실시를 감시할 따름이다. 이 나라의 73퍼센트라는 절대 다수 인구를 차지한 농촌문제는 어떤 문제보다 중요한 문제이며, 농촌문제 중에 농지문제는 근간이 되는 문제이다. 이 나라의 반半봉건적 토지 소유제로 인하여 농촌은 피폐의 극에 달하였음에 비춰보면 토지문제는 급속히 해결하여야 하는 문제임에도 불구하고, 농지개혁법이 제정된 지 이미 1년 이상이 경과하여도 지주층의 갖은 책동으로 인하여 아직 실시되지 않은 것은 그만큼 이 나라의 경제 확립을 지연시키는 것이다.

우리는 최초에 토지 댓가를 연평균 생산량의 10할을 5년 분할 상환하는 방식을 취하자고 주장하였으나 15할 5년으로 낙착되었으니 소기의 목적은 달성하지 못하였으나 30할 10년 안에 비하면 많은 진보가 있는 것으로 본다. 그리고 농업은 직접 경작하는 경작자만으로 경영되는 것은 아니다. 일 시킬 가축을 사육할 목장지가 있어야 하며, 또 북한이나 외국에 의존치 않으면 안 될 비료 입수난에 봉착한 남한에 있어서는 자급비료 생산이 절대 필요한데 이 자급비료 생산상 필요한 채초지採草地 또는 가정용 신탄薪炭과 용재用材 채취 등에 필요한 농촌 비림지備林地가 필요할 것이므로 농촌 주변에 있는 임야지는 당연히 분배의 대상이 되어야 할 것이다. 이것이 이번 농지개혁의 대상이라고 우리는 주장하였으나 채택되지 않았으니 장래에 있어서 임야 정책상 반드시 해결되어야 할 문제라고 본다.

특히 해마다 임목林木 남벌로 인하여 국토가 황폐되는 현 상태에 비춰 국토 보안, 수해 방지, 풍치風致의 견지에서도 녹화운동이 요청되는 바이다. 다음으로 농촌 재건은 농지를 농민에게 분배함으로써만 완성되는 것은 아니다. 농촌 경제체제 확립에 있어서 또 하나의 중요한 문제는 농촌 공동체인 협동조합을 조직하여 농촌의 금융·공동판매·공동구입·공동시설 등 문제를 해결하여야 할 것이다.

(2) 양곡정책 확립

양곡가 폭등으로 인하여 민심은 흉흉한 가운데 있으며, 쌀값이 소두小斗에 2천원대가 된 지 이미 한달 남짓 경과하였음에도 불구하고 그간 약속하였던 방출미放出米[32] 배급은 성적이 부진하여 식량문제에 위협을 당하고 있다. 그리고 그 방출미 가격이 1천 4백원이라는 고가는 어디에 기초를 둔 것인지 알 수 없는 일이다. 이 양곡문제는 도시에만 한정된 문제가 아니라 양곡을 생산하는 농촌에도 부채상환에 긴요한 경비지출에 충당하기 위한 방매放賣 등으로 인하여 단경端境[33]에는 발생하는 문제이며, 특히 금년과 같이 수해와 한재가 심한 이재지罹災地에서의 양곡 문제는 중대한 사회문제를 야기하고 있는 것이다. 그러므로 농지개혁을 춘경기까지 단행하여 농민으로 하여금 안심하고 양곡 증산에 종사하게 할 것과 양곡 정책에 대한 확고한 정책 수립으로 증산을 보장해야 한다.

우리나라는 양곡 생산국으로 세계에서는 인정하고 있으나 1년 생산량을 보면 평년작으로 미곡 생산량이 1천 5백만석, 잡곡이 8백만석이니 합계 2천 3백만석인데 총인구를 2천만으로 하면 1인당 평균 1석 1홉合 5작勺에 해당한다. 그러므로 미곡만으로는 부족하고 잡곡을 합하면 겨우 자급자족할 정도인데, 이 양곡으로 외화 획득에 충당한다면 그 운용을 규모 있게 하지 않으면 안 될 것이며, 또 금년과 같이 평년작이 못 되는 해에는 일대 공황이 일어날 우려가 없지 않으니, 우리는 양곡을 포함한 기타 중요한 생활

32　정부가 비축했다가 내놓는 쌀.

33　경계의 끝이 되는 시기라는 뜻으로, 철이 바뀌어 묵은쌀이 떨어지고 햅쌀이 나올 무렵을 이르는 말.

필수품을 통제하여야 된다고 믿는 바이다. 그러나 종래의 공출供出제도와 같이 농민의 일방적 희생으로써 하는 것은 모순이니 매입가격을 인상할 것, 보상물자는 온갖 어려움을 배제하고 적확히 배급할 뿐 그 외에 농촌용 물자는 도시에서 절대로 배급하지 않고 농촌으로만 가게 하는 농촌 생활 필수품 배급제도를 실시하여야 한다.

(3) 산업부흥과 자원의 적극 개발

모든 경제는 종합적 계획하에 제1단계로 자급자족 경제 확립, 제2단계로 농본입국農本立國을 광공입국鑛工立國으로 전환할 것을 목표로 할 것이며, 헌법에 명시된 바 중요 산업의 재편성과 국·공유화를 단행하여야 한다. 우리나라 산업기관의 9할을 점령하고 있는 귀속재산 및 기업의 처리문제는 중요한 문제이며, 그 관리인 선임에 있어서는 물론, 불하拂下에 공매제公賣制를 사용하면 부당한 모리謀利에 이용될 위험이 있다. 관리인과 불하받는 사람은 그 기업의 경험자, 특히 기술인을 존중하여 그 기업 공장을 국가적 견지에서 살려야 할 것이다. 특히 산업의 원동력인 전력·석탄·금 생산 및 외화 획득용 자원 개발에 중점을 둘 것이며, 이러한 면에 대한 물동物動[34]계획과 자금계획을 면밀히 세워야 할 것이다.

특히 ECA[35]의 경제원조는 작년(1949년) 7월부터 2월 15일까지 6천만불, 2월 15일부터 6월 말일까지 6천만불, 합계 1억 2천만불이며, 군정청軍政廳으로부터 이양된 원조물자 4천 4백 50만불을 더하면 합계 1억 6천 4백 50만불로서 우리나라 화폐로 환산하면 1천억이 넘는 막대한 원조액이다. 이러한 막대한 원조를 받는 데 있어서 태반이 소비물자[식량·석유·설탕·

34 　전시(戰時) 따위의 국가 비상사태를 맞아, 국가가 중요 물자(物資)의 생산, 배급, 소비의 조절을 꾀하는 일.

35 　ECA(The Economic Cooperation Administration)는 미국 정부가 전후 부흥을 촉진할 마셜 플랜(Marshall Plan)을 집행하기 위해 1948년에 세운 기구.

유제품·의약품 등】를 받아왔던 것이니, 확고한 물동계획을 세워서 산업부흥과 자원개발에 필요한 기계와 재료 등을 위시하여 적절한 물자를 수입하여야 할 것이며, 이 물자 배급에 있어서 또한 이권利權 배급처럼 생각하지 말고 일정한 계획 밑에 적절 신속하게 배급하여 하루라도 유용하게 이용되게 하여야 할 것이다.

(4) 인플레 대책【경제안정책】

인플레의 원인은 물자 면과 화폐 면 두가지가 있다. 즉 물자와 생산의 결핍으로 물가가 폭등한 측면과 화폐 팽창으로 오는 면 두가지가 있는데, 한국의 인플레이션은 이 두가지 면이 다 격심한 것이다. 산업 면에 있어서 귀속산업이 9할을 점령하고 있는데, 8·15 이후 일본인이 손을 떼게 되니 자본과 동력과 기술이 정지됨으로써 오는 기업 중단과 그후 군정 3년 동안에 무계획적인 관리로 말미암아 파괴가 심한 것이 좀처럼 부흥되기 어려운 것이다. 또 외화 획득용으로 필요한 자원개발에 관하여도 당국의 정책은 소극적이었으니 산업부흥 자원개발 사업은 전전戰前의 2~3할 정도로 오가는 현황이다. 그러므로 대담한 자금계획을 수립하여 산업부흥 내지 개발에 자금을 방출하여야 할 것이다. 다른 한편으로 ECA 원조물자의 선택과 계획적 무역으로 생산기계의 재료 이외에는 절대 긴요한 물자만 수입할 것이며, 불요불급한 물자는 모두 금수품禁輸品으로 하여야 할 것이다. 그리고 유통경제에 있어서는 생활필수품에 대한 배급기구를 확립하고 분배하여 저물가 정책과 아울러 소비 절약을 실시하여야 할 것이다. 화폐 면에 있어서는 미곡 수집 자금과 국가자원 개발용 특별융자를 위한 화폐의 다량 발행도 있으나 특히 중요한 것은 국가 재정의 팽창과 적자재정으로 인하여 정부의 당좌대월當座貸越로 화폐가 다량으로 발행된 것이다.

금년도(1950년) 예산액은 9백 47억인데, 세입에 있어서 조세수입은 1백 66억으로 27퍼센트에 불과하고, 국채금 88억, 관재총국管財總局 특별회계 전입금은 1백 93억으로 국채는 차입금이요 관재총국 전입금은 불확정한 일시 수입이니 역시 건전재정이라고 할 수 없다. 또 예산편성 전체에 흐르는 조류는 내핍예산이라고 볼 수 없으니, 정부 기구 간소화, 인원 축소, 경비 절약 등으로 국민에게 내핍의 기풍을 시범하여야 할 것이다.

(5) 노동정책, 특히 실업대책

노동 면에 관하여 헌법에 노동의 권리가 보장되어 있는데 노동의 권리는 실업을 하지 않는 권리이며, "개개인의 노동자들이 어떻게 취업되는가" 하는 노동자 직업 알선기구 확립 문제보다도 "어떻게 하면 직장을 주는가" 하는 문제가 중요하다. 국가는 연도 초 예산 사업계획에 있어서 반드시 실업자 해소〔消化〕 계획을 수립해야 할 것이며, 단지 산업부흥 등에 의하여 자연 흡수나 자연 취로就勞에 맡겨두어서는 아니 된다. 당면한 농지 개발 사업, 지하자원 개발 사업, 어업·도로·하천·제방공사, 항만 정비, 수리 사업, 국토 보안【조림造林·사방砂防 공사】 및 수산업 등 기본적 건설 사업에 중점을 두어 강력한 실천이 있어야 하겠다. 특히 이재민에 대하여서는 적극적으로 직장을 만들어주도록 하여야 할 것이다. 또 헌법에 있어서 노동자 이익균점권을 규정하였는데 아직 실시되지 않고 유명무실하니 국가는 특별한 감시와 독려가 있어야 할 것이며, 우리는 한걸음 더 나아가 노동자 대표는 기업에 참가할 권리를 확보하여야 한다. 특히 실업에 대한 사회보험제, 위생시설 및 후생시설 등을 힘써 행하기를 장려할 것과 부녀자와 소년에 대한 보건과 교육 문제를 해결하여야 한다. 또 헌법에는 노동자의 단결, 단체교섭과 단체행동이 용인되어 있는데, 특히 단체교섭에 있어서 노동조건에 대한 요구의 기회를 준 것이며, 기본적인 최저임금제도와 최대 노동시간 제도는 확실히 실시되지 않았으니 이 점은 일층 엄밀히 힘써 행하기를 장려하여야 하겠다.

3. 교육의 금후 정책

사람은 육체와 생명과 정신의 3요소로 구성되어 있다. 육체를 유지시킴에는 부력富力이 필요하고 생명을 유지 발전시킴에는 권력權力이 필요하고, 정신을 유지 발전시킴에는 지력智力이 필요한 것이다. 그러므로 부력과 권력과 지력은 인간의 생존 욕구의 3대 조건인 것이다. 부력을 획득하려면 노동을 하여야 하고, 권력을 획득하려면은 단결하여야 하며, 지력을 획득하려면 면학에 힘써야 할 것이다. 사람의 육체·부력·노동에 관한 문제가 경제이며, 사람의 생명·권력·단결에 관한 문제가 정치이며, 사람의 정신·학습·지력에 관한 문제가 교육이다. 그러므로 교육문제는 정치·경제와 대등하는 중대한 문제이니 종래의 관념으로 교육을 사회문제의 한 부분으로만 보아서는 아니 된다. 우리들이 교육문제에 관하여 과거에는 양반이나 부잣집 자녀에만 한하여 공부할 조건이 구비되었고 일반 대다수는 공부할 수 없는즉, 극소수의 공부한 유식자들이 다수의 무식자를 멸시하였던 것이다.

우리는 교육에 있어서 일부 소수의 유산자有産者만이 배울 수 있게 하는 현 교육제도를 개혁하여 기회 균등을 부르짖는 바이며, 그 민주주의화를 주장하는 바이다. 우리 한국의 교육상황을 보면 1947년 현재 미취학자가 4백 40여만명으로 13세 이상 인구 1백 15만 6천명에 대하여 38퍼센트의 다수를 점하고 있다. 국민학교 이상 졸업자 28만 4천명 중에 대학·전문학교 졸업자와 중퇴자가 6만 2천명으로 2할도 못 되는 현황이며, 현재 학교 수는 국민학교가 3천 4백 29개 교, 중학교가 4백 19개 교, 고등·대학이 32개 교인 고로 이 숫자로는 아직도 요원한 감이 있으니, 교육 민주주의로 미취학 아동에게 수학할 기회를 균등화하기 위하여 중앙과 지방에 적용할 법령을 제정할 필요가 있다. 그러한데 교육예산은 국가 예산 중에서 어떠한 지위에 있는가 하면 1949년도 본예산과 추가예산을 통하여 147억 7천

1백만원으로 총 1천 331억 9천 6백만원의 1할 1부에 해당하니, 교육의 중요성에 비춰 좀 더 비중을 높여야 할 것이다. 우리는 국가 예산에 있어서 교육을 중요한 위치에 놓고 국비교육을 실시하기를 주장한다. 의무교육 제도를 급속히 실시할 것과 그 연장을 중학교에까지 하기를 주장한다. 그리고 초급대학·정규대학에 있어서 무월사無月謝(월사는 매달 학교에 내던 수업료 곧 학비) 제도를 실시할 것이며, 특히 우수한 학생에 대해서는 국비로 공부시킬 것을 주창한다. 그렇지 않으면 무산자無産者의 자녀는 현 제도에서는 아무리 우수하여도 국민학교 이상은 공부시킬 도리가 없는 것이다. 건국 도정에 있어 공업국에 필요한 인재 양성을 대량으로 할 것이며, 초급·정규대학 졸업자로서 우수한 자는 국비로 외국에 유학시켜 하루라도 속히 선진국가의 문명을 이입移入하여야 할 것이다. 영국과 같은 나라에서는 대학교육에 있어서 입학자로 하여금 균등한 기회를 보장하였고, 우수한 자로 하여금 국비교육의 혜택을 얻게 하였다. 과거 봉건시대에 있어서도 학생을 국자國子라 한 것은 학령 아동을 자식과 같이 국가가 무료로 교육하라는 말이며, 학원學園이라는 제도가 있어 토지를 국비로 이용하여 학생들을 교육시켰다. 민주주의의 대한민국은 지식 배급에 있어서 그 중요성을 인식하여 국책 수립에 기여하여야 할 것이다.

조소앙 연보*

*1896년 을미개혁 전후로 음력(전)과 양력(후)이 구분되며, 국외 사건은 양력으로 표기한다.

연도	조소앙	국내외 주요 사건
1887년 (고종 24년)	* 5월 2일(음 4월 10일) 경기도 교하군(현 파주시) 월롱면에서 부친 조정규(趙禎奎) 모친 박필양(朴必陽)의 6남 1녀 중 2남으로 출생. * 본명은 용은(鏞殷), 자는 경중(敬仲), 아호는 아은(亞隱). 토오꾜오 유학 시절에는 소앙(嘯卬)·소해(嘯海) 등을, 1913년 중국 상하이 망명 이후에는 소중(蘇中), 1922년에는 소앙(素卬, 蘇昻) 등도 사용하고, 1925년에는 한살림(韓薩任), 1929년에는 아나가야후인(阿那伽倻后人) 등의 필명도 사용하다가, 1927년 이후 소앙(素昻)이란 아호를 주로 사용.	* 2월, 영국이 거문도에서 철수. * 3월, 국내 최초로 경복궁 건청궁에 전등 설치.
1892년 (고종 29년)	* 자택에서 할아버지 조성룡(趙性龍)에게서 한문을 수학. 이후 유학 경서인 사서오경과 제자백가를 두루 배움.	* 6월, 조오수호통상조약 체결.
1902년 (광무 6년)	* 서울에 와서 성균관에 입학. (16세)	* 영일동맹 체결. * 오스트레일리아, 여성 참정권 인정.
1904년 (광무 8년)	* 6월, 한일의정서 체결에 분개하는 신채호 등 성균관 유생들과 함께 장문의 「항일 성토문」 작성. * 7월, 성균관을 자퇴하고, 황실 유학생 시험에 선발되어, 10월 일본 토오꾜오로 건너가서 토오꾜오부립제일중학에 입학.	* 2월, 한일의정서 조인. 러일전쟁 발발.
1905년 (광무 9년)	* 토오꾜오에서 대한제국의 외교권이 박탈되고 보호국이 되었음을 알자, 토오꾜오 유학생들과 제휴하여 우에노(上野)공원에서 이하영 등의 매국 행위를 성토. * 12월, 토오꾜오부립 제일중학교 교장의 망언을 규탄하고 퇴학을 결의, 기숙사에서 퇴거.	* 7월, 태프트-카쯔라 밀약. * 11월, 을사늑약 강제 체결.
1906년 (광무 10년)	* 2월에 일본 문부성 당국이 복교를 종용. 관비유학생 모임인 공수학회(共修學會)를 조직하고 『공수학보』 등을 발간하여 배일사상을 고취. 4월 복교.	* 2월, 일제 통감부 설치.

1907년 (융희 1년)	* 국채보상운동에 호응하여 금연동맹을 조직하고 활동. 한일 신협약(정미 7조약)에 분개하여 반일 시위운동 전개. * 토오꾜오부립제일중학을 졸업하고, 세이소꾸(正則) 영어학원(야간)에서 영어를 공부함. (21세)	* 7월, 헤이그 밀사사건으로 고종 퇴위. 순종 즉위.
1908년 (융희 2년)	* 메이지(明治)대학 예과 법학부에 입학.	* 3월, 장인환과 전명운이 전 외교 고문 스티븐스를 사살. * 12월, 일제가 동양척식주식회사 설립. * 튀르키예 청년투르크당 혁명.
1909년 (융희 3년)	* 1월, 공수학회 등 유학생 단체가 통합된 대한흥학회(大韓興學會)를 창립. * 5월, 「대한흥학회보」(편집인)를 발간하여 국내의 각 학회·신문 등과 호응하며 배일사상을 고취. 여기에 4편의 글을 발표. * 9월, 메이지대학 법학부 본과에 입학. 중국혁명가 다이지타오(戴季陶)와 교유.	* 1월, 대종교 창건. * 10월, 안중근의사 하얼빈역에서 이또오 히로부미 저격.
1910년 (융희 4년)	* 한일합방의 음모를 국내에 폭로하고자 일본 신문 수천매를 밀송하다가 발각. 합방에 분개하여 신경쇠약에 시달리던 중 일인 형사의 감시로 연금을 당함. * 10월, 기독교에 입문하기로 결심하고 그 뒤부터 기독교청년회 일요예배에 정기적으로 참석.	* 8월, 경술국치(한일병탄조약으로 국권 피탈). 조선총독부 설치.
1911년	* 중국 혁명지사들과의 교류하면서 중국에 혁명이 일어난 것을 보고 중국으로 망명할 계획을 세우던 중 105인 사건이 일어나 한때 일본 헌병대에 구금되어 좌절됨. * 10월 22일, 전덕기 목사에게서 세례를 받음. 노자 『도덕경』, 불교 관련 서적을 구입하며, 종교와 철학 공부에 몰두함. (25세)	* 10월, 중국 혁명군 우한 점령 (신해혁명).
1912년	* 7월, 메이지대학 법학부를 졸업하고 졸업식에도 참석하지 않을 채 곧바로 귀국함. 잠시 경신학교·양정의숙·대동법률전문학교 등에서 교사로 활동. * 중국 상하이에서 조직된 독립운동단체인 동제사(東濟社)의 신규식 등과 연락을 취하며 망명 시기를 기다리던 중, 중국 혁명지사 황줴(黃覺)의 한국 방문을 계기로 중국 망명을 계획하고 아시아 약소민족의 반일단체인 대동단을 창설할 것을 밀약.	* 중화민국 수립.

1913년	* 8월, 베이징을 거쳐 상하이로 망명함. 중국국민당 요인 천치메이(陳其美)가 조직한 비밀결사 신아(新亞)동제사에 가담. * 중국 혁명지사들과 공동발기로 아시아민족 반일 대동당(反日大同黨)을 조직.	* 5월, 안창호가 샌프란시스코에서 흥사단 재결성. * 원세개(袁世凱, 위안스카이)가 중화민국 총통으로 정식 취임. * 1차 발칸전쟁 종전, 2차 발칸전쟁 발발.
1914년	* 1월, 일신교(一神敎)라는 통합 세계종교를 창도하여 「일신교령(一神敎令)」를 탈고. * 신규식·박은식·홍명희 등과 동제사를 개조하여 박달학원을 창립하고 혁명청년들을 훈련시킴.	* 1차대전 발발.
1915년	* 2월, 「일신교령」의 주요 내용을 『학지광(學之光)』(4집)에 「학지광에 기(寄)함」이란 제목으로 게재. 만주를 거쳐 국내로 잠입하려다 경찰에 피검되었다가 석방됨. 경성 소재 중앙학교장 취임 청탁을 거절하고, 이종소(李鍾韶) 등 청년들과 배일 비밀결사조직 무명단(無名團)을 조직.	
1916년	* 봄 무렵, 일본에서 신아동맹당을 결성한 직후 한국을 방문한 황줴와 연대하여 안재홍 등과 함께 신아동맹당 조선 지부 조직. 몸에 큰 종기가 나 6개월간 입원 및 통원 치료한 후 다시 상하이로 망명. 동생 용주(鎔周) 등과 함께 황줴 등 중국 인사들과 아시아민족반일조직인 「대동당(大同黨)」 결성을 추진하며, 중국 혁명지사와의 연합을 재기.	
1917년	* 7월, 임시정부 수립을 촉구하는 「대동단결선언서」를 기초하고, 신규식 박은식 신채호 등 14인 공동명의로 발표함. * 8월, 신규식과 함께 조선사회당을 조직하고, 국제 사회주의자대회에 한국독립을 의제화해달라는 전문을 발송함. (31세)	* 러시아혁명으로 소비에뜨정부 수립.
1918년	* 국내외 동포의 대동단결운동을 실현하기 위하여 만주로 다시 가서 윤세복(尹世復)·이시영(李始榮)·윤기섭(尹琦燮) 등과 협의하였으나 여러 사람의 반대로 실패해 좌절을 맛봄.	* 우드로 윌슨, 민족자결 원칙 등 14개조 강령 발표. * 1차대전 종전.

| 1919년 | * 2월, 지린에서 여준(呂準)·김좌진(金佐鎭) 등과 대한독립의군부를 조직하고 그 부령(副領)이 됨. 그 결의에 따라 「대한독립선언서」(속칭 무오독립선언서)를 기초함.
* 3월 11일, 신규식 신채호 등과 함께 39인이 연대 서명한 「대한독립선언서」 4천부를 석판으로 인쇄해, 북간도·러시아령·구미 각국 그리고 중국과 일본 및 국내에 우편으로 발송함.
* 4월 10~11일, 임시정부를 수립하는 데 참여함. 이 과정에서 「대한민국임시정부헌장」을 기초함. 4월 22일, 차장급 국무위원 중 1인으로 선출됨.
* 5월 초, 빠리강화회의에 참석하기 위해 상하이에서 출발. 6월 말, 빠리에 도착하여 빠리 한국대표부에 합류. 8월, 스위스 루체른에서 개최된 국제사회주의자대회에 출석하여 루체른 대회가 만장일치로 「한국민족독립결정서」를 채택하게 함.
* 9월 이후 네덜란드·프랑스·에스토니아 등 여러 나라를 차례로 방문하고 일본의 자치 실시 등 식민통치의 기만을 폭로하며 한국독립 승인을 각국 국회로 하여금 의결하도록 힘씀.
* 12월, 국제사회주의자들을 대상으로 한 독립외교 활동을 수행하기 위해 빠리에서 사회당 기관지 『적자보』를 책임 편집 발행함. | * 1월, 고종 승하.
* 2월, 2·8독립선언.
* 3월, 3·1운동. 대한민국임시정부 수립
* 5월, 중국 5·4운동.
* 6월, 베르사유조약.
* 9월, 노인동맹단 대표 강우규 신임 조선총독 사이또오에게 폭탄 투척.
* 대한국민의회와 상하이임시정부가 통합에 합의함. |
| 1920년 | * 3월, 네덜란드 로테르담에서 개최되는 제2인터내셔널 집행위원회에 참가하여 「한국독립문제실행요구안」을 제출함.
* 4월, 런던으로 가서 노동당의 주요 인사들과 합작하여 영국 하원에 한국문제에 관한 4개 조의 토의 안건을 제출케 하여 일본을 규탄함.
* 5월, 아일랜드를 경유하여 네덜란드·덴마크·이딸리아·그리스·핀란드 등 각국을 순방. 이 무렵 인도의 시인 타고르와 회담. 5~11월에 사회당 대표단의 일원으로 덴마크·단찌히·리투아니아·에스토니아를 경유하여 러시아의 페쩨르부르끄에 도착.
* 11월, 소련 혁명기념대회에 참석해 연설함. 12월부터 약 2개월간 8개국 대표 25인 시찰단의 일원으로 러시아 각지를 시찰. | * 1월, 국제연맹 발족.
* 3월, 『조선일보』 창간.
* 4월, 『동아일보』 창간.
* 6월, 천도교 종합지 『개벽』 창간. |

1921년	* 2월 말 모스끄바에 도착해, 3월 초에 개최된 공산 당대회를 참관함. * 3월 말 모스끄바를 떠나 이르꾸쯔끄·치타와 만주 리를 거쳐, 5월 베이징에 도착. 그사이 「만주리선 언(滿洲里宣言)」(공산주의에 대한 비판)을 발표함. * 5~12월에 베이징에 머물면서 범한(汎韓)독립당 을 조직하려 하였으나 실패함. (35세)	* 7월, 중국공산당 창당.
1922년	* 3~4월경 한살림당(일명 대동당) 조직하고, 「한 살림〔韓薩任〕 요강」, 「발해경(渤海經)」을 집필 하여 한살림당의 강령 정책 등 제시함. 임시정 부 기관지 『독립신문』에 「3·1절독립신고(神誥)」 (121호, 1922.3.1.) 「독립당과 공산당의 전도」 (124호, 1922.5.6.)와 「독립당의 계급성」(129호, 1922.6.14.) 등을 발표. * 5~6월에 김상옥과 한살림당의 이념 등에 토론하 고, 김상옥을 한살림에 입당시킴. 독립운동 자금 조달을 위해 김상옥을 국내에 밀파. * 6월, 임시정부에 복귀. 8월경 쑨원을 만남.	* 1월, 모스끄바 극동인민 대표 자 대회 개최(김규식 참석). * 이딸리아, 무솔리니 내각 수립.
1923년	* 임정 노백린 내각의 외무총장직에 취임. 『김상옥 전』을 집필. * 칸또오대지진이 발생하고 일본인들이 재일 한국 인을 학살하자, 임시정부 외무총장 명의로 일본 의 외무대신에게 항의하는 서한을 발송.	* 독일 히틀러, 맥주홀 폭동 주동. * 9월, 일본 간토대지진.
1924년	* 6월, 이동녕 내각에서 외무총장 유임.	* 중국 제1차 국공합작. * 3월, 만주에서 김좌진 등이 신 민부 조직. * 『시대일보』 창간.
1925년	* 1월, 「열사 김상옥전」 「발해경」 「한살림 요강」을 묶어 『김상옥전』으로 출간. * 5월, 『상해주간』을 창간하고, 그 특간호에 한·중 동맹론을 제창.	* 3월, 임시정부 대통령 이승만 탄핵, 2대 박은식 임시대통령 취임. * 4월, 조선공산당 창립.
1926년	* 8월, 임정 국무위원에 피선. 외무총장직 취임을 사퇴. 임정 국무위원직을 사임. (40세)	* 6·10만세운동. * 7월, 중국 장제스가 이끄는 국 민당군 북벌 개시. * 시대일보 폐간(제호를 바꾸 어 중외일보 창간).
1928년	* 난징 체류 중 과거 2천년간 선조들이 남긴 명문장 을 모아 『한국문원(韓國文苑)』을 엮음.	* 10월, 중국 장제스의 북벌 성 공으로 난징 국민정부가 전 국을 통일.

1929년	* 12월, 「광주학생운동 진상」을 탈고함.	* 1월, 원산총파업. * 11월, 광주학생운동. * 세계대공황의 시작.
1930년	* 1월, 이동녕 안창호 김구 등과 함께 임시정부를 지지하기 위한 (상하이)한국독립당을 결성하고, 당의 당강 당책 등을 기초함으로써 삼균주의를 독립운동의 이념으로 명문화함. * 4월, 삼균주의 해설서격인 「한국현상과 그 혁명추세」 탈고하여, 『시사월보(時事月報)』에 다음 해까지 연재. * 6월, 임시정부의 외무총장직에 다시 피임됨. * 10월, 『동삼성한교문제』라는 소책자를 발간하여 중국 관민, 각계각층에 배포하자 각계로부터 70여 통의 격려전보가 한국독립당에 쇄도. 『한국어교학법』을 저술.	
1931년	* 1월, 삼균주의 이론체계를 다듬은 「한국독립당의 근상(近象)」을 탈고함. * 4월, 임시정부의 외무장 자격으로 「대한민국 임시정부선언」(일명 「대외선언」)을 기초 작성하여, 5월 난징에서 열린 중국 국민회의에 제출함. * 7월, 완바오산사건에 관련된 본국 내의 화교에 대한 보복 행동에 대하여 한국독립당 명의로 「대한국내화교참안선언」을 발표. 임정 명의로 「국내외 동포의 환기를 촉구하는 포고문」을 발포. * 9~10월에 9·18사건(일본의 만주침략)과 관련하여 「삼가 중국 각계에 고함(敬告中國各界書)」 등을 발표하며 일본의 야욕을 성토함. 중국의 반일 사상을 고취하며 국민당 조직부장 천리푸(陳立夫)와 수차 면담하여 완바오산사건을 설명함. * 11월, 김구와 함께 중국 인사들과 중한항일대동맹 결성함. (45세)	* 신간회 해소. * 만주사변 발발.
1932년	* 1월 8일에 이봉창 의사의 일황 저격 의거가 일어나자 성명문과 일본 죄악상의 성토문을 발표. * 4월 29일, 윤봉길 의사의 홍커우공원 의거 후 임정 요인들의 신변이 극도로 위태롭게 되어 항저우로 도피. * 9월, 『소앙집』을 비매품으로 출간(여기에 1929년 탈고한 「광주학생운동 진상」을 수록함). * 10월, 『한국문원(韓國文苑)』 출간.	* 3월 9일, 친일정권인 만주국이 세워져 푸이가 황제로 취임. * 3월 국제연맹, 리턴 조사단을 파견하여 3개월간 만주를 조사. 9월에 리턴 보고서를 제출.

1933년	* 3월, 외무장 사임. * 5월, 의열지사 인물전기집인 『유방집(遺芳集)』(대동학회) 출간.	
1934년	* 한국독립당 기관지 『진광(震光)』 발행 주관.	* 중국공산당 대장정 시작.
1935년	* 7월, 한국독립당을 해체하고 통합정당인 민족혁명당 창당에 참여 * 9월, 민족혁명당을 탈당하는 동시에 (재건)한국독립당 재건을 선언. * 10월, 독립당 재건의 정당성을 상세히 설명하는 「당원 동지에게 보내는 편지(告黨員同志書)」를 기초하여 발표함. (49세)	
1937년	* 8월, 중일전쟁 발발 계기로 광복 진영을 구성하기 위하여 김구의 한국국민당과 이청천(李靑天)의 조선혁명당과 (재건)한국독립당 및 미주 지역 6개 단체가 다시 '연합'하여 '한국광복운동단체연합회'를 난징에서 결성하고 그 명의로 「대중일전국선언(對中日戰局宣言)」을 기초함.	* 중일전쟁 발발. * 10월, 일제 황국신민서사 암송 강요.
1939년	* 10월, 외무장으로 선임된 뒤 8·15해방 때까지 줄곧 그 직책을 수행함. * 11월, 임시의정원에서 의결·통과된 「독립운동방략」을 작성하여 건국방략을 제시함.	* 2차대전 발발. * 7월, 일제 국민징용령 제정.
1940년	* 5월, 한국국민당 (재건)한국독립당 조선혁명당 3당이 통합하여 삼균주의에 기초한 (통합)한국독립당을 창당. 집단지배체제의 중앙상무집행위원회 위원으로 선출되고 창당선언에서 삼균주의 정립을 확정시킴. * 10월, 임정 6인 국무위원회의 위원으로 당선(외무부장 겸 선전위원회 주임위원). 광복군 창설, 광복군 총사령부 설립에 관한 「포고문」을 발표.	* 창씨개명제도 시행. * 8월, 조선일보, 동아일보 폐간. * 9월, 임시정부, 충칭에 안착, 이후 종전까지 주재함, 광복군 창설.
1941년	* 5월, (재건)한국독립당 「제1차 전당대표대회선언」을 작성 발표. * 11월, 임시정부가 정식으로 삼균주의에 입각한 「대한민국건국강령」을 공포. 또한 중국정부가 광복군을 중국 군사위원회에 귀속시키고 그에 따라 광복군이 지켜야 할 9개 항의 행동 규정(「9개준승九個準繩」)을 통지해옴. * 12월, 「대일선전포고」를 작성하여 주석 김구와 공동 명의로 발표하여, 임시정부가 연합국의 일원임을 선언하고, 미 대통령 루스벨트에게도 보냄.	* 12월, 일본 진주만 공격, 태평양전쟁 발발.

1942년	*4월, 중국 인사들과 한중문화협회 발기를 주도하여, 10월 이 기구가 창립하자 한국 측 명예이사로 추대됨. *10월, 임정 외교부장 명의로「국제법상으로 본 임정 승인문제에 관한 제 문제」를 작성 발표. *12월, 충칭 주재 미국 대사 고스(C. G. Gauss)와 면담하여 미국 지지 요청. 또한 임정 의정원 약헌 개정위원회 제3회 회의에서 '균치(均治)공화국'론을 주장하고 토지국유론으로 논쟁하여 승복시킴. (56세)	*10월, 조선어학회사건 발생.
1943년	*2월 1일, 임시정부 외무총장 명의로 성명서「국제공관론(國際共管論)을 반박함」을 발표함. *2월 5일, 중국『대공보(大公報)』에「태평양 전쟁과 한국문제」을 기고해, 즉각 독립의 정당성을 주장함. *2월 20일, 외교부장으로서 광복군「9개 준승」을 폐지하자는 제의서를 중국 외교부에 송달. *3월 1일,『대공보』에「원동(遠東)민족의 해방투쟁과 3·1절」을 기고함. *5월 3일, 임시정부 외무총장 명의로 전후 문제 논의 중 한국문제와 관련된 의논을 반박하는 성명서 발표하여, 연합국의 국제공동관리 방침을 비판함. *7월 26일, 김구 주석 등과 함께 중국 국민정부 장제스를 만나, 11월에 개최될 카이로회담에서 전후 한국의 독립ㄴ을 결의해 달라는 요청과 함께 임시정부 승인,「한국광복군행동 9개 준승」의 개정, 경제상 원조를 요청함. 장제스는 카이로회담에서 '역쟁(力爭)'하겠다고 약속함. *12월 2일, 임시정부 외무부장 명의로「카이로선언」을 환영하는 성명을 발표함.	*9월, 이탈리아, 연합군에 항복. *11월 22~26일, 미·영·중 3거두, 카이로 회담.
1944년	*5월,「한국독립당 당의연구방법론」을『독립평론』에 연재 발표. *6월, 임정 공식 외교문서인 영문 비망록「반주축국 전쟁에서 한국의 역할」을 기초하여 발표함. *9월, 장제스가 임시정부의 요구를 받아들여「9개 준승」을 취소하라고 지시.	*4월, 임시정부「대한민국 임시정부 헌장」공포. *6월, 미국 월리스 부통령 중국 방문하여 장제스와 회담.

1945년	* 2월 28일, 샌프란시스코에서 열릴 예정인 전후 처리 회담에 참석하기 위한 자격을 갖추기 위해, 임정 외무부장으로서 대독선전을 포고함. * 8월 10일, 충칭에서 방송과 호외를 통해 일제가 포츠담선언을 수락한다는 소식을 들음. * 8월 14일, 주중 미국대사를 방문하여, 한국 상륙에서 미군과 협력하기를 원한다는 임시정부의 요구사항을 전달함. * 9월 3일, 임시정부 주석 김구의 명의로 이 날짜에 공포된 「임시정부당면정책」을 기초·작성함. * 12월 1일, 임정요인 귀국 2진으로 32년 만에 귀국. 6일, 임시정부 외무부장으로서 국내 첫 기자회견에서 '대한민국 임시정부의 성격'을 설명함.	* 2월 4~11일, 미·영·소 3거두 얄타회담. * 7월 26일, 미·영·중 3거두 포츠담선언(8월 8일, 소련은 대일참전 공식 선언 후 서명). * 8월 15일, 일본 항복. 2차대전 종전. * 8월 15일, 광복. 남북이 분단되어 38도선 이북에는 소련군이, 38도선 이남에는 미군이 진주함. * 10월 24일, 유엔 공식 출범, 유엔 헌장 채택. * 12월, 모스끄바 삼국 외상회의. 이를 계기로 국내에는 신탁통치 파동이 일어남.
1946년	* 1월, 임시정부가 국내 과도정부를 주도적으로 수립하기 위해 민주영수들로 구성된 과도입법기관으로서 비상정치회의의 즉시 소집 요구. * 2월, 비상정치회의가 확대된 비상국민회의가 열리자, 이 기구의 외교위원장이자 최고정무위원 중 1인으로 임명됨. 이 기구가 곧 미군정자문기구인 남조선국민대표민주의원으로 전환됨. * 2월, 미군정과 합작의 필요성 제기하면서 여기에 참여할 의사를 내비침. * 3월, 민주의원에서 삼균주의에 근거한 「임시정책대강」 공표. * 4월, 한국독립당을 중심으로 우익정당들을 통합하기 위해 국민당(안재홍·명제세). 신한민족당(권동진·오세창) 기타 각파를 포섭하고 한국독립당을 개편함. 재편된 한국독립당의 부위원장(위원장 김구)에 피선. 12월에 YMCA 대강당에서 삼균주의청년동맹을 결성하자 그 위원장에 피선되어 삼균주의에 대한 강연을 행함. * 12월, 남조선과도입법의원 서울시 대의원에 당선되었으나, 당선을 거부하는 성명 발표. * 12월 27일, 『독립신문』 사장에 취임. (60세)	* 2월, 북조선임시인민위원회 창설. * 3월, 제1차 미소공동위원회 개최. * 6월, 이승만, 정읍에서 남한 단독정부 수립 발언. * 7월, 중국 국공내전 확대. * 10월, 좌우합작 7원칙 발표.

1947년	* 1월 14일, 김구 등과 함께 하지 사령관을 방문하여 신탁통치의 불필요성을 주장함. * 2월, 비상국민회의 제2차 전국대의원대회에서 개편된 국민의회의 의장에 피선. * 5월 8일, 주간 「독립신문」을 일간으로 발행. 5월 13일 한국독립당 중앙집행위원회 부위원장(위원장 김구)으로 선출됨. * 11월, 통일정부 수립 위해 각 정당협의회 결성을 주도함. 우익을 기반으로 중간파와 좌익까지 포괄하는 구상이어서 김구와 갈등을 빚음. * 12월, 김구 측 인사들이 조소앙 측에 폭행을 가함. 12월 20일, 정당 사회단체 등의 일체 간부와 명예직에서 사퇴한다는 성명서를 발표하고, 이후 독서와 개인 수양에 몰두.	* 1월, 제2차 반탁운동 촉발. * 일본 공산당의 2·1 총파업을 계기로 일본을 통치하던 연합군 최고사령부(GHQ)의 민주화·비군사화 정책의 전환(역코스). * 10월, 미국이 한국 문제를 유엔(UN)에 상정함. * 미소공동위원회 결렬.
1948년	* 3월 12일, 김구·김규식·김창숙·조성환·조완구·홍명희 등 6인과 같이 남조선 총선거로 중앙정부 수립하면 민족 분열을 초래하므로 총선거에 불참한다는 공동성명(「7거두 공동성명」)을 발표. * 4월 19일, 「남북동포에 고함」이란 성명서를 발표해 남북협상안 7조 원칙을 제시하고 김구 등과 38선을 넘어 평양으로 향발. * 5·10총선을 닷새 앞둔 5월 6일에 남북회담을 마치고 귀환하여 「여현성명(礪峴聲明)」을 발표하고, 기자회견에서 남북협상의 성과를 긍정 평가함. 이후 칭병하면서 60여일 동안 칩거하며 총선 이후의 정국을 깊이 구상함. * 7월, 무소속 국회의원 등 100여명으로부터 '국무총리 추대결의' 통고를 받았으나 이에 불응함. * 10월 12일, 장문의 성명을 발표하여 대한민국 정부 수립의 정당성을 주장하면서, 신당 결성과 한국독립당 탈당 의사를 밝힘. * 12월 11일, 삼균주의를 집행할 원칙에 동의하는 인사들과 사회당 결당식을 개최하여 당의 당강 선언을 발표하고, 만장일치로 위원장에 추대됨. 연말 기자회견에서 「평화통일대방안」을 발표.	* 제주 4·3항쟁 발발. * 8월 15일, 대한민국 정부 수립. 이승만 대통령 취임. * 9월 9일, 조선민주주의인민공화국 수립. 수상 김일성 취임. * 10월 13일, 소장파 의원들이 제출한 「외군 철퇴 요구안」을 둘러싸고 국회 본회의개원 이래 첫 폭력 사태. * 10월 20일, 여순반란사건 일어남. * 10월 22일, 국무총리 겸 국방장관 이범석, 여순반란은 "공산주의자가 극우의 정객들과 결탁해서 반국가적 반란을 일으키자는 책동"이라 발표. * 12월 12일, 유엔 총회, 대한민국정부 승인.
1949년	* 1월 14일, 5당 대표회의(일명 '5거두회담')를 개최하여 '대한민국정부의 육성강화' 등을 포함한 2개 항을 합의하고 공동성명서를 발표함. * 7월 25일, 10개 정당 사회단체의 소속인 조완구·안재홍 등과 회합하여 민족진영강화대책위원회를 구성함.	* 북태평양조약기구(NATO) 창설. * 독일연방공화국(서독), 독일민주공화국(동독) 수립. * 10월, 중화인민공화국 수립. * 김구, 안두희에 의해 피살.

1950년	* 3월, 5·30총선거에 참여할 의사를 밝힘. * 4월, 「차기선거와 나의 정치관」을 『삼천리』에 발표. * 5월, 「나의 출마 이유와 정견」을 『민족공론』 제3권 제4호에 발표. 5월 30일, 제2대 국회의원 선거에 서울 성북구에서 출마, 전국최고득표로 차점자인 조병옥 후보를 압도하고 당선. * 6월 5일, 신익희·안재홍 등과의 신당운동을 추진. 6월 10일에는 당선 소감 밝히는 신문기자 회견. 6월 19일 제2대 국회 개원, 첫 등원. * 9월 26일, 북한군 정치보위부에 연행되어 평양으로 납치됨. (64세)	* 2월, 중소우호조약 체결. * 6월, 한국전쟁 발발.
1958년	* 9월 10일, 평양 남산 중앙병원에서 영면함. 애국열사릉에 안장. 향년 72세.	
1989년	* 대한민국 정부가 건국훈장 대한민국장을 추서함.	
1990년	* 북한에서 조국통일장 추서함.	

211, 212, 226~70, 293
동제사(同濟社) 45, 104, 118
동학(東學) 16, 17, 27, 51, 60, 61, 63, 116,
　　117, 191
동학란(東學亂) 272
러시아 혁명 138
레닌, 블라디미르(Vladimir I. Lenin) 140,
　　201, 269, 273
루스벨트·처칠 선언 230, 263, 269

ㅁ

마오쩌둥(毛澤東) 27, 242
만국사회당 19, 45, 130, 131
만교(萬敎) → 6성
만주국(滿洲國) 267, 279
만주사변 160, 241, 266, 267
만한민국(卍韓民國) 143
만한살림〔卍韓薩任〕 143
맹자(孟子) 54, 80, 83, 84, 144, 210, 212
『맹자(孟子)』 54, 80, 83, 84, 99, 144, 212
모스끄바 3상협정 276, 290, 291
모하메드 → 무함마드
목란(木蘭) 94
무명단(無名團) 19
무산독재(無産獨裁) 154, 222
무산자(無産者) 독재 35, 207
무산자 철학 156
무치(無治) 20, 142, 143, 145
무치주의 222
무함마드(Muhammad) 16, 17, 67, 71

민권(民權) 117, 127, 130, 203, 207, 230
민권혁명 115, 204
민족주의 17, 24, 26, 119, 151, 226, 230,
　　249
민족주의 좌파 150, 273
민족혁명 104, 108, 118~20, 138, 201, 216,
　　223, 226
민족혁명당 47, 149, 159
민주의원(民主議院) 282

ㅂ

박남파(朴南坡) 45, 104
박영효(朴泳孝) 116, 160
박은식(朴殷植) 45, 104, 125, 133, 137
범한독립당(汎韓獨立黨) 46
베트남 88, 127, 264
변증법 14, 47
변혁적 중도 13, 14, 27, 37
보통선거제 25, 166, 171, 189, 205, 218
복국(復國) 22, 26, 31, 136, 170~72, 178,
　　179, 182, 183, 187, 216~21, 224, 278,
　　292, 293
복국-건국-치국 22, 26, 178, 182, 183, 216
북궁유(北宮黝) 83
분단 14, 30, 37, 294
분단점령 285
분단체제 14
불교 19, 39, 53, 57, 63, 73, 76, 80, 83, 84,
　　88, 113, 116, 118, 142, 153, 186
빈주공생(貧主公生) 142

빈주정체(貧主政體) 138

ㅅ

사마천(司馬遷) 102, 257

사해일가(四海一家) → 세계 한가족

사회당 19, 31, 32, 46, 284, 286, 292

사회민주주의 23, 24

사회주의 19, 20, 21, 23, 35, 37, 45, 106,
    131, 150, 191, 204, 207, 211, 223, 232,
    240, 273

『삼강행실록(三綱行實錄)』 86

삼공(三空) 15, 47

삼균론(三均論) 25

삼균제도(三均制度)

삼균주의(三均主義) 13, 14, 17, 18, 21~27,
    29, 31, 32, 35, 37, 125~76, 177, 209,
    214, 281~83, 286, 287, 289

삼균주의청년동맹 276

삼균주의학생동맹 18

삼민주의(三民主義) 27, 29, 230, 248~52,
    275

삼보(三寶) 22, 127, 128

3·1운동 16, 17, 19, 38, 45, 54, 103~10,
    118, 120, 121, 138, 170, 216, 248, 272,
    278, 293

3·1혈전(三一血戰) → 3·1운동

생령(生靈) 16, 60~63, 65, 67, 75

생활권(生活權) 25, 189, 206, 218

서광범(徐光範) 116, 160

서아시아 229, 259

서재필(徐載弼) 115~17

석가모니 57, 67, 210

설총(薛聰) 87

세계 무산혁명 222

세계 한가족 26, 166, 208, 210~14, 216,
    218~21, 261, 284

세계자본주의체제 28

세계평화 34, 187, 198, 209

소련식 공산주의 20, 23

소비에뜨 23, 154, 263

소·일 중립협약 225

소크라테스 16, 17, 67, 71

손병희(孫秉熙) 16, 110, 111, 115

손일민(孫一民) 45, 137

순종(純宗) 106, 124, 127, 128

스와라지 108

10월혁명 257

신간회(新幹會) 24, 123, 150, 164, 273

신국(神國) 15, 76

신권(神權) 73, 76, 77

신규식(申圭植) 19, 22, 45, 104, 133

신민주주의 27, 35, 36, 37, 154, 155, 260

신분당新芬黨(신페인당Sinn Fein) 161

신사회주의 35, 119

신해혁명(辛亥革命) 91, 191, 215, 257

실행주의 58

13정협(政協) 30, 277, 291

쑨원(孫文) 27, 44, 46, 130, 203, 230, 261

쑨중샨(孫中山) → 쑨원

창비 한국사상선 간행위원회

백낙청(위원장, 서울대 명예교수)

임형택(성균관대 명예교수)

최원식(인하대 명예교수)

백영서(연세대 명예교수)

박맹수(원광대 명예교수)

이봉규(인하대 교수)

황정아(한림대 교수)

백민정(가톨릭대 교수)

강경석(『창작과비평』 편집위원)

강영규(창비 편집국장)

창비 한국사상선 23

조소앙
균등사회의 새로운 민주주의

초판 1쇄 발행 / 2026년 2월 20일

지은이 / 조소앙
편저자 / 백영서
펴낸이 / 염종선
책임편집 / 박주용 박대우
조판 / 황숙화
펴낸곳 / (주)창비
등록 / 1986년 8월 5일 제85호
주소 / 10881 경기도 파주시 회동길 184
전화 / 031-955-3333
팩시밀리 / 영업 031-955-3399 편집 031-955-3400
홈페이지 / www.changbi.com
전자우편 / human@changbi.com

ⓒ 백영서 2026
ISBN 978-89-364-8117-9 94150